21世纪全国高校应用人才培养旅游类规划教材

中国公民出境旅游目的地国家（地区）概况

方海川　主　编

付景保　副主编

北京大学出版社
PEKING UNIVERSITY PRESS

内 容 简 介

《中国公民出境旅游目的地国家（地区）概况》一书共分5章，第1章主要介绍有关中国出境旅游市场的发展历程、特点、发展趋势，以及中国公民目前出境旅游目的地国家和地区的介绍；第2～5章分亚洲和大洋洲地区、欧洲地区、美洲地区、非洲和中东地区4大块，就主要目的地国家和地区与旅游相关的基本概况及主要旅游城市及名胜作了较为详尽的介绍。同时，本书结合教学和实际需要，针对相关主要目的地国家和地区介绍了一些发展深度旅游的专题旅游线路。

本书可作为高等院校旅游管理专业及相关专业的教材和参考书，也可作为相关行业的培训教材。

图书在版编目（CIP）数据

中国公民出境旅游目的地国家（地区）概况/方海川主编. —北京：北京大学出版社，2007.8
（21世纪全国高校应用人才培养旅游类规划教材）
ISBN 978-7-301-09927-8

I. 中… II. 方… III. 旅游指南－世界－高等学校：技术学校－教材 IV. K919

中国版本图书馆CIP数据核字（2006）第132726号

书　　名：中国公民出境旅游目的地国家（地区）概况
著作责任者：方海川　主编
责 任 编 辑：王登峰　李玥
标 准 书 号：ISBN 978-7-301-09927-8/G・1697
出　版　者：北京大学出版社
地　　　址：北京市海淀区成府路205号 100871
电　　　话：邮购部62752015　发行部62750672　编辑部62765126　出版部62754962
网　　　址：http://www.pup.cn
电 子 信 箱：xxjs@pup.pku.edu.cn
印　刷　者：河北滦县鑫华书刊印刷厂
发　行　者：北京大学出版社
经　销　者：新华书店
787毫米×980毫米　16开本　15印张　362千字
2007年8月第1版　2007年8月第1次印刷
定　　　价：28.00元

丛书总序

旅游在我国发展的历史源远流长，现代旅游则勃兴于欧洲。旅游在当今的影响是多方面的、深远的，涉及经济、文化、自然生态、社会环境等大的范畴。从经济角度来说，旅游是现今世界许多国家（包括一些发达国家）的重要产业，它引导经济生态圈和产业链的循环发展，其经济价值及相关产值规模巨大。而我国自改革开放以来，已经从国外借鉴并引进了旅游产业化的一些经验，取得了良好的效果。而今，根据国家规划，要发展大旅游，要建立具有可持续发展前景的科学旅游模式，就应当从教育、科技、学术三方面加强对我国旅游的投入。

我国经济与社会都在融入全球化潮流，旅游产业不仅在国内竞争已经很激烈，还面临着激烈的国际化竞争，而人才的竞争是关键。培养我国高层次、高素质、复合型的旅游人才，正越来越成为企业、社会、可持续发展战略的迫切需要。

《21世纪全国高校应用人才培养旅游类规划教材》是为适应旅游形势大发展的需要而组织的。本系列教材共17册，包括：《旅游学概论》、《导游基础》、《旅行社经营管理》、《旅游市场营销学》、《旅游经济学》、《旅游资源保护与开发》、《中国旅游地理》、《中国公民出境旅游目的地国家/地区概况》、《旅游文化学》、《旅游法规教程》、《旅游心理学》、《会展与节事旅游管理概论》、《旅游信息管理》、《旅游企业财务管理》、《现代旅游接待礼仪》、《中国西部旅游研究》、《世界遗产旅游开发与管理》。

与已有的旅游教育教材建设成果相比，该系列教材具有以下特点：

一是创新内容多。为及时从理论上跟踪旅游教育，总结旅游业的成就，一些近年来在实践中提出的大量新理论、新技术和新方法在教材的编写内容中得到体现，并及时反映到教学理论中。

二是针对性强。在编写中突出旅游实践和培养学生实际运用能力，并以学生的知识结构和技能水平能满足旅游业的实际需要为前提，体现学以致用的原则。

三是编写力量强。该系列教材的编著者均是高校旅游专业中有影响、有研究的专家学者，他们长期从事旅游专业的教学和科研，教研成果丰硕，具有较高的学术造诣和丰富的实践经验，从而为该系列教材的高水平提供了坚实的基础。

旅游学科建设与教材建设还处于不断完善的过程中，这套教材是把旅游教材建设与教学改革相结合的实践成果，难免还存在许多问题，我们诚挚请求广大读者批评指正，我们将认真收集和听取意见，使之日臻完善。

卢　一

2006年2月于成都小鲜书屋

前　言

随着中国经济的持续、稳定、健康发展，旅游业进入一个前所未有的发展时代，与其同步的中国旅游学术研究和旅游教育也得以迅速发展。

近年来，随着人民生活水平的提高和改革开放进程的加快，中国公民出境旅游人数在迅速增长，国家批准的出境旅游目的地国家（地区）也在不断增多。为了使旅游教育紧跟旅游发展的需要，尤其是满足出境旅游领队教育与培训的需要，编者结合多年的专业及教学的经验编写了这本教材。

本教材在结构、体系、风格上有所突破。全书由5章组成，第1章对中国出境旅游市场作了较为全面地阐述，第2～5章主要是按照亚洲和大洋洲、欧洲、美洲、非洲和中东4块分章节、有选择地介绍了主要旅游目的地国家（地区）的基本概况和主要的旅游城市及名胜。考虑教学的实用性和综合性，本教材考虑到要提高出境旅游领队的综合素质，根据旅游目的地国家（地区）的具体情况增设了一些较为典型的专题旅游线路。

编写本教材，意在希望将多年的教学和实践所得拿出来和大家分享，并得到同行的指教。限于水平，尤其是旅游目的地国家（地区）所涉及的范围和知识的广泛，在写作过程中也许没有一一考虑周全，这个目的可能难以充分实现。但这仅仅是一个开端，有待进一步更新和完善，希望本书能为中国旅游业培养优秀人才尽绵薄之力。

本书在编写过程中，参考了不少专家学者的论著、文献、资料、消息报道，在此向所有这些给予方便的作者表示真诚的谢意。

由于编者的水平有限，书中疏漏之处在所难免，望读者随时予以匡正。

编者

2007年2月

目　录

第1章　中国公民出境旅游市场概述

学习目的

通过本章学习，了解中国公民出境旅游的发展历程。在此基础上，分析了解中国出境旅游市场的特点和发展趋势，并简要地掌握目前中国主要出境游目的地的市场概况。

主要内容

● 中国公民出境旅游的发展历程

初步形成阶段　稳步增长阶段

● 中国出境旅游市场的特点及发展趋势

特点　发展趋势

● 中国出境旅游目的地概述

中国香港、澳门和台湾　东南亚　东亚和南亚　大洋洲　欧洲　美洲　中东及非洲

出境旅游作为国际旅游的一个组成部分，是指一国公民跨越国境到另外一个国家或地区进行的旅游消费活动，包括公务旅行、商务旅行和观光旅游等。就我国目前的情况，中国公民出境旅游主要是指经旅行社组织的中国公民以旅行团形式进行的自费出境旅游，包括港澳台旅游、边境旅游和出国旅游三部分。

1.1　中国公民出境旅游的发展历程

中国公民自费出境旅游，是中国改革和对外开放的产物。虽然历史不长，但发展很快，已经形成了一定的规模，并继续保持快速发展的势头。基于我国基本国情和旅游业的发展状况，中国公民出境旅游经历了一个从无到有，从“出境探亲旅游”的初步形成到“自费出境旅游”的稳步增长的一个逐步市场化的发展过程。

1.1.1　初步形成阶段（1983年11月～1997年7月前）

初步形成阶段主要是逐步尝试和有限度地开放中国公民的出境旅游业务，以“出境探亲旅游”为主。

中国公民自费出境旅游首先是由内地居民赴港澳探亲旅游发展而来的。1983年中国开始确定中国公民出境旅游目的地，中国香港和澳门游开创了中国公民出境旅游的先河。当时，香港和澳门还没有回归，故一直暂时作为“境外”旅游目的地来对待。而真正出国旅游始于1988年的泰国。

1983年11月15日，为了方便内地的港澳眷属到香港、澳门地区探亲访友，广东省旅游公司组织了首个广东省内居民的“赴港澳探亲旅游团”，反响强烈。为此，国务院于1984

年3月22日批准了由国务院侨务办公室、港澳事务办公室、公安部联合上报的《关于拟组织归侨、侨眷和港澳台眷属赴港澳地区探亲旅行团的请示》，规定统一由中国旅行社总社委托各地的中国旅行社承办归侨、侨眷和港澳台眷属赴港澳地区探亲旅行团在内地的全部组织工作，香港、澳门的中国旅行社负责在当地的接待事务，由此拉开了中国公民出境旅游的序幕。1986年12月经国务院批准，由公安部发布《中国公民因私往来香港地区或者澳门地区的暂行管理办法》。1992年，国务院港澳事务办公室又增批福建省海外旅游公司、华闽旅游有限公司开办赴港澳地区探亲旅游业务。

随着港澳地区与内地关系的日益密切，内地居民赴港澳地区旅游得以迅速发展。随之开放的中国公民出国探亲旅游，进一步促进发展了中国公民的自费出境旅游。

1988年经国务院批准，规定由海外亲友付费、担保，允许我国公民赴泰国探亲旅游；1990年10月30日，经国务院批准，国家旅游局会同外交部、公安部、侨务办公室等部门，发布施行了《关于组织我国公民赴东南亚三国旅游的暂行管理办法》，增加了新加坡、马来西亚两国。该办法当时决定只由中国旅行社总社、中国国际旅行总社统一组团，开展中国公民自费赴泰国、新加坡、马来西亚三国的旅游业务。1992年7月，又批准增加菲律宾为探亲旅游的目的地国家。这一时期是中国内地出境旅游政策发展历程中的重要转折。

这一阶段的主要特征是旅游者的构成以归侨、侨眷和港澳台眷属为主，旅游的费用按规定采用“境外付款”制度，即公民旅游所需费用自理，但必须由海外亲友担保，在国外与中国的旅行社结算。中国公民自费出境探亲旅游的发展为我国公民自费出境旅游奠定了基础，在管理和操作上积累了相当的经验。

与此同时，边境旅游作为出境旅游的一种形式，也开始在我国的一些沿边省份展开，并且得到较快发展。

1987年11月，国家旅游局和对外经济贸易部批准辽宁省丹东市赴朝鲜新义州市的“一日游”，由此拉开了中国边境旅游的序幕。辽宁丹东—朝鲜新义州一日游的开放，启发了与之有着相同或类似条件的其他边境地区。1989年9月23日，国家旅游局发布《关于中苏边境地区开展自费旅游业务的暂行管理办法》；1992年4月8日，内蒙古自治区旅游局、外事办公室、公安厅联合发布了《中蒙多日游暂行管理办法》和《中俄边境旅游暂行管理办法》；1992年7月16日，国家旅游局向国务院递交了《关于扩大边境旅游，促进边疆繁荣的意见》；1992年9月5日，吉林省旅游局发布了《吉林省边境旅游暂行管理办法》；1992年9月16日，广西壮族自治区旅游局、公安厅发布了《关于开展中越边境旅游业务的暂行管理办法》；1993年2月25日，云南省旅游局、公安厅发布了《关于云南省中越、中老、中缅边境旅游管理有关问题的通知》；1996年3月8日，国务院批复了《边境旅游暂行管理办法》，并于1997年10月15日，由国家旅游局、外交部、公安部、海关总署联合发布施行。到1998年上半年，经国家批准，黑龙江、内蒙古、辽宁、吉林、新疆、云南、广西等7个省、自治区先后开放了中朝、中俄、中蒙、中哈、中越、中缅、中老等边境旅游口岸，大批旅游者出入口岸地区购物、边贸和观光，形式从“一日游”到“八日游”等多种。

1.1.2 稳步增长阶段（1997年7月至今）

稳步增长阶段明确了中国公民“出境旅游”的概念。随着中国公民出境旅游需求的上升，在有组织、有计划、有控制地适度发展出境旅游的方针指导下，国家对出境旅游市场供给进行了全面规范和有序管理，出境旅游市场不断规范和扩大，逐步走上了健康、稳步发展的轨道。

1997年7月1日，由国家旅游局与公安部共同制定，并经国务院批准的《中国公民自费出国旅游管理暂行办法》发布实施，至此中国公民出境探亲旅游正式改为中国公民自费出境旅游。并在该管理暂行办法颁布后，国家旅游局批准了67家组团社有权经营出境旅游业务，这标志着中国公民自费出境旅游业务的正式开始。

自20世纪90年代国家旅游局明确提出“大力发展入境旅游，积极发展国内旅游，适度发展出境旅游”的指导方针，我国的出境旅游市场一直以来是朝着有组织、有计划、有控制的方向发展，具体表现在以下3个方面：

（1）管理制度更加完善，市场秩序更加规范。由于我国的出境旅游市场在新的发展阶段面临新的发展形势，尤其是中国加入WTO（世界贸易组织）后，形势的发展对旅游业提出了许多新的要求，需要在管理手段上做出新的规范和调整，以理顺相关关系、提高国内旅行社企业的竞争能力，并达到引导和促进出境旅游市场良性发展的目的。为保障出境旅游者和出境旅游经营者的合法权益，有关部门经过研究论证，在《中国公民自费出国旅游管理暂行办法》的基础上，经过进一步的补充、完善和修改后形成了《中国公民出国旅游管理办法》，并由国家旅游局和公安部联合发布，自2002年7月1日起施行。

国家旅游局又于2002年7月27日起发布实施了《旅行社出境旅游服务质量》；2002年10月8日起发布实施了《出境旅游领队人员管理办法》等相关法规政策以保证出境旅游市场的健康发展。

（2）出境旅游市场稳步快速增长。自1997年中国正式开办中国公民出境旅游业务以来，出境旅游规模迅速扩大。具体表现在以下几个方面：

第一，中国公民出境旅游人数快速增长。1997年的出境人数为532万人次，而正式开放的出境旅游目的地只有泰国、新加坡、马来西亚、菲律宾4国和香港、澳门地区。随着越来越多的国家和地区的开放，中国公民的出境游人数连年大幅度增长。2000年，中国公民出境游人数首次突破1000万人次，达到1047万人次，同上年增长13.4%；2001年，中国公民出境游人数达到1213万人次，比上年增长15.9%；2002年，中国公民出境游人数达到1660万人次，增速高达36.8%。2003年，虽然受“非典”影响，但中国公民出境游人数闯过2000万人次大关，达到2022万人次，比上年增长21.8%。2004年，中国公民出境游人数已达到2885万人次，比上年增长42.7%。2005年，中国公民出境游人数突破3000万大关，达到3103万人次。至此，中国已成为亚洲地区一个快速增长的新型客源输出国。

第二，中国公民出境旅游目的地国家和地区不断增加。近年来，国家不断加快开放出境游旅游目的地的进程，并朝“全球化”方向发展，并且中国公民出境旅游的政策也不断放宽。

中国公民出境旅游的目的地国家和地区是由国家旅游局会同外交部、公安部提出，报国务院批准的。目的地国家和地区的确定主要基于以下多方面的考虑：对方是我国的客源国；政治上对我国友好；旅游资源有吸引力、具备适合中国旅游者的接待服务设施；对中国旅游者在法律、行政等方面没有歧视性、限制性政策，旅游者有安全保障；具有良好的可进入性等。在符合条件的情况和时机成熟后，再确定正式开放为中国公民出境旅游目的地国家和地区。

1998 年 5 月，经国务院港澳事务办公室与香港特别行政区政府协商，决定扩大香港游的规模，并增加中国国际旅行社总社为承办“香港游”的单位。国家旅游局于 1998 年 8 月 10 日发布了《关于加强“香港游”管理工作的通知》，对“香港游”的有关事项加以规范。从 2002 年 1 月 1 日起，经香港特区政府与国家旅游局商定，取消“香港游”配额制度。“香港游”内地组团社由原来的 4 家扩大到所有获准具有经营内地居民出国旅游业务资格的旅行社。自 2003 年 1 月 1 日，《内地与香港关于建立更紧密经贸关系的安排》和《内地与澳门关于建立更紧密经贸关系的安排》（CEPA）开始实施，至 2004 年 7 月 1 日止，共有 32 个内地城市的居民可以“个人游”身份赴港澳旅游。

除中国香港、澳门地区外，1988 年泰国成为对中国公民开放的第一个旅游目的地。随后，中国公民旅游目的地国家（ADS）的开放以每年一两个的速度增长，从 2002 年尼泊尔、印度尼西亚、马尔他、土耳其和埃及等五个国家成为获准组团的旅游目的地之后，2003 年德国、印度、马尔代夫、斯里兰卡、南非、克罗地亚、匈牙利、巴基斯坦、古巴等九个旅游目的地获准组团，到 2004 年 9 月 1 日正式开展中国公民赴希腊、法国、荷兰、比利时、卢森堡、葡萄牙、西班牙、意大利、奥地利、芬兰、瑞典、捷克、爱沙尼亚、拉脱维亚、立陶宛、波兰、斯洛文尼亚、斯洛伐克、塞浦路斯、丹麦、冰岛、爱尔兰、挪威、罗马尼亚、瑞士和列支敦士登欧洲 26 国的团队旅游业务。同时，埃塞俄比亚、津巴布韦、坦桑尼亚、毛里求斯、突尼斯、塞舌尔、肯尼亚、赞比亚非洲 8 国和约旦也获准组团，截至 2005 年底，国务院已分别批准了中国香港、中国澳门、泰国、新加坡、马来西亚、菲律宾、澳大利亚、新西兰、韩国、日本、越南、柬埔寨、缅甸、文莱、尼泊尔、印度尼西亚、马尔他、土耳其、埃及、德国、印度、马尔代夫、斯里兰卡、南非、克罗地亚、匈牙利、巴基斯坦、古巴、希腊、法国、荷兰、比利时、卢森堡、葡萄牙、西班牙、意大利、奥地利、芬兰、瑞典、捷克、爱沙尼亚、拉脱维亚、立陶宛、波兰、斯洛文尼亚、斯洛伐克、塞浦路斯、丹麦、冰岛、爱尔兰、挪威、罗马尼亚、瑞士、列支敦士登、埃塞俄比亚、津巴布韦、坦桑尼亚、毛里求斯、突尼斯、塞舌尔、肯尼亚、赞比亚、约旦、北马里亚纳群岛联邦、斐济、瓦努阿图、英国、智利、牙买加、俄罗斯、巴西、墨西哥、秘鲁、安提瓜和巴布达、巴巴多斯、老挝、蒙古、汤加、格林纳达、巴哈马、圣卢西亚等 81 个国家和地区，作为我国公民自费出境旅游目的地（见表 1-1），并开展了与所有毗邻国家的边境游。

表 1-1　已开放的出境旅游目的地国家（地区）

序号	国家/地区	启动时间	开展业务情况	备　注
1	香港	1983 年	全面开展	2003 年 7 月部分省市开始实现香港个人游
2	澳门	1983 年	全面开展	2003 年 7 月部分省市开始实现澳门个人游
3	泰国	1988 年	全面开展	
4	新加坡	1990 年	全面开展	
5	马来西亚	1990 年	全面开展	
6	菲律宾	1992 年	全面开展	

（续表）

序号	国家/地区	启动时间	开展业务情况	备　注
7	澳大利亚	1999 年	北京、上海、广州开展	
		2004 年 7 月	天津、河北、山东、江苏、浙江、重庆正式开展	2006 年 8 月 1 日全面展开
8	新西兰	1999 年	北京、上海、广州开展	
		2004 年 7 月	天津、河北、山东、江苏、浙江、重庆正式开展	
9	韩国	1998 年	全面开展	
10	日本	2000 年	北京、上海、广州试办	
		2004 年 9 月 15 日	辽宁、天津、山东、江苏、浙江正式开展	
		2005 年 7 月 25 日	全面开展	
11	越南	2000 年	全面开展	
12	柬埔寨	2000 年	全面开展	
13	缅甸	2000 年	全面开展	
14	文莱	2000 年	全面开展	
15	尼泊尔	2002 年	全面开展	
16	印度尼西亚	2002 年	全面开展	
17	马耳他	2002 年	全面开展	
18	土耳其	2002 年	全面开展	
19	埃及	2002 年	全面开展	
20	德国	2003 年	全面开展	
21	印度	2003 年	全面开展	
22	马尔代夫	2003 年	全面开展	
23	斯里兰卡	2003 年	全面开展	
24	南非	2003 年	全面开展	
25	克罗地亚	2003 年	全面开展	
26	匈牙利	2003 年	全面开展	
27	巴基斯坦	2003 年	全面开展	
28	古巴	2003 年	全面开展	
29	希腊	2004 年 9 月	全面开展	
30	法国	2004 年 9 月	全面开展	
31	荷兰	2004 年 9 月	全面开展	
32	比利时	2004 年 9 月	全面开展	
33	卢森堡	2004 年 9 月	全面开展	
34	葡萄牙	2004 年 9 月	全面开展	
35	西班牙	2004 年 9 月	全面开展	
36	意大利	2004 年 9 月	全面开展	
37	奥地利	2004 年 9 月	全面开展	
38	芬兰	2004 年 9 月	全面开展	
39	瑞典	2004 年 9 月	全面开展	
40	捷克	2004 年 9 月	全面开展	
41	爱沙尼亚	2004 年 9 月	全面开展	

（续表）

序号	国家/地区	启动时间	开展业务情况	备　注
42	拉脱维亚	2004年9月	全面开展	
43	立陶宛	2004年9月	全面开展	
44	波兰	2004年9月	全面开展	
45	斯洛文尼亚	2004年9月	全面开展	
46	斯洛伐克	2004年9月	全面开展	
47	塞浦路斯	2004年9月	全面开展	
48	丹麦	2004年9月	全面开展	
49	冰岛	2004年9月	全面开展	
50	爱尔兰	2004年9月	全面开展	
51	挪威	2004年9月	全面开展	
52	罗马尼亚	2004年9月	全面开展	
53	瑞士	2004年9月	全面开展	
54	列支敦士登	2004年9月	全面开展	
55	埃塞俄比亚	2004年12月15日	全面开展	
56	津巴布韦	2004年12月15日	全面开展	
57	坦桑尼亚	2004年12月15日	全面开展	
58	毛里求斯	2004年12月15日	全面开展	
59	突尼斯	2004年12月15日	全面开展	
60	塞舌尔	2004年12月15日	全面开展	
61	肯尼亚	2004年12月15日	全面开展	
62	赞比亚	2004年12月15日	全面开展	
63	约旦	2004年12月15日	全面开展	
64	北马里亚纳群岛联邦	2005年4月1日	全面开展	
65	斐济	2005年5月1日	全面开展	
66	瓦努阿图	2005年5月1日	全面开展	
67	英国	2005年7月15日	全面开展	
68	智利	2005年7月15日	全面开展	
69	牙买加	2005年7月15日	全面开展	
70	俄罗斯	2005年8月25日	全面开展	
71	巴西	2005年9月15日	全面开展	
72	墨西哥	2005年9月15日	全面开展	
73	秘鲁	2005年9月15日	全面开展	
74	安提瓜和巴布达	2005年9月15日	全面开展	
75	巴巴多斯	2005年9月15日	全面开展	
76	老挝	2005年9月15日	全面开展	
77	蒙古	2006年3月1日	全面开展	
78	汤加	2006年3月1日	全面开展	
79	格林纳达	2006年3月1日	全面开展	
80	巴哈马	2006年3月1日	全面开展	
81	圣卢西亚	2006年3月1日	全面开展	

从2004年9月1日中国公民赴欧洲旅游团成行到12月中国公民的德国自由行开始，中国出境旅游获得突破性发展。12月6日中美两国《旅游合作谅解备忘录》的签署，使中国公民出境旅游目的地在北美实现零的突破，至此，中国公民出境旅游目的地已经遍及世

界所有有人居住的各个大洲。

第三，经营出境旅游业务的旅行社不断增多。1997 年，经国家旅游局批准特许经营中国公民出境旅游业务的旅行社只有 67 家，其中，北京市 10 家（含中央社），广东省 6 家，上海市、福建省、江苏省各 5 家，辽宁省和浙江省各 3 家，山东省、四川省、云南省、陕西省、湖北省、新疆维吾尔自治区各 2 家，其他省、自治区、直辖市各 1 家。自 2002 年 7 月《中国公民出国旅游管理办法》颁布实施，国家旅游局审批了 528 家组团社具有出境旅游经营权，约占当年中国 1358 家国际旅行社的 38.9%。截至 2005 年底，国家旅游局批准经营出境旅游的旅行社增加到 672 家，其中，广东省 111 家，北京市 69 家，江苏省、辽宁省各 36 家，上海市 35 家，山东省 32 家，浙江省 29 家，黑龙江省 23 家，广西壮族自治区 22 家，福建省 21 家，湖北省、河南省各 19 家，湖南省、山西省各 17 家，云南省 16 家，四川省、吉林省、河北省、新疆维吾尔自治区（包括新疆生产建设兵团 3 家）各 15 家，陕西省 14 家，天津市、重庆市、江西省各 13 家，安徽省、内蒙古自治区各 10 家，海南省、甘肃省各 9 家，贵州省 7 家，青海省 5 家，宁夏回族自治区 4 家，西藏自治区 3 家。

1.2　中国出境旅游市场的特点及发展趋势

出境旅游市场指的是旅游者在出境旅游过程中所反映的经济现象和经济关系。随着人们生活水平的普遍提高，价值观念、消费观念、休闲方式的逐渐转变，以及出境旅游因私护照政策的出台，吸引了越来越多的人加入到出境旅游的队伍中，出境旅游已经成为中国公民一个新的消费领域和一种新的时尚。

1.2.1　中国出境旅游市场的特点

（1）出境旅游市场发展迅速。与国内旅游和入境旅游市场相比，中国的出境旅游市场发展快，规模小。资料表明，中国出境人数从 1997 年的 532 万人次增长到 2005 年的 3103 万人次，年均增长 25.8%。但是，出境旅游人数还不到国内旅游人数的 3%。中国入境旅游总体上继续保持较高的增长态势，入境旅游者从 1995 年的 4639 万人次增长到 2005 年的 1.20 亿人次，年均增长为 10.2%；其中过夜旅游者从 2003 万人次增长到 4680.9 万人次，年均增长为 7.9%。与出境旅游相比，无论是国内旅游还是入境旅游的增长都大为逊色（详见表 1-2）。中国的出境旅游人数在 2003 年就超过了亚洲传统的客源输出大国——日本（1700 万人次），成为亚洲第一客源国。

中国出境旅游快速增长的原因，主要有以下几点：

① 中国政府根据各方面条件的变化，放宽了对出境旅游的限制。中国公民出境旅游的发展一直受到中央政府高度的重视，成为协调外交关系、促进内地和港澳经济关系的重大措施。有关旅游合作和关于成为中国公民出境旅游目的地协议的签署，已成为中外双边外交会谈的成果之一。仅 2004 年，国家主席、人大委员长、国务院总理等中国政府最高层领导就曾先后 14 次出席国家旅游局的对外交流与合作活动，直接参与谈判或出席有关旅游合作协议的签字仪式。使得中国公民出境旅游目的地的范围越来越多。港澳个人旅游（即港

澳自由行）等旅游政策，以及外汇管理等相关政策的进一步调整，均促进了出境旅游活动。

② 国际社会对中国出境旅游市场的关注，表现出积极姿态，采取了积极措施。中国公民出境旅游的高速发展，使得越来越多的国家希望开放本国，成为中国公民出境旅游目的地。一方面，各国政府加强外交公关活动，通过采取加大针对中国出境旅游市场的促销力度，与中国相互之间开展文化交流活动等措施，争取尽早成为中国公民出境旅游目的地国，以抢先赢得中国的市场。另一方面，不断调整政策，积极创造条件，扩大旅游供给和改善供给的渠道，拓展中国出境旅游的市场。

③ 中国公民强烈的求知欲，促使他们利用一切可能的机会到国外学习、看看，丰富“接轨”话题。出境旅游是在国内旅游的基础上发展起来的——富裕起来的居民先在国内旅游，积累了一定的经验后，为了开阔视野，随着国际旅游合作的不断扩大，越来越多的中国公民开始出境旅游，去更远的地方。

④ 有充分的可供自由支配的时间。目前，假日出游人次占总出游人次的40%。

⑤ 20年来，中国公民收入的大幅度提高，使有出境旅游支付能力的人越来越多。

⑥ 中国出境旅游客源分布越来越广。中国出境旅游客源在20世纪90年代末，主要分布在北京、上海、广州及东部沿海各省的大中城市；目前，出境客源市场已逐步向中国的中西部推进。

（2）因私自费旅游成为出境旅游市场的主体。1997年以前，中国的出境旅游基本上是以商务旅游为主。1997年中国正式开放出境旅游以来，因私自费出境旅游者年均增长速度达到35%的快速发展水平，2003年尽管受到“非典”的严重影响（一度出现100多个国家限制中国人入境的情况），但因私出境旅游者仍然达到创纪录的1480万人次，同比增长47.2%。2004年国内出境人数达2885万人次，增长42.7%；其中因私出境2298万人次，增长55.2%，占出境人数的79.7%。2005年国内出境人数达到3103万人次，其中因私出境2514万人次，占出境人数的81%（详见表1-2）。在过去的5年中，中国出境人数的平均增长率为24.96%，其中因私出境人数的平均增长率高达36.02%，中国已经成为亚洲增长最快的新兴客源输出国。

表1-2　中国公民出境人数对比表

单位：万人次，%

年份	国内旅游人数	增幅	入境旅游人数	增幅	出境人数	增幅	因私出境人数	因私出境所占比重	增幅
1995	62 900	20.0	4 638	6.2	452	21.1	205	45.4	25.1
1996	63 900	1.6	5 112	10.2	506	11.9	241	47.7	17.5
1997	64 400	0.8	5 758	12.6	532	5.1	244	45.8	1.1
1998	69 400	7.8	6 347	10.2	843	58.5	319	37.9	30.7
1999	71 900	3.6	7 279	14.7	923	9.5	427	46.2	33.7
2000	74 400	3.4	8 344	14.6	1 047	13.4	563	53.8	32.0
2001	78 400	5.4	8 901	6.7	1 213	15.9	695	57.3	23.3
2002	87 800	12.0	9 790	10.0	1 660	36.8	1 006	60.6	44.9
2003	87 000	−0.9	9 166	−6.4	2 022	21.8	1 481	73.2	47.2
2004	110 200	26.7	10 903	18.96	2 885	42.7	2 298	79.7	55.2
2005	121 200	10.1	12 029	10.3	3 103	7.6	2 514	81.0	9.4

资料来源：据《中国旅游统计年鉴》等国家统计局确认的统计资料。

（3）具有较高文化水平的高收入阶层是目前出境旅游群体的主体。出境旅游者大体分为三部分：主体是因公务、商务、考察、交流、援外等国有企事业公职人员，其次是乡镇企业家和企业承包者，还有一部分是改革开放以来富裕起来的专业户和城市个体户。他们主要集中在我国经济发达的东部沿海省市和边疆省份。通过对旅行社组团人数进行统计，2005年旅行社组织出境旅游团的总人数为679.69万人次，其中北京、上海、广东、江苏、浙江5省市的出境旅游比重较大，尤以广东为最，约占全国经旅行社组织出境旅游人数的29.31%。而在广西、云南、黑龙江、吉林等边疆省份的出境旅游人数中则以边境游所占比例较大。表现出中国公民出境旅游者具有较强的地域性（详见表1-3）。

表1-3　主要出境旅游客源产出地经旅行社组织出境游人数

单位：万人次，%

年份		1997	1998	1999	2000	2001
广东	总数		73.3	93.3	116.2	
	增长		22.7	27.4	24.5	
北京	总数	3.8	6.6	10.5	13.7	21.0
	增长	38.6	74.4	60.6	30.3	53.3
上海	总数	4.4	6.3	10.7	14.0	
	增长	59.7	44.1	68.6	31.6	
浙江	总数	2.2	4.3	5.8	7.3	
	增长	10.6	93.1	35.9	25.5	
黑龙江	总数	9.0	12.7	13.0	20.0	
	增长	7.0	41.1	2.2	53.8	

资料来源：《中国旅游市场概论》徐汎编著，中国旅游出版社，2004年。

在出境旅游目的地的选择上，价格仍然是起决定性作用的因素。综观近些年中国的出境旅游市场的火爆，多集中在千元单位价格的线路上。3000元左右的泰国、韩国游最火，5000～6000元的新马游、东京一地游次之，当标价1万元的澳洲游上市后，成团频率大大降低。欧洲虽然是中国游客“最想去的旅游目的地”，但至少1万元以上的报价不得不使很多人止步。因此，中国出境旅游者的流向，85%在亚洲国家，10%左右在欧洲各国，另有5%流向北美等地。但北美等地目前仅限于商务旅游，自费度假旅游尚难涉足。

出境旅游第一站按人数排列，2003年列前10位的国家和地区依次是香港、澳门、日本、俄罗斯、越南、韩国、泰国、美国、新加坡、马来西亚。

中国公民出境旅游的消费主要表现为观光性、花费高、以团队包价旅游为主等特点。据世界旅游组织2003年9月公布的数据显示，2002年中国公民出境旅游消费占全球市场份额的3.2%。据2004年国家统计局公布的数据，中国公民出境旅游者的人均花费为663.75美元，而实际花费远高于此。中国公民出境旅游人均消费已成为世界人均消费最高的国家之一（见表1-4）。据国际亚太地区旅游监测机构（IPK）所属的中国旅游视屏统计显示，中国旅游者一次长假旅游的平均日消费为175美元（不包括购物）。据有关报道，中国人在德国的日平均购物消费为110美元，又据瑞士信息网（Swissinfo）报道，中国游客每人每天在瑞士的平均消费为400瑞士法郎，约合为313美元，足见中国游客消费之高。

表 1-4　各国旅游者在澳门人均支出

单位：澳门币

年　份	1996	1997	1998	1999	2000
中国大陆	1 806.2	23 73.8	2 796.0	2661.0	2 401.0
中国香港	1 004.8	899.1	884.0	836.0	934.0
日本	1 982.3	982.4	1 104.0	1 247.0	1 187.0
中国台湾	2 228.3	1 485.1	980.0	866.0	942.0
东南亚	2 405.1	1 819.5	1 539.0	1 811.0	1 876.0
大洋洲	1 630.2	1 335.9	1 203.0	1 191.0	1 165.0
美洲	1 326.8	1 216.9	1 145.0	1 604.0	1 078.0
欧洲	1 707.7	1 016.4	1 611.0	1 448.0	1 117.0
总平均	1 273.5	980.3	1 392.0	1 373.0	1 367.0
超过平均数	532.7	1 393.5	1 404.0	1 288.0	1 034.0

资料来源：《中国旅游市场概论》徐汎编著，中国旅游出版社，2004 年 253 页。

（4）团队旅游是中国公民出境旅游的主要形式，旅行社在出境旅游中发挥主要作用。鉴于语言、签证、费用等多方面的原因，中国公民出境旅游多以组团形式为主，旅行社发挥着重要作用。随着中国公民出境旅游人数的增多，尤其是因私出境人数的逐年大幅增长，在今后相当一段时间内，团队旅游仍然是中国公民出境旅游的主流方式。

1.2.2　中国出境旅游市场发展趋势

虽然到目前为止，中国公民的出境旅游还远不成熟，但随着中国经济稳定良好的增长，中国出境旅游前景看好，必将会继续保持高速度发展的趋势。具体表现在以下几点：

（1）出境旅游开始由高收入人群的高消费向中等收入人群的中等消费水平转移，并正在成为一种大众化消费活动。

我国的出境旅游市场最近几年才形成，在总体上出境旅游的客源市场开发力度还不够，开发时间很短，因此发展的空间还很大。目前我国拥有很大的潜在旅游市场，据 1999～2000 年的《消费行为与生活形态年鉴》中对人们最想做的休闲活动问卷调查排名统计，其中出国旅游排名最高，而规模和市场份额却是最少的。

随着我国经济社会的飞跃发展，中国综合国力不断壮大，人民生活水平显著提高。2005 年，我国国内生产总值（GDP）现价总量达到 183085 亿元人民币，按可比价格计算，比上年增长 10.2%，人均 GDP 达到 1 700 美元 ；截至 2005 年 12 月末，全国外汇储备余额达到 8 189 亿美元，同比增长 34.3%。居民个人外汇储备、个人因私购汇量都在大幅增长，因私出境换汇政策进一步放宽。中国已成为全球增长最快的新兴客源输出国。据世界旅游组织统计，我国已跻身全球出境旅游消费前十位。1994 年至 2003 年短短 10 年间，中国累计出境近 1 亿人次，年均增长 13.87%。其中，2003 年，出境总人数达 2022 万人次，首次超过日本 1 700 万人次左右的出境规模。因此，中国公民出境旅游必将快速发展，并在中上收入阶层中普及，成为一种较大众化的消费活动。

据世界旅游组织预测，到 2020 年，中国出境旅游人数将达到 1 亿人次，1995～2020 年的年均增长速度为 12.8%，是主要客源国中唯一以两位数增长的国家。中国在世界出境旅游市场的份额将从 1995 年的 0.9%增大到 2020 年的 6.4%。中国将成为世界第四大出境旅游客源国（见表 1-5）。

表 1-5　2020 年世界十大客源国

	基数（万人次）	预测数(万人次）	年均增幅（%）	市场份额（%）	
	1995 年	2020 年	1995～2020 年	1995 年	2020 年
德国	7 500	15 300	2.9	13.3	9.8
日本	2 300	14 200	7.5	4.1	9.1
美国	6 300	12 300	2.7	11.1	7.9
中国	500	10 000	12.8	0.9	6.4
英国	4 200	9 500	3.3	7.4	6.1
法国	2 100	5 500	3.9	3.7	3.5
荷兰	2 200	4 600	3.0	3.8	2.9
意大利	1 600	3 500	3.1	2.9	2.3
加拿大	1 900	3 100	2.0	3.4	2.0
俄罗斯	1 200	3 100	4.0	2.1	1.0
合计	29 800	81 100	4.1	52.7	51.0

资料来源：《中国旅游市场概论》徐汎编著，中国旅游出版社 2004 年 243 页。

（2）多元化的出游目的将带动出境旅游市场旅游产品多样化的发展。

在经济推动、政策影响和个人价值观的驱动下，中国公民出境旅游的动机呈现出的多元化趋势，必然导致出境旅游产品向着多样化的方向发展，传统产品精细化，大众产品主题化，长距离产品多国化，均将成为出境旅游产品开发的一种新的尝试与趋势。

在出境旅游决策及消费的过程中，中国公民的消费行为表现出较明显的由尝试向成熟逐渐发展的诸多特点。中国公民出境旅游再也不是最初的探亲游和仅限于追求一次多跑几个国家、一天多看几个地方、没有特定目的的奔跑式的纯观光游。随着市场的需求和消费者行为变化，人们更注重的是旅游产品的趣味性、娱乐性和参与性，更多的旅游者愿意在一地多逗留几天，真正地休息、度假，享受放松，而不是“跑点”。因此，以适应休闲度假、商务活动等为目的的休闲度假旅游产品、商务旅游产品、生态旅游产品将会越来越受出境旅游者的关注。

（3）随着中国出境旅游市场的日趋成熟，个人旅游的比例将进一步扩大。

目前，中国公民自费出境旅游的主要形式是经过旅行社组织的团队旅游，这也是中国与许多国家签订旅游协议的主要内容。但是，随着出境旅游者人数的增加和兴趣的扩展，越来越多的人愿意根据自己的意愿选择旅行方式。继 2003 年港澳两个特区个人旅游开展以来，德国的自由行也得到批准，市场反应非常强烈，说明正好符合现代旅游的潮流。这也反映了出境旅游发展的一个趋势。

1.3　中国公民出境旅游目的地概述

以观光游览、休闲度假为目的的出境旅游仅局限在国家正式批准的目的地，但商务旅游市场没有受到这个限制，因此，中国公民出境旅游目的地的范围远远超过国家批准开放的出境旅游目的地国家和地区（见表 1-6）。

表 1-6　中国公民出境旅游主要目的地

目的地	1999 年			2000 年		
	人数（人次）	增减（%）	份额（%）	人数（人次）	增减（%）	份额（%）
亚洲小计	7 813 193	9.92	84.63	8 845 908	13.22	83.06
中国香港	3 571 228	5.87	45.71	4 142 191	15.99	46.83
中国澳门	1 550 772	−2.94	19.85	1 644 421	6.04	18.59
中国台湾	84 094	19.74	1.76	86 154	2.45	0.97
日本	537 637	7.18	6.88	595 660	10.78	6.73
韩国	310 159	44.92	3.97	400 958	29.27	4.53
泰国	813 941	43.39	10.42	707 456	−13.08	7.99
新加坡	211 072	9.62	2.70	262 776	24.50	2.97
马来西亚	84 304	6.32	1.08	86 696	2.84	0.98
菲律宾	35 342	−19.76	0.45	33 647	−4.80	0.38
印度尼西亚	15 202	−31.59	0.15	19 963	31.32	0.23
朝鲜	175 942	80.30	2.25	194 970	10.81	2.20
蒙古	50 605	68.01	0.65	63 044	24.58	0.71
哈萨克斯坦	49 430	2.28	0.63	44 226	−10.53	0.50
美洲小计	429 831	8.39	4.66	523 081	21.69	4.91
美国	331 596	4.07	77.15	395 107	19.15	75.53
加拿大	75 937	30.33	17.67	100 178	31.03	19.15
欧洲小计	823 553	6.97	8.92	1 079 089	31.03	10.13
俄罗斯	437 740	0.85	53.15	606 102	38.46	56.17
德国	93 617	11.77	11.37	112 824	20.52	10.46
法国	87 826	39.70	10.66	96 485	9.86	8.94
英国	42 807	17.36	5.20	61 129	42.80	5.67
大洋洲小计	119 153	11.83	1.29	150 231	26.08	1.41
澳大利亚	102 387	10.31	85.93	126 852	23.89	84.44
新西兰	12 591	41.89	10.57	18 288	45.25	12.17
非洲小计	41 179	2.77	0.45	47 521	15.40	0.45
其他小计	5 456	27.63	0.05	3 625	−33.56	0.04
总计	9 232 365	9.58	100	10 649 455	15.35	100

资料来源：《中国旅游市场概论》徐汎编著，中国旅游出版社，2004 年 282 页。

注：1. 各洲的份额指占入境总量的比例。
　　2. 目的地的份额指占所在洲总量的比例。

1.3.1　中国香港、澳门和台湾

中国香港是中国公民出境旅游开放最早的目的地，自 1983 年以来，大陆居民赴香港旅游人数一直呈现快速增长的势头。从 1983 年的 12.1 万人次开始，1992 年超过 100 万人次，1995 年超过 200 万人次，1999 年超过 300 万人次（见表 1-7）。国家旅游数据统计，2000 年大陆居民赴港旅游人次为 414.2 万人，2002 年为 777 万人，较上年增长 46.1%，2003 年为 931 万人次，较上年增长 19.8%（见表 1-7）。

表 1-7　大陆居民赴香港旅游人数

年份	1997	1998	1999	2000	2001	2002	2003
人数（万人次）	236.4	267.2	320.6	378.6	537.1	682.5	846.7
增长（%）	-1.0	13.0	20.0	18.1	41.9	27.1	24.1

资料来源：香港旅游发展局。

大陆居民赴香港旅游的类型主要以探亲访友、商务旅游和观光休闲为主。内陆省份出境旅游相当一部分是将东南亚的泰国、新加坡、马来西亚与香港、澳门连在一起，或是前往其他旅游目的地国家或地区，经香港转机。原因有二，一是因为内陆直飞香港的航线较其他国际航线多，香港飞往各目的地的航线和航班也较多，出行方便；二是为了增加一个停留点；三是内陆和边远省份赴东南亚的旅行团中，相当一部分是通过香港的旅行社来运作。

澳门与香港同年开放为出境旅游目的地，大陆游客赴澳门旅游的基数比香港低，但发展速度并不比香港慢，尤其澳门航空开通往内地的航线之后，赴澳门的游客增长更快。据澳门特别行政区旅游司的数据，1999 年，大陆居民赴澳门为 164.5 万人次；2002 年为 278 万人次，较上年增长 54.58%；2004 年增至 952.97 人次，2005 年首次超过 1000 万人次，达到 1046.30 万人次，增长 9.8%，其中"个人游"旅客达 533.14 万人次，同比增长 51.5%，占大陆游客总数的 51.0%。

由于政治因素，台湾当局长期以来未能开放大陆居民直接赴台旅游，只能通过第三地的中转与商务旅游，不仅影响两岸旅游业的合作与发展，也限制了台湾旅游业的发展。近年来，台湾旅游业不景气，台湾旅游业希望台湾当局尽快开放大陆居民到台旅游，以改善经营困境。台湾当局在民间压力下，不得不做出妥协，于 2002 年 1 月开放第三类即旅居港澳及国外 4 年以上并取得工作证的大陆人士赴台旅游，5 月又开放第二类即赴国外旅游或海外商务考察的大陆人士赴台观光，但这两类人士赴台旅游的人数十分有限，并未真正开放大陆一般居民赴台观光旅游。由于台湾当局政策的限制，虽然两岸旅游行业部分企业通过变相手法，组织大陆居民以商务考察为名赴台旅游，但由于价格高、风险大，旅游人数还是很有限。

2005 年 5 月 3 日，受中共中央和国务院的委托，中共中央、国务院台湾事务办公室主任陈云林在上海受权宣布："大陆有关方面将于近期开放大陆居民赴台湾旅游。"2006 年 4 月 16 日国家旅游局、公安部、国务院台湾事务办公室联合发布实施《大陆居民赴台湾地区旅游管理办法》，规定由国家旅游局会同有关部门从已批准的特许经营出境旅游业务的旅行社范围内指定组团社，组织大陆居民以旅游团形式往返赴台湾旅游。此举，标志着赴台湾旅游出现新的突破，必将引起访台旅游的新高潮。

1.3.2　东南亚

东南亚国家历来是中国公民出境旅游的重点地区，截至 2005 年底，已经开放的东南亚旅游目的地国家和地区主要有泰国、新加坡、马来西亚、菲律宾、越南、柬埔寨、缅甸、文莱、印度尼西亚、老挝等 10 国。

泰国、新加坡、马来西亚是除香港、澳门外，开放最早的目的地，20 世纪 90 年代前半期，是公费旅游的热点，由此带来这三个目的地发展的第一次高潮，90年代后半期，自费旅游迅速发展，带来三个目的地发展的第二次高潮。随着中国公民出境旅游目的地的不断增多，游客面临更多的选择，那些已经去过东南亚的游客就会转向新的目的地，出国游客向更多的目的地分流。东南亚国家旅游市场的优势，一是有特色的异国风光，亚热带气候对寒冬中的北方游客更具吸引力；二是价格水平适应一般工薪阶层和大众消费。

菲律宾作为开放较早的一个旅游目的地国家，由于出于旅游安全的考虑，只有少数游客前往。文莱是2001年新开放的目的地，市场起步的基数很低，近期内赴文莱旅游的多数是有多次出国经历的旅游爱好者。

印度尼西亚作为2002年新开放的目的地，旅游资源相当丰富，尤其是享有盛名的海滨度假胜地——巴厘岛、世界最大的古老佛塔——婆罗浮屠、爪哇文化艺术的发源地——日惹等，对中国游客都是极富吸引力的。但印尼政局不稳，加之海啸也是影响游客尤其是休闲度假游客选择的重要因素。2004年12月印度尼西亚等国遭遇的特大地震和海啸灾害，曾造成数十万人的伤亡，旅游设施毁坏严重。

1.3.3 东亚和南亚

截至2005年底，已经开放的东亚国家有蒙古、韩国和日本，南亚国家有尼泊尔、印度、马尔代夫、斯里兰卡和巴基斯坦。

韩国自1998年开放为出境旅游目的地以来，发展很快。据世界旅游组织公布的统计资料，赴韩的中国游客，1998年为21.1万人次，1999年猛增至31.7万人次，涨幅为50%，2000年再增长40%，达到44.3万人次。2001年，韩国接待475万人次海外游客，其中9.3%为中国游客；2003年赴韩国旅游的中国游客为55.9万人次。中国已成为韩国入境旅游的继日本之后的第二大客源市场。

日本在2000年9月开放为中国公民出境旅游目的地，先是只对京、沪、粤三地自费旅游者开放，只能办理团体旅游签证（ADS签证）；2004年9月增加天津、辽宁、山东、江苏、浙江；2005年7月25日起全面开放。截至2005年底，赴日旅游所有团体签证申请均由北京的日本驻华大使馆受理。由于操作周期较长，加之价格定位较高，在一定程度上影响了客源。

朝鲜、蒙古、哈萨克斯坦、缅甸、柬埔寨、老挝、越南都是中国的接壤国，边境旅游已开展多年。随着缅甸、柬埔寨、越南、蒙古等国先后正式开放为中国公民出国旅游目的地，前往这些国家的出国游和边境游合二为一。

1.3.4 大洋洲

澳大利亚、新西兰于1999年正式开放为中国公民自费旅游目的地；2005年4月和5月又先后开放了北马里亚纳群岛联邦和斐济、瓦努阿图；2003年3月开放汤加等地区和国家。

大洋洲美丽开阔的自然风光是最具吸引力的。尤其是澳大利亚的悉尼歌剧院、黄金海岸、电影世界、海洋公园、毛利文化等内容深受出境旅游者的欢迎。

1.3.5 欧洲

现代旅游业起源于欧洲，完备的旅游管理及运作体系，使得欧洲成为每年吸引全世界观光客最多的地方。发达的社会、多彩的文化、悠久的历史、安全的环境，欧洲的吸引力其实并不需要旅行社多做招徕。

自20世纪90年代中期以后，到欧洲旅游的亚洲游客中的中国内地游客越来越多。从2002年正式开放马尔他，2003年正式开放德国、克罗地亚、匈牙利为中国公民出国旅游目的地开始；直至2004年9月1日，赴欧洲27个国家（包括欧盟22国：奥地利、比利时、塞浦路斯、捷克、丹麦、爱沙尼亚、芬兰、法国、希腊、意大利、拉脱维亚、立陶宛、卢森堡、马尔他、荷兰、波兰、葡萄牙、爱尔兰、斯洛伐克、斯洛文尼亚、西班牙、瑞典，以及挪威、冰岛、瑞士、列支敦士登、罗马尼亚5国）的中国公民出国旅游业务正式实施；2005年7月和8月，又分别新增英国、俄罗斯两国，目前欧洲国家32个（欧盟24个）正式开展中国公民组团旅游业务。

1999年，赴欧洲旅游的中国公民有82.36万人次，2000年增长到107.91万人次，涨幅为31.03%，在各大洲中居首位。赴欧洲的游客占出境总量的比例由1999年的8.92%上升到2000年的10.13%，在各大洲中居第二位。2004年9月前，欧洲旅游除德国外，只限于旅行社承接商务考察团，没有面向公众自费旅游。一经开放，便很快成为卖点。

欧洲的历史、文化、艺术、城市、建筑、乃至风光、民情都与中国的不同，形成强烈的反差；众多的大陆国家和丰富的旅游资源可以组合成不同的游览线路和多种旅游产品。据预测，欧洲将成为具有远程旅游支付能力、而又尚未涉足欧洲的中国公民的首选旅游目的地。

1.3.6 美洲

美洲已经正式开放的国家和地区有古巴、智利、牙买加、巴西、墨西哥、秘鲁、安提瓜和巴布达、巴巴多斯、巴哈马、格林纳达、圣卢西亚等。

中国已批准加拿大为中国公民出境旅游目的地，但还没正式签署ADS协议，没有旅游签证的分类。在前往加拿大的访问签证中，约65%～70%是公务签证，另外30%～35%是因私签证。

目前，中国游客赴美国旅游不容易。因私申请赴美国获准的概率不高，即使因公组团赴美也时有部分人员被拒签。目前中国的旅行社只办理少数赴美商务考察，原则上不受理自费赴美旅游。2004年12月6日中美双方签署的《旅游合作谅解备忘录》，预示着中国公民在不久的将来可能实现“美国游”。

1.3.7 中东及非洲

中国已经开放的中东和非洲的目的地国家和地区有土耳其、埃及、约旦、突尼斯、埃塞俄比亚、津巴布韦、坦桑尼亚、毛里求斯、肯尼亚、赞比亚、塞舌尔、南非。

中东及非洲独特的自然景观、古老的文明、悠久的历史和神秘宗教都对中国旅游者极具吸引力。

1.4 思考与练习

1．阐述中国公民出境旅游的发展历程。

2．中国公民出境旅游市场的特点和发展趋势是什么？

3．简述中国公民出境目的地国家和地区构成。

第2章　亚洲和大洋洲地区

学习目的

通过本章学习，了解和掌握东亚、东南亚、南亚及大洋洲主要旅游目的地国家和地区的基本情况和主要旅游城市及名胜，以及由当地特色旅游资源构成的专题旅游线路。

主要内容

- 东亚之旅

中国香港、澳门、台湾；樱花之国——日本；隐逸之都——韩国

- 东南亚之旅

黄袍佛国——泰国；城市岛国——新加坡；锡和橡胶王国——马来西亚；万岛之国——印度尼西亚；佛塔之国——缅甸

- 南亚之旅

高山之国——尼泊尔；月亮之国——印度；印度洋上的珍珠——斯里兰卡；花环群岛——马尔代夫

- 大洋洲之旅

骑在羊背上的国家——澳大利亚；白云之乡——新西兰

亚洲是亚细亚洲（Asia）的简称，位于东半球的东北部，东濒太平洋，南临印度洋，北滨北冰洋，西达大西洋的属海——地中海和黑海。西北部以乌拉尔山脉、乌拉尔河、里海、大高加索山脉、博斯普鲁斯海峡、达达尼尔海峡同欧洲分界；西南隔苏伊士运河、红海与非洲相邻；东南面隔海与大洋洲相望；东北隔宽仅86千米的白令海峡与北美洲相对。亚洲大陆东至楚科奇半岛的杰日尼奥夫角，西至小亚细亚半岛的巴巴角，南至马来半岛的皮艾角，北至泰梅尔半岛的切柳斯金角。亚洲面积4400万平方千米（包括岛屿），约占世界陆地总面积的29.4%，是七大洲中最大的洲。亚洲大陆与欧洲大陆毗连，形成全球最大的陆块——亚欧大陆，总面积约5071万平方千米，其中亚洲大陆约占4/5。

亚洲的大陆海岸线长69900千米。是世界上海岸线最长的一洲。海岸类型复杂，多半岛和岛屿，亚洲半岛总面积约1000多万平方千米，是半岛面积最大的一洲。阿拉伯半岛（面积300万平方千米）是世界上最大的半岛，另外还有印度半岛、中南半岛等。岛屿总面积约270万平方千米，仅次于美洲，有世界第二大岛新几内亚岛（伊里安岛，面积78.5万平方千米）和世界第三大岛加里曼丹岛（面积73.4万平方千米），以及苏门答腊岛、本州岛等。

亚洲又是世界上地形最复杂多样的一个洲。地势起伏，高低悬殊。有世界最高峰——珠穆朗玛峰，海拔8844.43米，世界最低点——死海，位于海平面以下392米；平均海拔约950米，是除南极洲外世界地势最高的一洲。山地、高原和丘陵约占全洲面积的3/4，其中有1/3的地区海拔在1000米以上。全洲大致以帕米尔高原为中心，向四周伸出一系列高大的山脉，在各高大山脉之间有许多面积广大的高原和盆地，在山地、高原的外侧还分

布着广阔的平原。亚洲是世界上火山最多的一洲，东部边缘海外围的岛群是太平洋西岸火山带的主要组成部分。亚洲也是世界上地震频繁且多强烈地震的洲之一。

亚洲的许多大河发源于中部高山地带，呈放射状向四面奔流，分别注入太平洋、印度洋和北冰洋。内流河主要分布于亚洲中西部干旱地区。亚洲最长的河流是长江，长 6397 千米；其次是黄河，长 5464 千米；湄公河长 4500 千米。最长的内流河是锡尔河，其次是阿姆河和塔里木河。亚洲湖泊分布较广，亚欧界湖里海是世界第一大湖、最大的咸水湖；贝加尔湖是世界上最深的湖、亚洲最大的淡水湖；死海是世界上最低的洼地；巴尔喀什湖是一个同时存在着淡水和咸水的内陆湖。

亚洲有世界上最复杂多样的气候，尤其是季风气候典型和大陆性气候显著。由于纬度从 9° S，向北经过赤道，直到 80° N，全洲跨热、温、寒三带。东亚东南半部是湿润的温带和亚热带季风区；东南亚和南亚是湿润的热带季风区；中亚、西亚和东亚内陆为干旱地区。亚洲大部分地区冬季气温甚低，最冷月平均气温在 0℃以下的地区约占全洲面积的 1/2，位于西伯利亚东北部的维尔霍扬斯克和奥伊米亚康地区，1 月平均气温低达－50℃以下，绝对最低气温曾低达－71℃，成为北半球的“寒极”。夏季普遍增温，伊拉克巴士拉绝对最高气温曾达 58.8℃，为世界最热的地方之一。降水分布地区差异悬殊，主趋势是从湿润的东南部向干燥的西北部递减。赤道带附近全年多雨，年降水 2000 毫米以上。印度东北部的乞拉朋齐年平均降水量高达 11430 毫米，为世界上最多雨的地区之一。西南亚和中亚为终年少雨区，广大地区年降水多在 150～100 毫米以下。

亚洲是世界人口最多的一个洲，是世界文明古国——中国、印度和巴比伦的所在地，又是佛教、伊斯兰教和基督教的发源地。亚洲人民创造的灿烂文化对世界文明的进步有着重要的贡献和影响。

亚洲共有 48 个国家和地区（俄罗斯通常归入欧洲国家），除日本为发达国家外，其余均为发展中国家。在地理上习惯将亚洲分为东亚、东南亚、南亚、西亚、中亚和北亚几个大区。由于各国所处的地理位置、历史发展和经济的差异，各国都具有各自独特而丰富的旅游资源。

2.1 东亚之旅

东亚是指亚洲东部地区。包括中国、朝鲜、韩国、蒙古和日本等国家。地势西高东低，呈阶梯状下降。西部有称为“世界屋脊”的青藏高原，平均海拔在 4000 米以上。向东为蒙古高原、黄土高原、云贵高原、朝鲜半岛和日本列岛。气候主要为温带季风气候和大陆性气候。旅游资源丰富。

2.1.1 中国香港、澳门、台湾

（一）动感之都——香港（Hongkong）

1．旅游环境

中华人民共和国香港特别行政区位于广东省珠江口东侧，北隔深圳河与广东省深圳经

济特区相接，西与澳门隔海相望。包括香港岛、九龙半岛、新界以及所属 183 个岛屿和附近海域，陆地总面积 1095 平方千米。

香港地形属岭南丘陵的延伸部分，境内平地少，多石山、岩岛和港湾。新界的大雾山（也称大帽山）海拔 957 米，为境内最高峰；大屿山是境内最大的岛屿，其次为香港岛，北隔海峡与九龙半岛相对，其间的维多利亚港是世界三大天然良港之一。

香港属于亚热带海洋性气候，年平均温度为 23.3℃，每年有 8 个月的平均气温超过 20℃；年降水量 2214 毫米。一般 3 月至 5 月中旬为春季，天气潮湿多雾；5 月下旬至 9 月中旬为夏季，炎热多雨，7 月平均温度 28.8℃；9 月下旬至 12 月上旬为秋季，天气晴朗；12 月中旬至 2 月下旬为冬季，天气清凉，1 月平均温度 15.8℃。台风为主要自然灾害，沿海有港岛、西贡、大屿山三大浪湾，维多利亚港建有 14 个避风塘。

香港是一个举世闻名的国际化大都市，现代化气息浓郁，经济、通讯、科技、交通、生活、娱乐都处于世界发展水平的前沿。香港在第二次世界大战后，凭借优越的地理位置和国际资本的不断注入，成为世界金融贸易中心之一，其黄金外汇市场、深水自由港、转口贸易等已成为国际商业的重要组成部分。近年来，香港在经济多元化方针推动下，已逐步从转口贸易为主发展为以贸易为基础的包括加工工业、金融、房地产业、旅游等多元化经济结构的城市，与中国台湾、韩国、新加坡并称为亚洲“四小龙”，并成为名扬全球的“东方之珠”。

2．历史与文化

香港，意为出口香料的港口。今香港新界沙田、大屿山等地，历史上曾属广东东莞，亦产制香原料——莞香。当时莞香多数由“香港”（石排湾、香港仔一带）转运广州，再行销北方。后来“香港”也由原指的石排湾、香港仔一带，扩大为香港全岛乃至九龙、新界的总称。

香港自古以来就是中国的神圣领土。1840 年英国发动鸦片战争，1842 年 8 月，强迫清政府签订中国历史上第一个不平等条约——《南京条约》，割让香港岛。1856 年 10 月，英法联军发动了第二次鸦片战争，英国迫使清政府于 1860 年 10 月签订《北京条约》，割让九龙半岛南端即今界限街以南地区。1894 年，清政府在中日甲午战争中战败，各帝国主义列强加紧瓜分中国。1898 年 6 月，《展拓香港界址专条》在北京签署，英国强租界限街以北、深圳河以南的九龙半岛北部大片土地以及附近 230 多个大小岛屿（后统称“新界”），租期 99 年，1997 年 6 月 30 日期满。1941 年 12 月日本军队突袭香港，香港沦陷。第二次世界大战后，香港重新置于英国的统治之下。1997 年 7 月 1 日，香港正式回归中华人民共和国。回归后，香港成为中华人民共和国的一个特别行政区，按照“一国两制”的方针，开始了“港人治港”的新历史。

香港特别行政区区旗为五星花蕊的紫荆花红旗。红旗代表祖国，白色紫荆花代表香港，紫荆花红旗寓意香港是中国不可分离的一部分，并将在祖国怀抱中兴旺发达。花蕊上的五颗星象征香港同胞热爱祖国，红白两色体现“一国两制”的精神。香港特别行政区区徽呈圆形，徽面中间为红底白色五星紫荆花蕊图案，其寓意与区旗相同。在香港，凡国旗与区旗、国徽与区徽同时悬挂时，国旗或国徽置于较突出的位置；列队举持国旗和区旗时，国旗在区旗之前；平列悬挂国旗和区旗时，国旗在右，区旗在左。香港特别行政区区花是紫荆花。

香港是一个年轻的城市，是一个充满奇迹和神话的城市，是一个令人无比激动的城市。世界级的建筑、快节奏的生活、时尚摩登的娱乐享受，无不凸现出这座城市的惊艳魅力。它是人们感受生活的好地方。

香港融汇了古今中外的文化与传统，这点最能从遍布全港的文化博物馆和艺术馆中反映出来。香港每年都要举办包括香港艺术节、香港国际电影节、国际综艺合家欢、秋季专题艺术节、灯饰大汇和花卉展览等各种类型的文化康乐活动。在香港举行的多项国际体育竞赛中，主要有每年的七人橄榄球赛、赛马、龙舟邀请赛、世界醒狮邀请赛、世界短池游泳锦标赛、世界女排大赛、网球、壁球、高尔夫球、保龄球、田径、足球和草地滚球赛等。

香港是一个集世界美食于一地的“美食天堂”和享誉世界的“购物天堂”。在香港可以品尝到世界各地最可口的美酒佳肴。据统计，香港的各类中西餐馆超过一万家，可谓五步一楼，十步一阁。而且大型购物商场、酒店商场、综合购物中心、百货公司、服饰店、市场和路边摊子等各色购物场所一应俱全，既有著名的世界品牌，也不乏物美价廉的货品，荟萃了中西精品。良好的购物环境与休闲娱乐融为一体，在香港购物本身就是一种娱乐和享受。

香港是世界上人口密度较高的地区之一，人口694万（2005年7月），其中90%以上为华人，香港通行多种语言，其中中文及英语同属香港的官方语言。宗教自由是香港居民享有的基本权利之一，受《基本法》和有关法律保障。佛教和道教是中国的传统宗教，在香港拥有大批信众。佛教的主要节日为农历四月初八的佛诞日。佛道两教的神明往往会在庙内同时供奉。

3．习俗礼仪

香港的中国人大部分因袭传统的宗教信仰和风俗习惯，信神的较多。人们普遍敬奉祖先神位、门神、土地神，初一、十五必上香或点蜡烛，逢喜事及传统节日拜祭天神，平时也经常参拜以求好运。香港有供奉各路神仙的庙宇道观360多所。由于香港临海，从事渔业、航运者众多，故多供奉天后古庙中的妈祖。全港最负盛名的天后庙，位于清水湾半岛大庙湾。每年农历3月23日天后宝诞，都有很多善男信女前往进香。此外还供奉观音、关帝等。香港很多商店设有关帝神位、以求保佑。

香港人的交流方式是中西文化融合的产物。在社交场合与客人相见时，一般行握手礼；亲朋好友相见时，也行拥抱礼和贴面颊式的亲吻礼。在社交场合对男士一般称“先生”，对女士一般称“小姐”、“太太”。在非正规场合，中年以上的男人可称“阿叔”、“阿伯”，对年纪大的妇女称“师奶”、“阿婶”，年轻男女可称“哥哥”、“姐姐”。除极为熟悉者外，一般不在姓氏前冠以“老”字。拜访前要先电话联络。商务和社交活动大多约在酒楼、茶房或餐厅。接受礼品后不当面打开，公务人员收受礼品是违法的。

香港人对数字相当迷信，“3”和“8”是他们最喜爱的数字。“3”的广东话谐音是“生”，代表生气勃勃、生财有道、生龙活虎之意；“8”的广东话谐音是“发”，代表发财、发达。香港人不说“新年快乐”，因“快乐”容易念成“快落”，不吉利。香港人喜欢红、黄等鲜艳的颜色，不喜欢白、黑、灰等颜色，近年来流行金色。

4．主要旅游名胜

香港是一个中西合壁的国际大都会，既保留传统的中国文化，又深受西方文化的影响。素有“动感之都”的美誉，是亚洲最受欢迎的旅游胜地之一，它的旅游外汇收入、游客人数及游客人均消费额等指标，都居于世界旅游市场的前列，堪称亚太地区的旅游枢纽。这儿有购物消闲的好去处、享誉国际的佳肴美食、绚丽多彩的海湾、绵软的沙滩海浪、极具地方色彩的古物古迹和密如蛛网的高楼大厦。下面对主要名胜作一概述。

（1）**维多利亚港** 位于维多利亚海峡近岸，地处香港岛与九龙半岛之间，这里港阔水深，自然条件得天独厚，是中国第一大港，由香港岛和九龙半岛环抱而成，与美国旧金山、巴西里约热内卢并称为世界三大天然良港。当年英国强占此海港时，正值维多利亚女王当朝，故名。维多利亚港港湾深阔，可同时停泊 150 多艘万吨巨轮，有 3 条主要出入港水道，是进入香港的门户，维多利亚港目前有 72 个供远洋轮船停靠的泊位，其中有 43 个可供长达 183 米的巨轮停泊。港区周围有群山和岛屿作屏障，形成两头可通的巨型袋式避风港，除直接吹袭的台风以外，通常港内风平浪静。海港处于珠江口东侧，为珠江三角洲的门户，又位于台湾海峡与南海之交，因而成为亚洲及世界的重要海上枢纽。港口设施先进，与世界上 100 多个国家和地区的 460 多个港口有航运往来，是世界上最为繁忙和最为有效的海港之一。此处还是观赏维多利亚湾夜景的最佳地点，“香港游”的主要游览项目之一便是乘船在夜色中漫游海港，眺望两岸灯火，尽领“东方之珠”的风情。

（2）**维多利亚公园** 是香港最大的公园，香港市民休闲健身的主要场所。建于 1955 年，以体育运动场地为主，有游泳池、网球场、足球场及其他球类场地。公园入口处有维多利亚女皇的铜像。每逢周日正午，公园内举行颇有特色的时事辩论会——城市论坛。此集会类似于伦敦的海德公园，市民可与演讲者辩论，其过程还会在电视台现场直播。维多利亚公园在每年的元宵节会设香港最大的元宵市场，这里也是中秋赏月的最佳地点。

（3）**太平山** 即维多利亚峰，位于香港岛西部，是香港岛最高峰，海拔 554 米。太平山古称香炉峰，据传，一百多年前海盗张保仔盘踞港岛时，在此山顶设瞭望台，客船过境即扯旗联络，出动截窃，因而香港人又称其为“扯旗山”。现今称作太平山，充分反映了香港同胞渴望太平安定的由衷心愿。自开埠以来，它一直被视为香港的标志。山顶设有很多专为游客观景的设备，乘坐缆车登上位于太平山腰 398 米处的船形瞭望台，香港的海湾、建筑、山麓尽收眼底。离瞭望台不足百米的山边，有仿照中国古代风格建造的狮子亭，可饱览港九风光；瞭望台西面是卢吉道小径，沿途绿树成荫，鸟语花香，在此也可俯瞰香港及维多利亚港的景色。山顶公园是太平山的一大特色，它是香港海拔最高的公园，也是观赏世界“四大夜景”之一的香港夜景的最佳去处。

（4）**海洋公园** 是亚洲最著名的海洋博物馆和现代娱乐中心之一。位于香港南部深水湾与黄竹坑之间的南郎山上，包括山顶公园、山下花园和大树湾三大区域。山上以海洋馆、海洋剧场、海涛馆、机动游戏为主。山下则有水上乐园、花园剧场、金鱼馆及仿照历代文物所建的集古村。仿中国宫廷建筑，村内有亭台楼阁、庙宇街景，反映中国历史风貌，使中国古代街景重现，并有民间艺术表演。由中央政府赠送的大熊猫安安和佳佳，于 1999 年首次公开免费让市民参观。往来于园内各地，可乘架空吊车或电动扶梯。

（5）**香港迪斯尼乐园** 位于香港大屿山竹篙湾，是迪斯尼公司继东京、巴黎之后兴建的第三个海外国际主题公园，占地 126 公顷，于 2005 年 9 月 12 日正式开幕。也是全球第 5 座迪斯尼乐园（即全球第 11 座迪斯尼旗下的主题公园），及首个根据加州迪斯尼（包括睡公主城堡）为蓝本的主题乐园。到访香港迪斯尼乐园的游客将会暂时远离现实世界，走进缤纷的童话故事王国，感受神秘奇幻的未来国度及惊险刺激的历险世界。

（6）**黄大仙祠** 是香港香火最盛的道教庙宇之一，位于九龙竹园区内。始建于1921年，供奉的黄大仙是赤松仙子黄初平，传说有求必应。这里长年香火鼎盛，特别是节日及农历新年期间，善男信女蜂拥而至。庙宇具有中式宫殿建筑风格，主殿、三圣堂、亭台、水池分布有致。在黄大仙祠附近的志莲净苑，坐落于九龙钻石山，是仿照唐代建筑模式兴建的寺院建筑群。

（7）**米埔沼泽及后海湾内湾湿地** 是香港最重要的野生生物保护区之一，位于香港新界西北与广东深圳市交界处。根据《拉姆萨尔公约》（其全称为“关于特别是作为水禽栖息地的国际重要湿地公约”），1995年被列为国际重要湿地——“具有国际意义的湿地，特别是作为水禽栖地的湿地”。该处的泥滩、鱼塘、沼泽和矮红树林占地约1500公顷，为野生生物（特别是候鸟和留鸟）提供大片栖息地。据观察所得，在米埔沼泽区内栖息的鸟类约有300种，其中最少有110种是香港其他地方难得一见的鸟类。

（二）博彩莲岛——澳门（Macao）

1．旅游环境

中华人民共和国澳门特别行政区位于广东省南部，珠江口西岸。由澳门半岛、凼仔岛、路环岛组成，总面积为27.3平方千米。

澳门原是一个海中小岛，因珠江口西侧泥沙淤积及不断填海拓地，即形成与大陆相连的澳门半岛。澳门地势南高北低，天然平原少，多为丘陵、台地。地势最高的路环岛是一花岗岩山体，主峰塔石塘山海拔172米，是澳门最高峰。

澳门属于亚热带海洋性季风气候，气候湿热多雨，干湿季明显。年平均气温约22.3℃，其中，1月平均气温为14.5℃，7月平均气温为28.6℃。4～9月为雨季，年平均降水量为2031毫米。春季多雾，夏季有台风危害，每年的10～12月气候温和，是一年中最为舒适的时节。

在经济结构方面，澳门缺乏天然资源，澳门财政收入主要来源于博彩业、旅游业及港口的贸易中转及运输。在工业方面，往日的轻工业如火柴、爆竹、香烛等已经萎缩。直到20世纪80年代制造业才迅速发展，制衣、纺织、玩具等都极其蓬勃。在经济政策方面，澳门采取的是自由经济政策。目前澳门政府致力发展的目标有电子行业和与工业有关的生产管理、产品开发和设计等辅助行业，以及银行、保险、旅游等服务行业。

博彩业在澳门历史悠久，早在1847年，澳门便颁布法令宣布赌博合法化。博彩业至今仍是澳门政府财政收入的主要来源之一。澳门也因此与美国的拉斯维加斯和摩洛哥蒙地卡罗并称世界三大赌城，并被誉为“东方蒙地卡罗”和“东方拉斯维加斯”。因此，在澳门可以看见其他地区少见的景观——“银牌高署市门东，百万居然一掷中”。博彩带动了澳门的旅游业，使旅游业也成为澳门四大经济支柱之一和外汇主要来源。澳门的博彩业主要分为三种，即幸运博彩、押注于跑狗与赛回力球、彩票。其中以幸运博彩吸引的赌客最多。澳门的幸运博彩包括有轮盘、牌九、自动机或角子老虎机、百家彩等几十种玩法。

2．历史与文化

澳门自古以来就是中国的领土。公元前3世纪，秦统一中国，澳门地区正式纳入中国版图。16世纪初属广东香山县（今中山市）管辖，是一个小渔村。16世纪，葡萄牙人在澳门泊船登岸。1582年，中葡订立澳门借地协约，葡萄牙人每年向香山县交纳地租500两白银。鸦片战争爆发后，葡萄牙于1845年擅自宣布澳门为“自由港”，停止向清政府交纳地租。1886年，葡萄牙提出永远居住和管理澳门的要求，次年（公元1887年），诱使清政府在北京签订不平等的《中葡会议草约》，正式占领澳门，将澳门列为“海外省”。1928年，国民党政府与葡萄牙政府续签《中葡和好通商条约》，葡萄牙仍占据澳门。1974年，葡萄牙修改宪法，承认澳门是葡萄牙管辖的中国领土，并于1976年颁布了《澳门组织章程》，规定澳门地区属葡萄牙管治下的特殊地区，享有行政、经济、财政及立法自治权。1979年中葡两国建立外交关系。1999年12月20日，中国恢复对澳门行使主权，澳门特别行政区成立，成为继香港之后的又一个以“一国两制”构想解决祖国统一问题的成功典范。

澳门特别行政区区旗是绘有五星、莲花、大桥海水图案的绿色旗帜。其中五星象征国家的统一，澳门是祖国不可分割的一部分；含苞待放的莲花是澳门居民喜爱的花卉，预示着澳门将来的兴旺发达；三个花瓣表示澳门由三部分组成；绿色代表祖国大地，大桥、海水反映澳门环境上的特点。澳门特别行政区区徽呈圆形，徽面中间是五星、莲花、大桥、海水，周围写有“中华人民中共和国澳门特别行政区”和葡文“澳门”。其图案的含义与区旗相同。澳门特别行政区的区花是莲花。

由于澳门独特的地理位置和历史背景，使澳门的文化是中西文化历经400年磨合的产物。先是随着中国内地居民的不断迁入，中国的传统文化被带入澳门，形成了澳门华人的主体文化。同时澳门在16～17世纪成为贸易和传教中心后，大大促进了东西方文化交流，使中国的传统文化和来自欧洲、东南亚等地的文化相互碰撞、交流、汇聚、融合。澳门现存有不少中西合璧的文物古迹，具有东、西方风格的建筑物，大都具有“以中为主，中葡结合”的特色。澳门曾经是宗教文化中心，既有儒、释、道等古老的中国宗教，也有后传入的天主教、基督教、伊斯兰教等宗教，宗教文化的多元化在澳门也得到了充分表现，天主教、基督教、佛教、道教、妈祖在这里都有保留。如大三巴牌坊融合了东西方建筑的精华，是东西方宗教互相包容的杰作。

澳门人口约50.3万（2006年6月），97%为中国籍，其余为葡萄牙等国籍。葡萄牙语及中文是澳门现行官方语言，英语也很通行，但居民日常沟通普遍讲粤语。澳门宗教历史悠久，居民普遍信仰的宗教有佛教、道教、天主教、基督教、巴哈伊教、伊斯兰教等。每年由宗教团体举办的宗教活动接连不断，构成东西方文化交汇的一个侧面。

3. 习俗礼仪

澳门虽然400年来受葡萄牙的统治，但是中华文化仍占据主导地位，风俗习惯上，有大量中国传统的东西都保留下来，如崇拜关帝、观音、妈祖等，以及农历新年、民间节令，都有浓厚的中国风俗。澳门居民籍贯多是广东、福建一带，都保留有乡土的习俗。

澳门居民非常重视时节，特别是农历新年。“尾岁”过了以后，家家户户都进行大扫除，准备迎接新岁，所有渔船也回来澳门“湾水”（返澳停泊休息）。年晚有花市“开档”，居民吃过了“团年饭”，大都喜欢去逛花市。买花过年的俗例，是点缀新岁生气勃勃，也是好兆头谐音“生意发发”，希望一年顺景，万事顺意。年三十晚便开始拜神，一家大小共叙天伦之乐，吃“团年饭”。到了子夜，家家户户燃放爆竹，正是“爆竹一声除旧，桃符万户更新”。由凌晨开始，虔诚的人便到寺庙去参神，祈福菩萨保佑，心想事成，横财到手。特别是妈祖庙、观音堂，香火鼎盛，殿堂前车水马龙，这样扰攘直至天亮。年初一早上，人们大清早就起床，所有的人都忙碌起来，换了新衣鞋袜，外出到处拜年，连土生的葡萄牙人也学习了这一套，到亲友家里拜年去了。社团举行“团拜”，同乡会举行“团拜”，甚至私人会所也有"团拜"节目。

一般民间习俗，也是非常地重视。农历四月初八这一天既是浴佛节，又是谭公宝诞。澳门渔行为庆祝该行业传统节日，初八、初九两天全行休息，举行"醉龙、醒狮大会"。五月初五的端午节，不仅全澳粽子飘香，同时举行国际龙舟比赛，近年来澳门的龙舟队在国际上享有很高的声誉。八月十五的中秋节是一年中的"大节日"，家家户户团聚"赏月"，出外工作的都趁假期赶着回来，一家大小，共叙天伦之乐。除了吃月饼以外，许多家庭都喜欢自制汤丸，只做甜的，冬节才做咸的，象征一家"团圆"的意思。还有，煮熟的芋仔、沙田柚，都是过节时一般人喜欢吃的东西。

4. 主要旅游名胜

2005 年 7 月 15 日在南非举行的第 29 届世界遗产大会上"澳门历史建筑群"被列入世界遗产，并重新命名为"澳门历史城区"（The Historic Centre of Macao）。澳门历史城区保存了澳门 400 多年中西文化交流的历史精髓。它是中国境内现存年代最远、规模最大、保存最完整和最集中的，以西式建筑为主、中西式建筑相互辉映的历史城区；是西方宗教文化在中国和远东地区传播历史的重要见证；更是四百多年来中西文化交流互补、多元共存的结晶。"澳门历史城区"包括：妈阁庙、港务局大楼、郑家大屋、圣老楞佐教堂、圣若瑟修道院及圣堂、岗顶剧院、何东图书馆、圣奥斯汀教堂、民政总署大楼、三街会馆（关帝庙）、仁慈堂大楼、大堂、卢家大屋、玫瑰堂、大三巴牌坊、哪吒庙、旧城墙遗址、大炮台、圣安多尼教堂、东方基金会会址、基督教坟场、东望洋炮台（含东望洋灯塔及圣母雪地殿圣堂）等超过 20 处的历史建筑，以及同分散建筑紧密相连的妈阁庙前地、阿婆井前地、岗顶前地、议事亭前地、板樟堂前地、耶稣会纪念广场、白鸽巢前地等 7 个广场空间。澳门历史城区是中国现存最古老的西式建筑遗产，是东西方建筑艺术的综合体现。

澳门除了这些众多的名胜古迹、中外建筑及街区小巷等吸引游客外，艺术节、赛车、国际烟花会演、农历新年、国际音乐节、龙舟竞赛、赛狗及赛马等节目，亦成为许多游客选择澳门的原因。

下面对其中几个名胜加以介绍，以飨读者。

（1）**大三巴牌坊**　位于澳门大巴街附近的炮台山（中央柿山）下，右临澳门博物馆和大炮台名胜，是圣保罗教堂的前壁遗址。圣保罗教堂建成于 1637 年，是当时东方最大的天主教堂。1835 年毁于大火，留下教堂的花岗岩前壁和石阶，因它的形状与中国传统牌坊相似，所以取名为"大三巴牌坊"。大三巴牌坊这座中西合壁的石壁在全世界的天主教堂中是独一无二的，是澳门的标志性建筑。它宽 23 米，高 25.5 米，上下可分为五层，自第三层起往上逐步收分至顶部则是一底边宽为 8.5 米之三角形山花，整个墙壁是巴洛克式风格，但一些设计或雕刻，却具有明显的东方色彩。山巅上有大炮台，大炮台是澳门众多炮台中规模最大、最古老的炮台。大炮台原为教堂的祭天台，16 世纪葡萄牙人为抵抗荷兰人及海盗建起这座大炮台，作防御之用。1623 年至 1740 年间，这里一直是城防司令和澳督的住所。后改作气象台，对外开放。1996 年 9 月，原址改建为澳门博物馆，1998 年落成启用。旧时的古炮、城墙、葡式建筑仍保存完好。

（2）**东望洋山**　古称琴山，以其横卧似瑶琴得名。位于澳门半岛的东部，海拔 91 米，是澳门半岛的最高山冈，也是澳门的地理坐标的标志点。东望洋山原为一座光秃秃的山冈，泥石裸露。清代同治年间，澳门时兴植树，山上遍种青松，数年后满山皆是松林，从此山被称为万松岭，简称松山，并成了澳门的一个风景名胜。山上有一座建于1865年的东望洋灯塔，又叫松山灯塔，塔高13米，是东方历史上的第一座灯塔，也是澳门的标志。一百多年来该灯塔为航海人导航，向澳门四周25海里范围循环照射。每逢台风到来之前，灯塔的旁边会悬挂起一个台风讯号，为渔民和航海人带来安全。松山与灯塔构成了澳门八景之一的“灯塔松涛”。松山灯塔与两座建于17世纪20年代的松山炮台和圣母雪地殿教堂，构成了松山三古迹。

（3）**妈阁庙** 是妈祖阁的俗称，原名天妃宫、正觉禅院。妈阁庙是澳门最古老的寺庙，建于1488年，是澳门开埠的历史见证。四百多年前，葡萄牙人抵达澳门，从庙前对面的海岬登岸，并向居民询问当地名称及历史，居民误指庙宇，故此答称“妈阁”，因此，葡萄牙人以其音译而成“Macau”，成为澳门葡文名称的由来。妈阁庙背山面海，沿崖古木参天，风光优美。整座庙宇包括大殿、弘仁殿、观音阁等三座主要建筑，石狮镇门、飞檐凌空，是一座富有中国文化特色的古建筑。妈阁庙历来香火鼎盛，特别是每年农历除夕和农历三月二十三日天后宝诞，妈阁庙更是香火旺盛。四方香客云集于此，上香拜祀、叩首祈福，并举行丰富多彩的节目助兴，这时妈阁庙上紫烟缭绕、一派祥和。人们称这种景象为“妈阁紫烟”，是澳门八景之一。

（4）**卢廉若公园** 位于澳门半岛的中部，东望洋山的北麓，罗利老马路与荷兰园马路的交界处，总面积1.78公顷。是港澳地区唯一的一座具有苏州园林风韵的公园。卢廉若公园原称娱园，曾为澳门最大的私家花园。由大赌商、澳门商会和镜湖医院慈善会的值理会主席卢廉若斥资兴建，始建于1904年，历经21年才于1925年陆续建成。1973年由澳门政府收购后重建为公园，于1974年9月对外开放，名为卢廉若公园。卢廉若公园以1912年孙中山先生下榻的“春草堂”水榭厅堂为主体，公园内到处都体现着苏州园林的风韵，亭台横匾、楼阁联语、池塘假山、曲径回廊、竹林飞瀑、塘畔细柳、塘中荷花，景色迷人，情趣盎然。卢廉若公园现已经被列为澳门新八景之一的“卢园探胜”。

（5）**普济禅院** 俗称观音堂，位于澳门美副将大马路，因院内供奉观音菩萨而得名。是澳门最大的禅院，也是澳门最具规模的庙宇，与妈阁庙、莲峰庙并称为澳门三大禅院。普济禅院创建于明朝末年，迄今已有近四百年的历史。为一座三进式建筑，首座为大雄宝殿，二进为长寿佛殿，三进为观音殿。大雄宝殿的东西两侧有天后殿、地藏殿、关帝殿、藏经楼等建筑，东侧还有一后花园，园内广植花草，茂林修竹，清荫幽寂。整个庙宇巍峨壮观，古朴典雅、构筑精美、庭院广阔、香火旺盛，是港澳罕见的佛寺建筑群，寺院气氛相当浓郁。澳门八景之一的“普济寻幽”指的就是这里。普济禅院之所以闻名遐迩，除了在于其历史悠久外，更因它是1844年清朝政府与美国签订第一个丧权辱国的中美《望厦条约》的所在地。至今禅院后花园内仍保存有签订条约时使用的一张花岗岩圆形石桌和四条石凳。1944年，这里修建了一座碑亭纪念此事，警示后人不忘国耻。

（6）**黑沙海滩** 是澳门著名的天然海滨浴场，位于路环岛。黑沙湾古称“大环”，呈半月形，坡度平缓，滩面广阔，水质明净，宽约一千米，沙细而匀，呈黑色，故有黑沙海滩之名。附近一个有百年历史的小渔村也因此被称为黑沙村。据说是因为海洋特定环境形成的黑色的次生矿“海绿石”，经年累月被海浪冲刷携带到岸边所致。早在20世纪30年代就已开发，在岸边还有大片的木麻黄人工林带，茂密苍翠，成为岸边常绿林带，与黑沙海滩相映成趣，最宜郊游、划艇、游泳，近年黑沙岸边新建了五星级酒店及高尔夫球场等旅游新设施，是一消暑休闲的好去处。澳门新八景之一的“黑沙踏浪”就是指此处风景。岸边还曾掘出四千年前的陶制品，是先民在澳门生活的佐证。

（三）美丽宝岛——台湾（Taiwan）

1. 旅游环境

台湾地区位于中国东南海域，北临东海，南隔巴士海峡与菲律宾相望，东濒太平洋，西隔台湾海峡与福建相望。台湾扼西太平洋航道的中心，是中国与太平洋地区各国海上联系的重要交通枢纽，在战略上，素有我国“七省藩篱”之称。全省由台湾岛、澎湖列岛和金门、马祖等 80 余个岛屿和海域组成。陆地面积 3.6 万平方千米，其中，台湾岛约占全省面积的 97%以上，是中国第一大岛。

台湾岛是一个形状像芭蕉叶的狭长形岛屿，地势东高西低；地形以山地丘陵为主，分为台东山地、台中丘陵、台西平原三大地形区，其中山地丘陵约占总面积的 2/3，平原约占 1/3。高山多集中在中部偏东地区，有中央山脉、玉山山脉、雪山山脉、阿里山脉和台东山脉（又称海岸山脉）等 5 列东北—西南向平行排列的山脉。玉山山脉的主峰玉山，高 3997 米，为台湾及我国东部第一高峰。除了山脉之外，台湾还是一个多火山的岛。著名的有大屯山火山群、基隆火山群、澎湖火山群等。有台南平原、屏东平原、宜兰平原、花莲平原、纵谷平原、沿海平原和台东平原，以及台北、台中盆地等。其中，台南平原最大，面积 4550 平方千米，其耕地面积占全省耕地总面积 40%，为农业最盛、人口最密的地区。屏东平原为高屏溪的冲积平原，面积约 1200 平方千米，是台湾第二大平原。

台湾地区地跨北回归线，具有热带、亚热带气候特点，高温、多雨、多风，年平均温度除高山外约在 22℃左右。4～11 月，是台湾的夏季，最热的 7 月份的平均气温为 28℃左右。从 12 月到翌年 3 月，为凉爽的“冬季”，最冷的 2 月份，平均气温在 15℃左右。年平均降雨量在 2400 毫米以上。北部是我国少见的多雨区，基隆平均每年有 200 多天下雨，素有“雨港”之称。中部高山地区多暴雨，中央山脉个别地区年降雨量高达 6000 毫米。西部低平地区的雨水比北部少。大部分地区降雨时间集中在夏季，尤以 6～8 月为最多，几乎每天下午都有一场雷阵雨。台湾是我国受台风影响最多的省份，附近海面为夏季台风的主要通道。每年 6～10 月是台风季节，其中 7～9 月台风次数最为频繁。充沛的雨量给岛上的河流发育创造了良好的条件，全岛有河流 150 多条，大多流程短、落差大，且水势湍急，多险滩和瀑布，水力资源极为丰富，其中长度超过 100 千米以上的河流有浊水溪、高屏溪、淡水河、大甲溪、曾文溪、马溪。

台湾是个美丽的宝岛，也是个富饶的宝岛。宜人的气候、肥沃的土地，以及丰富的资源，造就了台湾“山海秀结之区，丰衍膏腴之地”。人们为此给予她无限的赞美：有“米仓”、“东方糖库”、“水果之乡”、“森林之海”、“东南盐库”、“兰花王国”、“蝴蝶王国”、“珊瑚王国”、“鱼仓”等美誉。台湾森林覆盖面积占全省土地总面积的 1/2 以上，木材的蓄积量达 3 亿立方米以上。台湾因受气候垂直变化的影响，林木种类繁多，包括热带、亚热带、温带和寒带品系近 4000 种，是亚洲有名的天然植物园。台北的太平山，台中的八仙山，嘉义的阿里山，是全省的三大著名林区。主要木材有铁杉、台湾杉、红松、肖楠等，经济树种有樟、油桐、橡胶、漆树等。此外还有柠檬胺、肉豆蔻、金鸡纳霜等药材植物和芒香油料作物香茅草。台湾的樟科树木数量居世界之冠。用樟树提炼的樟脑和樟油，在医药上和化学工业上用途很大，是台湾一大特产，产量约占世界总产量的 70%。台湾现已探明的各种矿藏有 200 多种。目前已经开采的矿藏有 30 余种。煤是最主要的矿产，集中在北部地区。金、铜以东北部的瑞芳、金瓜石地区和东部中央山脉以东至海岸一带为最富集。在台湾北端大屯山一带，还出产重要的化工原料——硫黄。这是我国天然硫黄储量最多的地方。台湾四面环海，又处暖流与寒流的交汇地，海产十分丰富，一向是我国重要渔区。鱼类多达 500 多种，高雄、基隆、苏澳、花莲、新港、澎湖等地都是著名的渔场。台湾出产的海盐也久负盛名。从鹿港到安平之间的沿海地区是海盐的主要产区。

台湾农耕面积约占土地面积的 1/4，盛产稻米，一年有二至三熟，米质好、产量高，主要经济作物是蔗糖和茶。蔬菜品种超过 90 种，栽种面积仅次于稻谷。台湾素有“水果王国”美称，水果种类繁多。花卉产值也相当可观。

2. 历史与文化

台湾自古以来就是中国不可分割的一部分。台湾和祖国大陆本来连在一起，后因地壳运动，相连部分的陆地沉为海峡，台湾遂成海岛。据史籍记载，台湾在战国时代称“岛夷”，前后汉和三国时代称“东鳀”、“夷洲”，隋时称“流求”，沿用至宋、元，亦称“琉球”。明万历年间因谐音称为“台湾”，并在公文上正式使用。葡萄牙航海者当年经过台湾海峡时，因见岛上风光旖旎，曾称它为“福摩萨”（葡语意为“美丽”）。据古文献记载，大陆居民东渡台湾垦殖，最早可追溯到 1700 年前的三国时代，宋、元时期中国政府正式设官建制，管辖台湾和澎湖。1624 年起，台湾被荷兰侵占，1662 年，郑成功收复台湾，结束了荷兰在台湾 38 年的统治。1684 年（清康熙二十三年），清政府设“分巡台厦兵备道”及“台湾府”，隶属福建省管辖。1727 年（清雍正五年），清政府正式定“台湾”为官方统一的名称。1885 年（清光绪十一年），清政府正式划设台湾省。鸦片战争以后，美、英、法、日等国都曾入侵过台湾。1895 年，日本迫使清政府签订《马关条约》，割去台湾、澎湖列岛。从此，台湾沦为日本的殖民地达 50 年之久。1945 年 8 月，日本在第二次世界大战中战败，10 月 25 日，台湾、澎湖列岛重归中国版图，这一天被命名为“台湾光复日”。

因为在台湾发展的过程中包括了原住民、早期中国大陆闽南、客家移民，以及荷兰人、西班牙人、日本人等多元的历史背景，在传承中国传统文化的过程中，逐渐形成了多姿多彩的台湾文化。台湾的民俗文化艺术极其丰富，不仅有包括春节、元宵节、端午节、七夕、中元节等重要的岁时节令，在戏曲艺术方面，除了传承中国传统的戏曲艺术外，也发展出属于台湾本土特有的歌仔戏与布袋戏。歌仔戏是结合台湾各种地方戏曲小调、音乐为一体的表演艺术。

台湾高山族是我国大陆南方古代百越人的后裔，根据习俗和语言的不同高山族可分为阿美、泰雅、排湾、赛夏、布农、曹、鲁凯、卑南、雅美等 9 个族群。高山族是一个能歌善舞的民族，在数千年特别是与大陆汉族移民共同的生活劳作中，逐渐形成了富有自己浓郁民族风情的歌舞。歌舞几乎充满着高山族人的全部生活，他们为鼓励生产劳作而歌舞，为庆祝丰收而歌舞，在传统的祭祀节日中更是离不开歌舞。雅美族的甩发舞与雕船本领，阿美族的对位唱法与多姿的舞蹈，排湾族的刺绣与雕刻，布农族的“打耳祭”与“成年祭”大典，赛夏族的“矮灵祭”与佩铃叮咚的舞蹈，泰雅族的绣衣与播种节，卑南族的“刹猴祭”与“狩猎祭”等都各有特色。

台湾地区人口为 2270 万（2005 年 1 月），有汉、高山等民族，其中，汉族占总人口的 98%。台湾人口主要集中在西部平原，东部人口仅占全部人口的 4%。台湾的宗教活动比较盛行，主要的宗教有佛教、道教、伊斯兰教、天主教、基督教（新教）等。此外，高山族还保留着一些原始宗教。

3．习俗礼仪

台湾地区的习俗礼仪与大陆大体相同，台湾人的祖先几百年前从福建、广东沿海等省份迁到台湾，把这一带的生活习惯、风俗带入台湾，因此，台湾的生活习惯、信仰、婚丧、祭祀、节庆，与闽、粤两省几乎完全相同。

台湾早期住民很多都是以打猎为生的，长久以来，他们形成了以渔猎为主要内容的民间习俗，狩猎祭就是一项别具风采的活动。位于台东纵谷公路旁的初鹿村，居民有 800 户，卑南人只占 130 户，但每年 12 月底这个部落举行的狩猎祭却声名远播。初鹿狩猎祭的仪式从晚间一直持续到第二天清晨。在狩猎祭的当今天晚上，卑南男人就拿着野兽的头，抓着盾牌，高喊口号，在祭奠场地中转圈。但是自从整个生态环境遭到破坏、禁猎法令颁布后，初鹿狩猎祭已经不再到野外去打猎了，而是逐渐演变成一种男子的联谊活动。在台湾高山族中，以彪悍、勇猛、刚毅而著称的布农人，分布在台湾中央山脉，以优美的小米丰收歌闻名全岛。布农人是一个没有文字的部落，自古以来，他们就是根据月亮的阴晴圆缺，和一年四季环境变化与农事活动，来定出自己的祭祀历法。布农人一年中有很多庆典和祭祀活动，其中射耳祭也叫打耳祭和小米丰收歌是布农人一年中最重要的隆重节日。射耳祭和小米丰收祭，代表了布农人传统生活中对狩猎和小米的虔诚与期待丰收的喜悦心情。在这两个重大的节日里，布农人都穿戴美丽的服饰，尽情地饮酒、歌舞。

4．主要旅游名胜

台湾地貌复杂，处于太平洋火山地震带上，又有喀斯特地貌与海蚀地貌，故多山水胜境、火山群与温泉群。西海岸沙滩平缓，多海水浴场，而东海岸奇石怪岩，断崖陡峭。台湾森林茂密，动植物资源丰富，更有“蝴蝶王国”之称。因此，台湾自然风光以高山、密林、瀑布、海岸著称于世。早在清代就有“八景十二胜”之说。阿里山云海、双潭秋月、玉山积云、清水断崖、澎湖渔火、大屯春色、鲁谷幽峡、安平夕照和草山、新店、大溪、五指山、八卦山、虎头埤、狮头山、太平山、大里简、旗山及雾社堪称台湾自然风景之最。台湾文物资源丰富，现存历史古迹 340 多处，或与反抗荷兰、日本侵略者有关，或为台湾与大陆关系的历史见证。如赤嵌楼、安平古堡、明延平郡王祠、指南宫凌霄宝殿、云林北港妈祖庙、台北与台南孔庙等。它们展示了台湾开发历史的业绩，也反映了台湾与祖国大陆之间的密切关系。

（1）**台北故宫博物院**　位于台北市阳明山脚下，落成于 1965 年 8 月。占地约 1 公顷，是一座仿北京故宫式样设计建造的钢筋水泥大厦。从外形看，建筑物似为 2 层，实则 4 层，建筑平面成梅花形。第一层分别是讲演厅、办公室、图书馆；第二层是展览室、大厅及画廊，用来展示书画，四周共有 8 间展览室，陈列铜器、瓷器、侯家庄墓园模型和墓中出土文物；第三层陈列书画、图书、文献、碑帖以及玉器、珐琅器、雕刻和织绣等；第四层为各种专题研究室。1991 年，台北故宫博物院公布馆藏文物总数为 645784 件。这次清点的文物分成 7 组，分别是书画组 9120 件，瓷器组 24075 件，铜器组包括钱币共 12108 件，玉器组 51044 件，杂项组 26555 件，善本书籍 173207 册，档案文献有 30 余万件。这些文物中约 24 万件是从祖国大陆运来的，档案文献也带自祖国大陆，余下几万件是台北故宫博物院自己收购和接受各方捐赠的。这些宝贵文物大部分原来都在北京故宫博物院，台北故宫博物院文物是北京故宫博物院文物的一部分，两院只有合在一起，才是一个完整的故宫。

（2）**北投温泉**　位于台北市北郊，为台湾北部著名温泉区。北投位于大屯火山群、金山断层上，为台湾百年来最著名的温泉乡。北投温泉的泉水主要来自附近弥勒山，水温 85℃左右，属硫黄泉，均有治疗慢性关节炎、肌肉酸痛、慢性皮肤炎等疗效。北投公园是北投温泉区的中心点，园内大树参天、枫香飒曳，北投溪挟带着温泉潺潺流过，雾气蒸腾；行走在石砌步道间，拂面而来尽是幽幽古意。山林中还有中和寺、玉皇寺、善化寺等古迹。北投的温泉游憩多集中在北投公园周边地带，而昔日的北投温泉公共浴场就座落在公园一隅，曾经是全岛最负盛名、规模最大的公共浴场，如今经过重修复原，已成为极具历史意义的温泉博物馆。北投溪畔，新辟的木质栈道曲折通幽，路旁斜坡上还有雅致的公共石砌浴池，民众可在此享受难得的露天汤浴。

（3）**日月潭**　位于台湾南投县以北，是“台湾八景”中的绝胜，也是台湾岛上最大的天然湖泊。湖面海拔 760 米，面积 7.7 平方千米，平均水深 40 米。潭中有一个小岛，远看好像浮在水面上的一颗珠子，故名珠仔岛，现在叫光华岛。以此岛为界，岛北为日潭，岛南为月潭，以形状近似日月而得名。日月潭之美在于环湖重峦叠峰、湖面辽阔、潭水澄澈；一年四季，晨昏景色各有不同。7 月平均气温不高于 22℃，1 月不低于 15℃，夏季清爽宜人，为避暑胜地。潭东的水社大山高逾 2000 米，朝霞暮霭、山峰倒影、风光旖旎。潭北山腰有一座文武庙，自庙前远眺，潭内景色，尽收眼底。南面青龙山，地势险峻，山麓中有几座寺庙，其中玄奘寺供奉唐代高僧唐玄奘的灵骨。西畔有一座孔雀园，养有数十对孔雀，能表演开屏、跳舞。东南的邵族居民聚落，有专供旅客观赏的民族歌舞表演。

（4）**阿里山风景区**　位于嘉义县城以东约 72 千米处，昔为台湾三大林场之一，因地形、气候的影响，森林自山下而上包括热带、温带、寒带诸多树种。如今则是驰名中外的森林游乐区。地势一般在 3000 米以下，空气清爽宜人，夏季气温较平地低，故素以避暑胜地闻名。阿里山以森林、云海、日出三大奇观为胜，有樱花园、高山植物园、姊妹潭、受镇宫、阿里山铁路等主要景点。阿里山素以花卉闻名，百花争艳中又以樱花称冠，早年即博得“樱都”雅号。位于姊妹潭附近的樱花园，是阿里山最佳赏花地。高山植物园里种植的有台湾扁柏、台湾云杉、刺柏、红桧等数百种植物。其中一株红桧树已有 3000 年树龄，高 53 米，称为“神木”。

（5）**鹿港龙山寺**　是台湾庙宇的经典之作，位于台湾地区中部彰化县的港口城市鹿港。这里寺庙之多，居全台湾之冠，有“三步一小庙，五步一大庙”之说，其中最著名的就是古刹龙山寺。鹿港龙山寺的建筑宏伟气派，格局方正完整，处处蕴藏着传统寺庙的建筑之美。该寺最早由台湾佛教开山祖肇善禅师建于明朝永历二十年（公元 1666 年），清乾隆五十一年（公元 1786 年）迁址重建。鹿港龙山寺占地 1600 平方米，共有 99 个门，整个庙宇分为前殿、中殿和后殿。中殿也就是正殿，供奉着观音菩萨像，旁边有十八罗汉，中殿共有 40 根柱子，浩大的气势在台湾古建筑中可谓独树一帜。鹿港龙山寺中庭的戏亭，是寺内最具特色的建筑。戏亭的精华是上部的八角藻井，它是台湾现存最古老、跨度最大的藻井。藻井共分五层，整个结构完全不用一钉一铆，当中有金龙盘绕，斗拱上有精致的山水、人物、花鸟画面，美妙绝伦。鹿港龙山寺被誉为台湾最美的古建筑，素有“台湾紫禁城”之称。

2.1.2 樱花之国——日本（Japan）

（一）基本概况

1．旅游环境

日本国的国名含义为“日出之国”，位于亚洲大陆东部，是太平洋西北侧的一个由东北向西南延伸的弧形岛国，由北海道、本州、四国、九州4大岛屿和附近3 900多个小岛组成，面积37.78万平方千米。西隔东海、黄海、朝鲜海峡、日本海与中国、朝鲜、韩国、俄罗斯相望。

日本地形崎岖，海岸曲折。山地、丘陵约占全国面积的76%。北海道和本州北部的山脉多为南北走向，四国和本州南部的山脉成东西走向，两者相汇于本州中部，称“中央山结”，是日本地势最高地区，其中有著名的富士山，为日本最高峰，海拔为3 776米。平原狭小，仅占全国面积24%，大多零星分布在沿海、大河的下游和山地之间。全国最大的平原是东京附近的关东平原，面积15770平方千米；其次是名古屋附近的浓尾平原，大阪、京都附近的畿内平原等。日本位于太平洋西岸火山地震带，是一个多火山的国家，全境有火山200多座，其中活火山约占1/3。地震频繁，日本平均每天可感地震达4次，有“火山地震之邦”的称号。与火山活动有关的是全国温泉遍布，共有温泉约2万处，是世界最大的温泉国。

日本属温带海洋性季风气候。冬无严寒，夏无酷暑。1月平均气温北部-10℃，南部18℃；7月北部17℃，南部28℃。夏季盛行东南风，东部沿海6～7月间阴雨连绵；冬季西北风由大陆经日本海吹来，天气寒冷，北部多降雪。年平均降水量1800毫米。日本河流短小、水量充沛、水势湍急，水力资源丰富，但不利航行。其中以信浓川最长，长367千米；以利根川流域面积最大，为16840平方千米。湖泊较多，但多为小而深的火口湖和泻湖，分布于高山上，滨海则有许多深度不大的泻湖。全国最大的湖泊琵琶湖是构造湖，面积686平方千米，湖面海拔85米，最深103米。

日本矿藏资源极为匮乏，矿种多，储量小。除煤、锌有一定储量外，绝大部分工业原料和燃料都依赖进口，但却是仅次于美国的世界第二大经济大国。日本工业高度发达，是国民经济的主要支柱，工业总产值约占国内生产总值的40%，主要部门有钢铁、汽车、电机、造船、石油化工、电子电器和纺织等，并主要集中在太平洋沿岸地区，京滨、阪神、中京和北九州为四大传统工业区，后又出现北关东、千叶、濑户内海及骏河湾等新兴工业地带。农作物以水稻为主，粮食及多种农副产品不能自给。日本森林占国土总面积的66%。地热和渔业资源丰富。渔业发达，年捕鱼量居世界首位。

2．历史与文化

日本的文化起源于“绳文时代”。公元4世纪中叶出现统一的奴隶制国家——大和国。公元645年，日本模仿中国唐朝的政治经济制度进行“大化改新”，建立起以天皇为首的中央集权制国家。12世纪后期创立幕府制度，开始成为军事封建国家。17世纪设立江户幕府，建立中央集权封建制度。1868年，革新派实行“明治维新”，废除幕府制度，进入近代资本主义时期。明治维新以后，日本的经济迅速发展，从而爆发了一系列战争。1894年，发动侵华战争，侵占中国台湾和澎湖列岛；1904～1905年进行日俄战争；1910年侵占朝鲜；1914年参加第一次世界大战，夺取了德国在太平洋岛屿和在中国的特权。1931年日本发动

"九·一八事变"，占领了中国东北地区；1937 年挑起"卢沟桥事变"，中日战争爆发。在以后的八年间，日本先后侵略过中国、朝鲜和东南亚等国，并与美国和英国为争夺在亚洲的权益进行了太平洋战争。1945 年 8 月 15 日，战败的日本宣布无条件投降。同年 8 月 28 日，美军进驻日本，直到 1952 年《旧金山和约》生效，日本才真正脱离了美国的监控。1946 年的《日本宪法》规定国家体制从天皇拥有绝对权限的天皇制改为垄断资产阶级专政的君主立宪制，天皇只作为 "国家的象征"。

日本国旗为"日章旗"或"日之丸旗"，俗称"太阳旗"。传说日本是太阳神所创造，天皇是太阳神的儿子。旗面为白色，正中有一轮红日。白色象征正直和纯洁，红色象征真诚和热忱。日本的国徽呈圆形，绘有 16 瓣金黄色的菊花瓣图案。此图案源于佛教的法轮，也反映了日本以花道闻名于世的传统。菊花图案也是皇室御纹章上的图案。日本的国歌为《君之代》。日本的国花是樱花。国鸟是绿雉。

日本从古代起就崇尚外国的技术和物品，只要是觉得好就积极地引进，随后将其"本地化"，使之变成日本文化中的一部分。日本的节日也不例外，而且其中的大部分受中国的影响很深。日本的节日大多是依照各地神社（庙宇）的祭祀活动而沿袭下来的，因此日本称节日为"祭"。古代日本的"祭"纯属是一种向神祈祷保佑的行为，但是今天的"祭"却充满了娱乐性、戏剧性和商业性。据统计，日本几乎每天都有一个地区举行"祭"。日本不仅有元旦、成人节、建国纪念日、春分、宪法纪念日、男孩节（端午节）、海之日、敬老节、秋分、体育节、文化节、勤劳感谢节、天皇诞生日等法定节日。还有如镰仓节、女孩节（偶人节）、七夕（乞巧节）、盂兰盆会、赏月、彼岸、"七五三"节、除夕等民间节日。另外，日本还有许多诸如北方领土日、比基尼日、入学式、高山祭、夏节等形形色色的节日和纪念日。

茶道和花道是日本传统的遗产。茶道已有 500 多年的历史，是一种通过品茶艺术来接待宾客的特殊礼仪，人们已将茶道视为修身养性、提高文化素养和进行社交一种手段。在四季分明的日本，开放着各种四季不同的鲜花。就国花樱花就有 300 多个品种，因而有"樱花之国"的美誉。日本人不仅仅把鲜花简单地摘下装饰一番，而且要设法表现一种艺术观念，由此而产生了插花艺术。日本花道起源于佛前供花这种纯宗教仪式，后发展为一种古老而独特的插花造型艺术，现已成为人们生活中的乐趣。

日本人口为 1.27 亿（2003 年），城市人口约占 78%，为世界人口密度最大的国家之一，主要为大和民族，通用日语，主要信奉神道教、佛教、基督教教和天主教。大多数日本人既信神道教又信佛教，明治维新后定神道教为国教，现有神社等神道设施 18 万多处，信徒超过 1 亿人。

3．习俗礼仪

日本以"礼仪之邦"著称。在日本用得最多的礼节是鞠躬礼，鞠躬的深度和时间视对象的不同而有所差异。

日本人最忌直呼其名，只有家人或十分亲密的朋友才可以这样。与地位高的人谈话时，一般使用不带姓的头衔。日本人一般不喜欢自我介绍。当相互介绍时，先介绍地位低的人，后介绍地位高的人，还要介绍每个人与你的关系以及他们的头衔和所在的公司。

日本人对坐姿很有讲究。在学校、公司一般都坐椅子，但在家里，日本人仍然保持着坐"榻榻米"的传统习惯。坐在"榻榻米"上的标准坐法叫"正坐"，把双膝并拢跪地，臀部压在脚跟上。轻松的坐法有“盘腿坐”和“横坐”。盘腿坐即把脚交叉在前面，臀部着地，这是男性的做法。“横坐”是双腿稍许横向一侧，身体不压住双脚，这主要是见于女性。

日本人注意衣着仪表的美观，平时穿着大方整洁，公开场合一般都要着礼服。节日或集会时最喜欢穿的还是传统的和服。在天气炎热的时候，不随便脱衣服，如果需要脱衣服，要先征得主人的同意。

日本人的饮食习惯，主食以大米饭为主，副食主要是蔬菜和鱼类，尤其爱吃生鱼片和寿司。按照日本人的风俗，饮酒是重要的礼仪。日本人以酒待客时，认为客人自己斟酒是失礼的，得由主人或侍者斟，方法是右手持壶，左手托壶底，壶嘴不能碰杯口。客人需右手持杯，左手托杯底接受斟酒为有礼。一般情况下，接受第一杯酒是有礼的，但谢绝第二杯酒却不为失礼。日本人在饮食中的忌讳很多，一般不吃肥肉和猪内脏，也有人不吃羊肉和鸭子；忌讳用餐过程中整理自己的衣服或用手抚摸、整理头发，因为这是不卫生和不礼貌的举止。用筷子很讲究，筷子都放在筷托上，忌把筷子放在碗碟上面。

在日本因为“4”与“死”谐音；“9”与“苦”谐音，所以日本人忌“9”、“4”等数字。日本人喜爱鲜艳、活泼和明快的色调，不喜欢紫色，最忌讳绿色，认为是不祥之色。日本人忌讳荷花，认为荷花是丧花。探望病人忌送山茶花和白色、淡黄色的花。日本人不愿接受菊花或菊花图案的东西或礼物，因为它们是皇室家族的标志。

（二）主要旅游城市与名胜

日本有丰富悠久的人文历史、美丽奇异的自然风光、独具特色的民俗风情，加之一直居于亚洲之冠的工业及科学水平，使这个美丽的岛国拥有特殊的魅力，备受旅游者的青睐。

1. 东京（Tokyo）

首都东京是一座现代化的国际城市，位于本州关东平原南端。这个世界上人口最多的城市之一，在五百多年前，还是一个当时叫做江户的人口稀少的小渔镇。以后逐渐发展成了日本关东地区的商业中心。1603 年，在这里建立了德川幕府，江户城迅速发展成为全国的政治中心。1868 年，日本明治维新后，天皇由京都迁都至此，改名为东京，这里成为日本国的首都。1943 年，改为东京都，管辖范围扩大，包括 23 个区、26 个市和 1 个郡，面积 2155 平方千米，现为世界第二大城市。

东京是日本的政治、经济和文化教育中心。日本的行政、立法、司法等国家机关，以及主要公司都集中在这里。被人们称为“官厅街”的“霞关”一带聚集着国会议事堂、最高裁判所和外务省、通产省、文部省等内阁所属政府机关。过去的江户城，现在已成为天皇居住的宫城。东京同它南面的横滨和东面的千叶地区共同构成了闻名日本的京滨叶工业区。主要工业有钢铁、造船、机器制造、化工、电子、皮革、电机、纤维、石油、出版印刷和精密仪器等。东京金融业和商业发达，对内对外商务活动频繁。素有“东京心脏”之称的银座，是当地最繁华的商业区。东京各种文化机构密集，其中有全国 80%的出版社和规模大、设备先进的国立博物馆、西洋美术馆、国立图书馆等。坐落在东京的大学占日本全国大学总数的 1/3。东京作为一个国际性的大都市，还经常举办各种国际文化交流活动，如东京音乐节和东京国际电影节等。

（1）**皇宫**（Lmperial Palace）又称“江户城”，曾是德川家康将军统治时期的幕府，明治天皇迁都东京后改为皇宫。位于东京市区的心脏地带，占地 101 万平方米。皇宫是天皇的居所，也是皇室举行活动的地方，主要由新宫殿、皇宫外苑、东御苑等几部分组成，四周围绕着一条护城河。新宫殿共有7座殿堂，居中的正殿是天皇会客或举行重要仪式的地方；长和殿是新年1月2日和天皇生日接受群众祝贺的地方；丰明殿是宴请来访国宾的地方；吹上御所则是天皇住处。外苑是皇宫外的广场，这里有一座著名的双拱石桥——二重桥，被公认为是皇宫最美的地方，是皇宫的象征和东京的标志。

（2）**上野公园**（Ueno Park）是东京最大的公园，也是东京的文化和娱乐中心。此地原为德川幕府的家庙和一些诸侯的私邸，1873年改为公园，面积为52.5万平方米。园内有寺庙、江户（即德川）和明治时代的建筑及博物馆、美术馆等许多文化设施，素有“史迹和文化财物的宝库”之称。位于园西北的上野动物园，创建于1882年，是日本最早的动物园之一。动物园成立初期只有400多只动物，经过百余年的发展，园内来自世界各地的珍禽异兽已达910多种，共1.1万多只。中国赠送的熊猫就饲养在园内。动物园旁的牡丹园是为纪念中日友好，在20世纪80年代的第一个春天建立的。园内种植了“太阳”、“绿蝴蝶”等70多个品种的3000多株牡丹，其中有已活了350年的日本最古老牡丹“狮子头”。上野公园最著名的还在于每年春天盛开的樱花，去上野赏樱是东京人的传统出游节目。

（3）**东京迪斯尼乐园**（Tokyo Disneyland）是日本仿造美国迪斯尼乐园修建的最大游乐场，也是亚洲第一个迪斯尼风格的游乐园。位于东京市郊，是填海造地历时13年建成的，面积40万平方米。迪斯尼乐园集历史知识、童话故事、自然风光和现代科学于一体，寓知识于娱乐，力求各个年龄层次的人都能在此找到乐趣。乐园呈五角形，以童话《灰姑娘》中的古老城堡为中心分成六个部分：“西部世界”表现的是美国西部拓荒时代的景象；“冒险世界”充满惊险与刺激；“奇异世界”里有各式各样的童话和卡通人物；“世界市场”由20世纪初的美国式建筑构成；“明日世界”描绘的是对宇宙未来的探索，各种新奇刺激的玩意，仿佛把游客带入明日科幻般的世界中；“新生物区”是小动物们的故乡，这是迪斯尼乐园由1992年10月1日起增加的新游乐区。

2. 大阪（Osaka）

大阪是日本第二大城市、大阪府首府和重要港口城市。位于日本本州岛西南的大阪湾畔，濒临濑户内海。这里气候温和湿润，四季花木常青，处处溪流纵横，但见路桥凌水，素有“水都”和“八百八桥”水乡之称，又以“千桥之城”享誉世界。

大阪古时称“浪速”，又叫“难波”，19世纪起始称大阪。公元2～6世纪，这里曾是日本的都城。由于濒临濑户内海，大阪自古就是千年故都奈良和京都的门户，是日本商业和贸易发展最早的一个地区。从德川幕府时代起，大阪就成为全国的经济中心，被称为“天下的厨房”。后来，大阪逐步发展成为一座综合性的现代化工商业城市。

在以大阪为中心形成的日本四大工业区之一阪神工业地带，有约30个卫星城，产业以机器制造、化工、造船和石油化工为主，工业产值约占日本全国工业总产值的1/5。始建于1897年的大阪港是日本重要的国际贸易港，共有200多个泊位。大阪湾中的关西国际机场是经过20年填海造岛建成的日本最现代化的国际机场。除此之外，大阪还有密如蛛网的高速公路网以及数条新干线铁路与东京、横滨、名古屋等重要城市相连。因此，大阪也是日本的重要交通枢纽。

大阪建城历史悠久，名胜古迹众多。大阪城是大阪的象征，建于公元1586年，全城总长12千米，为当今日本最大的城堡。四大天王寺建于公元593年，多次毁于兵火，1963年又依原样重建，有五重塔、金堂、讲堂等40余幢建筑，寺内收藏的法华经扇面是日本的国宝。每年 7 月在建于公元 949 年的天满宫内举行的天神祭礼，被称为日本三大祭之一。

位于大阪市中心的地下的“彩虹街”既是繁华的地下商城，也是引人入胜的旅游景区，号称日本最长的地下街。它分南北两街，上中下三层，街顶离地面 8 米，总建筑面积 5.8 万平方米，建有 4 个广场和 3 座包括 310 家商店的大商场，可同时容纳 50 万人购物和活动。地下街中心彩虹广场建有 2000 只可射高 3 米的喷泉。这里商店日夜灯火通明，是驰名世界的地下“不夜城”。

3．京都（Kyoto）

京都是世界上著名的文化古都，日本的第五大城市，京都府首府。曾是公元 794～1868 年间的日本首都，故有“千年古都”之称。京都的布局仿照中国隋唐时期的京城，城市呈棋盘状，朱雀大街将城市分为左京和右京，左京仿洛阳、右京仿长安。京都最大的特色是名胜古迹多，除了两座富丽堂皇的故宫外，还有 400 多座神社和 1600 多座佛寺，被称为“三步一寺庙、七步一神社”。这里集中了日本最丰富的历史和文化遗产，被定为国家级“重要文化财产”的建筑物 1/5 在京都，京都被列为“国宝”的建筑有 38 处之多，其中有 17 处神社和寺院被列入世界文化遗产。此外，京都的瓷器、漆器、纺织品、刺绣相当有名。

（1）**京都御所**（Kyoto Lmperial Palace）是日本平安时代的皇宫所在地，又称故宫。从奈良迁都到明治维新的 1074 年中，它一直是历代天皇的住所，后又成了天皇的行宫。京都皇宫位于京都上京区，前后被焚 7 次，现在的皇宫为孝明天皇重建，面积 11 万平方米，四周是围墙，内有名门 9 个、大殿 10 处、堂所 19 处，宫院内松柏相间，梅樱互映。

（2）**平安神宫**（Heian Jingu Shrine）于 1895 年为纪念桓武天皇迁都及平安京建都 1100 周年而建。殿堂仿效 794 年皇宫建筑样式建造。建筑宏伟壮丽，是日本三大神宫中最宏伟的一座，也是明治时代庭园建筑的代表。其大殿为琉璃瓦所盖，远眺屋宇，金碧辉煌。神宫内的回廊庭园，由东南西北四苑组成，中间有白虎池、栖凤池、苍龙池。宫内湖上的亭阁，都是仿照中国西安寺庙的结构。每年 10 月 22 日，都要在此举行京都三大祭奠之一的时代祭活动。

（3）**二条城**（Nijo Castle）初建于 1603 年。它的富丽堂皇与朴素的故宫恰成鲜明对比。城堡以巨石做城垣，周围有东西长 500 米，南北长 300 米的护城河，河上有仿唐建筑。初为德川家康到京都的下榻处，后因德川庆喜在此处决议奉还大政而闻名。1886 年成为天皇的行宫，1939 年归属京都府。主要建筑有本丸御殿、二之丸御殿等。殿内的墙壁和隔扇上有狩野派画师所绘的名画。

4．奈良（Nara）

奈良县首府，位于本州中西部，四面环山。1950 年被定为“国际文化城”，素有“东方的罗马”之誉，日本人称奈良为“精神故乡”和“丝绸之路的东方终点”。奈良古称“大和之国”，公元 710 年，回国的遣唐使仿照中国唐都长安，按 1/4 的比例修建了平城京。从公元 710 年至公元 789 年有七代天皇在此建都。

奈良是日本的佛教中心和文化发祥地，至今保存着许多著名的寺庙、神社、佛阁、佛像、雕刻、绘画，平城京遗址和众多的皇陵。奈良佛教庙宇和神道建筑，表现了永恒的精神力量，并通过杰出的建筑风格对宗教产生了影响。在古建筑的寺院和各种史迹中，最著名的有东大寺、星福寺、法隆寺、药师寺和唐招提寺。东大寺是日本最大的寺庙，也是日本佛教华严宗总寺院，始建于公元 741 年，当时的寺名为总分国寺，由圣武天皇仿照中国寺院建筑结构建造。大佛殿东西宽57米，南北长50米，高46米，相当于15层建筑物的高度，是目前世界上最大的木造殿阁建筑。殿内供奉的卢舍那金铜佛像——奈良大佛，高达16.21米，仅次于中国西藏扎什伦布寺的未来佛，为世界第二大铜佛。殿东的大钟楼建于镰仓时代，也是仿造天竺式样的建筑。楼内有日本752年铸造的最重的钟——梵钟，高3.86米，直径2.71米，为日本国宝。殿西松林中的戒坛院，是为中国唐代鉴真大师传戒而建，他是日本第一个受戒师。殿北的正仓院收藏着当时天皇的用品、东大寺寺宝和文书等奈良时代的美术品以及从中国、波斯、西域等地传入的9000多件艺术品。与东大寺同在奈良公园的春日大社是日本最古老、最著名的神道神社之一。它始建于公元768年，后被战火烧毁，现在的建筑都是在江户时代重建的。但它的楼门、石灯笼、石佛、铠和胄等都是珍贵文物。每年在春日大社举行社火活动，千余只驯鹿漫步其间，原始森林与春日大神殿融为一体，成为文化风景的典范。唐招提寺具有中国盛唐的建筑风格。它是公元759年根据圣武天皇敕命为鉴真大师修建的，原名律宗寺。据说鼎盛时期有3000余名学僧在此学经求法。寺院大门上红色的“唐招提寺”横额，是日本效谦女皇仿中国书法家王羲之、王献之字体书写的。鉴真大师的坐像供奉在御影堂，这尊塑像是763年鉴真大师圆寂后，他的赴日弟子忍基制作的，被尊为日本的国宝。1985年，鉴真和尚的坐像回江苏扬州“探亲”，盛况空前。位于奈良西北生驹郡斑鸠町的法隆寺，始建于公元607年，是日本最古老的木结构建筑物，为佛教圣德宗总寺院，1993年被列入世界遗产名录。

5．名古屋（Nagoya）

名古屋是爱知县首府，位于本州中南部浓尾平原，濒临伊势湾，因处于东京与京都之间，又称“中京”。它是日本中部地区政治、经济、文化和交通中心，也是日本著名的港口城市，面积为328 平方千米，是日本第四大城。名古屋现在的城市基础就是当年德川家康在此建立的城堡，仍保留着棋盘形街市格局，规划井然有序，被誉为日本城镇建设的模范城市。位于名古屋市区北部的名古屋城堡，是1612年按江户时代的筑城法，由德川家康将军下令建造的。现连同其屋顶上两只镶金的鲸鱼头雕刻饰物一起成为名古屋的象征。

6．北海道（Hokkaido）

北海道旧称虾夷，是日本四岛中最北边的一个大岛，西临日本海、北为鄂霍茨克海，东南为太平洋。与邻近小岛构成日本行政单位“道”，面积为8.3万平方千米，约占日本总面积的22%。这里森林密布，气候寒冷，年平均温度6～10℃，年平均降雨量约800～1500毫米左右。一年四季景色优美，尤其是冬季最为迷人。

札幌市（Sapporo）是北海道的首府，地处石狩平原西缘及其连接的丘陵地带。是北海道第一大城市，北海道的经济和文化中心，工业也较发达。有“雪城”、“北国之都”之称。在那里可以享受滑雪、乘雪橇、打雪仗的乐趣。日本最著名、最盛大的节日——祭雪，每年在札幌的大通公园举行。届时，来自世界各地的冰雕好手将各种造型、风格迥异的冰雕和雪塑作品竖立在公园内。

札幌市风景秀丽，市内多公园和景点，山区多海拔1000米左右的高峰和温泉。市西南的旭山公园按几何造型建造，而中岛公园则是一座典型的日式庭园。其他还有建于江户时代的八窗庵、建于明治初年的北海道神宫以及市内仅存的俄式建筑——钟塔大厦等。位于市郊的北海道开拓纪念馆和北海道开基百年纪念塔，记载了土著阿依努族人民的生活史迹和日本人民开拓北海道的史实。

7．日本富士山和温泉、樱花之旅

（1）**富士山**（Fuji Mountain）在日语中的意思是“火之山”或“火神”，海拔3776米，是日本的第一高峰，面积为90.76平方千米，距东京80千米。这座被日本人奉为“圣岳”的山峰自781年有文字记载以来，曾先后喷发18次，最后一次喷发是在1707年，此后休眠至今。富士山是日本著名的风景区，山体呈标准圆锥形，山顶终年积雪，有温泉、瀑布，风景典雅而美丽。富士山周围有“富士八峰”、“富士五湖”等美景。春天湖畔樱花盛开，碧绿的湖水和粉红色的樱花交相辉映，在远处衬托着蓝色天穹的则是富士山的晶莹雪峰，这是观赏“圣山”的最佳时节；在富士山南麓有一片辽阔的高山牧场，绿草成茵，牛羊成群，也是游人流连忘返之地。

（2）**温泉旅游** 是日本最大众化的旅游项目之一。洗温泉起源于温泉疗法的习惯，在拥有2000多处温泉的日本，温泉疗法不仅用于治疗慢性病，并兼有日常消除疲劳，是最大众化的、简便易行的消闲法之一。老年夫妇上了年纪后在寻访名胜古迹的乐趣中，喜欢住宿在有温泉的日本式旅馆。公司的员工旅游，也大多选择邻近县的温泉为目的地。这种旅游大多是白天在温泉附近的高尔夫球场和垂钓场等娱乐场所玩个痛快，晚上悠闲地泡在温泉里小憩后到宴会厅里欢聚一堂，喝上几杯畅叙衷曲，融洽同事间的感情。年轻人一般不如老年人那般喜欢温泉，但在滑雪和登山时顺道到温泉泡泡，或三五成群地去寻访秘泉。

日本的每处温泉各有特点，但最出名的是伊豆的热海温泉，向前可鸟瞰大海，背后是绿荫浓郁的坡道。日本最古老的温泉，是神户六甲山山腰间的有马温泉。由别府浜胁、龟川等别府八泉组成的大分县的别府温泉之乡，有1000多家旅店，以世界最大温泉城市而闻名，其美妙夜景吸引着众多的游客。

（3）**樱花之旅** 日本古语中的“樱时”表示春天。在春天里观赏樱花，是全体日本人的一大盛事。赏花的历史悠久，一般认为源于平安时代812年宫中举行的樱花宴。1598年，丰臣秀吉在京都醍醐寺举行的“醍醐赏花会”，以其豪华而名彪史册；赏花成为平民百姓的例行娱乐则是江户时代以后的事，葛饰北斋的《富岳三十六景》生动地描绘了江户市民的赏花情景。奈良县吉野山以樱花而闻名，有日本第一之誉，被称做“吉野千棵樱”，从山脚到山顶遍植樱树，春来樱花满山。东京的上野公园、京都的岚山和因世阿弥所作谣曲《樱川》而出名的茨城县樱川等都是日本春季观赏樱花的上好去处。

赏红叶是如同春天赏樱花一样的秋季乐事。日本秋天漫长，多枫、红叶等秋天叶色转红的树木，与山明水秀的风土相得益彰，被视为世界上红叶最美的国家之一。赏樱花和赏红叶原先都是宫廷欢宴，后来为寻红叶而逐渐远游。观赏红叶的胜地要数京都。还有亦为樱花名胜的京都岚山，红叶满谷的嵯峨野附近的枫尾，可领略秋天情趣、人烟稀少的大原等处，皆以红叶美艳而闻名遐迩。

2.1.3 隐逸之都——韩国（R.O.Korea）

（一）基本概况

1．旅游环境

大韩民国（Republic of Korea），简称“韩国”，位于亚洲大陆东北部的朝鲜半岛的中南部。北部以军事分界线“三八线”与朝鲜民主主义人民共和国相邻。其余三面被黄海、朝鲜海峡和日本海所环抱。除与大陆相连的半岛之外，韩国还拥有3000多个大小岛屿。

韩国地势由北部和东部向南部和西部逐渐降低。国土的70%是山地、高原和丘陵，且多集中在北部和东部地区，东部的太白山脉纵贯南北。位于济州岛上的汉拿山是韩国的最高峰，海拔1950米。西、南部沿海为丘陵平原，素有“韩国谷仓”之称。面积较大的平原有汉江冲积而成的汉江平原，锦江下游的内浦平原，锦江、万顷江、东津江灌溉所及的湖南平原和洛东江流域的金沥平原等。

韩国属温带季风气候。冬季寒冷干燥，最低气温为-12℃；夏季高温多雨，8月份最热，最高气温为37℃；年平均气温6～12℃。6～8月为雨季，年平均降水量在1500毫米左右，降水量由南向北逐步减少。

韩国的河流短小流急，水力资源丰富。其中，最长的河流是洛东江，全长525千米，汉江514千米，这两条主要河流是灌溉及工业用水的来源，流经首都首尔的汉江堪称包括1000多万汉城市民在内中部地区众多人口的生命线。

韩国三面临海，自古以来，环绕朝鲜半岛的海域在韩国人的生活中起着突出的作用。东海岸是寒暖流交汇之处，形成天然的优良渔场；西海岸水深曲折，南海岸多湾，河流短急，多瀑布，风景优美，在半岛和小岛处形成许多海湾和良港，也促进了造船业与航海术的早期发展。

受第二次世界大战和朝鲜战争的破坏，韩国经济曾处于崩溃边缘。20世纪50年代韩国经济开始复苏，从1962年到1991年制定并实施了6个经济发展五年计划，一跃成为“亚洲四小龙”之一。韩国曾是个传统的农业国，但随着工业化的进程，农业在韩国经济中所占的比例越来越小，是农产品主要进口国家。韩国耕地主要分布在西部和南部平原、丘陵地区，约占国土总面积的22%，以种植稻谷、小麦、棉花为主。韩国矿产资源较少，有开采利用价值的矿物有铁、无烟煤、铅、锌、钨等，但储藏量不大。由于自然资源匮乏，主要工业原料均依赖进口。服务业和轻重工业是韩国经济的主要基础。工业主要包括钢铁、汽车、造船、电子、化学、纺织等。

2. 历史与文化

朝鲜半岛的历史始于约60万年前的旧石器时代。约3000年前传入的青铜器文化是今日韩国文明的起源。公元前后，朝鲜半岛一带出现了高句骊、百济和新罗三国，史称“三韩”。公元7世纪中叶，新罗在半岛占据统治地位；从中国唐朝传来许多制度和文化，尊佛教为国教。公元10世纪初，高丽取代新罗，大力仿效唐朝体制，佛教文化更为盛行。14世纪末，李氏王朝取代高丽，定国号为朝鲜，以儒学立国，经济文化进入封建社会的鼎盛时期。1897年，李氏王朝结束，改国号为“大韩帝国”，简称“大韩”或“韩”。1910年8月沦为日本殖民地。1945年8月15日获得解放。同时，苏美两国军队以北纬38º线为界分别进驻朝鲜半岛的北半部和南半部。1948年8月15日美国占领区的朝鲜半岛南半部宣告成立大韩民国。同年9月19日，北部宣布成立朝鲜民主主义人民共和国。

韩国国旗是“太极旗”，旗面为白色，中间由红蓝太极两仪构成一个圆心，周围四角有黑色的乾、坤、离、坎四卦。按照八卦的本意，乾代表天、坤代表地、离代表火、坎代表水；两仪代表阴和阳。而其现在的象征意义是，白底代表土地，两仪组成的圆代表人民，四卦代表政府。整体图案意味着一切都在一个无限的范围内永恒运动、均衡和协调，象征东方思想、哲理和神秘。韩国国徽为圆形，徽圆面为五瓣的木槿花，中间为红蓝两色组成的阴阳图案，图案的寓意与国旗相同。韩国国歌为《爱国歌》，国花是木槿花，国树为松树，国鸟为喜鹊，国兽为老虎。

韩国是个具有悠久历史和灿烂文化的国家，在文学艺术等方面都有自己的特色。韩国人素以喜爱音乐和舞蹈而著称。韩国的民族音乐分为“雅乐”和“民俗乐”两种。雅乐是韩国历代封建王朝在宫廷举行祭祀、宴会等各种仪式时由专业乐队演奏的音乐，通称“正乐”或“宫廷乐”。民俗乐中有杂歌、民谣、农乐等。乐器常用玄琴、伽耶琴、杖鼓、笛等。韩国民俗乐的特色之一是配上舞蹈。韩国舞蹈非常重视舞者肩膀、胳膊的韵律，道具有扇、花冠、鼓。韩国的舞蹈以民族舞和宫廷舞为中心，多姿多彩。韩国的戏剧起源于史前时期的宗教仪式，主要包括假面具、木偶剧、曲艺、唱剧、话剧等五类。其中假面具又称“假面舞”，为韩国文化的象征，在韩国传统戏剧中占有极为重要的地位。韩国人十分喜欢运动，尤其爱好参加荡秋千、踩跷跷板、放风筝、踏地神等民间游戏。另外韩国还有围棋、象棋、掷棋、摔跤、跆拳道、滑雪等民间体育活动。韩国政府就曾选定服装、文字、泡菜和烤牛肉、石窟和佛寺、跆拳道为韩国文化的五大象征。

韩国基本上是单一韩民族国家，人口为4838.7万（2004年1月），平均每平方千米472人，是世界上人口密度最高的国家之一。城市人口约占80%，其中百万以上人口的大城市有首尔、釜山、大邱和仁川，其人口约占总人口的40%。韩国人口中，佛教徒占全国人口的46%，基督教新教徒占39%，天主教徒占13%。韩国人使用单一的韩语。

3. 习俗礼仪

韩国素以“礼仪之邦”著称，非常注重身份、地位的高低。韩国人待客十分重视礼节，男性见面要相互鞠躬，热情握手，并道“您好”。若与长辈握手时，还要以左手轻置于其右手之上，躬身相握，以示恭敬。异性之间一般不握手，通过鞠躬、点头、微笑、道安表示问候。分别时，握手说“再见”。进门或出席某种场所，要请客人、长辈先行。用餐时，请客人、长辈先入席，不可先于长者动筷。与客人或长辈递接东西，要先鞠躬，然后再伸双手。见面时，一般用咖啡、不含酒精的饮料或大麦茶招待客人，有时候还加上适量的糖和淡奶。韩国很多人养成了通报姓氏习惯，并和“先生”等敬称联用。韩国一半以上居民姓金、李、朴。如果拜访必须预先约定，并带一份小礼物（不要送外国烟），用双手奉上。不能当着赠送者的面把礼物打开。敬酒时用右手拿酒瓶，左手托瓶底，鞠躬致祝词，最后再倒酒，且一连三杯。敬酒人用自己酒杯的杯沿去碰对方的杯身，敬完酒鞠躬后才能离开；被敬者要转身、背脸、仰头喝酒，并回敬。

韩国人注重服饰，男子穿西服、系领带。韩国人传统的民族服装现在只在婚礼、大型活动等重要庆典及传统节假日时才穿。进屋脱鞋是韩国人的传统习惯。

韩国人主食主要是米饭、冷面。大酱汤与泡菜是副食中不可缺少的两道菜。韩国传统名菜烧肉、泡菜、冷面已经成了世界名菜。韩食以泡菜文化为特色，一日三餐都离不开泡菜。泡菜的主料是白菜、萝卜，作料是辣椒、大蒜、大葱，有时还要佐以鱼虾酱加以腌制。汤也是每餐必不可少的，酱是韩国各种菜汤的基本佐料。拌饭也是韩国有代表性的美食。韩国人爱吃辣和酸，尤以酸辣白菜最为爽口。

韩国人喜欢单数，忌讳双数，对“4”非常反感。在编号时，一般不用“4”字；送礼也不送“4个”或“两双”。忌用一个手指指人。站立交谈时不能背手。

（二）主要旅游城市与名胜

韩国风景优美，有许多文化和历史遗产。韩国把现有旅游景点大致分为汉城圈、中部圈、东南部圈、西南部圈、东部圈、济州岛圈等六大旅游区，也有将全罗道和庆尚南道的沿海地区列为南部海岸圈七大旅游区的。目前分布在韩国各地的旅游胜地共有 2300 余处，主要旅游景点有汉城景福宫、德寿宫、昌庆宫、昌德宫、国立博物馆、国立国乐院、世宗文化会馆、湖岩美术馆、南山塔、国立现代美术馆、江华岛、民俗村、板门店 、庆州、济州岛、雪岳山等。

1. 首尔（Seoul）

首都首尔旧译“汉城”，位于朝鲜半岛中部汉江下游汉江平原的中心。是韩国的政治、经济和文化中心。

首尔全市被海拔 500 米左右的山和丘陵所环绕，市区的 40%是山地和河流。城市东北部有水落山、龙马峰，南部有官岳山、三圣山、牛眠山等，东南部和西部是百米左右的丘陵，形成了首尔的外廓。城市的西南部为金浦平原。城中部由北岳山、仁旺山、鞍山等环绕成内廓，中间形成盆地。韩国第一大江——汉江迂回穿过市区东南隅，又有“汉江明珠”之称。在江中的两个冲积岛——汝矣岛和蚕岛上建有韩国最大的汝矣岛广场和全市最高的建筑物——63 层的国会议事堂及使馆区。连接其间的 20 多座形态各异的江桥也就形成了首尔一道独特的风景线。

首尔历史悠久，是一个具有 600 多年历史的古城。古时因位于汉江之北，得名汉阳， 自 1394 年，李氏王朝太祖李承桂登上王位，把国都由开城迁来此地，更名为汉城后，这里一直都是国都。故有“帝王之都”和“皇宫之城”的美誉。1910 年朝鲜被日本吞并，1913 年汉城改称京城，1945 年朝鲜半岛光复后复称汉城。2005 年 1 月，汉城市市长李明博在汉城市政府举行记者招待会，宣布把汉城市的中文名称改为首尔。

浅蓝色的汉江、浓绿的群山、古色古香的名胜古迹和高耸入云的现代化摩天大楼相互衬映，构成了首尔这座花园般的城市。

（1）**景福宫**（Gyongbokkung） 位于首尔钟路区世宗路，是汉城一座最古老、规模最大，也最负盛名的古代宫殿，与昌德宫、德寿宫合称三大古宫。景福宫由李朝太祖李成桂始建于公元 1395 年。景福宫得名于中国古代《诗经》中“君子万年，介尔景福”的诗句，拥有 200 多栋殿阁，外形酷似中国故宫。正殿为勤政殿，是景福宫的中心建筑，李朝的各代国王都曾在此处理国事。此外，还有思政殿、慈庆殿、庆会殿、交泰殿、香园殿等殿阁。宫苑还建有一个 10 层高的千佛塔，塔身刻满佛陀、菩萨、花草、蟠龙等，造型典雅、刻工精致，是韩国的国宝之一。景福宫占地约 50 公顷，王宫的南面有光化门，东边有建春门，西边有迎秋门，朝北的为神武门。光化门里有兴礼门，兴礼门外有一条东西向的运河，河上横跨一造型精巧的锦川桥。在宫苑莲池的中央有一石舫——庆会楼，曾是当年国王大宴宾客的楼阁。1553 年由于火灾烧毁了宫北角的一部分，日军入侵时又将宫苑的大部分建筑物破坏，到 1865 年重建时只有 10 个宫殿保持完整。

（2）**昌德宫**（Changdokkung） 又名乐宫，位于首尔钟路区卧龙洞，是王宫里保存的最完整的一座宫殿。公元 1405 年，李朝第三代国王在此建为离宫。壬辰之乱后，代替被烧毁的景福宫作为正宫使用。昌德宫是一座能反映韩国式庭院文化精髓的园林，集李朝后期建筑艺术精华于一身，被称为“韩国的故宫”。正殿仁政殿曾于公元 1804 年改建，宫殿高大庄严，殿内装饰华丽，设有帝王御座。殿前为花岗石铺地，三面环廊。殿后的东南部分以乐善斋等建筑为主，是王妃居住的地方。寝宫乐善斋是一座典型的朝鲜式木质建筑，殿内陈列着王冠、王服以及墨宝、武器和其他手工艺品。院内陈列着王室使用过桥、马车和末代国王所使用的早期汽车等。此外，还有大造殿、宣政殿和仁政殿等。仁政殿后的秘苑建于17世纪，是一座依山而建的御花园。苑内有亭台楼阁和天然的峡谷溪流，还有科举时代作为考场的映花堂及建在荷池旁供君王垂钓的鱼水亭、钓鱼台和池中的芙蓉亭等。昌德宫总面积近43万平方米，于1997年被联合国教科文组织列入《世界遗产名录》。

（3）**青瓦台**（Chong Wa Dae） 位于首尔钟路区世宗路一号，是韩国总统的官邸，也是韩国政治权力的代名词，因其主楼顶覆盖青瓦而得名。青瓦台由位于中央的主楼、迎宾馆、绿地园、无穷花花园、七宫等组成。整个建筑用了15万块青瓦，主楼背靠北岳山，青瓦与曲线形的屋顶相互映衬，非常壮观。此地从高丽时代开始就用作宫地，到了朝鲜时代，太祖四年由于新建王宫需要更多的土地，所以选择离青瓦台不远的地方修建了景福宫，把它作为景福宫后园，修建了隆武堂、庆农斋和练武场等一些建筑物，并开了一块国王的亲耕地。现在的青瓦台原址曾用作科举考场。1927年日本入侵后毁掉五云阁以外的所有建筑，建立了朝鲜总督官邸；1945年日本投降后变为军政长官官邸；1948年大韩民国政府成立后用做总统宅府，开始称之为“景武台”；1960年改称青瓦台，也有人称其为“蓝宫”；从1998年开始，定期为游客开放。

2．釜山（Busan）

釜山位于朝鲜半岛东南端的洛东江口，是韩国的第二大城市和最大的天然港口，也是韩国南端的门户以及南部经济、文化、教育、观光的中心。

釜山的景点、名胜众多，市内有寺庙、教堂1844个。其中位于市区以北15千米处的金井山上的梵鱼寺，与海印寺、松广寺、通度寺并称韩国四大名寺，也是韩国唯一的禅宗寺庙。该寺为新罗文武王时期，由高僧义湘大师所建，至今已有1300多年的历史。寺内原有360多座佛殿、僧舍和庵，现仅存一柱门、大雄宝殿、释迦佛塔、三层石塔等历史古迹。大雄宝殿建于1717年，它与三层石塔同被列为国宝。位于釜山以北30千米梁山上的通度寺，建于公元646年，由慈藏法师所创建，取“通达万法，普渡众生”之意。有大小建筑70余处，文物丰富，风景十分优美。其中，以慈藏法师的袈裟和佛陀舍利子等古迹文物最具吸引力。

釜山作为一座美丽的海滨城市，是疗养、度假的好去处。韩国八景之一的最大的海水浴场海云台，沿着蜿蜒曲折的海岸线，有长达1.5千米的银色沙滩。位于金井山东麓的东莱温泉和海云台的温泉并称为韩国两大温泉之乡。

3．济州岛（Chejudao）

济州岛是韩国第一大岛，又名耽罗岛、蜜月之岛、浪漫之岛，拥有美丽的自然景观和独特的古代岛国生活习俗，是韩国著名的旅游观光胜地。位于朝鲜半岛西南海域，隔济州海峡与朝鲜半岛相望。济州岛包括牛岛、卧岛、兄弟岛、遮归岛、蚊岛、虎岛等34个属岛，总面积1819.5平方千米。

济州岛地处北纬33°附近，却具有南国气候的特征，是韩国平均气温最高、降水最多的地方。温和湿润的气候和由火山活动塑造出的绮丽多彩的自然风景，使它赢得了“韩国夏威夷”和“远东的巴厘岛”的美誉。

济州岛以三多——石头多、女人多、风多著称，主要农产品有稻米、蔬菜、水果，最多要属油菜花，春天遍地一片金黄。济州岛是韩国主要的渔业基地，加之256千米漫长的海岸线，形成了一片有“梦幻乐园”之称的土地，也被世人称为“和平之岛”。

位于济州岛中央的汉拿山不仅是韩国著名的风景名胜区，也是韩国的动植物宝库。从山顶到山麓生长着 1800 余种亚寒带、温带和亚热带植物，还有 130 多种飞禽和 540 多种昆虫。城邑民俗村是一处集中保留了 15 世纪到 20 世纪初济州岛古老民宅特征的村庄。包括古民居、乡校、旧官公所、碾子、城墙、石碑、民谣、民俗游戏、乡土饮食、民间工艺、济州方言等文化遗产。在这里不但可以了解到古代韩国民居的特色，也能体会到济州岛的传统风情。

2.2 东南亚之旅

东南亚亦称“南洋”地区，指亚洲东南部地区。包括中南半岛和马来群岛的越南、老挝、柬埔寨、缅甸、泰国、马来西亚、新加坡、印度尼西亚、菲律宾、文莱、东帝汶等国家和地区。面积约 448 万平方千米，是世界上火山最多的地区之一。群岛区和半岛的南部属热带雨林气候，半岛北部的山地属亚热带季风气候。这里不仅有迷人的热带风光和海滨度假胜地，还可以体验博大精深的宗教文化之旅。

2.2.1 黄袍佛国——泰国（Thailand）

（一）基本概况

1. 旅游环境

泰王国（The Kingdom of Thailand）在泰语中为“自由之国”的意思，位于中南半岛的中南部，南临泰国湾（暹罗湾），与柬埔寨为邻，西南濒安达曼海，西部和西北部与缅甸接壤，东北部与老挝交界，疆域沿克拉地峡向南延伸至马来半岛，与马来西亚相接，其狭窄部分居印度洋与太平洋之间。除大陆部分外，泰国领土还包括马来半岛的东北部和中部地区，以及半岛东岸边的部分岛屿，全国面积约为 51.31 万平方千米，海岸线长 2600 多千米。

泰国地势北高南低，地形以平原为主，约占国土面积的 1/2 以上。北部、西部为山地，海拔 2595 米的因他暖山为全国最高峰；中部为湄南河（昭披耶河）谷底，由湄南河等河流冲积形成的平原，土地肥沃，稻田广布，是泰国的主要产稻区；东北部是呵叻高原。

泰国大部分地区属于热带季风气候，年平均气温 24～30℃，年均降水量 1000～2000 毫米，山区可达 3000 毫米。6～10 月是西南季风盛行的雨季，以 9 月的雨量为最多。境内河网密集，湄南河纵贯南北，为全国第一大河；湄公河流经东部边界。

泰国作为传统农业国，农产品是外汇收入的主要来源之一，主要生产稻米、玉米、木薯、橡胶、甘蔗等。泰国是世界著名的大米生产国和出口国，曼谷是世界“三大米市”之一，同时也是世界上天然橡胶的主要产地。泰国还拥有丰富的矿产资源，盛产宝石、重金属等，生物资源、水资源也很丰富。泰国是亚洲产象最多的国家，有“大象之邦”之称。泰国人将国家的疆域比作大象的头部，北部代表“象冠”，东北部代表“象耳”，暹罗湾代表“象口”，而南方的长条带代表“象鼻”。

2．历史与文化

泰国是东南亚的文明古国之一。泰国原名暹罗，公元1238年在湄南河上游以素可泰为中心建立了第一个中央集权王国——素可泰王朝。从16世纪起，先后遭到葡萄牙、荷兰、英国和法国等殖民者入侵。1896年，英、法签订条约，规定暹罗为英属缅甸和法属印度支那之间的缓冲国，从而使暹罗成为东南亚唯一没有沦为殖民地的国家。19世纪末，泰王拉玛五世朱拉隆公在位期间（1869～1910），致力于推动泰国近代发展，废除奴隶制度，铺设铁路，建立全国教育系统，被泰国人尊称为国父。1939年改国名为“泰族之邦”。1941年被日本占领。1945年日本投降后，恢复暹罗国名。1949年恢复君主立宪，复称泰王国，并沿用至今。

泰国国旗由红、白、蓝三色的五个横纹平行排列构成。红色代表民族以及象征各族人民的力量与献身精神。泰国以佛教为国教，白色代表宗教，象征宗教的纯洁。泰国是君主立宪政体国家，国王是至高无上的，蓝色代表王室。蓝色居中象征王室在各族人民和纯洁的宗教之中。泰国国徽图案是由驮载着那莱王展翅翱翔的一只大鹏鸟构成。那莱王是传说中的神，大鹏鸟则是传说中的鸟中之王，那莱王骑着大鹏四处消魔除怪。泰国国歌为《泰王国国歌》。泰国的国花是睡莲，在泰国民间，传说睡莲是山林沼泽中的女神，且与佛教有着千丝万缕的联系。泰国人把桂树视为吉祥的象征，并把它定为国树。大象在泰国被视为国兽。

泰国是一个由30多个民族组成的多民族国家，人口为6487万（2004年7月），其中泰族占人口总数的40%，老族占35%，此外还有马来族、高棉族及苗、瑶、桂、汶、克伦、掸等山地民族。泰国人口中有84%是居住在农村，10%居住在曼谷。泰语为国语。佛教是泰国的国教，90%以上的居民信仰佛教，马来族信奉伊斯兰教，还有少数人信奉基督教新教、天主教、印度教和锡克教。在泰国经常可见身披黄色袈裟的和尚，以及富丽堂皇的寺院，泰国约有寺庙3万多座，佛像雕刻随处可见，故有“黄袍佛国”和“千佛之国”的美称。

几百年来，泰国的风俗习惯、文学、艺术和建筑等几乎都和佛教有着密切关系。佛教为泰国人塑造了道德标准，使之形成了崇尚忍让、安宁和爱好和平的精神风范。泰国男人一生必须出家当一次和尚，多数为年满20岁以后，一般为3个月，最短为7天，也有长期为僧的，王族亦不例外。

3．习俗礼仪

泰国是一个传统礼仪之邦，泰国人温和谦恭，热情好客，故有“微笑国度”之美称。泰国是佛教之邦，佛教在泰国社会生活中有着深刻的影响。泰国人的礼仪一般都沿用佛教的礼仪，除非在相当西化的场合，泰国人见面时不握手，而是双手合掌致意。合掌级别分为4种：平民见国王，双手举过头顶；小辈见长辈，举到前额；平辈相见，举到鼻子以下；长辈见小辈，举到胸前即可。

泰国人忌讳用脚指物或指人，即便是坐着时，也不允许将脚尖对着别人，此举被视为不礼貌的做法。抚摸对方头颅或挥手越过别人头顶，被视为有侮蔑之意，是禁止的动作。泰国人认为右手高贵，而左手只能用来拿一些不干净的东西，因此，给别人递东西时都要用右手，以示敬意。在比较正式的场合还要双手奉上，用左手则会被认为是鄙视他人。寺庙是泰国人公认的神圣地方，因此凡入寺庙的人，衣着必须端庄整洁，不可穿短裤、短裙、无袖上装或其他不适宜的衣服。在寺庙内，可以穿鞋，但进入佛殿时，必须脱下鞋子，并注意不可脚踏门槛。每尊佛像，无论大小或是否损毁，都是神圣的，绝对不可爬上佛像拍照，或对佛像做出失敬的动作。

给客人戴花环和花串是泰国民间一种尊贵的礼节，表示对客人衷心的欢迎和祝福。花环和花串是用新鲜的泰国兰花、茉莉花等制作而成，香气袭人。主人通常在客人下飞机时，或在游船上把花献给客人，以示欢迎。

泰国人以大米为主粮。由于地处热带，泰国人喜欢食用富有刺激性的调味品，如辣椒、葱、蒜、姜等。泰国人非常喜欢吃辣椒，民间有“没有辣椒不算菜”的俗语，并常用生菜蘸酱佐餐。泰国人最爱吃民族风味的“咖喱饭”。餐后点心通常是时令水果或用面粉、鸡蛋、椰奶、棕榈糖做成的各式甜点。

（二）主要旅游城市与名胜

泰国是东南亚最具异国风情的国度，从曼谷金碧辉煌的寺庙，到古都的王宫遗址；从东部芭堤雅沙滩碧海的万种风情，到南部普吉岛山峦椰树的妩媚景色，处处散发出令人神往的独特魅力。

1．曼谷（Bangkok）

首都曼谷是泰国的政治、经济、文化和交通中心，东南亚第二大城市，位于湄南河下游。泰国人称其为“天使之城”。曼谷古刹林立，市内有大小佛寺400多座，有“佛庙之都”之称。

曼谷地势低洼多河流，后来又挖了许多运河，到了19世纪，遂成为河道纵横的水上都城。河上舟楫如梭，货运频繁，此外还有水上市集，因此有“东方威尼斯”之称。随着陆上交通及现代化工商业的发展，河流逐渐丧失作为交通要道的作用。从1969年起，大多数的河道被填平，变成林荫道或喧闹的马路。现在还有十多条河道蜿蜒流经市区。

（1）**大王宫**（Grand Palace）曼谷王朝的王宫，又称“故宫”，位于首都曼谷市中心，紧靠湄南河，是曼谷市内最为壮观的古建筑群。大王宫的总面积为21.84万平方米。1782年，曼谷王朝拉玛一世开始兴建大王宫。1784年第一座宫殿阿玛林宫建成，拉玛一世即迁入宫内主持政事。以后历代君主集泰国建筑艺术之精华，不断扩建大王宫，装饰也日益宏雄华丽，使其达到了现在的规模。大王宫建筑以白为主色，风格主要为暹罗式。庭园内绿草如茵，鲜花盛开，树影婆娑，满目芳菲。大王宫主要由阿玛林宫、查基宫、律实宫、宝隆皮曼宫等几个宫殿和一座玉佛寺组成。

（2）**玉佛寺**（Temple of the Emerald Buddha）又称“护国寺”，是泰国最著名的佛寺，位于曼谷大王宫的东北角。始建于1782年的玉佛寺是泰国大王宫的一部分，面积约占大王宫的1/4。玉佛寺与曼谷的卧佛寺、金佛寺并称曼谷三大寺。这里是泰国王族供奉玉佛像和举行佛教仪式的场所，也是泰国唯一没有和尚居住的佛寺。寺内有玉佛殿、先王殿、佛骨殿、藏经阁、钟楼和金塔，宏伟壮观，几乎集中了泰国各佛寺的特点和长处。玉佛殿是玉佛寺的主体建筑，在大殿正中高11米的镀金佛台上供奉着一尊被视为泰国国宝的玉佛像。玉佛由一块整体的翡翠雕成，高66厘米，称为“翡翠玉佛”。玉佛寺四周有长1000米的回廊壁画，为《拉玛坚》故事的图画。该画体现了神、佛、国王三者的完美统一。

2．清迈（Chiang Mai）

清迈是泰国第二大城市，位于泰国北部，是一座青山环抱的历史文化古城。建于1296

年，曾是素可泰王朝的首都，至今仍保留有古城墙和护城河遗迹。这里空气清新，原始山林茂盛，有“北方玫瑰”之美称。由于早期清迈与曼谷间交通不便，少有联络，因而也使得当地的许多传统文化、建筑，乃至于美食、工艺，都保持着与泰国中南部截然不同的风貌。

城市既有古老文化遗迹，又充满现代化都市的格调。繁华的大街上商店林立，商品琳琅满目，尤以手工艺品闻名全国。这里有精美的木雕、漆器、银器、藤器，特别是竹伞，更是久负盛名。这里以佛教庙宇和山区少数民族风情最引人入胜。市内有各种佛塔和佛寺近百座，规模较大的寺庙有6座。现为清迈标志之一的素贴寺位于海拔1000多米的素贴山上，是清迈地区1200多座寺庙中最大的一座。寺门外两侧各雕有一条6个头的巨龙，长150米的龙身随300多级石阶起伏而上，雄伟壮观。寺内有四座佛殿，每座殿内供奉一尊金身大佛。寺院正中有一座高20米的大金塔，塔内供奉有释迦牟尼的舍利子。另外著名的佛寺还有清迈寺、斋里銮寺、昌挽寺等。

3．热带海滨之旅

泰国海岸线长达2600多千米，加之散布在东侧泰国湾和西侧安达曼海上的岛屿，为各地游客提供了不少著名的具有迷人热带风光的海滨度假胜地。

（1）**芭堤雅**（Pattaya）芭堤雅位于曼谷以东154千米的印度支那半岛和马来半岛间的暹罗湾处，是世界著名的新兴海滨旅游度假胜地，以阳光、沙滩、海鲜名扬天下，被誉为“东方夏威夷”。市区面积20多平方千米，风光旖旎，气候宜人，年均温度20℃左右。芭堤雅原来默默无闻，直至20世纪70年代仍是一个人烟稀少的小渔村，当地人靠种番薯为生。1961年，泰国政府将此划为特区，鼓励国内外投资开发，芭堤雅由此得以迅速发展。芭堤雅现已发展成为一个近10万人的旅游不夜城，每到夜晚，商店、酒店、歌舞厅、夜总会灯火通明，街道两旁的亭式小酒吧鳞次栉比，流行音乐充塞大街小巷，马路上行人摩肩接踵，车水马龙，通宵达旦。长达40千米的芭堤雅海滩阳光明媚，蓝天碧水，沙白如银，椰林茅亭、小楼别墅掩映在绿叶红瓦之间，一派东方热带风光。海上滑水、冲浪、滑降落伞等各种水上娱乐活动新奇刺激，在离芭堤雅海岸约10千米的珊瑚岛（可兰岛），还可乘坐透明长底透明长尾船欣赏海底五光十色的珊瑚奇景和热带鱼。在芭堤雅东南有个东芭文化村，那里不仅有秀丽的热带园林景色，还可观赏古雅朴实的东南亚土风舞和大象表演。在这里驯调得极好的大象可以同游人一同嬉戏、玩耍。

（2）**普吉岛**（Phuket）是泰国最大的岛屿，安达曼海的“珍珠”，位于泰国南部，距离曼谷860千米，面积约540平方千米。“普吉岛”一词源自于马来西亚，所代表的意思就是“山丘”。岛上的主要地形是绵延的山丘，其间点缀着盆地，并有39个离岛，岛与大陆间有大桥相连接。它是泰国南部最小的府城，岛上有3个镇，中心是普吉城。

普吉岛是一个完全没受工业污染的岛屿，蓝天白云下，蔚蓝的海水、银色的沙滩，加上岛上到处覆盖茂密的绿色热带植物，组成了一幅典型的热带海滨风光图画。普吉岛主要的自然景观有普吉岛的明媚风光、离岛上于1981年成为国家海洋公园的攀牙湾、考帕泰奥国家公园和最南端的帖朋岬（又称为神仙半岛）。此外还有普吉水族馆、珍珠养殖场、回教渔村的班宜岛、泰国最大的鳄鱼饲养场、姐妹纪念碑，以及具有百年历史的中式和葡式建筑物、金碧辉煌的慈恩寺等景点。

2.2.2　城市岛国——新加坡（Singapore）

（一）基本概况

1．旅游环境

新加坡全称新加坡共和国（The Republic of Singapore），位于马来半岛南端，太平洋与印度洋航运要道——马六甲海峡的出入口，扼太平洋与印度洋的咽喉，有“东方直布罗陀”和“远东十字街头”之称。北隔 1.4 千米宽的柔佛海峡与马来西亚相望，有长 1056 米的花岗岩长堤跨越柔佛海峡与马来半岛相连；南隔新加坡海峡与印度尼西亚相望。由新加坡岛及附近 60 多个小岛组成，面积 647.5 平方千米，其中新加坡岛占全国面积的 91.6%。

新加坡是一个城市岛国，梵语意为“狮子城”。据说当年苏门答腊的室利佛逝王国的王子圣尼罗优多摩乘船到达此岛，看见一头黑兽，当地人告知为狮子，遂有“狮子城”之称。也有因其小而将之称为“星洲”、“星岛”的。

新加坡海岸线长 193 千米。地势低平，2/3 面积的平均海拔不到 15 米，最高点海拔仅 166 米。新加坡坐落在北纬 1.17º 附近，南距赤道仅 136.8 千米，属热带海洋性气候，常年高温多雨，年平均气温 24～27℃，年平均降水量 2400 毫米，10 月～翌年 3 月雨水较多，4～9 月雨量相对较少。

新加坡是亚洲四小龙之一，名列全世界最富裕的 25 个国家名单之中。新加坡自然资源匮乏，传统经济以商业为主，包括转口贸易、加工出口、航运等。独立后，政府坚持自由经济政策，大力吸引外资，发展多样化经济。经济以商业、制造业、建筑业、金融业、交通和通讯业五大部门为主。电子电器、炼油、船舶制造是制造业的三大支柱。其中，电子工业又占主导地位，在总体经济中占 12%，其次是炼油业，新加坡是仅次于美国休斯敦和荷兰鹿特丹的世界第三大炼油中心。船舶制造包括修船、造船和钻油台建造，是苏伊士运河以东、日本以西的最大船舶修造基地和仅次于美国的钻油台修造中心。工业产品出口占新加坡外汇收入总额的 50%。农业在国民经济中所占比例不到 1%，主要有园艺种植、家禽饲养、水产。粮食全部靠进口，蔬菜自产仅占 5%，绝大部分从马来西亚、中国、印度尼西亚和澳大利亚进口。服务业为经济增长的龙头产业，包括零售与批发贸易、饭店旅游、交通与电讯、金融服务、商业服务等。新加坡是亚洲继东京、香港之后的第三大金融中心，是国际金融中心和亚洲美元市场中心之一，它的产值占国内生产总值的 27%。

2．历史与文化

新加坡古称淡马锡。公元 8 世纪建国，属印度尼西亚室利佛逝王朝。公元 18～19 世纪是马来亚柔佛王国的一部分。1824 年沦为英国殖民地，成为英国在远东的转口贸易商埠和在东南亚的主要军事基地。1942 年被日军占领，1945 年日本投降后，英国恢复其殖民统治；1946 年英国将其划为直辖殖民地。1959 年 6 月新加坡实行内部自治，成立自治邦。1963 年 9 月并入马来西亚，1965 年 8 月脱离马来西亚，成立新加坡共和国。同年 9 月成为联合国成员国，10 月加入英联邦。

新加坡国旗由上红下白两个长方形组成，左上角有一弯白色新月和五颗白色五角星。红色代表人类的平等，白色象征纯洁和美德；新月象征国家，五颗星代表国家建立民主、和平、进步、正义和平等的思想。新月和五颗星的组合紧密而有序，象征着新加坡人民的团结和互助的精神。新加坡国徽是由盾徽、狮子、老虎等图案组成。红色的盾面上镶有白色的新月和五角星，其寓意与国旗相同。红盾左侧是一头狮子，这是“狮子城”新加坡的象征；右侧是一只老虎，象征新加坡与马来西亚之间历史上的联系。红盾下方为金色的棕榈枝叶，底部的蓝色饰带上用马来文写着“前进吧，新加坡！”。新加坡的国歌为《前进吧，新加坡》。新加坡的国花是一种名为卓锦・万代兰的胡姬花，东南亚通称兰花为胡姬花。卓锦・万代兰是由卓锦女士培植而成，花朵清丽端庄、生命力顽强，它象征新加坡人的气质和吃苦耐劳、果敢奋斗的精神。

新加坡是国际级的港口和贸易中心，又曾经受过殖民统治，这些经历让它成为多种语言、文化、种族和宗教并存的国度。新加坡人口约 435 万（2004 年），其中华族占总人口的 76.9%、马来族占 14.0%、印度族占 7.7%，欧亚混血种人和其他民族占 1.4%。在新加坡马来语为国语，马来语、英语、华语、泰米尔语为官方语言。居民多信佛教和伊斯兰教。

3．习俗礼仪

新加坡是一个礼仪之邦，新加坡人待人接物彬彬有礼，总习惯笑脸迎送客人。民族不同，传统礼节也不尽相同。马来人相遇时，先用双手相互接触，然后指向各自的胸前，表示衷心的问候；印度人见面，合起双手放在胸前，微微闭目，表情虔诚安详；年青一代则大多采用西方的握手礼。由于新加坡居民中华人多，有“华裔之国”之称，海外华人仍然保留了许多民族的传统习惯，乡土意识极强。

新加坡人时间观念极强，拜会要事先约定，并准时赴约。与新加坡的印度人或马来人吃饭时，注意不要用左手。在社交场合谈话时，要避免谈论政治和宗教，可谈论旅行见闻，烹饪和餐厅，以及新加坡的经济成就等。

新加坡人对色彩想象力很强，偏爱红色，视黑色为倒霉、厄运之色，紫色也不喜欢。认为“4”、“6”、“7”、“13”、“37”和“69”是消极的数字。新加坡伊斯兰教徒禁食猪肉，忌讳使用猪制品，也忌讳谈论有关猪的话题。新加坡人忌说“恭喜发财”，他们认为“发财”两字含有“横财”之意，是不义之财。在新加坡，头部被视为心灵之所在，摸别人的头会使人有受侮辱之感。公共场合严禁吸烟，违者最高罚款可达 5000 新元。

（二）主要旅游城市与名胜

新加坡是一个现代化的城市岛国，传统与现代、东方与西方、发达与淳朴，多种因素在新加坡和谐地融汇在一起，从而构成了新加坡独特的文化氛围和魅力，成为各地旅游者神往的旅游胜地。

1．新加坡市（Singapore）

首都新加坡市是新加坡共和国的政治、经济、科技、文化中心。位于新加坡主岛东南部，南临新加坡海峡，是东南亚最大的海港、世界著名的转口港。

新加坡城市整洁繁荣，市内绿草如茵，有“花园城市”、“花园之都”、“公园国家”的美誉。新加坡虽然没有名山大川，但却是草木茂盛、四季常青的花园式的旅游胜地。新加坡的动植物园、狮头鱼尾公园、伊丽莎白公园、裕廊飞禽公园等公园，以及圣陶沙岛、龟鱼岛、皇家山等景点都能使人领略到这座“花园城市”独特的魅力。

（1）**鱼尾狮塑像**（Merlion Statue）坐落在新加坡河畔的海滨大道上，是新加坡的标志和象征。这座喷水的狮城标志是 1972 年 5 月由雕刻家林南父子三人共同雕塑完成。白色的狮头鱼身像高达 8 米，重 40 吨，面海矗立在玻璃水波雕饰基座上，并从口中喷出冲力强劲的水柱。

（2）**裕廊飞禽公园**（Jurong Bird Park）世界著名的鸟禽公园之一，位于新加坡西部裕廊镇贵宾山坡，占地 0.2 平方千米。这里是鸟的天堂，在园内 95 个鸟舍、6 个池塘和 10 个可随意飞翔栖息的围场内，饲养着来自热带和寒带、沼泽和沙漠、海洋和深山的约 360 多种、8500 多只不同的飞禽。

（3）**虎豹别墅**（Haw Par Villa）亦称虎豹公园，坐落于新加坡西海岸巴西班让路临海的山冈上，是新加坡著名的主题公园，由华人胡文虎、胡文豹两兄弟于 1929 年兴建。园内有各国著名建筑的微缩景观，中国古典名著《西游记》、《封神演义》的大型雕塑群，以及各大洲珍禽异兽的雕塑等。在公园中还有"开天辟地剧场"、"东方精神剧场"、"万仙剧场"、"木偶剧场"、"激流秘景"、"龙中传奇"等放映盘古开天地的立体电影、展现中国传统节日，以及古代神话故事和奇幻世界的园区，堪称"东方迪斯尼乐园"。

（4）**圣陶沙岛**（Sentosa）新加坡南部岛屿之一，位于新加坡岛以南 800 米。在马来语中，圣陶沙就是"和平宁静"的意思，圣陶沙岛四周有长达 32 千米的洁白沙滩和各种康乐场所及展馆。新加坡先驱人物蜡像馆是圣陶沙岛上最具特色的展览馆，亦是新加坡最著名的蜡像馆；在蜡像馆的同一位置有 19 世纪英国西罗梭炮台，它已有百年的历史；世界昆虫馆和蝴蝶园是世界最大的昆虫和蝴蝶收藏地，展出了 3000 多种不同种类的蝴蝶与昆虫标本及活虫；此外，还有海事博物馆、珊瑚馆、圣陶沙艺术中心、独木舟中心、高尔夫球场、音乐喷泉等。

2.2.3　锡和橡胶王国——马来西亚（Malaysia）

（一）基本概况

1．旅游环境

马来西亚位于亚洲东南亚地区，由马来亚（西马）、沙捞越和沙巴（东马）三部分组成，面积 32.97 万平方千米。马来亚位于马来半岛南部，北与泰国接壤，西濒马六甲海峡，东临南中国海；沙捞越和沙巴位于加里曼丹岛北部，东南与印度尼西亚接壤，文莱位于沙捞越和沙巴之间的沿海地带。

马来西亚的西马地区地势北高南低，山地多，平地少，东西两侧沿岸为冲积平原，最高峰大汉山海拔 2185 米。东马地区内地高、沿海低。沙巴中、西部为山地，东部为沿海平原；沙捞越东南边境为山地，西部沿海为冲积平原。沙巴的基纳巴卢山海拔 4101 米，是马来西亚的最高峰，也是东南亚的最高峰。高山峡谷间溪流湍急，多险滩瀑布。山上古木参天，山中多溶洞，景色壮丽而又秀美。

马来西亚属热带雨林气候，终年高温多雨，无明显季节变化。年均气温为 26～29℃，年温差小，但日温差较大，白天炎热，早晚比较凉爽。年降雨量在 2000～3000 毫米。热带植物茂盛。在马来西亚，兰花、蝴蝶、巨猿被视为当地三大珍宝。原始森林中，栖息着濒于绝迹的异兽珍禽，其中马来西亚虎是有代表性的动物。

马来西亚是一个自然资源十分丰富的国家，是世界上最大的天然橡胶、棕榈油及锡的出产国，有"锡和橡胶王国"之称。马来西亚森林覆盖率为 60%左右，盛产优质硬木。此外，也是石油及天然气的重要出产国、并盛产可可、胡椒、椰子等热带经济作物。马来西亚的渔业资源也非常丰富，除各种鱼类外，马来西亚海岸还产龙虾。马来西亚原为农产品、矿产品出口国，现已成为亚洲地区引人注目的新兴工业国之一。旅游业为国家第三大经济支柱。

2．历史与文化

公元初马来半岛有羯荼、狼牙修等古国。15 世纪初以马六甲为中心的满剌加王国统一了马来半岛的大部分，并发展成当时东南亚主要国际贸易中心。马来亚从 16 世纪起，先后遭到葡萄牙、荷兰和英国等国家的侵略，1911 年沦为英国的殖民地。沙捞越、沙巴历史上属文莱，1888 年两地沦为英国保护国。第二次世界大战期间，马来亚、沙捞越、沙巴被日本占领。战后英国恢复其殖民统治。1957 年 8 月马来亚联邦成立，宣布独立。1963 年 9 月马来亚联邦和新加坡（1965 年 8 月 9 日新加坡宣布退出）、沙捞越、沙巴合并组成马来西亚联邦。

马来西亚国旗左上角为蓝底配以黄色新月和一颗 14 角星，其余部分由红白相间的 14 条色带组成。14 代表马来西亚联邦的 13 个州和联邦政府。蓝色象征人民的团结及马来西亚与英联邦的关系——英国国旗以蓝色为旗底，黄色象征国家元首，新月代表伊斯兰教信仰，红、白二色为马来人喜爱的传统颜色。马来西亚国徽中间为盾形，盾徽上端是一弯黄色新月和一颗 14 角星；下端为马来西亚的国花木槿（当地人称“班加拉亚”），两侧是两只马来虎，两虎后肢踩着金色饰带，饰带上写着“团结就是力量”。马来西亚的国歌是《我的祖国》。

马来西亚人口约 2558 万（2004 年）。主要由马来族、华族和印巴族三大民族组成，其中马来族占 58.1%，华族占 31.3%。马来西亚 82%的人居住在西马来西亚；沙捞越原住居民中以伊班族为主，沙巴以卡达山族为主。他们的宗教、文化和风俗习惯各异，是东西方文化交融汇合之地。马来人 90%以上信仰伊斯兰教，华人多信仰佛教和道教，印巴人则信仰印度教。马来西亚宪法中明文规定伊斯兰教为马来西亚官方宗教。马来语为国语，通用英语；华语使用也较广泛。

3．习俗礼仪

马来西亚人是热情、谦恭、大方，讲究礼节的民族。熟人见面，都会相互微笑地伸出手掌，互相触摸一下手心，再摸一下心窝，然后放在胸前，同时说：“愿真主保佑你”。但交往切忌用左手，传统上马来人认为左手是不干净的象征。在相互交往时，衣冠必须整洁。对女士不可先伸出手要求握手，更不可随便以食指指人。头是最神圣的地方，任何人都不可随便触摸马来人的头和背部。

清真寺是穆斯林举行宗教仪式的地方，参观时女性注意穿着不可暴露手臂和双脚。女士需穿长袍及戴头巾，否则将被拒之门外。马来人男女传统礼服分别是：男士为无领上衣，下着长裤，腰围短纱笼，头戴“宋谷”无边帽，脚穿皮鞋。女士礼服也为上衣和纱笼，衣宽如袍，头披单色鲜艳纱巾。马来人男女礼服和便服都有一个共同的特点，即又宽又长，遮手盖脚且色彩鲜艳、图案别致、样式美观。目前打工族为了工作穿着方便，一般着轻便的西服，只在工余在家或探亲访友或重大节日时，才着传统服装。在各种正式场合，男士着装除民族服装及西服外，可穿长袖巴迪衫。巴迪衫是一种蜡染花布做成的长袖上衣，质地薄而凉爽，现已渐渐取代传统的马来礼服，成为马来西亚“国服”。在马来西亚除皇室成员外，一般不穿黄色衣饰。

马来西亚人普遍喜好辛辣饭菜，尤其是咖喱牛肉。马来西亚人的主食以米饭、糯米糕点、黄姜饭、榴莲饭为主，也爱吃用椰浆和糯米制成的“马来粽”、“竹筒饭”，羊肉串、烤鸡是著名的风味菜肴，在当地被称为“沙爹”，宴请宾客时是必不可少的。马来西亚人平时很爱喝咖啡、红茶等饮料，也爱嚼槟榔，他们也喜欢用这些东西招待客人。

（二）主要旅游城市与名胜

马来西亚是一个多岛屿与半岛的海洋国家，这里拥有美丽多彩的热带风光，千姿百态的山、河、海、岛、礁、滩、洞，奇异美妙的各种动植物，以及遍布全国各地的名胜古迹，享有“热带旅游乐园”的美称。置身其间，不仅可以尽情欣赏茂密的雨林、银白色的沙滩、蔚蓝的海水，还可以看到因不同种族和文明聚在一起而形成的各具特色的民族文化习俗，风格各异的城市建筑，充满传奇色彩的历史遗迹等多样化的人文景观。

1．吉隆坡（Kuala Lumpur）

首都吉隆坡是马来西亚最大的城市，全国的政治、经济与工业中心，也是著名的国际都市。吉隆坡位于马来半岛的西南沿海，包括郊区的面积约为244平方千米。城市西、北、东三面环山，一面临水。巴生河穿越而过，往西注入马六甲海峡。巴生河西半部是政府机关、公园、银行所在地，东半部则是商业和住宅区。

吉隆坡市区风景秀丽，优雅的建筑、开阔的城市花园、大片的草坪和四处可见的游人歇椅、宽敞的人行横道，以及大型的购物中心、豪华酒店、现代化的金融中心等等应有尽有。城市街道整齐，典型的穆斯林建筑和中国式住宅，以及现代化高楼大厦错落有致，别有东方城市特有的情趣。市内著名建筑和风景点有湖滨公园、胡姬花公园、国会大厦、国家博物馆、国家清真寺、吉冷结瀑布、独立广场和天后宫等。

国家清真寺（Masjid Negara）是东南亚地区最大的清真寺，位于吉隆坡市中心。1965年建成，总面积5.5公顷。整个建筑仿照麦加的清真寺，造型优美；祈祷大厅高大宽阔，可同时容纳8000人礼拜。大厅屋顶由49个大小不同的圆拱构成。最大的圆拱直径45米，呈18条放射状光芒，寓意全国13个州和伊斯兰教五基。清真寺的大尖塔塔尖高73米，有电梯可直达塔顶，尖塔塔尖呈火箭型，意思是伊斯兰教可与科学相比。

2．槟榔屿（Penang Pulau）

槟榔屿以槟榔树多而得名，是马来西亚西北部一个风光明媚的小岛，也是马来西亚著名的旅游胜地，享有“印度洋绿宝石”和“东方珍珠”的美誉。面积为285平方千米。岛上最高的槟城山，海拔830米，可乘登山缆车直达山顶，在山顶尽览全岛和海峡的景色。岛上既有美丽的海滩与原野风光，又有众多的名胜古迹。气势磅礴的海岸峭壁、绵延数里的金色沙滩、海水清澈的海滨浴场、青翠葱郁的田畴风光，以及中国式的极乐寺、缅甸式的卧佛寺等众多的寺院庙宇，和马来西亚最大的海港城市槟城和长达13.5千米的东南亚第一、世界第三长的跨海大桥等，都构成了槟榔屿一幅幅美不胜收的图画。

槟城（Pinang）又名“乔治市”，槟榔屿州首府，位于马来西亚西北部，槟榔屿东北角，马六甲海峡北口东侧。是马来西亚唯一的自由港，素有“东方花园”之称。槟城是马来西亚的采锡业中心，工业居西马北部地区首位，电子工业发达，也是农产品和橡胶的贸易中心。

3．马六甲（Malacca）

马六甲是马来西亚最古老的一座城市，马六甲州的首府，也是马六甲州的重要港口，位于西马来西亚西南岸，扼守马六甲海峡的咽喉，面积为1657.6平方千米。这里每年吸引着成千上万的游客，前来观赏海峡风光和世界驰名的古迹。

马六甲建于 1403 年，曾是满剌加王国的都城，历史古迹众多。1405 年，明朝三保太监郑和率领远航西洋船队，乘着强劲的东北季风，劈波斩浪驶进马六甲港，给这里带来中国的友谊、文化和丝绸等。为纪念这位中国伟大的航海家而命名的“三保山”上有三保庙、三保井和三保亭。从 16 世纪起，历受葡萄牙、荷兰和英国的殖民统治，至今留有殖民时期的遗迹。马六甲博物馆是一幢橙红色的荷兰式建筑，建于 1641～1660 年间，是荷兰人在东方所保留的最古老的建筑物。位于圣保罗山上和山麓的圣保罗教堂和圣地亚哥城堡是当年葡萄牙人占领马六甲后建造的。此外，马六甲还有宜力海滨公园和圣约翰山古堡等旅游胜地以及马来西亚缩影村。

4．古晋（Kuching）

古晋是沙捞越州的首府，东马第一大城市。古晋地处沙捞越州的西部，沙捞越河南岸，离海岸约 35 千米。市内新旧建筑交替，河渠纵横，绿水悠悠，装载橡胶、椰子、胡椒的小船穿梭其间，有“水上之都”之称。沿河两岸的高脚长屋，更是古晋的特色。沙捞越博物馆是东南亚收藏最好的博物馆之一，主体建筑仿照当地土著居民的长屋设计。陈列有原住民族手工艺品、生产工具、武器以及尼亚洞穴出土的石器时代文物等。

2.2.4 万岛之国——印度尼西亚（Indonesia）

（一）基本概况

1．旅游环境

印度尼西亚共和国（The Republic of Indonesia）位于亚洲东南部，地跨赤道，北濒南海、苏拉威西海（西里伯斯海）和西太平洋与菲律宾相望，西北隔马六甲海峡与马来西亚对峙，西临安达曼海和印度洋，东接巴布亚新几内亚，南隔阿拉费拉海遥望澳大利亚。它由太平洋和印度洋之间的 13700 多个大小岛屿组成，又称“万岛之国”，是世界上最大的群岛国家。陆地面积 190.44 万平方千米。

印度尼西亚又被称为“赤道上的翡翠”。全国的大小岛屿就像一条漂浮在太平洋上的翡翠带子，横跨在赤道两边，其国土从东到西长度为 5100 千米，为地球周长的 1/8，海岸线长 3.5 万千米。境内地形以山地和高原为主，仅沿海有面积不大的平原。查亚峰是境内最高峰，海拔 5030 米，也是西南太平洋地区的最高峰，山顶积雪终年不化。印度尼西亚地处太平洋西岸火山带和地震带，境内除加里曼丹岛外，各岛都有活火山，地震频繁。全国共有火山 400 多座，其中活火山 77 座，故有“火山之国”之称。

印度尼西亚大部分地区属热带雨林气候，高温、多雨、风小、湿度大。年平均温度 25～27℃，各月气温变化很小，没有寒暑季节之分。年平均降水量一般在 2000 毫米以上，每年可分为旱、雨两季。一般 4～9 月为旱季，10 月～翌年 3 月为雨季。

印度尼西亚资源丰富，有“热带宝岛”之称。在矿产资源方面，石油、天然气和锡的储量在世界上占有重要地位。森林资源十分丰富，印度尼西亚的热带雨林面积仅次于巴西亚马逊地区，森林面积约占国土总面积的 49%。加里曼丹和苏门答腊的铁木、努沙登加拉的檀木、苏拉威西的乌木、爪哇的柚木都是驰名于世的珍贵木材。在农林产品方面，胡椒、金鸡纳霜、木棉和藤的产量均居世界首位，天然橡胶、椰子产量居世界第二位。印尼是水果王国，盛产香蕉、芒果、菠萝、木瓜、榴莲、山竹等各种热带水果。印尼海域水产资源丰富，种类繁多。苏门答腊东海岸的巴干西亚比亚是世界著名的大渔场。

2. 历史与文化

印度尼西亚是东南亚的一个历史悠久的国家，公元 3～7 世纪建立了一些分散的王朝。苏门答腊岛上的室利佛逝王国是当时印度以外的佛教中心，商业和文化特别发达，同东、南、西亚各国都有经济文化来往。9～10 世纪，版图曾扩大到西部岛屿和马来半岛等地。13 世纪，在爪哇建立了印尼历史上最强大的麻喏巴歇王国。15 世纪先后遭葡萄牙、西班牙和英国入侵。1602 年荷兰在印尼成立具有政府职权的“东印度公司”，开始长达 350 多年的殖民统治。1942 年被日本占领，1945 年 8 月日本投降后印尼爆发“八月革命”，8 月 17 日印尼宣布独立。1950 年 8 月成立统一的印度尼西亚共和国。

印度尼西亚国旗由上红下白各占一半，红色象征勇敢和正义，还象征印度尼西亚独立以后的繁荣昌盛；白色象征自由、公正、纯洁，还表达了印尼人民反对侵略、爱好和平的美好愿望。印度尼西亚国徽由一只鹰、一面盾和一条绶带组成。鹰金黄色，两翼各有 17 根羽毛，尾巴的羽毛为 8 根，这是为了纪念印度尼西亚的独立日——8 月 17 日。鹰胸前的盾面由五部分组成：黑色小盾和金黄色的五角星代表宗教信仰，也象征“潘查希拉”——印尼建国的五项基本原则；水牛头象征主权属于人民；榕树象征民族意识；棉桃和稻穗象征富足和公正；金色饰环象征人道主义和世代相传。盾面上的粗黑线代表赤道。鹰爪抓着的绶带上用印尼文写着“异中有同”，象征多民族的整体国家。印度尼西亚的国歌为《大印度尼西亚》。印度尼西亚的国花为茉莉花。

戏剧、舞蹈和音乐是印尼传统文化的重要组成部分。印尼各地都有自己的舞蹈，以巴厘和爪哇的舞蹈艺术性和复杂程度最高，仅巴厘岛上的舞蹈就有 200 多种。被称为“瓦扬”的木偶戏可谓最佳的印尼戏剧艺术，是印尼乡村的主要娱乐形式。

印度尼西亚拥有 100 多个民族，人口约 2.17 亿（2004 年），世界人口第四大国。印度尼西亚人在岛上分布极不均匀，近 2/3 的人口居住在爪哇岛和巴厘岛，其中近 1 亿人口生活在爪哇岛。印度尼西亚近 90%的人口信奉伊斯兰教，是世界上穆斯林人口最多的国家，其余的信奉基督教、印度教、佛教和原始拜物教。印度尼西亚大多数民族拥有自己的语言，官方语言为印度尼西亚语，也是印度尼西亚的通用语言。

3. 习俗礼仪

印度尼西亚是一个以伊斯兰教为主，多种宗教并存的国家。伊斯兰教徒忌食猪肉，忌酒，忌讳别人摸头和用左手递东西。

印尼人一般以握手为礼，传统礼节是用右手按胸口相互问好。印尼人在招呼人时忌讳用食指示意，认为那是对人的不敬。印尼人不在街道上或走路时吃东西，认为这是不文明的。

印尼人敬蛇如神，人们把蛇看成是“善良、智慧、本领和德行”的象征。忌讳老鼠和乌龟。裸体太阳浴在印尼是违法的。

印度尼西亚各民族有着自己的传统风俗和生活习惯。就衣着服饰来说，在加里曼丹南部的巴希尔族，至今仍过着赤身裸体的原始生活，并有全身文身的习惯。巴杜伊人衣着色彩只有他们崇尚的白色、蓝色和黑色，禁忌穿戴其他色彩的衣服，甚至谈论都不允许。摩鹿加群岛的男性只在腰间系上树叶编成的短蓑衣。爪哇男人们在外出或参加庆典时，腰间总要挂着一把精致而漂亮的短剑，这种短剑，印尼语里称为“格里斯”。

（二）主要旅游城市与名胜

印度尼西亚既有古老的爪哇——印度教庙宇，也有现代化的豪华度假胜地；既有伊利安查亚的石器时代生活方式，也有雅加达这样的现代化大都市，被誉为“亚洲最具特色的国家”。主要旅游点有印尼缩影公园、巴厘岛、婆罗浮屠佛塔、日惹王宫、多巴湖等。

1．雅加达（Jakarta）

首都雅加达是东南亚第一大城市，印度尼西亚的政治、经济、文化中心和世界著名的海港。坐落在世界人口密度最高的爪哇岛西北部，濒临雅加达湾，地跨芝利翁河两岸。面积590平方千米，连郊区面积906平方千米。

雅加达地处低平冲积平原，地势南高北低，平均海拔7米，有大小10条河流经市区，最著名的是芝利翁河。雅加达历史悠久，早在14世纪就已成为初具规模的港口城市，当时叫巽他加拉巴，意思是“椰子”，华侨称其为“椰城”，约在16世纪改名为雅加达。城市分新、旧两城区，北面是旧城区，近海，为商业中心；南面是新城区，为行政中心，有现代化的花园式住宅区。新区的丹姆林大道两旁是银行、大公司云集之地，有印尼的“华尔街”之称。

雅加达旅游名胜很多。全市有清真寺200余座，基督教及天主教教堂100余所，佛教与道教寺院数十座。位于独立广场东南的国家宫，原是荷兰总督的官邸，现为总统府。民族纪念碑高137米，屹立在雅加达最著名的标志性建筑——独立广场上。市内多博物馆，其中最著名有中央博物馆，建于1778年，是印尼收藏品最丰富的博物馆，也是世界上收集铅笔最多的博物馆之一；历史博物馆是一座建于1626年的古老大厦，从前是东印度公司的总部，馆内专门陈列雅加达开埠前后的各类历史文物。此外，还有皮影博物馆、海员博物馆、石碑博物馆、文学资料博物馆等。在雅加达东郊距市中心26千米处，有世界著名的“印尼缩影公园”（也称“迷你公园”），园内集中展现了印尼27个省独特的传统建筑特色，把印尼各省的地貌、风土人情、文化、宗教色彩及具有代表性的特殊景物浓缩于此。位于市郊的东南亚最大的游乐园之一的“寻梦园”（也称“幻想公园”）内有新型旅馆、露天电影院、跑车场、保龄球场、高尔夫球场、跑马场、人造波浪大型游泳池、儿童娱乐场、网球场、夜总会、海滨茅舍、蒸汽浴、游艇等各种娱乐设施。

2．万隆（Bandung）

万隆古称勃良安，西爪哇首府，位于印度尼西亚爪哇岛西部海拔715米的万隆盆地中，四面群峰环绕，植物繁茂，环境优美，被誉为印尼最美丽的城市，素有“爪哇的巴黎”之称。万隆虽地近赤道，但因地势较高，气候凉爽，空气清新，年平均气温23℃，城市面积80多平方千米，绝大部分居民是巽他族。万隆不仅纺织工业发达，而且是印尼的农产品集散地之一。以金鸡纳树皮为主要原料制造的奎宁药品畅销世界各地。

早在17世纪，万隆就已成为著名的旅游和避暑胜地。市内处处繁花似锦，街道清洁整齐，宛如一个大公园。这里的皇家玫瑰公园，种有世界各地不同品种的玫瑰花。市内有规模颇大的动物园。城内的小西湖，风景清幽，附近有著名的覆舟火山和万隆温泉，温泉坐落在峰峦叠翠的山谷中，含有硫黄质，从山谷渗出，汇入池内。距万隆24千米有著名的马里巴雅温泉。另外，万隆周围的伦邦湖、达哥瀑布、巽他山下的温泉浴池和复舟火山口也是吸引游客的观光览胜之地。万隆拥有独特的民间文化艺术，诸如民间舞蹈、武术、“昂格隆”竹制乐器等都别具风格。

万隆是“万隆精神”的发源地。1955年4月18日至24日，第一次亚非会议在万隆举行，史称万隆会议。这是亚非国家第一次在没有西方殖民国家参加下自行召开的大规模国际会议，共有29个亚非国家和地区的政府代表团参加。会议一致通过了《亚非会议最后公报》，提出了以和平共处五项原则为基础的万隆十项原则作为国与国之间和平共处、友好合作的准则。会议所反映的亚非人民团结反帝、反殖，争取和维护民族独立，增强各国人民之间友谊的精神，被人们称之为“万隆精神”，万隆也因此驰名于世。由周恩来总理率领的中国政府代表团，在万隆会议期间坚持求同存异，协商一致的原则，为会议的成功作出了杰出的贡献。万隆会议的旧址是一座三层楼的乳黄色建筑，始建于1895年。这座建筑原是荷兰殖民者的高级俱乐部，在日本占领期间成为一个文化中心，1945年印尼独立后改名为“独立大厦”。为了纪念历史性的万隆会议在此召开，1980年印尼政府将会议旧址辟为“亚非会议纪念博物馆”，并将市内最繁华的街道命名为“亚非大街”。

3．日惹（Yogyakarta）

日惹又称周贾卡塔，是印度尼西亚古城，日惹特别自治区首府，位于爪哇岛中南部姆拉比火山南麓，南濒印度洋。公元18～19世纪，这里是日惹苏丹王国所在地，1945～1950年是印尼暂时首都。日惹为爪哇文化艺术的发源地，文学和舞蹈发达，浮雕和塑像众多。它还被称为“印尼学府城”，印尼几座著名的大学都集中在此。它还以金银器、乐器、木雕等工艺品著称。

日惹城市环境宁静优雅，富有印尼民族风格。市内有城堡、宫殿和楼阁等建筑。广阔的亚伦亚伦方形广场，东、西、北三面都有城墙围护。市郊多古迹，有被称为东方五大古迹之一的婆罗浮屠佛塔；有精美的印度教古庙巴玛南神庙；有被称为“大城”的古城遗址，传为玛打兰王国首都遗址，遗址中还有块大石块，传为玛打兰王宝座；再远处是王家陵墓。

4．巴厘岛（Bali Island）

巴厘岛是爪哇以东小巽他群岛中的一个岛屿，面积约5561平方千米，与首都雅加达所在的爪哇岛隔海相望，相距仅1.6千米。该岛由于地处热带，且受海洋的影响，气候温和多雨，四季万花烂漫，绿水青山，林木参天，是天然的度假胜地，有“神仙岛”、“诗之岛”、“天堂岛”、“南海乐园”、“花之岛”等诸多美称。

岛上大部分为山地。全岛山脉纵横，地势东高西低，有四、五座锥形完整的火山峰，其中阿贡火山海拔3142米，是岛上的最高点，有“世界肚脐”之称。岛上沙努尔、努沙·杜尔和库达等处的海滩，是该岛景色最美的海滨浴场，这里沙细滩阔，海水湛蓝清澈。

巴厘岛因历史上受印度文化宗教的影响较大，居民大都信奉印度教，但这里的印度教同印度本土上的印度教不大相同，是印度教的教义和巴厘岛风俗习惯的结合，称为巴厘印度教。全岛有庙宇1.25万座，因此又有“千寺之岛”之美称。神庙中最为著名的当属拥有千年历史的百沙基陵庙，陵庙建在阿贡火山山坡上，以专祀这座间歇喷发的火山之神。此外还有建于一巨石之上的海神庙，有巴厘地标之称。

巴厘岛不但天然景色优美迷人，其文化和社会风俗习惯也以丰富多彩而驰名于世。巴厘人的古典舞蹈典雅多姿，每年举行的宗教节日有近200个，届时歌舞杂陈，风情万种。巴厘的雕刻、绘画和手工业品也以其精湛的技艺、独特的风格闻名遐迩，有“艺术之岛”之誉。在岛上处处可见木石的精美雕像和浮雕，玛斯是该岛著名的木雕中心。巴厘的绘画大都是用胶和矿物颜料画在粗麻布或白帆布上，主题取材于田园风光和人民生活习俗，具有浓郁的地方色彩。位于岛中部的乌穆是绘画中心，博物馆内保存着许多历史文物和巨幅绘画。

在自然科学上，1869 年生物学家华莱斯还发现巴厘岛是亚洲大陆的“末稍”，典型的亚洲动物分布至此为止，而在它东方仅隔不到 40 千米宽度的海峡的龙目岛，动物即属大洋洲种。

2.2.5 佛塔之国——缅甸（Myanmar）

（一）基本概况

1．旅游环境

缅甸全称缅甸联邦（The Union of Myanmar），位于中南半岛的西部，西北与印度和孟加拉国接壤，东北与中国为邻，东南与老挝、泰国毗邻，西南濒临孟加拉湾和安达曼海。面积为 67.66 万平方千米，海岸线长 3200 千米，是中南半岛上面积最大的国家。

缅甸地势北高南低。北部为高山区，西部有那加丘陵和若开山脉，东部为掸邦高原。最高山峰开卡博峰，海拔 5881 米。在西部山地和东部高原间为伊洛瓦底江冲积平原，地势低平。缅甸境内大部分地区属热带季风气候，年平均气温 27℃，年降水量因地而异，山区和沿海多雨区 3000～5000 毫米，内陆干燥区 500～1000 毫米。

缅甸是农业国，农业人口约占全国人口的 66%，农业产值占工农业总产值的 80%左右。农作物以稻谷为主，主要分布在伊洛瓦底江三角洲和锡当河河谷一带，以“稻米之国”著称。工业基础薄弱，以碾米、木材加工、纺织和采矿业为主。缅甸矿藏资源丰富，有石油、天然气、锡、钨、铜、宝石等矿藏。其森林覆盖率占总面积的 50%以上，是世界上柚木产量最大的国家。缅甸将柚木视为国树，称其为“树木之王”、“缅甸之宝”。

2．历史与文化

缅甸是一个历史悠久的文明古国，5000 多年前，伊洛瓦底江边就已经有人类居住。1044 年建立统一的国家后，经历了蒲甘、东坞和贡榜三个封建王朝。19 世纪英国先后发动三次侵缅战争后占领缅甸，1886 年英国将缅甸划为英属印度的一个省。1937 年缅甸脱离英属印度，直接受英国总督统治。1942 年 5 月被日本占领。1945 年 3 月缅甸爱国组织配合盟军，光复缅甸。后英国重新控制缅甸。1948 年 1 月 4 日缅甸脱离英联邦宣布独立，建立缅甸联邦。1974 年改名为缅甸联邦社会主义共和国，1988 年复称缅甸联邦。

缅甸国旗为红色，左上角有一深蓝色的小长方形，里面绘有白色的图案——14 颗五角星环绕着一个 14 齿的齿轮，齿轮中空，内有一株谷穗。红色象征勇敢和果断，深蓝色象征和平与统一，白色象征纯洁和美德。14 颗五角星代表缅甸联邦的 14 个省、邦，齿轮和谷穗分别象征工业和农业。缅甸的国徽中心为一个由谷穗环绕的有 14 个齿的齿轮，上面绘有缅甸地图。谷穗两侧各有一只狮子，狮子被誉为缅甸的国兽，称圣狮，是吉祥的标志。顶端为一颗五角星，两侧饰有缅甸花卉。缅甸的国花是东亚兰花；国树为柚木。

缅甸是著名的“佛教之国”，佛教传入已有 2500 多年的历史。佛教对缅甸文化艺术和人民生活甚至语言一直产生着深刻的影响。在缅甸佛教徒的信念中，认为建佛塔可以造福终生，修福来生，因此建塔之风盛行。缅甸精湛的佛塔建筑艺术和传承下来的佛塔文化，充分展现了这个“佛塔之国”佛教文化的灿烂辉煌。佛塔最集中的地方要数缅甸中部的蒲甘小城，这里曾是缅甸第一个统一的封建王朝之都，素有“万塔之城”的美称。缅甸佛塔的形状大多为金钟形和复钵形，由塔基、坛台、钟座、复钵、莲座、蕉苔、宝伞、风标、钻球等九个部分组成。塔的四周还常常围绕着许多用石头或木头建成的小佛塔或各种狮子像、魔像、龙像。塔尖悬有金银风铃，随风发出叮当声响，佛教之音悠扬久远。

缅甸共有135个民族，主要有缅族、克伦族、掸族、克钦族、钦族、克耶族、孟族和若开族等。总人口约5430万（2005年），其中缅甸缅族约占65%。缅甸语为官方语言，各少数民族均有自己的语言，其中缅、克钦、克伦、掸和孟等族有文字。缅甸80%以上人口信奉佛教。缅甸男子一生中都要出家当和尚一次，长者三五年，短者半年三个月，否则不能算成人。

3．习俗礼仪

缅族的服饰与中国云南傣族相似，不论男女下身都穿筒裙，男裙称“笼基”，女裙称“特敏”。男上衣为无领对襟长袖短外衣，女上衣为斜襟短外衣。每逢重要场合，男人多戴缅式礼帽。缅甸妇女多留长发，挽发髻，戴鲜花。缅甸人不分男女、不分场合均穿拖鞋，军人除外。

缅甸是非常注重礼节的民族，行止坐卧、进食、就寝、接待客人都有一整套的礼节。缅甸人多行合十礼，在外交场合行握手礼。许多风俗习惯都离不开小乘佛教的教规、教义。缅甸人历来尊重僧侣，男孩在5～15岁间要举行隆重的出家仪式，入寺庙过静修生活，否则不能结婚。黄色的袈裟是庄严、崇高和圣洁的象征。信奉佛教的缅甸人崇拜榕树，认为它就是佛塔。上塔脱鞋、进庙脱鞋、进家脱鞋是缅甸自古以来的一种特殊礼节，否则就是对佛祖的不尊敬。

缅甸人有很多禁忌：不能星期二出门办事；星期五不能坐船渡江；不能在星期天送东西；不能用左手送茶、上菜、接物、递东西，尤其忌讳见面时用左手握手；未经主人允许，任何人不得坐在男主人的固定位置上。缅甸以乌鸦为神鸟，不能捕捉和伤害；牛在缅甸也被视为神物，任其游逛，不得伤害。

（二）主要旅游城市与名胜

缅甸是一个让人感到佛教无处不在的国度。缅甸有僧尼50多万，无处不见出家人；庙宇众多，无处不闻诵经声；佛塔林立，无处不见“佛塔之国”的风采。主要景点有世界闻名的仰光大金塔、文化古都曼德勒、万塔之城蒲甘以及额不里海滩等。

1．仰光（Yangon）

首都仰光，在缅语中有“战乱平息”的意思，故称“和平之城”，是缅甸政治、经济和文化中心，位于伊洛瓦底江的入海分支仰光河左岸。1852年建成的仰光港，是缅甸最大的港口，也是世界主要的稻米输出港之一。1948年缅甸独立后定其为首都。仰光四季常青，景色宜人。市内多佛教古迹，有许多金碧辉煌的宝塔，尤以仰光大金塔和耸立在班杜拉广场上的白塔著称于世。

仰光大金塔（Shwedanon Pagode）是世界著名佛塔之一，与印尼的婆罗浮屠佛塔和柬埔寨的吴高窟齐名，也是仰光市标志性建筑和缅甸的象征。大金塔位于仰光市区北部茵雅湖畔的圣山上，为仰光的最高点。其建于公元前585年，经过历代国王的修葺扩建，才呈现今日之宏伟风姿。塔是用砖砌成的，传说塔内藏有释迦牟尼佛发。塔身高99.36米，像一口倒扣在地面上的巨钟，整体贴满金箔，所用黄金7吨多重；塔顶建有金伞，上镶嵌着数千颗红宝翡翠，形成了昼夜金碧辉煌的外观。大金塔四周围绕着4座中塔和64座小塔，形成一组雄伟壮丽的塔林。塔下四角均有缅式狮身人面像。塔东北角有一棵菩提古树，相传是从释迦牟尼金刚宝座的圣树苗中移植而来。东北角和西北角有两座古钟，一座重约16吨，系1778年缅王捐铸，另一座重约40吨，系1841年缅王捐铸。塔南侧为陈列馆，陈列着信徒捐赠的佛像、银器和其他物品。壁龛里有着一尊尊大小不同的玉佛。大金塔是东南亚佛教徒朝拜的圣地，每逢节日，前来参拜的僧众络绎不绝。

2．曼德勒（Mandalay）

曼德勒意为“多宝之城”，又称“瓦城”，位于缅甸中部，东邻掸邦高原，伊洛瓦底江从城边流过，是缅甸第二大城市。大陆性气候明显，最高气温可达45℃，有“火炉”之称。

曼德勒为缅甸古都，1857年贡榜王朝的敏东王在此建都。在缅甸的历史上曾多次作为都城。历史上曾是全国的政治、经济、文化中心，也是佛教圣地之一，至今仍保存着浓厚的缅甸传统文化特色。全市共有大寺院、佛塔250多座，小庙宇1000多座。

（1）**曼德勒皇宫**（Mandalay Palace）位于曼德勒城中心，原为缅甸最后一个封建王朝贡榜王朝的皇宫，1857年由敏东王所建。面积约1400多平方米，皇宫呈正方形，红砖宫墙，高7.9米，墙外有宽阔的护城河。宫内有104座大小殿宇，整片建筑群均为木结构，精雕细刻，宏伟壮丽，金碧辉煌。第二次世界大战时被火毁坏。1989年缅政府进行重建，现已部分恢复了往日胜景。内有古代缅甸文化博物馆，展出当年宫廷的服装、用品和佛教艺术作品。

（2）**曼德勒山**（Mandalay）位于曼德勒市北面，旧称为罗刹女山，海拔326米，是缅甸著名的佛教圣地。山下四周点缀着无数的白塔；山上共有八大寺庙，无数佛像。从山上眺望，曼德勒全城和伊洛瓦底江尽收眼底。

位于曼德勒山脚左侧的曼德勒碑林佛塔，又名石经院，以“天下最大的书”著称于世。塔院中央有一高耸的佛塔，四周有729块缅甸大理石碑林相围，上刻有全本三藏经文。每块石碑都建有塔亭。碑林佛塔由贡榜王朝敏东王所建，1860年10月始建，1888年5月完工。1870～1871年，敏东王在曼德勒召开了第五次佛教集结大会，校对三藏经。敏东王曾宣布发现石碑上有一错字者奖赏一个金元宝，结果无一差错。

（3）**摩诃牟尼塔**（Mahamuni Pagode）又称阿拉干佛塔，位于曼德勒市区西南部。建于1785年，是为安置著名的摩诃牟尼佛而建，佛像为金属所铸，高近4米，由缅王孟云于1785年征服阿拉干后迁运来此。该寺是曼德勒最著名的佛寺之一。

3．蒲甘（Pagan）

蒲甘位于缅甸中部，伊洛瓦底江东岸。蒲甘是缅甸历史最悠久的古都，缅甸第一个中央集权的封建王朝蒲甘王朝即建都于此。它也是缅最重要的佛教圣地之一。佛塔林立是蒲甘最壮美的景观，据传最多时曾达40多万座，被誉为“万塔之城”，现仍存有2000多座。这些佛塔建筑形状不同，风格多样。蒲甘地区最古老的佛塔当属始建于公元1031年的瑞喜宫佛塔。这是一座全部用巨石垒成的佛塔。而阿难陀佛塔堪称蒲甘地区最精美的佛塔，塔底座呈十字架形，四面各有一大拱门，拱门内各有一高约20尺独木雕刻的佛像，佛窟和塔基外壁上共有1183块反映佛本生故事的浮雕，佛窟内通道两侧墙壁上设有很多佛洞，佛洞内有1304尊佛像。此外，蒲甘博物馆内那些记载蒲甘王朝时期僧俗宗教活动和政治、历史内容的碑铭、佛像、彩釉制品、陶器等丰富的展品，也展现了缅甸古代灿烂的文化。

2.3 南亚之旅

南亚是指亚洲南部地区，又称南亚次大陆，喜马拉雅山脉把它与亚洲大陆分隔成一个相对独立的单元。南亚地区包括斯里兰卡、马尔代夫、巴基斯坦、印度、孟加拉国、尼泊尔、不丹等国和克什米尔地区。面积约437万平方千米。本区北部为喜马拉雅山脉南麓的高山地区，南部为印度半岛的德干高原，北部山地与德干高原之间为印度河－恒河平原。大部分地区属热带、亚热带季风气候。这里既有几千年文明积淀的神秘国度，又有“珠峰胜景，佛陀圣地”和热带海滨度假胜地。

2.3.1 高山之国——尼泊尔（Nepal）

（一）基本概况

1．旅游环境

尼泊尔全称尼泊尔王国（The kingdom of Nepal），位于喜马拉雅山中段南麓，北临中国，西、南、东三面与印度接壤，面积为14.7万平方千米。

尼泊尔地势北高南低，山地约占国土面积的80%。世界最高峰珠穆朗玛峰（尼泊尔称萨加玛塔峰）位于尼、中边界上，境内海拔7600米以上的雪峰有50多座，有“高山之国”之称。尼泊尔地势由北向南百余千米内，由海拔8000多米急降到百米以下，为世界之最。这也造成了尼泊尔多姿多彩的气候和自然美景。尼泊尔河流湍急，水力资源丰富，河流大多发源于北部山地，向南注入印度恒河。

尼泊尔地处亚热带，随着地势由南向北急剧升高，气候也有亚热带、温带和寒带的阶梯式变化。北部高山带，冬季最低气温为-41℃；中部温带，气候温和湿润；南部亚热带，夏季最高气温可达45℃。年平均降水量，北部约500多毫米，中部约1000毫米，南部约2300毫米。独特的地理位置和极为悬殊的海拔变化，使尼泊尔成为世界上物种最丰富的国家之一。仅占地球面积0.1%的尼泊尔拥有世界上2%的有花植物、8%的鸟类（超过848种）及319种珍奇兰花。

尼泊尔为传统的农业国，90%的人口以农业为主，经济落后，是世界上最不发达的国家之一。主要农作物有稻谷、玉米、小麦、马铃薯，主要经济作物有甘蔗、油料、烟草等。尼泊尔矿产资源比较丰富，但很少开采，有铜、铁、铝锌等矿。尼泊尔工业基础薄弱，规模较小，机械化水平低，发展缓慢。主要工业有制糖、纺织、水泥等。还有一些农村手工业和手工艺制造业。

2．历史与文化

尼泊尔历史悠久，是佛教发源地。约在公元前6世纪建国。公元12～18世纪建立马拉王朝。1769年沙阿王朝征服了尼泊尔谷地的三个公国，统一了尼泊尔。1814年英国入侵，爆发了尼英战争。1815年，英国迫使尼泊尔签订不平等条约。1923年，英国承认尼泊尔独立。1950年尼泊尔实行君主立宪制。

尼泊尔国旗由上小下大、上下相叠的两个相连的三角形组成。旗面为红色，旗边为蓝色。红色是国花红杜鹃的颜色，蓝色代表和平。上面的三角形旗中是白色弯月、星图案，代表皇室；下面三角形旗中的白色太阳图案是拉纳家族的标志。太阳和月亮图案也代表尼泊尔人民祈盼国家像日月一样长存的美好愿望。两个旗角表示喜马拉雅山脉的两个山峰。尼泊尔国徽由多组具有象征意义的图案组成，主要有喜马拉雅山、河谷、太阳和星月标志，以及河两旁的国兽白牛、国鸟虹雉和国花红杜鹃。山脉之上的图案由廓尔喀人用的腰刀、佛脚印、国旗、皇冠等组成。中心图案两旁是手执武器的士兵，下面的红色绶带上用梵文写着“祖国胜于天堂”。虹雉也称角雉，当地人称它为“九色丹飞雉”，栖息在喜马拉雅山2400～4500 米海拔的区域，是尼泊尔的国鸟。尼泊尔的国歌是《尼泊尔王国国歌》，国兽是白牛。

尼泊尔有“节日之邦”之说，一年之中所有的节日加起来竟有 100 多天，如德赛节前后共庆祝 15 天；牛节要连续庆祝 8 天。德赛节又称大德赛节、十胜节。在公历 10 月，是尼泊尔民间最大的节日。在放假的第 3 天，军队在老王宫附近广场举行宰牲（牛、羊）仪式。第 4 天（即十胜日），国王和王后在王宫为尼泊尔官员、群众和外国人点红。每年都要在全国庆祝一种独特的狂欢节，称为“盖伊节”，即尼泊尔的牛节，时间在尼历 4 月（公历 8～9 月）无月之夜的第一天。这天，人们戴着各式各样的画有牛头的帽子熙来攘往，呈现一种奇特的热闹景象。

尼泊尔人口有 2321 万（2001 年），是一个多民族的国家，全国有拉伊、林布、苏努瓦尔、达芒、马嘉尔、古隆、谢尔巴、尼瓦尔、塔鲁等 30 多个民族。86%的居民信奉印度教，是世界上唯一以印度教为国教的国家。国语为尼泊尔语，上层社会通用英语。在尼泊尔有多少个民族就有多少种语言，有多少个村庄就有多少种方言。

3．习俗礼仪

在尼泊尔，民俗很特殊，尼泊尔人见面时一般不握手，而是彼此双手合十。与妇女交往，一般不握手。尼泊尔人通常用点头表示“同意”，用摇头表示“不”。临别时主人一般送客人三件礼物：尼泊尔帽、刀和布鞋。送帽子表示对客人的尊敬和爱护；廓尔喀刀被视为国刀；离开时送一双鞋，意为祝客人一路平安。

尼泊尔人对宗教、对神祇非常虔诚。传统节日大多与宗教有关。在印度教中，奶牛是生育的象征，在尼泊尔也被视为黑天神的伙伴，从 19 世纪就禁止宰杀奶牛。

尼泊尔各民族都有自己的服装。政府官员、上层人士男穿宽大而长的偏襟衫，外套西装上衣，下身穿上粗下细的白色紧身裤，头戴黑色或印染的尼泊尔帽，脚穿皮鞋。妇女着颜色鲜艳的莎丽，内套深色衬裙，上端搭在肩上，下端拖至地面。

（二）主要的旅游城市及名胜

尼泊尔地处西藏通往印度的交通要道，鲜明的西藏文化与印度文化的融合成为它的文化特色。尼泊尔最大的特点就是庙多神多，走在尼泊尔的大街小路上，三步一小庙，五步一大庙，真可谓“庙宇和房屋一样多”。印度教、佛教、皇宫建筑以及丰富多彩的自然资源构成了当地独特的旅游资源，拥有大量古老的宫殿和寺庙等活的博物馆，和世界遗产珠穆朗玛峰公园、皇家奇特旺国家公园、苏克拉·梵塔野生动植物保护区等自然奇观，这里是世界上最适合登山、徒步旅行、山地自行车旅行、漂流、高山飞行、丛林旅行等户外旅游的国家之一。

1．加德满都（Kathmandu）

首都加德满都位于加德满都谷地，是全国的政治、经济、文化中心。四周青山环绕，常年鲜花盛开，被称为山国的“春城”。

加德满都原名康提普尔，意为“光明之城”。16世纪定名为加德满都，意为“独木庙”。公元12世纪李查维王朝国王用一棵树建造了一座塔庙，后以此庙为中心，造屋扩城，逐渐成为一座城市。1768年加德满都被定为尼泊尔首都。尼泊尔历代王朝在此兴建了大批庙宇、佛塔、神龛和殿堂，日久年长，形成了“寺庙多如住宅，佛像多如居民”的奇特景观。城内大小寺庙达2700多座，俗称“寺庙之城”。在占地7平方千米的市中心，庙宇、佛堂、经塔就有250多座。

故宫哈努曼多卡宫、新宫纳拉扬希蒂宫、中央政府大厦狮宫以及比姆森塔、烈士纪念碑等均为雄伟有名的建筑。巴格马提河左岸有古赫什瓦里庙，祀奉湿婆之妻雪山女神，庙宇形状为三角形，殿脊四条金色蛇簇拥宝顶，十分壮观。在哈努曼多卡宫西边不远处，有贾格纳特寺，寺内所存马拉王朝最古老的碑铭及木雕毗湿奴神像是珍贵的文物，寺顶和檐角的飞岛等异形瓦件也是近世少见。布帕亭德拉·马拉国王之母拉克丝米于1690年兴建的太后庙构造奇特。它是建于九层台基之上的三层瓦檐的湿婆神庙，但庙顶却是一座尖顶佛塔，在尼泊尔寺庙中绝无仅有。此外还有著名的斯瓦扬布佛塔、塔莱珠女神庙、帕苏帕蒂纳寺，以及建于五层台基上的三界魔力寺、有五扇雕花木门的湿婆帕尔瓦蒂庙、三重檐的文艺女神庙、八角形的黑天神庙等，有的布局严谨，造型典雅，有的画栋雕梁，金碧辉煌，有的以庙内精美的木刻神像著称，有的以庙前的镏金铜狮驰名，造型各异，各有特色。1980年联合国教科文组织将加德满都列为亚洲重点保护的18座古城之一。

2．帕坦（Patan）

帕坦，即尼语“商业城”之意，又名拉利特普尔，意为“艺术之城”。是尼泊尔第二大城、著名古都，位于首都加德满都南5千米的巴格马提河畔。

该城建于公元298年，为尼泊尔最古老的城市，也是加德满都河谷古代商业中心。帕坦古迹如云，集中在故宫广场一带的古老寺庙、宫殿被誉为“尼泊尔建筑艺术典范”。1980年被联合国教科文组织列为亚洲重点保护的18座古城之一。

帕坦是一个以皇宫为中心，呈同心圆的方式向外扩展的城市。帕坦故宫广场一带有16座寺庙和院落，7根柱子和露天雕像。最引人注目的是黑天神庙，这座建于17世纪的庙宇，宛如一件构思巧妙、精雕细琢的石刻工艺品。整个寺庙共有20个塔亭，除21个塔顶是镏金宝顶外，其余全部由硬石雕凿砌成，各种精美的石雕走兽、神像点缀于栏杆之间和塔亭之上。黑天神庙前石柱华表顶端是金翅鸟王迦楼那的石雕像。这座以整石凿成的金翅鸟王是印度教大神毗湿奴的坐骑，也是马拉时代石刻艺术的珍品。帕坦在古代是大乘金刚佛教的中心，所以这里的寺庙大都有着佛教艺术的烙印。建于14世纪的帕坦大觉寺佛塔，是一座高峻奇丽的方塔形建筑，塔高30米，用9千块特别的巨型红色陶瓷砖砌成，每块陶砖上都刻有乔答摩佛像，所以大觉寺佛塔也叫“千佛塔”。

3．奇旺国家公园（RoyalChitwan National Park）

奇旺国家公园位于泰拉伊丛林的平原，是尼泊尔最大的野生动物园。面积达980平方千米，建于1973年，由亚热带森林、湖泊和冲积平原组成。现在园内生活着鹿、独角犀牛、野猪、孟加拉虎、野象等超过50种哺乳动物，及翠鸟、老鹰、夜鹭、犀鸟等525种鸟类。

奇特旺国家公园作为自然遗产已列入联合国教科文组织《世界遗产名录》，曾是尼泊尔皇家公园。在这里游客可以骑着大象观看各种大大小小的动物，也可以享受漫步自然、小舟漂流和密林跋涉的旅行乐趣。

2.3.2 月亮之国——印度（India）

（一）基本概况

1．旅游环境

印度全称印度共和国（The Republic of India），“印度”梵文之意是月亮，位于南亚次大陆，与中国、缅甸、孟加拉国、不丹、锡金、尼泊尔、巴基斯坦等国接壤，隔阿拉伯海与马尔代夫相邻，东濒孟加拉湾，西濒阿拉伯海，东南隔保克海峡同斯里兰卡相望。海岸线长5560千米，面积约297.47万平方千米，居世界第七位，是南亚次大陆最大的国家。

印度地势北高南低，以平原和台地缓丘为主。北部属喜马拉雅山脉南坡山地，海拔多在5500米以上；中部为印度河—恒河平原，河网纵横；南部以德干高原为主体，其中部多丘陵谷地，沿海为狭窄平原。主要河流有恒河、布拉马普特拉河。

印度大部分地区属热带季风气候，喜马拉雅山区年均气温12～14℃，东部地区26～29℃；大部分地区年降水量在500～1500毫米之间；东北部阿萨姆邦是世界降水量最多的地区之一，达4000毫米（其中乞拉朋齐年降水量达1万毫米以上）；西北部塔尔沙漠不足100毫米。

印度是一个农业大国，在印度农业部门结构中，种植业占主要地位。种植业又以粮食作物为主，水稻是印度最主要的粮食作物，播种面积最大。此外，还有棉花、黄麻、甘蔗、茶叶等经济作物。印度拥有云母、煤、铁、铝土、铜、石油、天然气等丰富的资源。现代工业发展迅速，主要包括制造业、电力、矿业、纺织、食品、精密仪器、汽车制造、软件制造、航空和空间等行业。印度的主要出口商品有珠宝制品、棉纱及棉织品、化工制品、机械及五金制品、石油制品、皮革、海产品、铁矿砂及矿产品等。

2．历史与文化

印度和古埃及、巴比伦、中国同称世界四大文明古国，拥有5000多年的悠久历史。公元前2000年前后创造了印度河文明。公元前321年（一说公元前324年）孔雀王朝建立，它是印度历史上第一个统一的奴隶制国家。公元前3世纪阿育王统治时期疆域广阔，政权强大，佛教兴盛并开始向外传播。中世纪小国林立，印度教兴起。自11世纪起，来自西北方向的穆斯林民族不断入侵并长期统治印度。1526年莫卧儿帝国建立，成为当时世界强国之一。1600年英国侵入，建立东印度公司。1757年印度沦为英国的殖民地，1849年英国侵占印度全境。1857年爆发反英大起义，次年英国政府直接统治印度。1947年6月，英国将印度分为印度和巴基斯坦两个自治领域，同年8月15日，印巴分治，印度独立。1950年1月26日，印度共和国成立，为英联邦成员国。

印度国旗是橙、白、绿自上而下组成的三色旗，白色长方形中心绘有一个24根轴条的蓝色法轮。橙色象征无私、克己、献身的美德；白色象征光和真理；绿色代表信心。法轮取自佛教，它是神圣之轮、真理之轮、永远前进之轮。印度国徽图案来源于孔雀王朝阿育王石柱顶端的石刻。圆形台基上站立着4只金色的狮子，象征信心、勇气和力量。台基四周有4个守卫四方的守兽：东方是象、南方是马、西方是牛，北方是狮。守兽之间雕有法轮。图案下面有梵文的格言“唯有真理得胜”。印度的国歌是《人民的意志》。印度的国花是荷花；国鸟是蓝孔雀，又名印度孔雀。印度的国树是菩提树。

古代印度是人类文明的发源地之一，在文学、哲学和自然科学等方面对人类文明作出了独创性的贡献。在文学方面，创作了不朽的史诗《摩诃婆国多》和《罗摩衍那》。在哲学方面，创立了“因明学”，相当于今天的逻辑学。在自然科学方面，最杰出的贡献是发明了目前世界通用的计数法，创造了包括“0”在内的10个数字符号。所谓阿拉伯数字实际上起源于印度，只是通过阿拉伯人传播到西方而已。公元前6世纪，在古代印度还产生了佛教，后来先后传入中国、日本、朝鲜。

印度是一个由印度斯坦、泰卢固、孟加拉、泰米尔等民族组成的多民族国家，人口10.27亿（2001年），是仅次于中国的人口第二大国。其中印度斯坦族占全国人口近50%。印度约83%的居民信奉印度教，其次为伊斯兰教、基督教、锡克教、佛教和耆那教等。印地语和英语为印度的官方语言。北方以印地语为主，南方以泰米尔语为主。

3. 习俗礼仪

印度是文明古国，待人接物的讲究相当多。拥抱是常见之礼，摸足是行大礼，献花环在印度是欢迎客人常见的礼节，尤其是对于远道而来或是比较尊贵的客人，主人都要献上一个花环，戴到客人的脖子上。点吉祥痣是印度人欢迎宾客的礼数。

纱丽是印度最具特色的国服。是一块一米多宽、五六米长的布料，穿着时自腰部缠起，绕过胸前，一端搭在肩上，用别针别住，还配有紧身胸衣和衬裙。

印度教盛行“万物有灵”的自然崇拜。虔诚的印度教徒一生有三大夙愿：到圣城朝拜湿婆神，到恒河洗圣浴、饮圣水，死后葬于恒河。印度人绝大多数是印度教徒，他们把黄牛看作“神牛”、“圣牛”，受到特别的尊敬。在供奉湿婆神的庙门口有牛的塑像，游人进庙，首先要脱下皮鞋，因皮鞋大多用牛皮制成。在城市街道上，牛可以自由自在地行走，车辆要给它们让路。印度每年都要举行一次敬牛的节日活动，把花环和铜铃系在牛颈上，牛角涂上色彩，并在牛颈上挂上糕饼和椰果，僧侣击鼓诵经在街上护送牛游行。当牛把颈上的食物、果品摇掉时，旁边的人纷纷抢拾，认为这是神的恩赐。

在印度教徒心目中禁止食用牛肉或用牛皮制品。印度居民，尤其是女人皆不喝含酒精的饮料，锡克教及袄教之信徒不准抽烟，伊斯兰教徒则不吃猪肉，不能喝任何含酒精的饮料。印度人一般以握手为礼，但男女相见必须行印度教的“合十礼”。参观古迹和寺庙，需脱下鞋袜；入锡克寺庙参观，须用布遮住头部。印度人通常用摇头表示同意，用点头表示不同意。印度人习惯用右手抓饭吃，并且将左手放在背后。应避免以左手递物给当地人，因左手被视为不洁。不要抚摩小孩头部，因印度人认为头部是神圣的。在印度“3”和“13”是忌讳的数字。

（二）主要旅游城市及名胜

印度这个民族、宗教众多，文化各异的国家，是世界上“保存最完好”的“人种、宗教、语言博物馆”。几千年的文明积淀使印度成为一个充满神秘色彩的国度，印度北部雄伟的喜马拉雅山倚天而立，印度教的圣河恒河蜿蜒流转，泰姬陵优雅妩媚，莫卧尔王朝的阿格拉古堡庄严壮观。去印度旅游将是一次神秘之旅，那里的佛教圣地、瑜伽体验、古国文明的博大精深都深深吸引着游客。

1. 新德里（New Delhi）

首都新德里位于印度北部，恒河支流亚穆纳河（又译：朱木拿河）西岸，东北紧连德里旧城（沙贾汉纳巴德），是印度的政治、经济、文化和交通中心。1911～1929 年建于旧德里西南。1931 年起成为首府。1947 年印度独立后成为首都。

城市以姆拉斯广场为中心，城市街道成辐射状、蛛网式地伸向四面八方。宏伟的建筑群大多集中于市中心。政府主要机构集中在市区从总统府到印度门之间绵延几千米的宽阔大道两旁。白色、淡黄色和浅绿色的小楼，错落有致地掩映在浓荫绿树之中。国会大厦为大圆盘式建筑，四周绕以白色大理石高大圆柱，是典型中亚细亚式的建筑，但屋檐和柱头的雕饰又全部为印度风格。总统府的屋顶是个巨大的半球形结构，鲜明地带有莫卧儿王朝的遗风。

城东部亚穆纳河畔，黑色大理石砌成的甘地冢置放在凹形陵园中央，庄严肃穆。城南的尼赫鲁纪念博物馆和图书馆建于 1930 年，因庭院前有 3 个手持长矛的古代武士铜像而又称“三偶像公馆”。馆内展出有用各种文字出版的尼赫鲁言论集、著作、遗嘱、通讯录及他个人的生活照片等。在国会大街的琴佗孟佗公园内，有建于 1710 年的古天文台，该天文台共有四组形状奇特的建筑，分别用来测量日月星辰。

在新德里，寺院神庙随处可见，最有名的一座印度教神庙是拉克希米—纳拉因庙。城市西端的康诺特广场建筑新巧，呈圆盘形，是新德里最大的商业中心。此外，还有艺术宫、博物馆等名胜。这里的象牙雕刻、工艺绘画、金银绣制、饰品和铜器等手工艺品也全国闻名。

与新德里相毗邻的德里旧城是印度有名的古都。印度著名史诗《摩呵婆罗多》记载，早在公元 1200 年以前，般度族的英雄们就在此建都。公元前 1 世纪，印度王公拉贾·迪里重建此城，德里因此得名。公元 1648 年，莫卧儿王朝皇帝沙贾汗曾把德里改名为沙贾汗纳巴德。

库都布塔（Qutab Minar）是印度最高的塔，高耸在距新德里 15 千米的梅特乌里村，建于 1193 年。库都布高塔由红砂石和白色大理石建造，塔高 73 米，底层直径 15 米，自下而上逐渐缩小，到顶部为 2.5 米，是世界上最美的石塔之一。

2. 孟买（Mumbai）

孟买是印度大城市，马哈拉施特拉邦的首府，位于印度西海岸，面积 603 平方千米。孟买是因孟巴女神而得名。孟巴女神庙坐落于孟巴女神湖畔，是渔民们的保护神。孟买濒临阿拉伯海湾，是天然良港，也是印度发展最快、最富裕的城市，有“印度门户”、“商业首都”、“金融首都”之称。

印度有 1200 个石窟，其中 900 个在马哈拉施特拉邦，其中 600 个为佛教石窟，200 个为印度教石窟，100 个为耆那教石窟。

（1）**阿旃陀石窟**（Ajanta Caves）世界文化遗产地之一，位于印度西南部马哈拉施特拉邦奥兰加巴德县阿旃陀村的瓦古尔纳河谷，孟买东北 388 千米处，是在离谷底 76 米的悬崖峭壁上开凿成的一处佛教庙宇。石窟自公元前 1 世纪起开始建造，到公元 7 世纪才完工，工期长达 700 余年。29 个石窟高低错落，绵延 550 米，环抱成新月形，俯瞰清流翠谷。石窟内有石雕佛像和壁画。大量现存壁画的主要内容是释迦牟尼的生平故事，还有一些反映笈多王朝的宫廷生活。

（2）**象岛**（Elephanta Island）即埃勒凡陀岛，位于孟买以东 6 千米的阿拉伯海上。1987 年联合国教科文组织将象岛石窟作为文化遗产，列入《世界遗产名录》。16 世纪葡萄牙人在岛上登陆地点附近发现一尊独石圆雕的大象，因此得名。岛上有许多在岩石上凿出的印度教庙宇，约建于公元450～750年间，当时该岛以“城堡城市”著称。开凿的石窟中最有名的是保存尚好的第一窟湿婆神庙。所谓象岛石窟，通常特指这座岩凿湿婆石窟神庙。象岛石窟湿婆神庙被称作“湿婆之家”。洞内有许多大型石刻，刻画了有关湿婆神的种种传说，包括关湿婆神同帕尔瓦蒂女神的婚礼，以及湿婆神战胜兰卡魔王的故事。

3．印度文明神秘之旅

在印度这块古老的土地上，文化灿烂，名胜古迹众多，有沧桑古朴的世界七大奇迹之一的泰姬陵，威严壮观的莫卧儿王朝的阿格拉古堡，还有那些弥漫浓烈宗教气息的佛教石窟、印度教神庙、伊斯兰建筑等等，所有这一切使印度成为一个充满神秘色彩的迷人国度。

印度文明最早发祥于印度河流域，史称印度河文明，后来印度文明的中心逐渐转移到恒河流域，相继兴起了婆罗门教（印度教的前身）、耆那教和佛教。在印度的历史上，印度宗教以及宗教神话一直贯穿于这一古老文明，直到今天其仍然是印度社会各阶层文化的组成部分。

印度教神庙群遍布印度南北各地，北印度的奥里萨和卡杰拉霍是印度教神庙的两大中心。德干地区从整面峭壁中开凿出来的埃洛拉石窟凯拉萨神庙，被誉为世界建筑雕刻史上的奇迹。

（1）**太阳神庙**（Sun Temple）世界遗产之一，印度教的寺庙，位于印度东部奥里萨邦的科纳拉克村，濒临孟加拉湾。神庙建于13世纪，外形是别致的太阳神苏利耶的战车，有12对巨大的石雕车轮和7匹拉着战车的石马。寺庙内的雕饰精美细腻，造型生动。

（2）**卡杰拉霍寺庙群**（Khajuraho）位于印度东北部，占地21平方千米，分东西两大片，总数85座，以印度教庙宇著称。原有庙宇85座，建于公元950～1050年间，现存22座，以西部的坎达里邦天尊庙、东部巨大的哈努曼猴神庙最为著名。卡杰拉霍寺庙群中，绝大多数都是用坚硬的河底砂岩建成，庙内有大量精美的雕刻，数百幅表现性爱的浮雕，是根据8世纪《爱经》的内容雕刻成的，浮雕涉及的人物有天神、国君、士兵、乐师、舞者及众多平民，造型栩栩如生，是印度文明的奇葩。1986年列入世界遗产名录。

（3）**瓦拉纳西**（Varanasi）是印度最负盛名的印度教圣城之一，也是最具印度传统特色的城市。这座已有3000多年历史的古城寺庙林立，每天都吸引着成千上万的印度教教徒前来朝拜。他们聚集在瓦拉纳西恒河沿岸，在恒河“圣水”中沐浴。

（4）**马哈巴利普兰城**（Mahabalipuram）以其独特的海滨庙宇群而闻名于世，位于泰为尔纳德邦京格莱布德县，濒临孟加拉湾，因早年曾有7座巨石塔庙，故又称“七塔城”，现在仍保存五座塔。早在7世纪就成为印度教的活动中心。这里有许多5～8世纪的名胜古迹，最著名的是马哈巴利普兰浮雕。马哈巴利普兰浮雕凿刻在海边两块高达60米的巨岩上，讲的是与《罗摩衍那》并称为印度两大史诗的《摩柯婆罗多》中的英雄阿朱那的故事。有神灵、魔鬼和动物的图像100多幅。此外，与巨型浮雕相距不远的海岸庙也是一个很有魅力的地方。1984年被作为联合国教科文组织文化遗产列入《世界遗产名录》。

佛教是世界三大宗教之一，相传公元前6世纪由北印度释迦牟尼创立，佛教文化艺术是印度文明的重要组成部分，佛教圣地之旅也就成为印度旅游的重要组成部分。

（5）**那兰陀寺**（Nalanda）　是古印度著名佛教圣地遗址，意译为“施无厌”。遗址在今印度比哈尔邦巴腊贡附近。据佛教传说，原系释迦牟尼大弟子舍利弗的诞生及逝世处，释迦牟尼本人亦曾路经此地说法。7 世纪游学印度的玄奘、义净也称曾在此居住、学习多年。

（6）**菩得伽耶**（Bodh Gaya）是印度著名佛教圣地，位于比哈尔邦伽耶城南 10 千米。建于公元 5～6 世纪的摩诃菩提寺，高达 50 米，雄伟壮观，是印度次大陆现存的年代最久远的寺庙之一，是现存早期印度砖石结构寺庙的光辉典范。相传释迦牟尼曾在寺内的菩提树下打坐成佛。2002 年联合国教科文组织将菩提伽耶的摩诃菩提寺作为文化遗产列入《世界遗产名录》。

耆那教是与印度教、佛教同时兴起的古老宗教，教徒虽然不多，影响却很大。耆那教巨型石雕像位于印度南方的卡纳塔克邦，是一尊高达 17 米的耆那教创始人筏驮摩那大雄的石雕像。这座巨型石雕像是印度雕刻家、耆那教第 22 代祖阿利湿塔米内的杰作，雕刻于 10 世纪统治南印度的恒加王朝时期。从下面到达大雄雕像脚下，需要攀登 600 余级石阶。

（7）**斋普尔**（Jailpur）是印度古都，印度西北部拉贾斯坦邦的首府。1727 年始建，市街呈长方形，多淡红色古老建筑，因此被称为“红粉城市”。庄严肃穆的宫殿，七彩缤纷的市集，盘踞于市内的城堡，令斋普尔弥漫着一片浓厚的中世纪气氛。斋普尔是印度著名的宝石加工集散中心，各种式样的宝石、钻石经由这里流向印度及世界各地。在这里可以看到珠宝工匠将原始的矿石雕琢、打磨成价值连城的稀世珍宝的全部过程。

（8）**阿格拉**（Agra）是印度古都，位于印度亚穆纳河南岸，距新德里东南 188 千米。这里有举世闻名的泰姬陵，有莫卧儿王朝的王宫——“红堡”阿格拉堡，有伊斯兰教和印度教建筑风格兼备的莫卧儿王朝第三代帝王阿克巴陵墓等名胜古迹。

（9）**泰姬陵**（Taj Mahal）名列世界七大奇迹，是全印度乃至世界最有名的陵墓，印度古文明的象征。位于阿格拉城郊亚穆纳河南岸，是莫卧儿王朝皇帝沙杰汗为其爱妃泰姬·玛哈尔所造的陵墓，人称“大理石上的诗”。泰姬陵始建于 1632 年，到 1653 年才完工，工期长达 22 年。陵区南北长 580 米，宽 305 米，中间是一个美丽的正方形花园。花园中间是一个大理石水池，水池尽头是陵墓。陵墓全部用洁白的大理石砌成，在清澈的水池中形成无比圣洁的倒影。陵墓的平台是红砂石，与白色大理石形成鲜明的对比。陵墓中央覆盖着一个直径达 17 米的穹隆，高耸而又饱满，以天空为背景，构成壮美净洁的轮廓。陵墓四角各有一座高达 41 米的尖塔。陵墓两侧的配套建筑为清真寺，式样完全相同。墓穴为地下穹形宫殿，白色大理石墙上镶嵌着宝石。1983 年被联合国教科文组织作为文化遗产列入《世界遗产名录》。

2.3.3 印度洋上的珍珠——斯里兰卡（Sri Lanka）

（一）基本概况

1．旅游环境

斯里兰卡全称斯里兰卡民主社会主义共和国（The Democratic Socialist Republic of Sri Lanka），旧称锡兰，“斯里兰卡”是锡兰岛的僧伽罗文古名，意思是光明、富饶的土地。位于亚洲南部，是南亚次大陆南端印度洋上的岛国，北隔保克海峡与印度半岛相望。由于斯里兰卡的形状近似椭圆，犹如一颗珍珠，故被称为“印度洋上的珍珠”；又因地处印度洋东西航道的要冲，有“印度洋钥匙”、“东方的十字路口”之称；斯里兰卡风景优美，名胜古迹众多，因此又有“赤道天堂”之誉；此外还有“宝石之国”和“狮子国”之说。面积为

6.56 万平方千米。

斯里兰卡地形以平原为主，约占国土面积的 80%，余为高原、山地。最高峰皮杜鲁塔拉勒山脉海拔 2524 米。河流以位于中南部的高原为中心，呈辐射状分布，主要河流有马哈韦利河，境内还有多条运河和湖泊，最大湖泊为巴蒂卡洛湖。

斯里兰卡大部分地区属热带季风气候，年平均气温 28℃。全岛雨量充足，年平均降水量 1280～3320 毫米。

斯里兰卡是一个以种植园经济为主的农业国家，渔业、林业和水力资源丰富。茶叶、橡胶和椰子是斯里兰卡国民经济收入的三大支柱。斯里兰卡的茶叶驰名世界，红茶产量占世界总产量的 1/4，出口位居世界之首，故又有“红茶王国”的美誉。主要矿藏有石墨、宝石、钛铁、锆石、云母等，其中石墨的产量居世界首位，兰卡宝石在世界享有盛誉。斯里兰卡的工业以农产品加工和石墨、宝石开采为主，还有炼油、水泥、纺织、造纸等，大多集中于科伦坡地区。出口商品主要有纺织品、服装、茶叶、橡胶、椰子和石油产品。此外，旅游业也是斯里兰卡经济的重要组成部分，每年为国家创汇数亿美元。

2．历史与文化

2500 年前，来自北印度的雅利安人移民至锡兰岛建立了僧伽罗王朝。公元前 2 世纪前后，南印度的泰米尔人也开始迁徙并定居锡兰岛。从公元 5 世纪直至 16 世纪，僧伽罗王国和泰米尔王国之间征战不断。16 世纪起先后被葡萄牙和荷兰统治。18 世纪末成为英国殖民地。1948 年 2 月 4 日宣布独立，定国名为锡兰。1972 年改称斯里兰卡共和国。1978 年改国名为斯里兰卡民主社会主义共和国，英联邦成员国。

斯里兰卡国旗四周的黄色边框和框内靠左侧的黄色竖条，将整个旗面划分为左右结构。左边框内是绿色和橙色的两个竖长方形；右侧为咖啡色长方形，中间是一头紧握战刀的黄色狮子，长方形的四角各有一片菩提树叶。咖啡色代表的僧伽罗族，占全国人口的 72%；橙、绿色代表少数民族；黄色边框象征人民追求光明和幸福。菩提树叶表示对佛教的信仰，而其形状又和该国国土轮廓相似；狮子图案标志着该国的古称“狮子国”，也象征刚强和勇敢。斯里兰卡国徽图案中圆面的中心为一头狮子，其形象寓意同国旗。狮子周围环绕着 16 朵荷花瓣，象征圣洁、吉祥；花瓣又为两穗稻谷环绕，象征着丰收。图案下端是一只花碗，碗里装着庙花；花碗两侧分别为太阳和月亮图案。国徽顶端为象征宗教信仰的佛教法轮；永远转动的法轮，还象征国家如日月一样永存。斯里兰卡的国歌是《顶礼，顶礼母亲》。斯里兰卡的国花是兰花、荷花；国树是大榕树；国鸟是黑尾原鸡；国石是猫眼石。

斯里兰卡人口 1991 万（2004 年 7 月），其中僧伽罗族占 74%，其余是泰米尔族、摩尔族等。居民中近 70%信奉佛教，其余信奉印度教、伊斯兰教和基督教。僧伽罗语、泰米尔语同为官方语言，上层社会通用英语。

3．习俗礼仪

斯里兰卡大多数人信仰佛教，因此，相见或告别时，一般不握手，双手合十，表示敬意、欢迎或欢送。接待客人时常为客人戴上花环。正式集会，则送一叠酱叶和几片槟榔，表示尊重。

斯里兰卡人吃饭不用筷子，用手抓，米饭一般盛在盘子里或放在芭蕉叶上，加上各种小菜，再浇上一种豆汁或椰肉汤，用手捏合拌匀送入口中。饭桌上一般为每人准备一碗清水和一杯冷开水。清水用来饭前、饭后洗手，冷开水一边吃饭一边饮用。请客人入席时，主人递给每人一杯凉开水，让客人自己饮用，客人如不想喝，可用手轻轻碰一下杯子，领情婉谢。

斯里兰卡人喜欢大红色、白色、咖啡色、黄色、天蓝色、草绿色；喜欢带有宗教和古代神话色彩的颜色和图案。乌鸦在斯里兰卡被视为神鸟和吉祥物，因而受到敬仰和崇拜。斯里兰卡人以摇头表示同意；进入寺庙要脱鞋；女士不穿短裙或露背上衣。举行典礼仪式通常不剪彩，而是以点油灯表示庆贺。岛上的原住民雅达人与外族人做买卖时，选中自己想要的物品，放下自己的货，从不讨价还价，为“无声的交易”。

（二）主要旅游城市及名胜

斯里兰卡这个印度洋上的岛国，拥有珍贵的古城，神殿及寺庙，以及丰富的自然遗产和独特的迷人的文化。阿努拉特普拉、波隆纳鲁瓦和康堤三大都城是世界闻名的佛教圣地，现已被联合国教科文组织辟为文化三角保护区。南部和西部绵延数百千米的黄金海岸线，是斯里兰卡最美的海滨，不乏世界著名的海滨休闲疗养胜地，环境十分优美。

1．科伦坡（Colombo）

首都科伦坡在当地的辛哈里语中意为“海的天堂”，位于斯里兰卡人口稠密的西南海岸，是全国的政治、经济、文化和交通中心。早在公元 8 世纪，阿拉伯商人就在此经商，12 世纪时科伦坡就初具规模，时称卡兰布。由于科伦坡是欧洲、非洲和西亚各国与东亚、太平洋地区航运的必经之地，因此逐步发展成为国际商船汇集的大港，素有“东方十字路口”之称。同时，斯里兰卡国内生产的茶叶、橡胶和椰子，以及在世界上享有盛誉的斯里兰卡宝石，都从这里源源不断地输往海外。

科伦坡是一座美丽的城市，市区树木繁茂，气候宜人。市区主要大街高尔大街是一条笔直的大道，由北向南直伸到 100 多千米外的高尔城。马路两边椰树夹道林立，树影婆娑。在科伦坡老城街头，昔日建造的印度教、佛教庙宇以及伊斯兰教的寺院和基督教的教堂交相辉映。科伦坡市内的国家博物馆和中国设计并援建的班达拉奈克国际会议大厦是科伦坡的两大景观。

在科伦坡的海边，有种满了棕树的海滨林荫大道和碧海、蓝天、白沙滩，景色十分优美，是绝好的度假胜地。此外，市郊还有饲养世界上各种热带动物的德希瓦拉动物园，拉维尼亚山避暑游览胜地，以及离科伦坡约 40 千米的班托达避暑胜地。这里是斯里兰卡著名的度假胜地，建有海滨游乐场和各种娱乐设施，还可看到海里的珊瑚、各种鱼群。

（1）**国家博物馆**（National Museum）是斯里兰卡最古老的博物馆，位于维多利亚公园的南面。创建于 1877 年，是斯里兰卡最大的文物收藏地，馆内陈列着各个历史时期的珍贵文物，石碑大厅中的“郑和碑”是中国明代著名航海家郑和首访斯里兰卡时于 1409 年所建碑文用汉文、泰米尔文和波斯文三种文字刻成。这一石碑印证了自海上丝绸之路开始，中国与斯里兰卡之间就有文化、贸易往来的友好历史。馆内的所有展品均是这个古老的国度文化和历史的真实写照。

（2）**维多利亚公园**（Victoria Park） 位于科伦坡市南奴隶岛 2 千米处，是斯里兰卡最古老的皇家公园之一。该公园又名“毗诃罗提公园”，以斯里兰卡历史上著名的国王杜多迦牟尼之母——毗诃罗提的名字命名。毗诃罗提在斯里兰卡的历史上以崇尚佛教、行善助人而为后人所崇拜，故此园被称为“国母之园”。现在园中培植有各种热带植物，其中有不少珍贵的树种和奇花异草。

2．斯里兰卡古国寻踪之旅

斯里兰卡古称僧伽罗（狮子国）。主要民族僧伽罗人（狮子族）相传为来自印度的雅利安移民。公元前 3 世纪，佛教传入斯里兰卡，迄今大多数居民仍信奉佛教。2000 多年以来佛教文化始终是斯里兰卡文化的主流。历代僧伽罗王朝的都城是斯里兰卡文化艺术的中心，其中以阿努拉德普勒、波隆纳鲁沃和康提三大古都所形成的文化三角地带最为重要。

（1）**康提**（Kandy）康提是斯里兰卡著名的古都、全国第二大城市，位于斯里兰卡中央，距科伦坡 120 千米。在僧伽罗语中“康提”是高山的意思，康提四周群山环抱，平均海拔 500 米左右。斯里兰卡最大的河流马哈韦利河流贯其间，两岸峭壁悬崖，绿树葱葱。

康提城建于 15 世纪末，有着抗击殖民主义侵略的光荣传统。由于这段光荣的历史，斯里兰卡人民把康提称为“马哈隆瓦尔”，意思是“伟大的城市”。康提城盛产茶叶和水稻，是斯里兰卡中部山区主要的商业、宗教、文化和交通中心。世界佛教徒最神圣的殿堂——著名的佛牙寺就坐落在康提湖畔。寺内供奉着一颗佛牙，康提也是佛教中心，每年一度的佛牙大游行就在这里举行。康提国家博物馆展览有从 16 世纪到 19 世纪精美的艺术品，是斯里兰卡艺术和文物的宝库。康提的皇家植物园是世界上最好的热带植物园。植物园内有相当数量的植物品种以及在生物工程、生态学、保存和分类等方面科技资料。1988 年，联合国教科文组织将圣城康提列入《世界遗产名录》。

（2）**阿努拉德普勒**（Anuradhapura）阿努拉德普勒是斯里兰卡最早的佛教圣地，曾是僧伽罗王朝的都城，位于中央省，距科伦坡 205 千米。古城中心的伯拉贞宫遗址，约建于公元前 100 年，有排成 40 个同心圆的 1600 根石柱支撑的大铜圆顶，所以又称“铜宫”。古城里有许多寺庙和佛塔，其中最大的一座佛塔建于公元 4 世纪，是斯里兰卡最大的佛塔。伊苏鲁牟尼亚耶寺遗址上有一株高达几十米的菩提树，已有 2200 多年历史，是世界上最古老的菩提树，被全世界佛教徒瞻拜。1982 年列入《世界遗产名录》。

（3）**波隆纳鲁沃**（Polonnaruwa）波隆纳鲁沃是斯里兰卡古都，位于中央省，距科伦坡 216 千米。公元 993 年成为斯里兰卡的第二首都，鼎盛于 11～13 世纪。拥有婆罗迦罗摩巴忽一世时修建的令人赞叹的花园城遗址和出自乔拉人之手的婆罗门式建筑。1982 年列入《世界遗产名录》。

2.3.4　花环群岛——马尔代夫（Maldives）

（一）基本概况

1．旅游环境

马尔代夫全称马尔代夫共和国（The Republic of Maldives），是南亚的群岛国家，位于印度半岛西南的印度洋上，全境由 19 组自然环礁、1200 个珊瑚岛礁组成，散布在 9 万平方千米的海域内，犹如漂浮在碧波上的一串串花环，有“花环群岛”之称。陆地面积 298 平方千米。其中 202 个岛屿有人居住，岛屿平均面积为 1～2 平方千米，地势低平，平均海拔仅 1.2 米。马尔代夫是世界最大的珊瑚岛国。南部的赤道海峡和一度半海峡为海上交通要道。

马尔代夫位于赤道附近，属热带雨林气候，炎热潮湿，无四季之分。年降水量 2143 毫米，年平均气温 28℃。

马尔代夫是世界上最不发达的国家之一。旅游业、船运业和渔业是马尔代夫经济的三大支柱。马尔代夫拥有丰富的海洋资源，有各种热带鱼类及海龟、玳瑁和珊瑚、贝壳之类的海产品。渔业收入占国内生产总值的16%和国家出口收入的72%。马尔代夫土地贫瘠，农业十分落后，居民多以鱼、椰子、木薯为主食。椰子生产在农业中占重要地位，其他农作物有小米、玉米、香蕉和木薯。马尔代夫工业不发达，仅有小型船舶修造场、水产、水果加工和手工编织等。近年来，旅游业已超过渔业，成为马尔代夫第一大经济支柱。

2．历史与文化

公元前5世纪雅利安人来此定居。公元1116年建立了以伊斯兰教为国教的苏丹国，前后共经历了六个王朝。1558年葡萄牙侵入建立殖民统治。18世纪受荷兰统治。1887年沦为英国保护国。1952年成为英联邦内的共和国。1965年7月26日宣布独立。1968年11月11日建立共和国，实行总统制。

马尔代夫国旗由红、绿、白三种颜色组成。中心为一个绿色长方形，四周为红边，一牙白色新月位于绿色长方形的正中。红色象征为国家主权和独立而献身的民族英雄的鲜血；绿色意味着生命、进步和繁荣，白色新月代表和平、安宁和马尔代夫人民对伊斯兰教的信仰。马尔代夫国徽由一弯新月、一颗五角星、两面国旗、一颗椰子树和绶带构成。新月和五角星表示马尔代夫的国教为伊斯兰教，国旗象征国家的权力和尊严，椰子树代表人民的生计。马尔代夫的国歌是《马尔代夫共和国国歌》，国花是粉色玫瑰，国树是椰子树。

马尔代夫是一个单一民族的国家，人口约33万（2004年7月）。迪维希语为官方语言，教育和对外交往中广泛使用英语。100%的马尔代夫人属伊斯兰教逊尼派，是唯一一个全民信奉伊斯兰教的国家。

3．习俗礼仪

马尔代夫地处热带，气候炎热潮湿，一般的居民住宅均就地取材，用椰树树干做柱，用树皮、树叶编织成席子作为房顶，用珊瑚碎石砌墙。马尔代夫人以大米为主食，其次是红薯、山芋等，副食主要有牛、羊、鸡、鱼（不吃无鳞鱼），其次还有蔬菜和肉类，有嚼槟榔的习惯。

马尔代夫人讲礼貌、重礼节，他们相见时互相拉住对方的手问好。马尔代夫人纯朴、好客，朋友到家，主人会拿出家里最好的食物款待客人。马尔代夫人以伊斯兰教为国教，有许多宗教习俗，如禁酒、禁食猪肉、每天礼拜等。男士不能穿短裤进清真寺，女士则不能穿膝盖以上的短裙和露着手臂的短袖上衣。

（二）主要旅游城市及名胜

传说创世纪初，上帝开天辟地之后在印度洋上洒落了花环般的美地，那就是马尔代夫。这个地平线上的最后乐园，拥有伊甸园般的景致，以蓝绿交织的海域、缤纷多彩的鱼群、璀璨夺目的珊瑚礁石、惬意诱人的椰林沙滩，吸引着无数的旅游者。古伦巴岛、胡鲁列岛、库拉玛锡岛、维林格里岛等都是环岛旅游的绝好去处。

马累（Male）

首都马累是全国的政治、经济、文化中心，位于印度洋马尔代夫群岛中部的马累岛上，面积约1.5平方千米，平均海拔为1.2米，是印度洋上重要的军事及交通要地，是红海、波斯湾至太平洋的重要停泊港。1967年马尔代夫宣布马累为自由港。

马累的城市环境恬静而秀丽，街道两旁高大挺拔的椰子树与各种热带地区特有的奇花异草相映生辉。大街小巷全用白色的细珊瑚沙铺就，使得车辆过后扬不起灰尘，空气十分清新。

市中心有苏丹公园和国家博物馆，博物馆藏有代表阿拉伯及斯里兰卡文化的展品，还有一些古老的马尔代夫手工艺品及一些中国的瓷器和钱币。在小街麦德胡－齐阿尔拉特的中央，耸立着一座公元 1675 年建成的古老的宣礼塔。宣礼塔旁边是岛上最大的清真寺。它建于 1656 年，寺内安息着马尔代夫的皇室成员和民族英雄，其中有马尔代夫民族英雄穆罕默德·塔库拉夫·阿里·阿拉扎姆的陵墓。人们为纪念阿拉扎姆的不朽功绩，给他立了一座顶端用黄金做的纪念碑。

2.4 大洋洲之旅

大洋洲（Oceanica）意即大洋中的陆地，位于太平洋西南部和赤道南北广大海域。西北与亚洲为邻，东北及东部与美洲大陆相对，南部与南极洲相望，西部濒临印度洋。其范围，北起夏威夷群岛最北部的库雷岛，南至澳大利亚的麦夸里岛，西起德克哈托格岛，东达迪西岛，包括澳大利亚大陆、伊里安岛和新西兰南、北两大岛，以及 1 万多个大小岛屿和群岛。群岛以澳大利亚为中心，从内向外分布着 3 个弧形群岛，即美拉尼西亚群岛、密克罗尼西亚群岛、波利尼西亚群岛。大洋洲陆地总面积约 897.1 万平方千米，约占世界陆地总面积的 6%，是世界上面积最小的一个洲。

大洋洲地形分为大陆和岛屿两部分，澳大利亚大陆西部为高原，大部分为沙漠和半沙漠；中部为平原，北艾尔湖湖面在海平面以下 16 米，为大洋洲的最低点；东部为山地。伊里安岛（新几内亚岛）、新西兰的北岛和南岛是大陆岛，岛上多高山，平原狭小。新几内亚岛最高点查亚峰，海拔 5030 米，是大洋洲的最高点。澳大利亚东部和北部沿海岛屿是太平洋西岸火山带的组成部分。大洋洲有活火山 60 多座（不包括海底火山）。夏威夷岛上有几座独特而世界闻名的火山，其中冒纳罗亚火山海拔 4170 米，最近一次爆发是在 1950 年，是大洋洲中最高的活火山。多火山的这一地带也是世界上地震频繁和多强烈地震的地带。

大洋洲的外流区域约占总面积的 48%。墨累河是外流区域中最长和流域面积最大的河流。内流区域（包括无流区）约占总面积的 52%，均分布在澳大利亚中部及西部地区，主要的内流河都注入北艾尔湖。大洋洲的瀑布和湖泊均较少，最大的湖泊北艾尔湖，面积约 8200 平方千米；最深的湖泊是新西兰南岛西南端的蒂阿瑙湖，深达 276 米。

大洋洲大部分处在南、北回归线之间，绝大部分地区属热带和亚热带，除澳大利亚的内陆地区属大陆性气候外，其余地区均属海洋性气候。澳大利亚昆士兰州的克朗克里极端最高气温达 53℃，为大洋洲最热的地点。澳大利亚中部和西部沙漠地区气候干旱，年平均降水量不足 250 毫米，是大洋洲降水量最少的地区。夏威夷的考爱岛东北部年平均降水量高达 1.2 万毫米以上，是世界上降水量最多的地区之一。大洋洲经常受台风袭击，波利尼西亚的中部和密克罗尼西亚的加罗林群岛附近是台风的源地。

除南极洲外，大洋洲是世界上人口最少的一个洲。居民约占世界总人口的 0.5%。城市人口占总人口的 60%以上，是城市人口比重最大的一洲。70%以上的居民是欧洲移民的后裔；当地居民约占总人口的20%。

大洋洲有29个国家和地区，其中有12千独立国家，而库克群岛被作为主权国家对待。

新几内亚亦称伊里安岛或巴布亚岛，是太平洋最大岛和世界第二大岛(仅次于格陵兰)。面积78.5万平方千米。居民多为美拉尼西亚人和巴布亚人。东部居民讲美拉尼西亚语和皮钦语，西部居民通用马来语。约一半居民信基督教。毛克山脉和马勒山脉横贯全岛，海拔达4000米以上。南部的里古－弗莱平原为该岛最大的平原，沿海多沼泽和红树林。东南部沿海地区属热带大陆性气候，海拔1000米以上地区属山地气候，其余地区属热带雨林气候。高山地区终年积雪。北半部年平均降水量在3000毫米以上，南部1000～2000毫米。1～4月受热带飓风影响。

美拉尼西亚意为“黑人群岛”，是西南太平洋的岛屿，位于西太平洋，赤道同南回归线之间。陆地总面积约15.5万平方千米。居民主要是美拉尼西亚人。当地居民通用美拉尼西亚语，英语为官方语言。主要有俾斯麦群岛、所罗门群岛、圣克鲁斯群岛、新赫布里底群岛、新喀里多尼亚岛、斐济群岛。

密克罗尼西亚意为“小岛群岛”，是西太平洋的岛屿群，位于中太平洋，绝大部分位于赤道以北。陆地总面积为2732平方千米。居民主要是密克罗尼西亚人。主要由马里亚纳群岛、加罗林群岛、马绍尔群岛、瑙鲁岛、吉尔伯特群岛组成。群岛分列为两弧，中隔马里亚纳海沟。群岛以珊瑚礁为主，有许多大环礁和礁湖，也有火山岛。属热带雨林气候，高温多雨。加罗林群岛附近是台风源地之一。

波利尼西亚意为“多岛群岛”，是中南太平洋的岛群，位于太平洋中部。陆地总面积约2.7万平方千米。居民主要是波利尼西亚人，主要由夏威夷群岛、中途岛、图瓦卢群岛、汤加群岛、社会群岛、土布艾群岛、土阿莫土群岛、马克萨斯群岛、纽埃岛、萨摩亚群岛、托克劳群岛、库克群岛、莱恩群岛、菲尼克斯群岛、约翰斯顿岛、皮特凯恩组成。由火山岛和珊瑚礁组成。赤道附近各岛属热带大陆性气候，其他各岛属热带雨林气候。波利尼西亚中部是台风源地之一。

大洋洲的阳光、海滩、雨林、大堡礁、独一无二的动植物，古老的原住民等多元化的社会文化，以及热情而舒适的环境，构成了大洋洲独具魅力的旅游观光项目。

2.4.1 骑在羊背上的国家——澳大利亚（Australia）

（一）基本概况

1．旅游环境

澳大利亚全称澳大利亚联邦（The Commonwealth of Australia），位于南太平洋和印度洋之间，北临帝汶海和阿拉弗拉海，与印度尼西亚隔海相望，东北隔珊瑚海与巴布亚新几内亚毗邻，西濒印度洋，东、南临塔斯曼海。由澳大利亚大陆和塔斯马尼亚等岛屿组成，面积769.2万平方千米，占大洋洲的绝大部分，是仅次于俄罗斯、加拿大、中国、美国和巴西的世界上第6个陆地面积最大的国家。海岸线长36735千米。有“岛大陆”、“南方大陆”等别称。

澳大利亚大陆是世界上最古老的土地之一，因侵蚀而裸露的大陆基岩已有30亿年。内陆地势大部分低平，平均海拔300米，东部为山地区，平均海拔800～1000米，科西阿斯科山海拔2228米，为全国最高峰。东部山地大致与海岸平行，构成了东部沿海与内地的天然屏障，由于地势较高，有些山峰冬季积雪，国内的重要河流都从这里发源，最大河流为墨累河及其支流，其余多为间隙性的内流河。因此，东部山地也是内地与沿海水系的重要分水岭。中部为平原盆地区，海拔多在200米以下。全国最低点埃尔湖是一片盐滩，埃尔湖盆地的广大地区积蓄有丰富的地下水资源，而且因受压力作用，往往会自动喷出，形成自流井，埃尔湖盆地因此成为世界上最大的自流井盆地。西北为高原区，海拔200～500米，也有一些海拔1000米以上的山脉。澳大利亚虽然四面环水，沙漠和半沙漠却占全国面积的35%。

澳大利亚大部分地区属于热带和亚热带气候。年平均气温：北部27℃，南部14℃。大陆年平均降水量为470毫米，沿海稍多，东南部和塔斯马尼亚岛年降水量可达700～1500毫米。夏季是从12月到次年2月，秋季从3月到5月，冬季从6月到8月，春季则从9月到11月。1月平均气温北部为29℃、南部为17℃，7月份气温北部为25℃、南部为8℃。最冷的地区是塔斯马尼亚岛的山地和高原，以及大陆的东南角，是全国仅有的降雪地区。

澳大利亚是一个后起的发达资本主义国家。工业以矿业、制造业和建筑业为主。农牧业发达，盛产羊、牛、小麦和蔗糖，有“牧羊之国”、“骑在羊背上的国家”之称，农牧业产品的生产和出口在国民经济中占有重要地位，是世界上最大的羊毛和牛肉出口国。澳大利亚自然资源非常丰富，是世界重要的矿产资源生产国和出口国。矿藏资源中，铝土、铁、镍、锌、锰的储量和产量均居世界前列。同时还是世界上最大的烟煤、铝土、铅、钻石、锌及精矿出口国，第二大氧化铝、铁矿石、铀矿出口国和第三大铝、黄金出口国。有“坐在矿车上的国家”、“淘金圣地”之称。渔业资源丰富，捕鱼区面积比国土面积还多16%，是世界上第三大捕鱼区。

2．历史与文化

澳大利亚是“古老土地上的年轻国家”，只有200多年的历史。这里原为土著人居住地。17世纪初，西班牙、葡萄牙和荷兰人抵达这里，误以为这是一块直通南极的陆地，故取名“澳大利亚”，意为“南方大陆”。1770年英国航海家詹姆斯·库克发现澳大利亚东海岸，将其命名为“新南威尔士”，宣布为英王领地。1788年英国航海家菲利普率首批移民1373人（包括流放犯732人），在现在的悉尼附近建立第一个流放殖民居住点，这一年后来被澳大利亚定为建国之年。此后，澳大利亚一度作为英国罪犯流放地，直至1842年英国废除流放制度，自由民纷纷移居此地。1851年在澳大利亚新南威尔士和维多利亚发现金矿之后，便有大批矿工和移民涌入，形成了移民国家。到19世纪末，英国先后在澳大利亚建立了6个殖民居住区。1901年英国将原来分散的6个殖民区改称为州，组成澳大利亚联邦，成为英国自治领地。1931年成为英联邦中的独立国家。

澳大利亚国旗为深蓝色，左上方是红、白“米”字，这是英国国旗图案，表明澳大利亚与英国的传统关系。“米”字下方为一颗较大的白色七角星，代表组成澳大利亚联邦的6个州和北部地区。右边为5颗白色的星，其中一颗小星为五角，其余均为七角，这是南半球夜空的一个显著特征，为“南方大陆”之意。澳大利亚国徽的图案左右两侧分别立着袋鼠和鸸鹋，这两种动物均为澳大利亚所特有，是国家、民族的象征。中间是一个盾，盾面上有6组图案分别象征这个国家的6个州。盾徽上方为一枚七角星。周围饰以澳国花金合欢，底部的绶带上用英文写着“澳大利亚”。金合欢花与桉树，是澳大利亚人最喜欢的植物，并且被视为澳大利亚的象征。因此，它们分别被定为澳大利亚的国花与国树。澳大利亚人最喜爱的动物是袋鼠与琴鸟。袋鼠被澳大利亚人视作澳洲大陆上最早的主人，琴鸟则是澳大利亚的国鸟。澳大利亚的国歌是《前进，澳大利亚》。

澳大利亚是典型的移民国家，被社会学家喻为“民族的拼盘”。自英国移民踏上这片美丽的土地之日起，已先后有来自全球 120 个国家、140 个民族的移民来到这里谋生和发展。多民族形成的多元文化成为澳大利亚社会的一个显著特征。澳大利亚人口为 1972 万（2002 年 8 月），除土著人外，外来民族中来自英国的人占多数，74%是英国及爱尔兰后裔，其余大部分来自东欧和南欧，亚裔占 5%；土著居民占 2%。土著人在澳人口总数中的比率越来越小，主要分布在北部地区和昆士兰、西澳大利亚、新南威尔士三个州。澳大利亚地广人稀，人口分布极不均衡，平均每平方千米为 0.44 人。人口密度最高的维多利亚州平均每平方千米也仅有 17.9 人，西澳大利亚的人口密度低于全国平均数。澳大利亚大约 57%的人口集中在 7 个大都市中，25%居住在小城镇，乡村人口不足人口总数的 18%。澳大利亚通用英语。居民中有 70%以上的人信奉基督教，少数信奉犹太教、伊斯兰教和佛教，非宗教人口占 25%。

3．习俗礼仪

澳大利亚是一个移民国家，没有太多的限制，各国人士都可以按照各自的风俗生活，政府也提倡多元文化，鼓励各民族文化的繁荣发展。澳大利亚主流文化属西方文化，流行西方礼仪。

澳大利亚人在饮食上习惯以吃英式西餐为主，口味清淡，不吃辣，有的人还不吃酸味的食品，他们的菜肴一般以烤、焖、烩的烹饪方法居多。他们在就餐时，大都喜爱将各种调味品放在餐桌上，任其自由选用调味。澳大利亚的食品素以丰盛和量大而著称，尤其是对动物蛋白的需要量。他们通常爱喝牛奶，喜食牛羊肉、鸡、鸭、鱼、鸡蛋、乳制品及新鲜蔬菜。澳大利亚人喜欢喝啤酒，也爱喝咖啡，吃水果。

澳大利亚人很讲究礼貌，在公共场合从来不大声喧哗。在银行、邮局、公共汽车站等公共场所，都是耐心等待，秩序井然。握手是一种相互打招呼的方式，拥抱亲吻的情况罕见。澳大利亚社会上同英国一样有“女士优先”的习惯。他们非常注重公共场所的仪表，男子大多数不留胡须，出席正式场合时西装革履，女性是西服上衣西服裙。澳大利亚人的时间观念很强，约会必须事先联系并准时赴约，最合适的礼物是给女主人带上一束鲜花，也可以给男主人送一瓶葡萄酒。澳大利亚人待人接物都很随和，人们相见时喜欢热情握手，彼此以名相称。澳大利亚人喜欢和陌生人交谈，特别是在酒吧，总会有人过来主动和你聊天。互相介绍或在一起喝杯酒后，陌生人就成了朋友。

澳大利亚人既有西方人的爽朗，又有东方人的矜持。他们崇尚人道主义和博爱精神。在社会生活中，他们乐于保护弱者，也将保护动物看做是自己的天职。议论种族、宗教、工会和个人私生活以及等级、地位问题，最令澳大利亚人不满。

澳大利亚人兴趣广泛，喜欢体育运动，如冲浪、帆板、赛马、钓鱼、地滚球运动、澳式橄榄球及游泳等都有众多的热衷者。在人际交往中，爱好娱乐的澳大利亚人往往有邀请友人一同外出游玩的习惯，他们认为这是密切双边关系的捷径之一。对此类邀请予以拒绝，会被理解成不给面子。

澳大利亚人讨厌“13”，忌讳兔子，认为兔子是一种不吉利的动物。

居住在澳大利亚一些部落辖区内的土著人，仍然保留着自己的风俗习惯。他们以狩猎为生，盛行原始的图腾崇拜。他们大部分仍居住在用树枝和泥土搭成的窝棚里，围一块布或用袋鼠皮蔽体，并喜欢纹身或在身上涂抹各种颜色，佩戴臂环、项圈、前额箍和骨制鼻针。节日里，他们还会在身上涂抹各种颜色。有些土著居民握手的方式是两人中指相互勾住，而不是全手掌相握。

（二）主要旅游城市与名胜

澳大利亚幅员辽阔，珍稀动物种类丰富，有“世界活化石博物馆”之称。澳洲的小镇风光、古老田庄、剪羊毛场景以及大陆内部的原始风光，都是具有相当吸引力的观光项目。热带、亚热带气候和海滩是开展水上运动、海滨疗养和避暑、避寒的好地方。

1．堪培拉（Canberra）

首都堪培拉是澳大利亚政治、经济和文化中心，位于澳大利亚东南部，在墨尔本和悉尼之间，面积为 2357 平方千米。1913 年前，堪培拉只是一个代名词，这里的山丘、草地也只是山羊和袋鼠的家园。1913～1927 年由美国建筑师沃特·伯利·格里芬设计规划兴建。

堪培拉城市绿地面积占 60%以上，是一个真正的“花园之都”。这里两面临山，莫伦格鲁河流经全城，整个城市的公共建筑基本都环绕着格里芬湖而建。这里还拥有第一流的购物、餐饮、体育和娱乐设施。市中心被格里芬湖分为南北两部分，以联邦桥和国王大道桥相连接。整座城市掩映在一片绿色之中，人均绿地面积可达 70.5 平方米。堪培拉植物园的面积为 40 多公顷，种植着各种乔木、灌木和草本植物等等。位于堪培拉中心，格里芬湖南岸的国会大厦，是世界上最著名的建筑之一。它以其宏伟的建筑结构著称，并以大量使用砖石和优质木材及收藏包括世界上最大的挂毯之一在内的艺术精品为特色。占地 32 公顷，地上建筑有 6 层，底层为停车场，圆形的花岗岩外墙与首都山的形状配合得天衣无缝，整个建筑的核心是矗立在大厅顶上的不锈钢旗杆，高达 81 米，直插云霄。

2．悉尼（Sydney）

悉尼面积为 2400 平方千米，位于澳大利亚东南海岸，是新南威尔士州首府，澳大利亚历史最悠久和规模最大的城市，也是澳大利亚的文化、商贸、金融中心和交通枢纽，有“南半球纽约”之称。

悉尼是澳大利亚享乐主义者的天堂，可用空间、阳光、自由、稳健四个词来形容它。这里有绝佳的水景，只需短短几分钟的车程就可以从城市喧嚣中逃脱；这里的街道、广场绿树成荫，海鸥盘旋，人与自然和谐共处；这里还有闻名世界的建筑艺术经典——悉尼歌剧院、悉尼塔、海港大桥等。更为重要的是，在这里能体验多彩休闲的生活方式，感受多元文化的魅力。

悉尼歌剧院（Sydney Opera House）又称海中歌剧院，澳大利亚最具标志性的建筑。它三面临水，面对海港大桥，屹立在杰克逊海港突向大海的贝尼朗岬角之上。它是一座外形奇特，规模宏大，设备新颖的现代化艺术中心。远远望去，犹如一组扬帆出海的船队，又如张开的白色巨形贝壳、绽放的花瓣。

悉尼歌剧院始建于 1959 年，由丹麦建筑家约农设计，于 1973 年 10 月建成。歌剧院占地 1.84 公顷，长 183 米，宽 118 米，主体建筑由 10 片贝壳组成。歌剧院共有 5 个表演厅，各种大小房间 900 间，共可容纳 7000 人。

位于市中心的悉尼塔，是悉尼城的又一标志，金黄色的外观闪耀夺目。塔高 304.8 米，为南半球最高的建筑物。登上圆锥形塔楼，纵目四望，悉尼市容一览无遗。

3．墨尔本（Melbourne）

墨尔本是维多利亚州首府，澳大利亚第二大城市，位于东南角波特菲利普海湾北岸的雅拉河口。1901～1927年曾作为澳大利亚的首都，是传统的金融、商业和工业中心。因附近富有金矿，故有“新金山”之称。墨尔本土地面积为2072平方千米，平均海拔为35米，雅拉河从城中穿越.

墨尔本和悉尼是当年移民居住的中心，他们在这里开始新的生活，同时也保留下自己民族的传统和文化，艺术和文化活动多姿多彩，很多人将当地的建筑和艺术风格与欧洲相提并论。维多利亚艺术中心是墨尔本的标志，艺术中心建于1859年，包括音乐厅、戏院、维多利亚美术馆3座建筑。其中，维多利亚美术馆内有2.5万件收藏品，堪称澳洲最大的美术馆。市区1/4的地方是植物园或公园，位于市区南边国王公园旁边的皇家植物园，自1845年开园以来，即不断收集世界各地的植物，目前拥有国内外112万种植物，占地约40公顷。

墨尔本市也是澳大利亚东南部的一个港口城市。在墨尔本南方约130千米，菲力浦港湾东侧的入口是菲力浦岛。这里是冲浪、驾船、钓鱼、滑水等活动的海滩度假胜地。在岛西南端诺毕斯岬附近的夏陆滩是著名的小精灵企鹅的保护区，这种企鹅是世界上最小的企鹅，身高仅30厘米左右。从诺毕斯岬还可以看见洋面海豹和岩上栖息的海豹。在菲利普岛上，还有许多怪石，表面风化，呈长方柱状，垂直而立，形如风琴，名叫琴石。

4．澳大利亚自然奇观之旅

澳大利亚地跨热带和温带，各地自然条件、气候不同，有着众多独特的、在世界上其他地方见不到的古老动植物和自然奇观，是探究大自然奇观的绝佳之地。

澳大利亚的动植物是在与世界其他地方隔绝的环境中逐渐进化而成的，至今保存着许多古老的物种，堪称“世界活化石博物馆”。那里没有高级的野生哺乳动物，只有低级的有袋类动物，如腹部有口袋以保存幼兽的大袋鼠，吃桉树叶生活的小袋熊，以及卵生的哺乳动物鸭嘴兽等，都是澳大利亚独有的珍奇动物。澳大利亚的植物有12000种以上，其中3/4是特有种。澳大利亚有2000多个国家公园和自然保护区，其中不乏保护特有野生动植物资源的景观区域。

（1）**大堡礁**（Great Barrier Reef）是世界最大的珊瑚礁区，位于澳大利亚东北部昆士兰州的东海岸。大堡礁由北到南绵延2000多千米，包括约3000个独立的珊瑚礁石群组成，分布面积共达34.5万平方千米，是世界上七大自然奇观之一。1981年，联合国教科文组织将大堡礁作为自然遗产，列入《世界遗产名录》。

大堡礁是世界上最大的礁岩体，是距今15000年前的珊瑚一点点长成的。这里是成千上万种海洋生物的安居之所，其中包括1500种鱼类、4000种软体生物、350种珊瑚以及242种鸟类和巨型绿色海龟等等，构成了世界最大的生态系统。由于这里的生态环境至今仍未受到污染和破坏，故这些生物仍保留了最原始的面貌。

（2）**黄金海岸城**（City of Gold Coast）是昆士兰州东南海滨休养地，位于澳大利亚的东部沿海，因绵延长达32千米的金色海滩而得名。这里除了景色宜人之外，最具特点的就是分布着众多富有趣味的主题乐园，比较有名的有华纳电影世界、海洋世界及梦幻世界等。在黄金海岸冲浪也是一项对游人极具吸引力的水上活动，此外还可以到天堂农庄去体验澳洲最原始的生活方式，在户外喝着茶欣赏当地人剪羊毛的表演。

2.4.2　白云之乡——新西兰（New Zealand）

（一）基本概况

1．旅游环境

新西兰也称为纽西兰，是大洋洲岛国，位于澳大利亚东南面，隔塔斯曼海与澳大利亚相望，北邻汤加、斐济，海岸线长 6900 千米。新西兰由北岛、南岛、斯图尔特岛及其附近一些小岛组成，总面积 27.05 万平方千米。有“世界边缘的国家”、“畜牧之国”、“牧羊之国”、“白云之乡”之称。

新西兰境内多山，平原狭小，山脉和丘陵约占其总面积 3/4。南岛多海拔 3000 米以上的山峰，最高点库克峰海拔 3764 米。山区多冰川和湖泊。南阿尔卑斯山中的弗朗茨·约瑟夫和富克斯冰川，是世界上海拔最低的冰川。山外有一系列冰川湖，其中特阿脑湖面积 342 平方千米，是新西兰第二大湖。苏瑟兰瀑布，落差 580 米，居世界前列。北岛分布有东北—西南走向的四条山脉，东部地势较高，多火山和温泉，中部多湖泊。湖的周围为平原，在平原上耸立着高达 2797 米的鲁阿佩胡火山，是北岛的最高点。火山上有新西兰最大的湖泊陶波湖，面积 616 平方千米。

新西兰全境属温带海洋性气候。平均气温夏季 20℃左右，冬季 12℃左右。年平均降雨量在 600～1500 毫米之间，南岛西南沿海地区可达 2500～5000 毫米以上。

新西兰是经济发达国家，以农牧业为主，农牧产品出口量占其出口总量的 50%。羊肉、奶制品出口量居世界第一位，羊毛出口量居世界第二位，渔产丰富。矿藏主要有煤、金、铁矿，还有银、锰、钨、磷酸盐、石油等，但储量不大。森林资源丰富，森林面积 810 万公顷，占全国土地面积的 30%。工业以农林牧产品加工为主，主要有奶制品、毛毯、食品、酿酒、皮革、烟草、造纸和木材加工等轻工业。农业高度机械化，主要农作物有小麦、大麦、燕麦、水果等。

2．历史与文化

公元 14 世纪，毛利人从波利尼西亚来到这里，成为新西兰最早的居民，并用波利尼西亚语“aotearoa”做了它的名字，意思是“白云朵朵的绿地”。1642 年，荷兰航海家阿贝尔·塔斯曼在此登陆，把它命名为“新泽兰”。1769 年～1777 年，英国航海家詹姆斯·库克船长先后 5 次到新西兰。此后，英国向这里大批移民并宣布占领，把海岛的荷兰文名字“新泽兰”改成英文“新西兰”。1840 年英国与毛利酋长签订《威坦哲条约》，新西兰沦为英国殖民地。1907 年成为英国的自治领地。1947 新西兰成为完全独立的国家，为英联邦成员。

新西兰国旗为深蓝色，左上方为红、白色的“米”字图案，表明同英国的传统关系；右边有五颗镶白边的红色五角星，表示南十字星座，表明该国位于南半球，同时还象征独立和希望。新西兰国徽中心图案为盾徽。盾面上有五组图案：四颗五角星代表南十字星座，象征新西兰；麦捆代表农业；羊代表该国发达的畜牧业；交叉的斧头象征该国的工业和矿业；三只扬帆的船表示该国海上贸易的重要性。盾徽右侧为手持武器的毛利人，左侧是持有国旗的欧洲移民妇女；上方有一顶英国伊丽莎白女王二世加冕典礼时用的王冠，象征英国女王也是新西兰的国家元首；下方为新西兰蕨类植物，绶带上用英文写着“新西兰”。新西兰的国歌是《上帝保佑新西兰》。新西兰的国树是银蕨。新西兰的国鸟是几维鸟，象征新西兰人热情好客的本性。新西兰的国石是绿石，又称绿玉。

毛利人有着悠久的历史和灿烂的文化。毛利人的雕刻艺术技艺精湛，大到房檐，小到手杖都异常精美。他们的舞蹈别具一格，鲜艳的民族服装、美丽的花环、项上挂着的绿佩玉以及腰上系着的蒲草裙充分展现了毛利人独特的民族风情。毛利人的迎宾舞蹈已成为新西兰官方迎接贵宾的最高礼仪。

新西兰人口约388万（2001年），其中欧洲移民后裔占80%，毛利人占15%。近75%的人口居住在北岛，85%的人口生活在城镇里，是世界上都市化程度最高的国家之一。奥克兰市是全国人口最多的城市，占全国总人口30.7%；首都惠灵顿地区的人口约占全国总人口的11%。官方语言为英语和毛利语，通用英语。70%居民信奉基督新教和天主教。

3．习俗礼仪

新西兰人性格比较拘谨，生活方式和习惯基本西化。社交场合一般行握手礼。在与女士交往中女方先伸出手，男方才能相握。鞠躬和昂首也是他们的通用礼节。新西兰人男女之间交往注重礼貌，观看电影要男女分场。他们崇尚平等，平民可要求高级官员接见，上级对下级态度友好诚恳。时间观念较强，约会须事先商定，准时赴约。客人可以提前几分钟到达，以示对主人的尊敬。应邀到新西兰人家里作客，可送给男主人一盒巧克力或一瓶威士忌，送给女主人一束鲜花。礼物不可过多，不可昂贵。新西兰人不干涉别人的事务，绝不说他人的坏话，对朋友的政治立场，宗教信仰等不闻不问，朋友间相处，交谈以气候、体育运动、国内外政治、旅游等为话题，避免谈及个人私事、宗教、种族等问题。新西兰人特别喜欢橄榄球和板球。

新西兰人的饮食习惯大体上与英国人相同，饮食以西餐为主。饮茶是新西兰人的嗜好，一天至少七次，即早茶、早餐茶、午餐茶、午后茶、下午茶、晚餐茶和晚茶。茶馆遍布各地，许多单位都有专门的用茶时间。

新西兰的原始居民是毛利人，他们之间传统的相互问候致意的方式是相互碰鼻子。给别人拍照，特别是给毛利人，一定要事先征求同意。

（二）主要旅游城市与名胜

新西兰四面环海，到处是优良的港湾和美丽的峡湾，茂盛的雨林、清澈的湖泊、迷人的海滩、绿草如茵的山坡。其中，北岛的鲁阿佩胡火山和周围14座火山的独特地貌形成了世界罕见的火山地热异常带。在这一区域内，分布着1000多处高温地热喷泉。这些千姿百态的沸泉、喷气孔、沸泥塘和间歇泉形成一大奇景，吸引了世界各地的旅游者前来观光。

1．惠灵顿（Wellington）

首都惠灵顿是新西兰第二大城市，全国政治、经济、文化中心，位于新西兰北岛的最南端，扼库克海峡咽喉。

1840年，英国人在此建立小镇，称该地为“不列颠利亚”，意思是“英国的地方”。1815年以惠灵顿公爵的名字命名。

惠灵顿三面环海，拥有优良的港口。惠灵顿的尼科尔逊港是仅次于奥克兰的全国第二大港，可停泊万吨巨轮。

整个城市依山建筑，登上市区西南部的维多利亚山峰俯瞰，整个城市的秀丽景色尽收眼底。市内保存的古建筑有1876年模仿石造建筑而修建的政府大厦，号称世界第二大木造建筑；1866年修建的雄伟的保罗大教堂；1904年修建的市政大厅等。著名的战争纪念馆建于1932年，里面的钟琴上有49个吊钟，钟上镌刻着第一次世界大战时新西兰人参战战场的名称。

在维多利亚山的山坡上保存着1893～1906年的总理塞顿使用过的办公室。维多利亚山附近是英国航海家库克的纪念碑岛。维多利亚山北面的卡因加罗国家人造森林，占地15万公顷，绵延100多千米，是世界上最大的人造林之一。惠灵顿动物园以其特有的珍奇动物著称，园内珍藏着新西兰国鸟“几维”鸟。这种鸟没有翅膀，没有尾巴，长长的嘴，形象奇特有趣。惠灵顿有许多火山公园，公园里有众多的沸泉、沸泥塘、喷气孔等地热景观。

2．奥克兰（Auckland）

奥克兰是新西兰第一大城市和最大海港，新西兰的主要工业基地和商业中心，位于新西兰北岛的西北岸。1841～1865年，奥克兰曾是新西兰的首都。

整座城市建在火山灰堆上，境内已熄灭的火山喷口和火山峰约有50座。城市三面环海，可尽情饱览海滨风光；市郊西南面的草原和农田则展现了一片田园风光。这使得奥克兰成为“兼具自然风光及都市生活的最佳地方”。

奥克兰是座美丽的花园城市，这里有南太平洋最大的野生动物园——奥克兰狮子园，有新西兰最大的游乐场“彩虹仙境”，有集海洋动植物之大成的“海底世界”，有陈列出自毛利人祖先之手的工艺品历史博物馆，也有展示运输和科技新发展的现代博物馆等。环抱着奥克兰的怀特马塔港和马纳考港是开展海上帆船活动的胜地，蓝色的海湾上穿梭着扯着五颜六色风帆的帆船，每年都要举行帆船大赛，被誉为“船帆之都”。

2.5 思考与练习

1．简述中国香港、澳门、台湾的主要旅游名胜。

2．简述日本、韩国、新加坡等国家旅游环境的基本特征。

3．为什么说宗教在泰国、缅甸的社会生活中占有十分重要的地位？

4．简述印度文明神秘之旅的主要名胜古迹构成及其宗教特点。

5．澳大利亚自然景观带的分布有何规律？为什么澳大利亚有“世界活化石博物馆”之称？

第3章 欧洲地区

学习目的

通过本章学习，了解和掌握北欧、西欧、中欧及南欧主要旅游目的地国家和地区的基本情况和主要旅游城市及名胜，以及由当地特色旅游资源构成的专题旅游线路。

主要内容

● 北欧之旅

极地之国——挪威；童话王国——丹麦；

● 西欧之旅

绅士风度——英国；浪漫之都——法国；风车之国——荷兰；

● 东欧之旅

喀秋莎的故乡——俄罗斯；

● 中欧之旅

欧洲走廊——德国；音乐之邦——奥地利；欧洲屋脊——瑞士；

● 南欧之旅

露天历史博物馆——意大利；神话国度——希腊；斗牛王国——西班牙。

欧洲全称欧罗巴洲（Europe），位于东半球的西北部，北临北冰洋，西濒大西洋，南隔地中海与非洲相望。欧洲大陆北至斯堪的纳维亚半岛的诺尔辰角，西至伊比利亚半岛的罗卡角，南至伊比利亚半岛的马罗基角，东至乌拉尔山脉北端。欧洲一般以乌拉尔山脉、乌拉尔河、里海、大高加索山脉、黑海、伊斯坦布尔海峡、马尔马拉海、恰纳卡莱海峡为与亚洲的分界线，是亚欧大陆伸入大西洋中的一个大半岛。全洲面积1016万平方千米（包括附近岛屿），占亚欧大陆面积的1/5，世界陆地总面积的6.8%，为世界第六大洲。

欧洲又是世界上海岸线最曲折复杂的一个洲，多半岛、岛屿和深入内陆的内海、海湾和良港，大陆海岸线长3.79万千米。较大的岛屿和半岛有冰岛、大不列颠岛、爱尔兰岛和斯堪的纳维亚半岛、伊比利亚半岛、亚平宁半岛。

欧洲地势低平，以平原为主，全洲平均海拔340米，是世界上平均海拔最低的一个洲。欧洲海拔不足200米的地面占全洲总面积的57%，海拔超过200米的地面只占全洲总面积的43%，其中海拔超过2000米的地面只占全洲总面积的2%。欧洲最高大的山脉阿尔卑斯山脉横亘欧洲南部，平均海拔在3000米左右，主峰勃朗峰海拔4807米。阿尔卑斯山脉的主干向东延伸为喀尔巴阡山脉，向东南延伸为狄那里克阿尔卑斯山脉（也叫迪纳拉山脉），向南延伸为亚平宁山脉，向西南延伸为比利牛斯山脉。在东部欧、亚两洲的交界处有乌拉尔山脉和大高加索山脉，大高加索山脉的主峰厄尔布鲁士山，海拔5642米，为欧洲最高峰。欧洲北部有斯堪的纳维亚山脉（也叫基阿连山脉）。欧洲南部高山区多火山、地震，西西里岛的埃特纳火山海拔3340米，是欧洲最高的活火山。平原和丘陵主要分布在欧洲东部和中部，主要有东欧平原（也叫俄罗斯平原，世界上最大的平原之一，面积约400万平方千米）、中欧平原（也叫波德平原）和西欧平原。里海北部沿岸低地在海平面以下28米，为全洲最低点。

欧洲的河流分布很均匀，河网稠密，河流短小，多与运河相通，水量充沛。河流大多发源于欧洲中部，分别流入大西洋、北冰洋、里海、黑海和地中海。主要河流有伏尔加河、多瑙河、莱茵河、易北河、北德维纳河等，欧洲最长的河流是伏尔加河，全长3690千米。多瑙河为第二长河，全长2850千米，流经9个国家，是中欧的主要国际航道。欧洲是一个多小湖群的大陆，湖泊多为冰川作用形成，如素有“千湖之国”称号的芬兰，境内大小湖泊有6万多个，其面积约占全国总面积的9%左右。阿尔卑斯山麓地带分布着许多较大的冰碛湖和构造湖。山地河流多流经湖泊，湖泊地区是欧洲著名的游览地。

欧洲气候最突出的特征是温带海洋性分布面积很广。整个欧洲除北部沿海及北冰洋中的岛屿属寒带，南欧沿海地区属亚热带外，其余几乎全部在温带，加之深受来自大西洋上的西风和北大西洋暖流的影响，绝大部分地区气候温暖湿润。

欧洲现有国家和地区44个，在地理上习惯分为南欧、西欧、中欧、北欧和东欧。

欧洲是见证人类文明和成就的大陆，从经济上来说，欧洲是资本主义经济发展最早的一个洲，工业生产水平和农业机械化程度均较高。人均国民生产总值和人均收入均居世界首位，是世界上发展最均衡、经济发达程度最高和人类生活质量最好的地区。从文化上来说，欧洲是一个人文荟萃的大陆。古希腊文明孕育了现代欧洲文明，起源于意大利的文艺复兴以及英国的宪章运动、马丁路德的宗教改革开启了人类近代文明。欧洲古迹众多，风景秀丽，交通运输发达。从各洲国际旅游到达人数占世界的比例来看，欧洲一直是最主要的国际旅游目的地。法国的浪漫、英国的含蓄、意大利的热情、瑞士的秀丽、希腊的古朴、德国的庄严、俄罗斯的厚重和斯堪的纳维亚的清新，以及遍及欧洲各国的王宫、教堂和古城堡，每年都吸引着络绎不绝的世界各地游客。

3.1 北欧之旅

北欧位于欧洲最北部，大体上在北纬55º～71º之间的日德兰半岛和斯堪的纳维亚半岛一带。包括冰岛、丹麦、挪威、瑞典和芬兰五国。挪威海岸陡峭曲折，多岛屿和峡湾。斯堪的纳维亚山脉纵贯半岛，挪威境内加尔赫皮根峰海拔2468米，为半岛的最高点。冰岛上多火山和温泉。北欧绝大部分地区属寒温带气候，夏季温和而短促，冬季寒冷而漫长。河流短急，水力资源丰富。北欧国家的冰雪、森林、峡湾，尤其是北极圈内的极昼、极夜、极光现象和各国特有的民情风俗，为各国旅游者所向往。

3.1.1 极地之国——挪威（Norway）

（一）基本概况

1．旅游环境

挪威王国（The Kingdom of Norway）简称挪威，“挪威”一词的意思就是“通往北方之路”。它位于斯堪的纳维亚半岛西部，是世界上最北的国家之一。其北部延伸到欧洲最北端，南与丹麦隔海相望，东邻瑞典，东北与芬兰和俄罗斯接壤，西濒挪威海，面积为38.54万平方千米。

挪威是欧洲山脉最多的国家之一，境内2/3的地区海拔在500米以上。斯堪的纳维亚山脉纵贯全境，格利特峰海拔2472米，为挪威最高峰。北部为苔原。南部沿海及首都奥斯陆附近有小块的平原、丘陵、湖泊、沼泽广布。挪威的海岸线异常曲折，总长2.1万千米，海岸线被无数峡湾所分割，其中最长的峡湾可以延伸到内陆达200多千米。峡湾两岸矗立千米的悬崖峭壁是挪威最受欢迎的旅游胜景之一。挪威沿海岛屿多达15万个以上，被称为"万岛之国"。

挪威领土南北狭长，有近1/3的国土位于北极圈内，也被称为"极地之国"。每年冬季约有3个月看不见太阳，夏季约有3个月不见落日，因而又有"永昼之国"和"永夜之国"之称。美丽的北极光，午夜的太阳，都是世上难得的奇观。挪威沿海气候温和，内陆冬季寒冷。

挪威是一个发达的现代化工业国，在国际社会中具有重要的影响。挪威的石油、天然气、水利、森林和渔业资源丰富。工业主要有石油、炼油、化学、造船、水电、钢铁、有色冶金、木材加工、造纸和食品等。首都奥斯陆是主要的工业中心。卑尔根和特隆赫姆分别是挪威的造船工业中心和航运中心。斯塔万格是石油工业中心，而靠近北极圈的摩城和莫绍恩则是其冶金中心。自古以来挪威的渔业发达，素有"渔人之家"的称号。挪威的乳用畜牧业也很发达。农作物有大麦、马铃薯、燕麦等。

挪威是一个福利国家，并且是世界上最富有的国家之一，在国民生活水准方面，挪威于2003年已经连续第三年在联合国开发署的人类发展指数上名列榜首。

2．历史与文化

公元9世纪末挪威形成统一的国家。在9～11世纪北欧海盗时期，曾不断向外扩张，进入鼎盛时期。14世纪中叶开始衰落，1397年后受丹麦统治，并与丹麦、瑞典组成卡尔玛联盟。1814年，挪威被丹麦割让给瑞典，同瑞典成立瑞挪联盟。1905年6月7日独立，成挪威王国。第一次世界大战期间宣布保持中立，第二次世界大战时期被纳粹德国占领，1945年恢复独立，为世袭的君主立宪国。

挪威国旗底面为红色，上面有一个镶白边的深蓝色十字，十字位置与丹麦国旗相似，略偏左侧。红色与白十字源于丹麦国旗的十字图案，蓝色十字象征挪威独立。挪威国徽为盾形，红色的盾面上直立着一只金色狮子，爪持银斧，头戴王冠。金狮是力量的象征，银斧是挪威自由的保护者圣奥拉夫的武器。盾徽上端是一顶镶嵌着圆球和十字的金色王冠。挪威的国歌是《挪威之歌》，国花是紫石南花，国树是云杉，国鸟是河鸟，国兽是麋鹿。

在世界享有盛名的挪威人中，最具代表的人物有世界上第一个到达南极的探险家罗尔德·阿门森（1872～1928）；1922年被授予诺贝尔和平奖的弗里蒂奥夫·南森（1861～1930）；戏剧大师亨里克·易卜生（1828～1906）；曾获得诺贝尔文学奖的三位挪威作家：创作了挪威国歌和歌词的比昂斯提尔纳·比昂森（1832～1910）、克努特·汉姆生（1859～1952）、西格里德·温赛特（1882～1949）等。

挪威还是滑雪的发源地，据说滑雪在挪威已有4000年的历史了。在挪威建有世界上第一个滑雪组织——滑雪俱乐部(1861年)，在首都奥斯陆成立了世界上第一所滑雪学校(1881年)，19世纪中叶滑雪运动开始从挪威传到国外。

挪威人口460万（2004年），其中95%为挪威人。挪威的大部分人口居住在沿海及南部地区，其中有3/4的人口生活在离海岸不到15千米的地带，北部有萨米族约3万人。城市人口约占总人口的71%，首都奥斯陆周围人口密度最大。官方语言为挪威语，英语为通用语。90%的居民信奉国教基督教路德宗。

3．习俗礼仪

北欧人由于长期生活在北极圈附近，自然环境寒冷严酷，因而他们特别酷爱阳光、海水和沙滩。他们心态平和而无忧无虑，做事严谨准时。

挪威人喜爱红色，尤其是服装的颜色多为红色，做客赴宴给主人带点红色包装的小礼品会很受欢迎。挪威人的饮食大都很简单，份量充足又能提供热能的饮食，是日常生活的餐饮模式，平时多喜吃海鲜品、肉肠、熏鱼、酸菜及各种乳制品。挪威人酷爱饮酒，还以爱吃鱼而闻名。

挪威人性格内向，待人态度诚恳，非常注重礼节礼貌。挪威人非常喜欢握手，无论何时，当与陌生人相会，总要握手及互道姓名。在社交场合，挪威人对人与人之间谈话的距离一般习惯保持在1.2米左右。相互间交叉式握手或交叉式谈话，被视为不礼貌的举止。室内不要戴帽子，也是挪威的习俗。河鸟是挪威的国鸟，挪威人民非常爱这种鸟，政府规定不准捕捉或损害河鸟。

（二）主要旅游城市和名胜

1．奥斯陆（Oslo）

首都奥斯陆旧称“克里斯蒂安尼亚”，位于东南海岸奥斯陆峡湾北端山丘上，是挪威最大的城市，全国的政治、经济、文化、交通中心和主要海港。奥斯陆的工业产值约占全国的1/4。全国进口商品1/2以上是经奥斯陆转运的，它以不冻港而闻名世界。奥斯陆也是世界裘皮加工、出口中心之一，被誉为“裘皮之都”。而最享有世界声誉和桂冠的是“世界滑雪之都”。

奥斯陆始建于1050年，传说奥斯陆意为“上帝的山谷”，又一说意为“山麓平原”。该城面临迂回曲折的奥斯陆峡湾，背依巍峨高耸的霍门科伦山，既有海滨城市的旖旎风光，又有高山密林的雄浑气势，苍山与绿水相映，景色十分美丽。

奥斯陆的市政建设注意保持浓郁的中世纪色彩和别具一格的北欧风光，市内没有林立的摩天大楼，街道两旁大多是6～7层的楼房，建筑物周围是整齐的草坪和各色的花卉。市政厅矗立在海滨，是一座类似古代城堡的建筑，厅内有现代挪威艺术家以挪威历史为题材绘制的巨型壁画，被人们称为“挪威历史教科书”。市政厅前面的广场上是种满鲜花的花圃和喷泉，附近是奥斯陆最繁华的闹市区。

建于19世纪的白色王宫，庄严地屹立在市中心一个平坦的山冈上，前面红沙铺地的广场上有挪威独立后首位国王卡尔·约翰的铜像，王宫后面幽静的御花园内古木参天，花草相间。在建于1899年的国家剧院门前，竖立着挪威著名剧作家易卜生的雕像。市内主要公共建筑和古迹还有建于12世纪的阿克斯教堂、建于12世纪的阿克斯胡斯城堡以及奥斯陆第一座大教堂——圣哈尔瓦大教堂等。

市内最大的弗格洛纳公园，建筑精巧，装饰华丽，其中又以园中之园——维格兰雕塑公园最为著名。这里陈列着挪威著名雕刻家古斯塔夫·维格兰的150组雕塑，它们形态各异、变化多姿，把欧洲的古老传统、现代艺术和挪威民族的风格融为一体。公园后面海拔

371 米的霍尔门科伦山是举世闻名的滑雪运动胜地，每年 3 月的第一个星期天是滑雪节，这里都要举行滑雪比赛。在霍尔门科伦山上有一座滑雪博物馆，里面陈列着几副 2500 年前的滑雪板。此外，市中心的比斯雷特速度滑冰场在世界上也享有盛名。

奥斯陆市内有众多的文化设施和各种博物馆、美术馆、展览馆。国家展览馆陈列着挪威古代、中世纪和 18～19 世纪的珍贵艺术品。在芒奇博物馆里，收藏着以擅长人物画和风景画著称的画家爱德华·芒奇的作品。在国家美术馆内，陈列着易卜生的大理石雕像。市南的比格岛上，有一座极具特色的挪威民俗博物馆，馆内陈列着 150 多座从各地移来的中世纪木屋，有教堂、住宅、作坊、马厩等，布置成一座座古代村庄的式样，讲解员都穿着古代民族服装，使游人恍如进入几个世纪以前的古老世界。历史上，奥斯陆曾是挪威征服海洋的中心，在航海博物馆里展出有各式各样的在挪威航海史上起过重大作用的古船舶，包括有历史上一些著名航海家、探险家使用过的船只。

2．卑尔根（Bergen）

卑尔根是挪威的第二大城，是挪威西部经济、文化、商业、航运和渔业中心。位于挪威西海岸，濒临大西洋，也是挪威西海岸最大最美的港都。

卑尔根因位于高山与峡湾之间，有 7 座高山散落市区周围，故有“七山之城”之称。公元 11 世纪建城之初，由于卑尔根居挪威西海岸，因此很快就成为对外的商业贸易中心。由于受大西洋暖流影响，港口终年无冰。卑尔根年降水量为 2250 毫米，且降水时间长，因此被人们称为“带雨伞的城市”。

卑尔根城内有圆石铺成的小巷，中世纪古老木屋和码头区，露天的鱼市场，带有柱廊的成列店铺，富有海滨古城旖旎而古朴的魅力。城内至今保存着许多中世纪纪念物，其中最有名的为卑尔根胡斯城堡，城堡内有建于 1261 年的哈康大会堂，传说是挪威海盗王的故宫。作曲家、大提琴家奥莱·布尔创办的卑尔根剧院，享有世界声誉。

3．特隆赫姆（Trondheim）

特隆赫姆市原名尼德罗斯，曾是挪威的第一个都城。它位于挪威西海岸中部，是挪威第三大城市，是中部重要海港和铁路枢纽及贸易、工业航运中心。特隆赫姆的城市布局合理，商业机构与历史文化性的建筑很和谐地构成了繁荣、秀美的市区风貌。市区主要景点是建成于 12～13 世纪期间的尼德罗斯大教堂，该教堂被认为是北欧最雄伟的哥特式大教堂。

4．挪威之最

（1）特隆姆瑟（Tromso）特隆姆瑟的名字起源于“特隆姆斯岛”，在挪威各大城市中排名第七，是北极圈最大的城市，被称为“北极之门”。因为这里的餐馆、酒吧、夜总会和咖啡厅的数量为挪威城市之最，被称为“北部的巴黎”。在特隆姆瑟，许多机构都带有“最北”的字样，这都源于它那北纬 69.20°的位置。在位于世界最北部的大学——特隆姆瑟大学内有北极光天文馆和 1872 年设立以介绍北极圈文化为特色的特隆姆瑟博物馆。建于 1861 年的天主教堂和新教教堂同是位于世界最北部的教堂。特罗姆瑟还是观赏自然奇观——极夜、极昼和极光的最好地点。

（2）奥尔内斯木板教堂（Urnes Stave Church）是斯堪的纳维亚半岛最雄伟的教堂，坐落在松内湾郡的奥尔内斯。教堂始建于 12 世纪，1979 年被联合国教科文组织列为必须加以保护的世界文化遗产之一。是挪威现存 30 座古木板教堂中最引人注目的一座，历代君王均在此地加冕。教堂背靠长满林木的山麓，前有石块垒成的围墙。教堂为四方形的 3 层建筑，全部用木材建造，每层都有陡峭的披檐，上有尖顶，外形很像东方式古庙。是斯堪的纳维亚的木结构建筑中的一个特殊的遗迹。教堂里保存有许多 12 世纪的精美木雕画，以及一些中世纪的陈设，包括一个木质耶稣受难群像和两个利莫格斯的彩饰铜蜡台。圣台、布道坛、边座、唱诗班的屏饰、靠背长凳和壁画等都是 1700 年以前的物品。这座古老的木板教堂至今仍保存完好。

3.1.2　童话王国——丹麦（Denmark）

（一）基本概况

1．旅游环境

丹麦王国（The Kingdom of Denmark）简称丹麦，位于欧洲北部波罗的海至北海的出口处，是西欧、北欧陆上交通的枢纽，被人们称为“西北欧桥梁”、“水路交通的十字路口”。丹麦南部与德国接壤，西濒北海，北与挪威和瑞典隔海相望。本土由日德兰半岛的大部分和西兰岛、菲英岛、洛兰岛、波恩荷尔姆岛等 480 多个岛屿组成，面积 4.31 万平方千米（不包括格陵兰和法罗群岛）。丹麦的 400 多个岛屿间多有桥梁相通，故有“多桥之国”的美称。

丹麦境内地势低平，平均海拔约 30 米，日德兰半岛中部稍高，最高点海拔 173 米。海岸线长 7314 千米，岸线曲折，多峡湾。境内多湖泊和沼泽，最长河流为古曾河，长 150 千米；最大的湖泊阿勒湖面积为 40.6 平方千米。

丹麦属温带海洋性气候，1 月平均气温在 0℃左右，7 月平均气温 15～17℃，年均降水量 660 毫米，多雨雾。

丹麦原为发达的农业国家，第二次世界大战后，工业已成为国民经济的主体。工业主要有食品加工、造船、机械、炼油、化学、电子等。大部分原料依靠进口，产品多供出口。畜牧业在农业中占主要地位，主产乳制品、猪肉和牛肉，是农业主要出口物。农作物主要有大麦、小麦、马铃薯和甜菜等。渔业也很重要，是世界十大渔业国之一。

2．历史与文化

丹麦大约在公元 985 年形成统一的丹麦王国。从 9 世纪起，开始不断向邻国扩张，并渡海侵袭英格兰，于 11 世纪 20 年代征服整个英格兰和挪威，成为欧洲强大的海盗帝国。1397 年成立以丹麦女王玛格丽特一世为盟主的卡尔玛联盟，疆土包括现在的丹麦、挪威、瑞典以及芬兰的一部分。1523 年瑞典脱离联盟独立。1814 年，丹麦战败给瑞典后将挪威割予瑞典。1849 年建立君主立宪政体。两次世界大战中均宣布中立。1940 年 4 月至 1945 年 5 月被纳粹德国占领。1944 年冰岛脱离丹麦独立。1945 年 5 月德军投降后，组成包括各政党及抗德人士在内的联合政府。至今仍拥有对格陵兰和法罗群岛的主权。

丹麦国旗是世界上最古老的国旗，被称为“丹麦人的力量”。据丹麦史诗记载，公元 1219 年，丹麦国王瓦尔德玛・维克托里斯（也称胜利王）率军对爱沙尼亚异教徒征战。在 6 月 15 日的隆达尼斯战斗中，丹军陷入困境。突然，一面带有白色十字的红旗从天而降，并伴随着一个响亮的声音：“抓住这面旗帜就是胜利！”在这面旗帜的鼓舞下，丹军奋勇作战，转败为胜。此后白色十字形图案的红旗就成为丹麦王国的国旗。而每年的 6 月 15 日为丹麦的“国旗日”，即“瓦尔德玛日”。丹麦的国徽为盾形，金色的盾面上横置着三只头戴王冠的蓝色狮子，周围点缀着九颗红心。狮子和红心象征勇敢、忠诚、善良。盾上端是一顶华丽的王冠，象征丹麦是一个古老的王国。丹麦的国歌是《基里斯当挺立在桅杆旁》、《有一处好地方》。国花是雏菊、冬青，国鸟是天鹅，国树是山毛榉。

丹麦孕育了童话作家安徒生、作曲家卡尔·尼尔森、原子物理学家尼尔斯·玻尔、雕刻家托尔森，神学家克尔恺郭尔、舞蹈家布农维尔与建筑家雅科布森等世界文化名人和科学家。20 世纪有 12 位丹麦人获得了诺贝尔奖。童话作家安徒生的文学作品达到世界文学的顶峰，丹麦素有“童话王国”之称。1975 年开始的国际童话电影节每两年在安徒生的故乡欧登塞城举行一次。丹麦也是世界上电影事业发展最早的国家之一。丹麦的芭蕾舞蹈艺术世界闻名。丹麦有 200 多个博物馆，其内容涉及工艺、绘画、雕塑、舞蹈、音乐、医学、建筑、电车、船舶、酿造、烟草等方面。

丹麦人口 536.8 万（2002 年 7 月），其中丹麦人约占 93%。官方语言为丹麦语，英语为通用语。近 88%的居民信奉基督教路德宗。

3．习俗礼仪

也许因为丹麦在北欧国家中最靠南，接受的阳光相对较多，所以丹麦人在北欧民族中以热情、好客、健谈而闻名。与人见面不管认识与否，一般都要问声好。

丹麦人不喜欢与众不同、标新立异，反感搞特殊化，崇尚平等和平均。丹麦人特别关注人权，由此顺延到“动物权”。在丹麦，没有人养鸟，鸟儿只是循着生态规律繁衍生长。但无论走到哪里，人们都可以欣赏到鸟的种种乐趣，喂鸟在丹麦形成了风尚。在丹麦，狗要纳税，但有趣的是税的多少取决于狗的高矮。所以，在丹麦狗都是长长的、矮矮的。

丹麦食品不仅讲究味道美，还讲究外观美。丹麦是世界上最大的高质量食品出口国之一。丹麦的火腿、奶酪、熏肉、黄油，以及许多其他食品都可以在世界的许多地方见到。丹麦还是世界上最大的啤酒出口国之一。

丹麦人忌讳谈论死亡、自杀之类的话题，禁忌在门口聊天、谈话，认为这样不吉利，他们甚至不去门口打招呼。丹麦人还忌讳在去赌场或参加演出前时对他们说“祝你好运”，认为这种祝福往往会适得其反。

（二）主要旅游城市和名胜

丹麦的旅游业很发达，主要旅游城市和景点有首都哥本哈根、世界著名童话作家安徒生的故乡——欧登塞、日德兰半岛西海岸和最北角斯卡晏等。

1．哥本哈根（Copenhagen）

首都哥本哈根位于西兰岛东部，隔厄勒海峡和瑞典海港马尔默遥遥相对，是丹麦的政治、经济、文化中心，也是北欧最大的城市，丹麦最大的商港。哥本哈根在丹麦文中就是“商人的港口”的意思，是世界交通的枢纽。

哥本哈根在 11 世纪初还是一个小渔村。1167 年奥斯基勒大主教阿布萨隆在此修建了第一座城堡。1443 年被定为首都。哥本哈根市容整洁美观，宫殿、城堡、古建筑为数众多，富于童话色彩的青铜雕塑，美丽的公园，幽静的林荫大道，海峡的独特风光和北欧最大的动物园、水族博物馆等，使这座古城充满了诗情画意，被誉为“北方的巴黎”。

老城区是哥本哈根的发源地，也是现在的市中心。在众多的古代宫殿中，以坐落在市中心的克里斯蒂安堡宫年代最为久远，1794 年被火烧毁后重建。它曾是丹麦国王的宫殿，现在成为议会和政府大厦所在地。此外，建在厄勒海峡出口处岩石上的克伦堡宫，是昔日守卫这座古城的一个军事要塞，至今还保存着当时修建的炮台和兵器。现在丹麦国王居住的王宫——阿美琳堡，也颇负盛名。

高105米的市政厅钟楼上有一座同类时钟中最复杂最奇异的天文钟，它不但走得极其准确，而且还能计算出太空星球的位置，能告诉你一星期各天的名称、日子和公历的年月、星座的运行、太阳时、中欧时和恒星时等。这座天文钟是一个名叫奥尔森的锁匠花费了40年心血、耗费了巨资才造成的。

哥本哈根共有20多座博物馆和10多个大小不等的公园，位于市中心的趣伏里公园和有“童话之城”之称的蒂沃利公园，是丹麦著名的游乐园。其中最美丽的要算是哥本哈根朗厄里尼港湾畔的海滨公园。在那里的一块巨大的岩石上，有一尊世界闻名的“美人鱼”铜像。在离“美人鱼”不远的朗厄里尼一行幽静的林荫路上，还有一座非常壮观的“杰芬喷泉”，这是丹麦著名雕刻家根据北欧神话雕成的一组花岗岩石像。

（1）**“美人鱼”铜像**（Little Mermaid）是一座世界闻名的青铜雕像，铜像高约1.5米，基石直径约1.8米，是丹麦著名雕刻家埃德华·埃里克森于1912年根据安徒生于1837年所写的一篇童话《海的女儿》中的主角塑造的。在海水中间，一位披着长发的赤身少女跪坐在一块黑色的石头上，面对着大海，含情脉脉，若有所思，一幅期待的神态。这是丹麦的一件艺术珍品，就像巴黎的铁塔、罗马的教堂、伦敦的塔桥一样，被视作是哥本哈根的标志。

（2）**趣伏里公园**（Tivoli Garden）是丹麦乃至整个欧洲最著名的游乐园之一，公园建于1843年，占地8万平方米，有“人间仙境”之称。趣伏里公园最初为群众集会、跳舞、看表演和听音乐的场所。后经扩修、改建，才逐渐形成具有目前规模的一个老少咸宜的游乐场所。趣伏里公园的正门不远，竖立着趣伏里的创立者乔治·卡斯坦森（1812～1957）的铜像。园内建有哑剧院（1847年建立，1945年后重建）、中国塔（建于1909年）、趣伏里音乐厅（原建于1901～1902年，新建于1956年）等等。此外，园内还有趣伏里仪仗队（成立于1844年）、露天舞台及许多娱乐设施、餐馆等。

（3）**阿美琳堡王宫**（Amalienborg Castle）是丹麦王室的主要宫殿，位于哥本哈根市区东部欧尔松海峡之滨。18世纪中叶，王宫位于克里斯钦堡内。在规划阿美琳堡宫所在地的城区时，菲特烈五世国王决定在这里建造一个新的中心。为此，他把这块地皮赠送给丹麦的四大贵族，要求他们必须在此各建一座外观完全相同的宫殿。该宫殿由最著名的建筑师尼古拉·伊格维设计，并要为国王塑制一座骑马铜像。经过紧张的施工，四座宫殿在1754年至1760年期间相继建成。根据设计，这四座宫殿的前面形成了一个八边形广场。1768年请法国雕塑家萨利制作的菲特烈五世国王的骑马铜像被安放在广场中央。后来，这四座宫殿曾几易其主，但一直由贵族居住。1794年克里斯钦堡被大火焚毁，王室决定移驾阿美琳堡四宫殿。自那以后，此处一直是王室的住所。每天中午12点，阿美琳堡广场上都聚集了许多游人，在这里等着观看王家卫队的换岗仪式。

（4）**菲特烈堡宫**（Frederiksborg）亦即水晶宫，位于西兰岛北部、离哥本哈根市约35千米处的海勒欧。建于1625年，其建筑群坐落在湖水中的3个小岛上，共有60个厅堂，是北欧现存的最显赫的文艺复兴风格的建筑，有“丹麦的凡尔赛宫”之称。水晶宫的主城堡为三边形建筑，正面和右翼是宫殿，左翼是教堂，宫殿以铜板铺顶，四个尖塔装饰其间。菲特烈堡宫可谓无处不雕，无处不画，墙壁、天花板、家具到处是精美的雕刻和油画，带着明显的文艺复兴色彩。菲特烈堡宫的顶层是油画展厅，收藏有丹麦16世纪以来历代最著名画家的作品，其中包括大量的名人肖像。1878年，丹麦国家历史博物馆在此成立。

2．欧登塞（Odense）

欧登塞是菲英岛首府，丹麦的第三大城市和第四大港口，位于哥本哈根和日德兰半岛之间的菲英岛上，是哥本哈根通往日德兰半岛的必经之地。

欧登塞是丹麦最古老的城市之一，距今已有1000多年的历史，尤其是作为“童话之父”——安徒生的故乡而享誉世界。

安徒生博物馆（H.C Anderson's House）位于丹麦菲英岛中部的欧登塞市区，为纪念丹麦伟大童话作家安徒生（1805～1875）诞生100周年而建。博物馆是一座红瓦白墙的平房，坐落在一条鹅卵石铺的街巷里。博物馆共有陈列室18间，前12间按时间顺序介绍安徒生生平及其各时期的作品，展出大量安徒生作品的手稿、来往信件、画稿以及丹麦一些名画家、艺术家创作的有关安徒生生活的油画和雕塑。其中，第11间为一建于1930年的圆柱形大厅，其高大的环墙展出丹麦近代著名艺术家斯坦恩斯根据安徒生的自传体著作《我的一生的童话》而作的8幅壁画。博物馆第13至18间包括图书馆和录像录音播放室等，在这里人们拿起听筒就能听到安徒生的童话故事。这几个陈列室，收集了68个国家出版的96种文字的安徒生著作，收藏的由中国出版的安徒生童话及著作共有27种，其中最早的是1926年发表在《小说月报》上的安徒生作品的中文译文。博物馆原建在安徒生的故居内，随着安徒生的声誉和著作影响的扩大，世界各国安徒生著作版本的增加以及博物馆参观者人数的增多，曾在1930年为纪念安徒生诞辰125周年以及1975年纪念安徒生逝世100周年两度扩建。

3．奥尔堡（Alborg）

奥尔堡是丹麦北日德兰的首府、历史古城。位于北日德兰的中心地，利姆峡湾的南岸。地处西欧与斯堪的纳维亚地区的交通要道，是重要的交通枢纽地区，海陆空交通都比较发达。这里有跨越利姆峡湾的公路和铁路桥梁，也有飞机场，可直飞哥本哈根和奥斯陆。

这座城市最早是由海盗发现和创建的。公元11世纪时已是一个相当兴盛的商业中心。16世纪后半期到17世纪初期十分繁荣。奥尔堡风景秀丽，拥有不少文化古迹，人称“北方小巴黎”。市区内有1431年建造的圣灵修道院，它是丹麦最古老的社会福利机构，也是奥尔堡早期繁荣的证明。1539年建造的奥尔堡市政厅，迄今仍是斯堪的纳维亚最大的建筑物之一。在奥尔堡周围有风光旖旎的北海海滩，也有如云如涛的大森林。与自然风光相映还有珍贵的文化遗址——北欧最大的海盗墓地及博物馆。奥尔堡市内还有大大小小的博物馆和北欧最大的动物园。

3.2 西欧之旅

西欧是指欧洲西部濒临大西洋的地区和附近的岛屿，包括英国、爱尔兰、法国、比利时、荷兰、卢森堡和摩纳哥等国家。西欧地势平坦，以平原和丘陵为主。受西风和北大西洋暖流的影响，是典型的温带海洋性气候区。河流多注入大西洋。这里是欧洲浪漫主义中心，丰富多彩、特色各异的景观众多。

3.2.1　绅士风度——英国（United Kingdom）

（一）基本概况

1．旅游环境

英国的全称是“大不列颠及北爱尔兰联合王国”（The United Kingdom of Great Britain and Northern Ireland），位于欧洲西部，是大西洋中的一个岛国，南隔多佛尔海峡和英吉利海峡与欧洲大陆相望。由大不列颠岛（包括英格兰、苏格兰、威尔士三部分，有“英伦三岛”之称）、爱尔兰岛东北部及附近许多小岛组成，总面积 24.41 万平方千米，海岸线总长 11450 千米。

英国地势由西北向东南逐渐倾斜，主岛的东南部多平原低地，北部和中西部多丘陵和山脉。格兰扁山脉的主峰尼维斯山海拔 1343 米，是大不列颠群岛的最高点。英国河流湖泊众多，塞文河长 354 千米，是大不列颠岛上的第一长河；发源于科茨沃尔德山的泰晤士河，流经牛津、伦敦等大城市，河口形成三角洲，注入北海，全长 354 千米，是英国最重要的河流。

英国气候属典型的温带海洋性气候，温和而湿润。全年平均气温 10℃，1 月平均气温 5℃，7 月平均气温 15℃，很少出现高于 32℃或低于-10℃的酷热和严寒天气。全年的降水分布较为均匀，大部分地区的年降水量在 670～2540 毫米。经常下雨是英国气候的显著特点，因此英国人出门带伞的形象传遍世界。

英国是发达的资本主义国家，19 世纪下半叶工业曾占世界首位，第二次世界大战以后，英国经济实力次于美国、日本、德国，居世界第四位。英国工业发达，以机器制造为主，钢铁、化学、石油精炼、电子、采矿、纺织等部门也很重要。航空工业的规模居西欧首位。服务业和能源所占的比重不断增大，服务业现在已在国民生产总值中占到 66%的比例，并占到就业人口的 75%。其中商业、金融业和保险业发展较快。英国在金融领域处于世界领先地位。伦敦是世界金融中心之一，拥有世界上最多的海外银行和世界上最大的国际保险市场。英国是世界上能源资源最丰富的国家之一，也是世界主要生产石油和天然气的国家。主要能源有煤、石油、天然气、核能和水力等。农业在国民经济中所占比重很小，渔业、畜牧业较重要。作物以小麦、大麦、马铃薯、甜菜为主。

2．历史与文化

公元前，大不列颠岛上住着克尔特人等。公元 1～5 世纪，大不列颠岛东南部受罗马帝国统治，公元 5～6 世纪，盎格鲁撒克逊人开始移入。7 世纪开始形成封建制度。829 年始称英格兰王国。1066 年诺曼底公爵渡海征服英格兰，建立诺曼底王朝。16 世纪中叶开始海外殖民掠夺。1707 年英格兰与苏格兰合并。1801 年又与爱尔兰合并，改为大不列颠及爱尔兰联合王国。19 世纪末，英国成为世界最大的殖民帝国，侵占了比本土大 150 倍的殖民地，面积和人口均占世界总面积和总人口的 1/4，号称“日不落帝国”。1921 年爱尔兰南部 26 郡脱离其统治，遂改国名为今名。二次世界大战之后，英帝国殖民体系逐渐瓦解，只剩下组织松散的“英联邦”。英国自诺曼底王朝后，历经都铎王朝、斯图亚特王朝、汉诺威王朝到温莎王朝，现任英国女王伊丽莎白二世（1952 年 2 月 6 日继立）是温莎王朝的第 4 代君主。

英国国旗由深蓝底色和红、白色“米”字组成，其实是由 3 个十字共同组成，意为“联合旗帜”。此旗产生于1801年，是由原英格兰的白地红色正十字旗、苏格兰的蓝地白色交叉十字旗和爱尔兰的白地红色交叉十字旗重叠而成。英国国徽即英王徽。图案的中心为一盾徽，盾面的左上角和右下角为红地上3只金狮，象征着英格兰；右上角有象征苏格兰的金地上半站立的红狮；左下角为象征爱尔兰的蓝地上金黄色竖琴。盾的上端饰有代表王权的王冠。盾的左右两侧各有一只头戴王冠代表英格兰的狮子和代表苏格兰的独角兽相扶。盾的周围用法文写有“恶有恶报”的字样；下端悬挂着嘉德勋章，饰带上写着“上帝和我的权利”。英国的国歌是《上帝保佑女王》，国花为玫瑰花，国鸟是欧洲知更鸟（红胸鸽），被称为“上帝之鸟”，国石是钻石。

英国文学历史悠久，拥有大批优秀作家和诗人，英国的小说、戏剧和诗歌对西方文学都有重大影响。威廉·莎士比亚是欧洲文艺复兴时期最伟大的戏剧家和诗人，创作了《哈姆雷特》、《奥赛罗》、《罗密欧与朱丽叶》、《威尼斯商人》等37部作品。此外还有拜伦、雪莱、狄更斯、哈代、萧伯纳等享誉世界的文学家。

英国人口已达到6020万（2005年6月），其中英格兰人占总人数的83.7%，其余为威尔士人、苏格兰人，爱尔兰人。官方语言为英语，威尔士北部还使用威尔士语，苏格兰西北高地及北爱尔兰部分地区仍使用盖尔语。基督教是英国的传统宗教，居民多信奉基督教新教，也称圣公会教。此外还有天主教、伊斯兰教、印度教、犹太教、佛教。

3．习俗礼仪

悠久的历史和孤立的地理位置，使英国人形成了一些独特的习惯。英国是典型的绅士淑女之乡，生活保守，讲究传统，特别尊重个人自由，喜欢独处，不经邀请或约定到英国人的家里去拜访是非常失礼的举动。英国人寡言含蓄，熟人之间最普遍的话题是“天气”。与英国人谈话不要将政治倾向作为话题，决不能将皇家的事作为谈笑的资料。“不管闲事”是英国人的座右铭。英国人讲究服装得体，注意社交礼仪，奉行“女士优先”的原则。对英国人要避免使用English（英格兰人）这个词，而要用British（不列颠人）。

英国人不善于烹饪，饮食简单、口味清淡，他们特看重饭桌上的礼仪，对饭菜本身并不在意。英国人爱吃牛羊肉、烤面包，他们创造的炸鱼、土豆条和三明治成为现代快餐业的标志。英国人每餐后都吃水果，进餐时喝酒，一般爱喝啤酒、葡萄酒和烈性酒，但绝不劝酒，更不灌酒。喝茶是英国人生活中的一种乐趣，每个英国人年均消费的茶叶量在西方各国中居于首位。看书、喝茶、足球和园艺是英国人最喜爱的休闲方式。酷爱养狗是英国人生活中的一大特色。

英国人普遍忌讳“13”和“星期五”，认为是不祥的日子。在社交场合，忌用菊花、杜鹃花、石竹花和黄色的花献给客人。在大庭广众面前，忌讳交头接耳，更忌讳拍打对方的肩膀。

（二）主要旅游城市及名胜

英国这个风景如画的岛国，风景名胜是数不胜数的。被联合国教科文组织列为遗产名录的有伦敦塔、威斯敏斯特宫、威斯敏斯特修道院和圣玛格丽特教堂、巴斯城、布莱尼姆宫、达拉谟的大教堂和城堡、圭内斯的爱德华国王城堡、亨德森岛、艾思布里奇峡谷、哈德里安防御墙、斯塔德利皇家公园（包括方廷斯修道院遗址）、斯通亨奇和埃夫伯里及相关遗迹、坎特伯雷大教堂、圣奥古斯丁修道院和圣马丁教堂、爱丁堡的老城和新城 、近海的格林威治 、古奥克尼中心、“巨人之路”和海岸的堤道、圣基达尔火山群岛、戈夫岛野生保护地等处。首都伦敦是最著名的旅游胜地，有白金汉宫、威斯敏斯特宫、大英博物馆等。此外，爱丁堡、巴斯城等地也有不少名胜古迹。

1. 伦敦（London）

首都伦敦是英国的政治、经济、文化和交通中心，最大的海港和首要工业城市。它位于英格兰东南部的平原上，跨泰晤士河两岸，距离泰晤士河入海口88千米。

公元1世纪，罗马人渡海入侵不列颠，在此建城，这里曾是罗马人的主要兵站并修建了第一座横跨泰晤士河的木桥。1965年官方将伦敦改为大伦敦，大伦敦由伦敦城、东伦敦、西伦敦、南区、港口区等33个行政区组成。泰晤士河从西到东把伦敦分为南北两大部分，在河的北岸、全市的中央是著名的伦敦城，以城为界，其东为东伦敦，其西为西伦敦，河的南岸为南区，港口指伦敦塔桥至泰晤士河河口之间的地区。

伦敦城是世界著名的金融、贸易中心，已有600多年的金融业历史，集中了全英国最大的银行、交易所和各种企业管理机构。素有"银行家的银行"之称的英格兰银行，矗立在伦敦城中心，高8层，底层的四周没有窗户是这座建筑物的特色；位于惠廷顿路的伦敦五金交易所，已经有100多年的历史，是控制五金产品的国际市场价格的中心。西伦敦是英国王宫、首相官邸、议会和政府各部门的所在地，拥有众多大商店、剧院和高级住宅区。东伦敦和南区是工商业区和住宅区。

伦敦是一座驰名世界的旅游城市，英国旅游景点的精华所在，有许多世界著名的文物古迹。有建于伦敦城东南角的塔山上的伦敦塔；坐落在泰晤士河畔的白金汉宫、威斯敏斯特宫；英政府的"心脏"唐宁街10号（英国首相府）；坐落在市区西部的海德公园是伦敦最大的公园。公园内有著名的"演讲者之角"，又称"自由论坛"；在离伦敦城8千米的泰晤士河畔，有世界著名的格林尼治山，过去皇家天文台曾设于此。伦敦其他著名的旅游点还有伦敦动物园、皇家植物园、特拉法加广场、牛津街、摄政街、蜡像博物馆等。

（1）**伦敦塔**（Tower of London）是英国最古老的王宫之一，位于泰晤士河北岸。1078年，"征服者威廉"为防卫和控制伦敦城，开始在伦敦城东南角的塔山上建造这座城堡式建筑。它曾作过堡垒、王宫、监狱、皇家铸币厂和伦敦档案馆，现在是王冠、王袍、兵器和盔甲陈列馆。塔内最古老的建筑是白塔，也称大塔或中央要塞，位于伦敦塔中心，是一座诺曼底式建筑，高27.5米，四角建有塔楼，四周有内外两层的多座防御性建筑。白塔内层有13个塔，外层有6个塔和2个棱堡，最外层的四周凿有护城壕。伦敦塔内的圣约翰教堂是伦敦现有教堂中最古老的一座。伦敦塔内的皇家珍宝馆展出了17世纪以来英君主镶满宝石的皇冠、权杖等国宝，包括维多利亚女王加冕时戴的镶有3000颗宝石的王冠和伊丽莎白二世加冕时戴的镶有重达109克拉大钻石"非洲之星"的王冠。兵器馆展出历代王族所使用的各种武器、盔甲和战袍等。

（2）**白金汉宫**（Buckingham Palace）是英国王室成员生活和工作的地方，也是英国重大国事活动的场所。它位于在西伦敦的中心区域，东接圣詹姆斯公园，西接海德公园，1703年为白金汉公爵所建，因此而得名。1761年英王乔治三世买下作为王后住宅，1825年被英王乔治四世改为王宫，从1837年维多利亚女王登基起，正式成为王宫，以后英国历代君王都在此居住。1913年按意大利风格改建，为四方形建筑，内有宴会厅、典礼厅、音乐厅、画廊、图书馆、皇家集邮室等600多个厅室，收藏着许多绘画和家具，宫内还有一个面积达16.2万平方米的御花园。现为女王伊丽莎白二世的官邸，女王的重要国事活动都在这里举行。女王在宫内时，屋顶升王室旗帜，外出时升英国国旗。如今，女王外出时，白金汉宫向游人开放。

（3）**威斯敏斯特宫**（Houses of Parliament）又称为英国议会大厦，位于伦敦白厅大街南端的泰晤士河畔，是世界最大的哥特式建筑物之一。是伦敦，乃至英国的标志和象征。11 世纪中叶，由英王爱德华一世修建。此后 400 多年间一直是英国的主要王宫。1547 年开始成为议会所在地。1834 年被大火焚毁，1840～1857 年重建。1941 年遭纳粹空军轰炸，部分建筑物被摧毁，战后又按原样修复。此宫占地 3.2 公顷，正门朝西，主体建筑是前后 3 排宫廷大楼，两端和中间由 7 座楼相连。宫西和东北角，各有一座式样不同的高楼塔。前者称维多利亚塔，石结构，高达 100 米，供存放议会重要文件档案之用，塔楼下部为皇门，是英王到议会时专用。后者为方塔，是一座钟楼，高 95 米，著名的“大本钟”就安放于此。大本钟建于 1858 年，由当年负责工务的专员本杰明爵士监制，故名“大本”。该钟重达 14 吨，钟盘直径 7 米，时针和分针长度分别为 2.75 米和 4.27 米，钟摆重 305 千克，每走完 1 小时，均会发出深沉而铿锵的报时声，全城可闻。

（4）**威斯敏斯特教堂**（Westminster Abbey）正式名称为“圣彼得联合教堂”，华人习称西敏寺。是英国伦敦著名教堂，位于议会广场西南侧。始建于 1050 年，为英王爱德华下令修建，现存的教堂为 1245 年亨利三世时重建，一直到 15 世纪末期才告竣工。教堂的平面图为拉丁十字架形，全长 156.35 米，南北翼廊 61.8 米，主堂宽为 11.6 米，高 31 米。双塔高达 68.6 米，嵯峨高耸，柱廊恢弘凝重，拱门镂刻优美，屏饰装潢精致，玻璃色彩绚丽，既金碧辉煌，又静谧肃穆，被认为是英国哥特式建筑中的杰作。从 1065 年建成后一直是英国国王或女王加冕及王室成员举行婚礼的地方。这里墓室、纪念碑林立，又荟萃了大量的英国著名的历史文物，堪称是英国的“历史博物馆”。内有 20 多个历代国王、著名政治家、军事家以及牛顿、达尔文、狄更斯、哈代等科学家、文学家和艺术家的墓地。教堂内还包括若干为死去的君主建造的小教堂，其中重建于 1557 年的圣爱德华小教堂内，有著名的英王加冕宝座，原是古苏格兰国王传统的加冕座位，宝座下有一块被称作“斯库恩”的圣石为英国国宝。建于 1503 年的亨利七世小教堂，其装饰的华丽与精美被认为是“所有基督教国家中的至美之所”。附近是献给在“不列颠之战”（1940 年秋季发生的英德空军之战）中牺牲的皇家空军战士的小教堂，其彩色玻璃窗上绘有当年参战的 68 个空军中队的队徽。另外，在建于 11 世纪的地窖里有教堂博物馆，陈列有国王、王后和贵族们的葬礼中放置在无盖棺材中供人凭吊的雕像。

（5）**大英博物馆**（British Museum）又称不列颠博物馆，是英国最大的综合性博物馆，亦是世界上最古老的公立博物馆。与巴黎卢浮宫、纽约大都会博物馆并称世界三大博物馆。位于伦敦大罗素广场旁边。建于 1753 年，占地约 13.5 英亩，馆内陈列着 900 万件来自世界各地的藏品。该馆原由全国考古和人类学博物馆、国家图书馆和英国出版物与绘画收集博物馆 3 部分组成。1973 年，图书馆部分与英国其他图书馆合并组成英国图书馆，在组织上与大英博物馆脱离，但仍在大英博物馆内保留四个图书室和阅览厅。马克思曾在这里刻苦攻读，为撰写《资本论》搜集和抄录了大量资料。马克思读书时使用的座位至今尚存。

博物馆内的埃及文物馆，陈列着 7 万多件古埃及的各种文物；希腊和罗马文物馆，陈列着各种精美的铜器、陶器、瓷器、金币、绘画以及许多古希腊、古罗马的大型石雕；东方文物馆，有来自中国、日本、印度及其他东南亚国家的文物十多万件。馆内还有西亚文物馆、英国文物馆、金币徽章馆、图书绘画馆等。除大英博物馆外，伦敦还有著名的科学博物馆、国家画廊等文化设施。

（6）**皇家格林尼治天文台**（Greenwich Royal Observatory）位于伦敦东南泰晤士河南岸，是海上船舶顺着泰晤士河进入伦敦港的必经之地，有“伦敦咽喉”之称。15 世纪 30 年代英国摄政王罗斯特公爵（汉弗莱）在该处山巅建立了一个瞭望塔，用来窥视进入伦敦的船只。1675 年英王查理二世在位时将瞭望塔改为英国皇家格林尼治天文台。1884 年，国际天文工作者在华盛顿的国际经度会议上决定，以经过格林尼治天文台的经线为 0° 经线，即本初子午线，以此为起点，计算地理上的经度。并以格林尼治为“世界时区”的起点，据以校对标准时间。

皇家格林尼治天文台 1948 年迁至伦敦东南部苏塞克斯的赫斯特蒙苏。天文台原址改为国家航海博物馆的一部分，陈列英国早期各种天文观测仪器、天文时钟、天象图和航海图。在子午馆内，有一条镶嵌在大理石中间的铜线，就是表示划分地球经度的本初子午线，铜线两边，分别标着“东经”和“西经”字样，凡到此观光的旅游者常常脚踏铜线两边拍照留念，以示身跨东西两半球。在天文台大门外的砖墙上，镶有一只 1851 年安装的按 24 小时走字的大钟，至今世界各国仍以此为准校对本国时间。

2．爱丁堡（Edinburgh）

爱丁堡是英国著名的文化古城，苏格兰的首府，也是英国主要的金融和文化中心。位于苏格兰北部福斯湾南岸。因公元 7 世纪诺瑟布瑞国王爱德温而得名。1329 年建城，1437～1707 年为苏格兰王国的首都。

此城依山傍水，地貌多姿，风光绮丽。虽地处北纬 56°，但因受北大西洋暖流影响，气候温暖湿润，夏秋两季绿树成荫，鲜花盛开。古代宫殿、教堂和城堡点缀其间，文化遗产丰富，是英国最美丽的城市之一。爱丁堡的自然景色和优雅的建筑为其赢得了“北方雅典”的美称。在 1995 年，联合国教科文组织把爱丁堡的老城区作为文化遗产，列入《世界遗产名录》。

王子街公园将爱丁堡分为南北两部分。南部为老城，街道的一些地段的路面为石子镶莰，街旁建筑仍保持古代风格。中心街道沿通往古城堡的小山脊上修建。城堡山海拔为 135 米，三面峭壁，一面陡坡，沿陡坡拾级而上即达城堡。城堡居高临下，可北望福斯湾，地势十分险要。古堡城墙上摆着的古炮，口径之大，可容人钻膛而过，城堡中有军事博物馆，收藏了从中世纪到 19 世纪末的各类实物，展现了欧洲兵器和军服的演变和发展过程，其中有历代苏格兰王朝国王的王冠、权杖、宝剑等。古堡下的王子街公园占地广阔，杜鹃、蔷薇等奇花异卉满园，尤以用鲜花镶成的终年不停的巨型花钟著名，可同日内瓦湖畔的花钟媲美。北部为新城，始建于 18 世纪，这里各种现代建筑琳琅满目，并且名人辈出，市内耸立着各种纪念碑以及他们的旧居。司各特纪念塔高 67 米，是 1844 年为纪念英国著名诗人、小说家沃·司各特而建，是一座哥特式建筑。中间尖顶耸立，宏伟雄壮，塔内中央是座司各特全身大理石雕像，四周装饰 64 座小雕像群，为司各特作品中的代表人物。到达顶端有 287 个台阶，可眺望爱丁堡全城。

3．利物浦（Liverpool）

利物浦是英国仅次于伦敦的第二大港，位于英格兰西北部墨西河河口，与爱尔兰隔海相望。12 世纪这里还是一个渔村，15 世纪中叶发展成为与爱尔兰贸易的重要港口城市，17 世纪末和 18 世纪贸易扩大到西印度群岛，19 世纪 40 年代轮船出现以后，航运更加繁忙，发展成为国际贸易港。

皇家利弗大楼、丘纳德大楼和码头办公大楼为利物浦市内著名的三大路标。墨西赛德郡博物馆内的水族馆、港口发展馆、造船历史馆等也反映了这个海港城市的特色。市内最引人注目的建筑是两座风格各异的现代化教堂建筑：一是英国国教利物浦教堂，它是英国最大的哥特式红砂石建筑，纵深 204.5 米，其教堂翼廊设计奇特，彩色玻璃，装饰华丽。1904 年奠基，工程先后被两次世界大战所中断，1951 年始闻教堂组钟的奏鸣声，于 1978 年建成；二是罗马天主教大都会教堂，原计划建成一座仅次于罗马圣彼得教堂的建筑，后因工程费用和战事影响，未能如愿。现在完成的建筑为一大圆锥形大厅，上立一尖细的高塔，钟楼和小礼拜堂分建在主楼两侧，造型对称，周围呈绿色。主楼的黄色灯光与高塔的彩色玻璃相掩映，色调明快素雅，1967 年举行完工后的奉献式。此外，1854 年建成的圣乔治大厅，堂皇宏伟，被称为希腊罗马式建筑的典范之作。厅内由 16 根科林斯式圆柱构成的柱廊，高约 18.3 米，池座是用 2 万块瓷砖和条石镶嵌而成。市政厅建于 1754 年，其大舞厅的每台枝形吊灯，长 8.5 米，由 2 万颗水晶连缀而成，重 1 吨多；其圆形穹顶上有象征智慧、工艺及战争的女神米纳瓦的画像。1873 年建造的沃克艺术陈列馆藏有包括前拉斐尔派的绘画，其中有利物浦出生的动物画家乔治·斯塔布斯的《受狮子恐吓的惊马》以及大雕刻家罗丹和勒努瓦等人的雕塑。城内罗德尼街 62 号是在维多利亚女王时代 4 次担任首相的格拉德斯通的故居。“巨穴夜总会”是对西方流行音乐起过巨大影响的“甲壳虫乐队”诞生地。

4．曼彻斯特（Manchester）

曼彻斯特是英国中部地区城市，有“工业革命故乡”之称。兴起于 13 世纪，以纺织工业闻名于世。18 世纪中期，这里的纺织工哈格里夫斯发明了珍妮纺织机，开始了从纺织业发轫的工业革命。19 世纪曼彻斯特进入鼎盛时期。1830 年，联结曼彻斯特和利物浦的铁路通车。1894 年通航运河落成，使这个原为内陆的城市一跃成为英国第三大港。市内著名建筑有：维多利亚女王时代建造的市政厅，这一哥特式建筑，钟楼高 85.8 米，厅内有当地名人塑像；原为棉花交易所的皇家交易所，曾经是世界上最大的楼厅，屋顶是 3 座由大理石柱支撑的玻璃圆顶，已于 1976 年改为剧场；曼彻斯特教堂，是 15 世纪哥特式建筑，1868 年增建了尖塔，造型庄严肃穆，教堂内 16 世纪的木雕尤为名贵；中央图书馆，是英国最大的市立图书馆之一，藏书 900 万册，这座圆形建筑物有古希腊科林斯式圆柱和图斯肯式圆柱的柱廊，馆内莎士比亚厅的彩色玻璃窗上绘有剧作家本人和他创作的角色的画像。

5．牛津（Oxford）

牛津是英格兰南部的文化古城，与剑桥一样是驰名世界的大学城。位于伦敦西北恰尔韦尔河与泰晤士河交汇处。始建于 10 世纪，有“英国雅典”之称。牛津的英文意思是“牛可以趟水过河的地方”。现在的牛津由两个截然不同的部分组成：一部分是以制造汽车为经济主体的现代工业城，另一部分则是牛津大学所在地。牛津大学几乎占城区一半，是英国历史最悠久的大学。1168 年创办，1214 年任命首任校长，13 世纪后期，发展为学院体制。众多学院建筑中，默顿学院的建筑最为古老，莫德林学院的钟楼最为有名，它全部用大青砖砌成，有十几层楼高，楼顶有 8 座尖塔，巍峨肃穆，楼内有 10 口铜钟，相继鸣响，组成一曲动听的音乐。登上莫德林学院钟楼的塔顶，可俯视牛津大学乃至整个牛津城。恰尔韦尔河绕塔外流过，潺潺流水抒发出优雅的低鸣。牛津的市容反映了英国悠久的历史、丰富多彩的传统和古老建筑的不同流派。市内有圣迈克尔教堂的萨克森人塔楼、诺曼人碉堡和城墙遗址以及在埃夫莱的诺曼人教堂等古迹，故英国有“穿过牛津城犹如进入历史”的谚语。牛津多塔状建筑，又有“塔城”之称。

3.2.2　浪漫之都——法国（France）

（一）基本概况

1．旅游环境

法国全称为法兰西共和国（The Republic of France），位于欧洲大陆西部。国境线大部分是自然界限，北部以英吉利海峡为界，西部濒临大西洋，比利牛斯山脉和地中海是法国南部的天然屏障，阿尔卑斯山脉、侏罗山脉和莱茵河则在东部将法国与外界隔开。法国领土轮廓呈不规则六边形，三面临海，三面靠陆。东南濒临地中海，西靠大西洋的比斯开湾，西北隔英吉利海峡和多佛尔海峡与英国相望，海岸线总长 5500 千米，地中海上的科西嘉岛是法国最大岛屿。陆上东北和东部与比利时、卢森堡、德国、瑞士、意大利接壤，西南部与西班牙、安道尔相邻。法国领土面积 55.16 万平方千米，是欧洲面积最大的国家（不包括俄罗斯的欧洲部分）。

法国地势东南高西北低，平原和丘陵占全国面积的 80%。东北为阿登高原的一部分；山地集中在东部和南部边境地带，有比利牛斯山脉、阿尔卑斯山脉等；南部地中海沿岸平原狭窄，风景秀丽，是世界著名的游览区。法意边境上耸立的勃朗峰是法国最高峰。法国境内河流众多，主要河流有流入大西洋的卢瓦尔河、塞纳河和加龙河，以及流入地中海的罗讷河等。

法国大部分地区属于温带海洋性气候，南部地中海沿岸属亚热带地中海式气候。1 月平均气温北部为 1～7℃，南部为 6～8℃；7 月平均气温北部为 16～18℃，南部为 20～23℃。年平均降水量 600～1000 毫米，自西北向东南部递减。

法国是工业发达国家，生产和资本高度集中，国内生产总值位居世界前列。森林覆盖率约 27%。铝土矿、铀矿储量在西欧各国中均居第一位。铁、钾盐也相当丰富。水力和地热资源开发利用充分。主要工业部门有矿业、冶金、汽车、造船、机械、纺织、化学、电器、食品加工等。核能、石化、海洋开发、军工、航空和宇航等部门发展很快，已位居世界前列。农业发达，为世界著名的农产品出口国。主要农产品有麦类、玉米、马铃薯、甜菜、稻米、烟草、葡萄等。葡萄和牛肉产量居西欧首位。

2．历史与文化

法国是欧洲最古老的国家之一，公元 5 世纪法兰克人移居到这里，公元 843 年形成独立国家。15 世纪末形成中央集权国家，17～18 世纪达到封建社会的最盛时期，路易十四是当时欧洲最强大的君主，号称“太阳王”。1789 年 7 月 14 日，法国爆发资产阶级革命。1792 年建立第一共和国。1804 年拿破仑・波拿巴称帝，建立法兰西帝国，史称第一帝国。1848 年二月革命后建立第二共和国。1852 年由路易・拿破仑建立第二帝国。1870 年帝国解体，成立第三共和国。1871 年 3 月 18 日，法国工人起义，建立了世界上第一个无产阶级政权—

—巴黎公社。第二次世界大战中，法国被德国法西斯占领，1944年解放。1946年10月建立第四共和国。1958年9月通过新宪法，法兰西第五共和国诞生，夏尔·戴高乐当选为第五共和国的第一任总统。第二次世界大战前，法国是仅次于英国的第二号殖民帝国，占有相当于本土面积20倍的殖民地。战后，法属殖民地大部分先后独立，法兰西殖民帝国逐渐解体。

法国国旗是由蓝、白、红三条垂直色带组成的三色旗。在1789年7月法国资产阶级革命时期，巴黎国民自卫队就以蓝、白、红三色旗为队旗。白色居中，代表国王，象征国王的神圣地位；红、蓝两色分列两边，代表巴黎市民。同时这三色又象征法国王室和巴黎资产阶级联盟。三色旗曾是法国大革命的象征，据说三色分别代表自由、平等、博爱。法国没有正式国徽，但传统上采用大革命时期的纹章作为国家的标志。纹章为椭圆形，上绘有大革命时期流行的标志之一——束棒，这是古罗马高级执法官用的权标，是权威的象征。束棒两侧饰有橄榄枝和橡树枝叶，其间缠绕的饰带上用法文写着“自由、平等、博爱”，整个图案由带有古罗马军团勋章的绶带环饰。法国的国歌是《马赛曲》，国石是珍珠，国花是鸢尾花，国鸟是公鸡，法国人认为它是勇敢、顽强的直接化身。

法国的文学艺术是世界文学艺术宝库中最重要的组成部分之一，有许多享誉世界的文学家、思想家和艺术家，为世界留下了无数的不朽之作。如世界闻名的大作家高乃依、拉辛、莫里哀、大仲马、雨果、巴尔扎克、司汤达、福楼拜、小仲马、左拉、莫泊桑、罗曼·罗兰；伟大的资产阶级启蒙思想家伏尔泰、孟德斯鸠、卢梭、狄德罗；著名画家马奈、莫奈、雷诺阿、高庚、塞尚和著名雕塑家罗丹等。

由于历史悠久，法国是世界上博物馆最多的国家之一，其主要代表有世界最大的艺术博物馆——卢浮宫以及有“印象派绘画最高殿堂”美誉的奥赛博物馆。

法国人口6063万（2001年），法兰西人占90%，81%的居民信奉天主教，其他人信奉基督教新教、犹太教。法语为官方语言。

3．习俗礼仪

法国人以浪漫著称，在生活的许多方面，甚至处世态度都表现出浪漫的一面。浪漫的法国人待人很热情，处事方面较随意，对未来和前途充满美好的幻想。

法国人待人接物十分注重礼节和礼貌用语。对妇女谦让礼貌，即所谓的“骑士风度”是法国人引以为豪的传统。

法国是世界时装潮流的焦点所在，处处洋溢着典雅及高贵的气息，让人目不暇接。法国人对于衣饰的讲究，在世界上是最为有名的。所谓“巴黎式样”，在世人心目中即与时尚、流行含意相同。

法国人十分讲究饮食，是举世皆知的世界三大烹饪王国之一。在西餐中法国菜可以说是最讲究的。法国人爱吃面食和奶酪。法国面包的种类繁多，干鲜奶酪世界闻名，是世界闻名的“奶酪之国”，全国生产360多种干鲜奶酪，是法国人午餐、晚餐桌上必不可少的食品。法国人尤其喜欢喝酒，而且讲究在餐桌上要以不同品种的酒水搭配不同的菜肴。每个成年人每年的纯酒精消耗量是30升，居世界第一位。法国还是香槟酒、白兰地酒的故乡。

法国人喝咖啡讲究的似乎不在于味道，而是环境和情调，法国人养成这种喝咖啡的习惯，表达着一种优雅的韵味，一种浪漫的情调，一种享受生活的惬意感，可以说这是一种传统独特的咖啡文化。正因如此，法国让人歇脚喝咖啡的地方可说是遍布大街小巷，而最大众化、充满浪漫情调的，则是那些露天咖啡座，几乎就是法国人生活的写照。

4．法国乡村

走进法国各大城市周边的乡村小镇，虽没有大城市的名声，却凝聚了欧洲民间最典型的建筑和最纯正的生活方式。这些小村镇大都建于 13～14 世纪，整个村镇的规划十分精细，一般呈规则的长方形或正方形，广场往往是小镇的灵魂，形状规则，位于小镇的中心位置。广场的周围则是镇议会和主要的行会大厅，多为二三层的建筑，这些建筑的一层都带有拱廊。相邻的多是豪华的客栈或者教堂，而散落在周围的则是各具特色的传统民居建筑。这些乡村建筑和朴实的生活方式早已成为法国乡间优雅生活的标志。

法国每个地区的乡村都有着自己的味道和色彩。在法国北部最常见的民居建筑是半木质结构的房屋，这是西欧气候潮湿地区的特有建筑。为防止房屋的木骨架腐烂，半木质结构的民居往往都用大块的岩石做地基，用木料搭建房屋的主体轮廓，并在主体轮廓的间隙里先搁置许多平行木条，再在其中斜插一些木条以构成三角形的稳固结构，最后将碎石料、黏土、干草、马尾等混合而成的材料填充到木条之间。这种民居的木骨架通常保持原色或涂成红色、灰色，十分典雅，并在木头上雕刻着颇具民族风情的人像，透着浓浓的中世纪风格。

撒落在法国乡村的城堡成千上万，形式多样，也最能体现法国人浪漫、细致的特点。通过游历城堡，人们可以纵览法国自中世纪以来的社会变迁。卢瓦尔河谷地带，是今天法国城堡、教堂最密集的地方。在这里，沿河两岸有大小城堡、教堂和庄园数百座，成为法国著名的文化旅游区。

葡萄酒是法国优雅文化的代表之一。在许多法国乡村，葡萄酒和酒窖都成为法国人最值得骄傲的代表。法国香槟酒享誉全世界。

法国葡萄酒的历史源远流长，可以上溯到远古时代。长期以来人们一直探索着能酿制出美酒的途径，法国的出色的葡萄栽培技术，与其拥有得天独厚的土壤是密不可分的，保证最好的土壤结出最好的葡萄果实，并以完美的酿制工艺来充分体现它的自身价值。即使今天来自其他国家的竞争已经存在，但最上等的葡萄酒产自法国这一事实，仍然无可争议。法国有 95 万公顷土地种植葡萄，每年生产 50～60 亿升（67～80 亿瓶）葡萄酒。法国的勃艮第地区，拥有 24000 万平方米的葡萄种植地和数百座葡萄园，这里的 96 个著名的法定产酒区所产出的美酒堪称“基督教国家中之极品”。在卢瓦尔谷地密集的葡萄产地中有 15 个最为著名的大的葡萄酒产地，葡萄酒产量占法国总产量的 11%。

（二）著名的旅游城市和名胜

法国的诱惑力令人无法抗拒，风情万种的花都巴黎，美丽迷人的地中海蓝色海岸，阿尔卑斯山的滑雪场等都是世界著名的旅游胜地。

1．巴黎（Paris）

首都巴黎是法国文化、金融、财政、工业中心和交通枢纽，联合国教科文组织总部的驻地。它位于法国北部盆地中央，跨塞纳河两岸。巴黎是凭借塞纳河发展起来的，故又被称为“塞纳河的女儿”。此外，巴黎还有“世界花都”、“时装之都”和“香水之都”的美誉。

巴黎是世界著名的历史名城，拥有 2000 多年的历史，举世闻名的历史遗迹与现代化建筑并存是城市的明显特点。巴黎的美，在很大程度上归功于在城区缓缓流过的塞纳河，巴黎的历史变迁也源于此。沿河两岸是星罗棋布的公园和名胜古迹，东起巴黎圣母院，西至艾菲尔铁塔，罗列着无数见证巴黎历史轨迹的建筑。几乎所有巴黎重要的建筑都分布在塞纳河畔或附近，漫步街头，触目所及都是耐人寻味的历史故事，俯仰皆是文化内涵丰富的艺术、文学、建筑之美。1991年巴黎和塞纳河畔被列入世界遗产名录。

（1）**埃菲尔铁塔**（Eiffel Tour）位于巴黎市中心塞纳河南岸，不仅是世界上第一座钢铁结构的高塔，更是现代巴黎，乃至法国的标志。1889年，世界万国博览会在法国巴黎举行，同年亦是法国大革命百年纪念日。为了纪念这个特殊的日子，由法国人斯塔夫·艾菲尔设计制造的艾菲尔铁塔在当时的巴黎市中心落成。这是一座高320米的钢架镂空结构建筑，该塔由1.5万块钢板和250万颗铆钉构成。从一侧望去，像倒写的字母“Y”，形成东南西北四座大拱门。塔身分四层，前三层设平台高栏，供游客眺望巴黎全景，还建有豪华饭店、大众啤酒馆、商店、影剧院、接待厅等；第四层是气象台，顶部架有直指苍穹的电视天线。游客可拾1710级阶梯或乘电梯直达顶层。

（2）**凯旋门**（Triumphal Arch）巴黎最著名的名胜古迹之一，矗立在巴黎市中心星形广场（又名戴高乐广场） 中央，是世界上最大的凯旋门。是拿破仑为纪念1805年在奥斯特利茨战役中击溃俄、奥联军的功绩，于1806年兴建的，历时30年才竣工。工程由建筑师夏尔格兰设计，罗马式的拱形门高49.5米，宽44.8米，厚22.2米。门的每一面上都有一幅巨幅浮雕，内容取材于 1792～1815 年的法国战争史。其中最杰出的是刻在右侧石柱上的浪漫主义雕刻大师弗朗索瓦·吕德的不朽之作《出征》（又名《马赛曲》），浮雕上一个右手持剑的自由女战士在振臂高呼，号召人们为保卫新生的共和国而战斗。在顶端的盾形饰物上刻有每场战役的名称。凯旋门顶部是一个陈列室，室内陈列着有关凯旋门的历史文件和拿破仑生平事迹的图片。凯旋门的正下方是建于1920年的无名战士墓，墓前点着火炬，常年不灭，还有天天供奉不断的鲜花。12条大街以凯旋门为中心，向四周辐射，气势磅礴，形似星光四射。

（3）**巴黎圣母院**（Cathedral of Notre Dame，Paris）是巴黎最古老、最高大的天主教堂，位于巴黎的发祥地塞纳河西岱岛的中心，见证着巴黎以至整个法国历史和文化的荣辱与兴衰。这座著名的哥特式的巨石建筑，1163年由教皇亚历山大三世奠基，历经182年的修筑和增建才完成，在欧洲建筑史上具有划时代的意义，之后的欧美建筑中的哥特式建筑都带有巴黎圣母院的痕迹。圣母院内部为十字形结构，东西长130米，西北宽108米。它的屋顶、塔楼等所有顶端都筑造尖塔，高达90米的中央尖塔及其两侧高达69米的钟楼，显示了天主的威严。正面有三重哥特式拱门，门上雕刻着犹太和以色列的28位国王的全身像。院内外都装饰着数不胜数的精美雕刻。法国大作家雨果在小说《巴黎圣母院》中，将它形容为“石头的交响乐”，更使全世界人民对这座经典建筑耳熟能详。

（4）**卢浮宫**（Palais du Louvre）是世界最大的美术博物馆，位于巴黎市中心塞纳河右畔、巴黎歌剧院广场南侧。它是欧洲最大的宫殿建筑之一，展示了法国文艺复兴时期建筑的特点和成就。卢浮宫始建于1204年，建造者最先是菲利普二世，起初只是一座防御城堡，用以保存珍宝和王室档案。从查理五世到路易十四的统治者们相继对其改建、扩建，最后落成的宫殿建筑群气势恢宏。1789年资产阶级大革命后，建筑师拜尔西和枫丹在拿破仑委托下增建其西翼，至1857年拿破仑三世在位时期才算完工。整个卢浮宫占地19.8万平方米，建筑物占地4.8万平方米。1793年法国国民议会决定把它改为国立美术博物馆，向公众开放。1980年，著名华人建筑大师贝聿铭应邀在卢浮宫中庭设计了一座钢架与特制玻璃做成的金字塔形入口，既与原有的卢浮宫浑然一体，又散发出现代气息，几乎成了卢浮宫的标志。

卢浮宫是驰名世界的万宝之宫和艺术殿堂。由希腊和罗马艺术馆、东方艺术馆、埃及艺术馆、欧洲中世纪、文艺复兴时期和现代雕像馆、历代绘画馆6个部分组成。收藏了大量17世纪以及欧洲文艺复兴期间许多艺术家的作品。法国及欧洲各流派的代表作和珍品就达40余万件，其中“爱神维纳斯”、“胜利女神尼卡”和“蒙娜丽莎”被称为“宫中三宝”，最引人注目。

（5）**凡尔赛宫**（Palace and Park of Versailles）是世界最著名的皇家宫苑之一，位于巴黎西南郊外。凡尔赛宫原是一个小村落，是路易十三1624年在凡尔赛树林中造的狩猎宫。1661年法国国王路易十四开始建宫，是著名建筑师勒·沃·哈尔都安和勒·诺特尔精心设计而成的。该宫于1689年全部竣工，历时28年，后又经历代王朝的修葺和改建，全宫占地1.11平方千米，建筑面积为0.11平方千米。该建筑以东西为轴，南北对称，包括正宫和两侧的南、北宫。内部500多个大小厅室金碧辉煌，大理石镶砌，玉阶巨柱，以雕刻、挂毯和巨幅油画装饰，陈设稀世珍宝，100公顷的园林也别具一格，花草排成大幅图案，树木修剪成几何形，众多的喷水池、喷泉和雕像点缀其间。中部的镜厅更为雍容华贵，以富丽堂皇著称。凡尔赛宫及其园林堪称法国古建筑的杰出代表，1833年成为国家历史博物馆。凡尔赛宫与世界许多重大历史事件有关，1919年6月28日，结束第一次世界大战的《凡尔赛和约》就在此签订；第二次世界大战后期，同盟国军总部曾设在这里。1980年凡尔赛宫被联合国教科文组织列为世界文化遗产的重点保护文物。凡尔赛宫除供参观游览之外，法国总统和其他领导人也常在此会见或宴请各国国家首脑和外交使节。

（6）**巴黎协和广场**（Place de la Concorde in Paris）是巴黎市内最大的广场，位于巴黎市中心、塞纳河北岸。广场始建于1757年，于1763年竣工，取名“路易十五广场”，是根据著名建筑师卡布里埃尔的设计而建造的，因广场中心曾塑有路易十五骑像而得名。1793年大革命时期被称为“革命广场”。1795年又将其改称为“协和广场”，后经著名建筑师希托弗主持整修，最终于1840年形成了现在的规模。广场中央矗立着一尊23米高、有3400多年历史的埃及方尖碑，这是路易·菲利普于1831年从埃及卢克索移来的著名文物，碑身的古文字记载着拉美西斯二世法老的事迹。石碑两侧各有一座喷水池，池中精致的雕刻也是希托弗的作品。广场四周放置了8座雕像，分别象征着8座在法国历史上起过重要作用的城市：里昂、马赛、波尔多、南特、鲁昂、布勒斯特、里尔和斯特拉斯堡。

协和广场北面是麦德林教堂，南面是法国的议会礼堂，东面是国家美术学院，西面是闻名的香榭丽舍大道，如果天气晴好，望到尽头便是到闻名遐迩的凯旋门。

（7）**巴士底狱遗址**（Place de la Bastille）“巴士底”一词的法文原意是“城堡”，它位于巴黎市区东部、塞纳河右岸，这里曾是公元1369～1382年建立的一座军事堡垒。这座古城堡拥有8座巍峨坚固的炮台，兴建之初是用来抵抗英国入侵的。1380～1422年，这座城堡被改为王家监狱。整座城堡占地2670平方米，四周建有一堵又高又厚的石墙和8座高30多米的塔楼，四周掘有宽24米的深沟，设吊桥进出。早在16世纪，这里就开始关押囚禁政治犯，法国启蒙思想家伏尔泰就曾两次关押在这里。在法国人民心目中，巴士底狱已成为法国封建专制统治的象征。1789年7月3日，巴黎人民奋然起义，7月14日攻占了巴士底狱，揭开了法国大革命的序幕。1791年，巴黎人民拆毁了巴士底狱，在其旧址上建成了巴士底广场，并把拆下来的石头铺到塞纳河的协和桥上，供路人践踏。1830年，法国人民又在广场中心建立起一座纪念七月革命的烈士碑。这座烈士碑高52米，碑身是用青铜铸成的圆柱体，人称“七月圆柱”。柱顶端是一尊右手高举火炬的金翅自由神像，神像左手提着被砸断的锁链象征着获得了自由。在监狱遗址前方立着一块牌子，上写：“大家在这里跳舞吧！”1880年6月，法国将7月14日巴黎人民攻占巴士底狱这一天定为法国国庆日。

2．马赛（Marseilles）

马赛是法国最大的港口和第二大城市，也是仅次于鹿特丹的欧洲第二大港，位于地中海北岸。马赛是法国最古老的城市之一，自从公元前600年希腊商人建起了这座地中海的门户之城，马赛从一个渔港发展成为现在的法国第二大城市。马赛现在是法国重要的工业中心之一，这里集中了法国 40% 的石油加工业，在港口附近建造炼油厂，其炼油能力已占全法炼油总产量的 1/4 左右。在石油工业的基础上，还发展了化工工业。马赛也是法国最大的修船基地，修船量约占全国此行业的70%。现在船舶、炼油、冶金已成为马赛市经济的三大支柱。

在老港南面市区，突起一座海拔162米的山丘，为全市的制高点。山顶上耸立着马赛的象征——加德圣母院。这座教堂建于19世纪，为新拜占庭式，注重色彩的灿烂和装饰的美丽，造成一派壮丽的景象，显示出中东建筑艺术的风采。60米高的塔楼上矗立着一座镀金的圣母像。对水手和他们的亲人来说，这里无疑是一个保佑平安充满希望的圣所。在这里还可饱览全城风光，眺望海景。

3．里昂（Lyon）

里昂是法国第三大城市，罗讷省首府，也是法国主要工业中心之一，位于东南部罗讷河与索恩河的交汇处。里昂纺织业历史悠久，历史上曾是西方纺织工业中心，现在纺织品产量仍占全国的80%左右。现在里昂已发展成为汽车、电机、化学、炼油、石化、冶金、纺织、食品等多部门的综合性工业城市。在里昂随处可品尝到传统菜肴及美酒，有“美酒之都”之称。

里昂是一座历史悠久的城市。因地处地中海通往欧洲北部的走廊地带，在罗马帝国时已相当繁荣。它最初于公元1世纪由罗马人创建，在欧洲政治、经济和文化的发展上扮演着重要角色，其城市建筑和各个历史时期的遗迹描绘出了一幅生动的城市图景。

位于索恩河右岸（西岸）是老城区，保存完好的历史街区，1998年被列入《世界遗产目录》。早在公元前40年，罗马帝国就在里昂地区留下了遗迹，考古结果重现了这里曾经拥有过的法国最古老的罗马风格的剧院。剧院规模宏大，观众席位达一万之多。法国最大的文艺复兴风格的建筑群也在里昂，其中众多的小广场，粉红色和橙黄色的高大建筑，喷泉、碎石甬道使人产生身在佛罗伦萨或罗马的错觉。里昂的市中心是巨型的白莱果广场，它一度被称为皇家广场，一座高大的路易十四的威武骑马雕像是广场上最重要的，也可以说是唯一的点缀。白莱果广场同一般中心广场的最大区别是：它的地面全部是由红土铺成的，广场的红色调同里昂旧城建筑的红屋顶及其他温暖的色调极为和谐。该广场曾是十九世纪中期里昂纺织工人暴动的重要舞台。

在建于山丘上的白色的弗尔威尔教堂一带，斜坡上完好地保存着14、15世纪的古建筑。因此从罗马时代就开始在这片山丘上建设的里昂城区至今仍保留着罗马剧场等遗址。

4．戛纳（Gannes）

戛纳又译康城，是阿尔卑斯滨海省首府，戛纳电影节举办地。它位于法国南部地中海滨、罗讷河口，距法国第二大旅游胜地——尼斯约26千米。这里海滩蔚蓝、棕榈葱翠、气候温和、风光明媚，法国著名的“蓝色海岸”就是指从戛纳至法意边境之间的一段长达 60 千米的海岸。

公元前 8 世纪，先是利古里安人，后是高卢人和罗马人在此建城。公元 4 世纪，成为列林僧侣的保护地。1763 年时戛纳是一小渔村。1815 年，拿破仑和他那支小部队从厄尔巴岛流放地返回法国时第一夜就露宿在这古老村庄里。英王爱德华七世经常到这里度假。100 多年前，一位法国勋爵开始兴建第一幢别墅，戛纳逐渐发展为著名的旅游胜地。一年一度的戛纳国际电影节使这座小城名声大噪。每年春季电影节期间，电影人、电影商和影迷成千累万来此聚会。一时间，影星荟萃，影片如潮，介绍新片的招贴画和五光十色的广告贴满大街小巷，成为名副其实的“影城”。

3.2.3　风车之国——荷兰（Netherlands）

（一）基本概况

1．旅游环境

荷兰王国（The Kingdom of the Netherlands）简称荷兰，位于欧洲西部。东面与德国为邻，南接比利时，西、北濒临北海，地处莱茵河、马斯河和斯凯尔特河三角洲，面积 4.19 万平方千米，海岸线长 1075 千米。

“荷兰”在日耳曼语中意为“低地之国”，其地势低平，24%的国土低于海平面，最低点海拔－6.7 米，60%的国土海拔不超过 1 米。全境可分为西部沿海低地区、东部波状平原区、中部和东南部高原区三部分。位于荷兰东南部的瓦尔瑟山，海拔 321 米，是荷兰最高的山峰。境内河流纵横，主要有莱茵河、马斯河。西北濒海处有艾瑟尔湖。

荷兰的气候属典型的温带海洋性气候，冬温夏凉，1 月平均气温 2～3℃，7 月平均气温 16～17℃，年平均降水量 765 毫米。

荷兰是发达的资本主义国家，西方十大经济强国之一。工业发达，主要工业部门有食品加工、石油化工、冶金、机械制造、电子、钢铁、造船、印刷、钻石加工等。荷兰是世界主要造船国家之一，鹿特丹是欧洲最大的炼油中心。农业生产高度集约化、机械化。畜牧业和花卉、蔬菜园艺业占重要地位。其中，花卉是荷兰非常重要的支柱性产业，花卉产量占荷兰农业总产量的 3.5%。全国共有 1.1 亿平方米的温室用于种植鲜花和蔬菜，花卉出口占国际花卉市场的 40%～50%，因而享有“欧洲花园”的美称。郁金香是其中种植最广泛的花卉，是美好、庄严、华贵和成功的象征，荷兰也因此成为“郁金香王国”。

2．历史与文化

荷兰人在历史上曾长期受外族统治，于 1463 年正式成为国家。16 世纪前长期处于封建割据状态，16 世纪初受西班牙统治。1566～1568 年掀起尼德兰资产阶级革命。1579 年北部 7 省联合，1581 年独立，成立荷兰共和国（正式名称为尼德兰联合共和国）。1648 年西班牙正式承认荷兰独立。17 世纪继西班牙之后成为世界上最大的殖民国家。18 世纪后，荷兰殖民体系逐渐瓦解。1795 年法军入侵，1806 年在法国统治下成立荷兰王国，1810 年并入法国。1814 年脱离法国，1815 年同比利时成立联合王国（1830 年比利时脱离荷兰独立）。1848 年成为君主立宪国。第一次世界大战中保持中立，第二次世界大战初期宣布中立，但 1940 年 5 月被德国军队侵占，战后恢复独立。

荷兰国旗有红、白、蓝三个相等的平行长方形自上而下排列组成，旗帜可追溯到 1568

年的反西班牙独立战争，但今天这种排列是1937年规定的。蓝色表示国家面临海洋，象征人民的幸福；白色代表人民纯朴的性格特征，象征自由、平等、民主，红色代表革命胜利。荷兰国徽即奥伦治·拿骚王室的王徽，为斗篷式。顶端带王冠的斗篷中有一盾徽，蓝色盾面上有一只头戴三叶状王冠的狮子，一爪握着银色罗马剑，一爪抓着一捆箭，象征团结就是力量。盾徽上面有一顶王冠，两侧各有一只狮子，下边的蓝色饰带上写着威廉大公的一句格言“坚持不懈”，恰如其分地刻画了荷兰人民的民族性格。荷兰的国歌是《威廉·凡·那叟》。荷兰国花是郁金香，国鸟是白琵鹭，国石是钻石。

荷兰人口大约1610万（2002年），90%为荷兰族人，此外还有弗里斯族。官方语言为荷兰语。居民42.6%信奉天主教，30%信奉基督教新教。

3．习俗礼仪

荷兰可以说是一个海上民族，长期与海洋打交道养成了荷兰人勤劳、自信、开朗、热情的性格，“海上马车夫”的辉煌历史也造就了荷兰人善于交往的能力。由于地低土潮，荷兰人接受了法国高卢人发明的木鞋，并赋予其典型的荷兰特色。

荷兰人时间观念强，讲究准时。如果应邀到荷兰人家做客，请记住带花送给女主人，花的数量是单数，5朵或7朵最好。在荷兰较受欢迎的谈话内容是旅行和体育。

荷兰人的国菜是胡萝卜、土豆、洋葱一起烹煮的“三合一”。早餐一般吃涂奶油或者奶酪的面包，晚餐作为正餐，一般是两菜一餐。荷兰人不爱喝茶，以爱喝牛奶而闻名，牛奶对荷兰人来说是用来解渴的。荷兰人倒咖啡特别讲究，只到杯子的2/3处。

4．荷兰风车

在欧洲流传着这样一句话：上帝创造了人，荷兰风车创造了陆地。

荷兰人为了生存和发展，长期与海搏斗，围海造田。筑堤坝拦海水，再用风动水车抽干围堰内的水。从13世纪荷兰人就开始修筑海堤，700多年来他们先后筑堤2400多千米，与此同时造出了7100多平方千米的良田。如今荷兰国土的近20%是人工填海造出来的。

1408年，荷兰人发明了世界上第一台为人类提供动力的风车。因为荷兰地势平坦、多风，因而风车很快便得到普及。18世纪中叶，荷兰风车十分普及，多达1万多座，现在仍然保存1000座。风车不仅用于辗磨谷物、加工大麦，还用于把原木锯成桁条和木板，制造纸张，以及从各种油料作物中榨油和把香料磨碎制成芥末等多种用途。荷兰风车已经成为荷兰风光、民族的象征以及“国家商标”。一座座高达9米的抽水风车，静静地竖立在地平线上，营造生息的家园。随着科技的发展，风车逐渐“退役”，但被完整地保存下来的风车，仍然忠实地在荷兰的各个角落运转，吸引了来自世界各地的旅游者。

荷兰人感恩于风车是他们发展的“功臣”，因而确定每年5月的第二个星期六为荷兰的风车日。这一天全国的风车一齐转动，举国欢庆。

在距阿姆斯特丹20千米的地方，有一个桑达姆风车民俗村，是一座具有浓郁荷兰特色的露天博物馆。这里保留着16、17世纪的旧式建筑、传统工艺，并融合了现代化生产方式。它的环境与建筑富有特色，房屋和小桥均为木制，完全保留工业化时期的木质结构和风格。民俗村集生活与旅游于一体，以其恬静优美的自然环境、庄重古朴的老式建筑、传统的工艺展示和古老的风车每年吸引了大量旅游者。在民俗村，有现场使用传统工艺制作木鞋、奶酪的作坊。现在荷兰人已经很少穿木鞋了，只是在一些乡下，偶尔还见到在田里或马厩工作的农夫还穿着它。但荷兰人仍继续制造他们的木鞋，几乎每个纪念品专卖店都卖有色彩鲜艳、大小各异的木鞋，它是很受欢迎的旅游纪念品。

（二）主要旅游城市及名胜

荷兰有许多值得观赏玩味的人文与自然景观。诱人的郁金香、古老的风车、神奇的木鞋、遍地的绿草和悠然自得的奶牛，构成了荷兰独特的风景画，也带给游人无限的梦幻与想象。

1．阿姆斯特丹（Amsterdam）

首都阿姆斯特丹是荷兰最大的城市和第二大港口，位于艾瑟尔湖西南岸，是一座地势低于海平面1～5米的“水下城市”。城里河网密布，阿姆斯特尔河从市内流过，全市有90个小岛，160多条运河和1200多座桥梁，素有“北方威尼斯”的美称。由于地少人多，河面上泊有近2万家“船屋”。以前整个城市都靠高高的堤坝保护，建筑物则靠无数的粗大木桩支撑着，以防沉陷。城市就像架在无数个木桩之上。位于市中心的王宫，地基下打着近1.3万根粗大的木桩，因而阿姆斯特丹又有“木桩撑起的首都”之称。

中世纪初，这里还仅是个小渔村。16世纪末，阿姆斯特丹已成为重要的港口和贸易都市，并曾于17世纪一度成为世界金融、贸易、文化中心。1806年成为荷兰王国的首都，但只是王宫的所在地，王室、议会、首相府、中央各部和外交使团仍设在海牙，这在世界各国的首都中，是独一无二的。钻石交易早在16世纪时已引进荷兰，至今阿姆斯特丹仍是全世界最重要的钻石中心之一，有“钻石之都”的美誉。

阿姆斯特丹又是欧洲文化艺术的名城，全市有40多家博物馆，其中较具代表性的都集中在博物馆广场。国家博物馆收藏有各种艺术品100多万件，其中不乏蜚声全球的伦勃朗、哈尔斯和弗美尔等大师的杰作。市立现代艺术博物馆和梵·高美术馆以收藏17世纪荷兰艺术品而闻名，梵·高去世前两天完成的《乌鸦的麦田》和《吃马铃薯的农夫》就陈列在这里。此外，博物馆广场不容错过的还有享有“古典音乐殿堂”之称的国家音乐厅，这儿也是阿姆斯特丹国家管弦乐团的根据地，于1888年兴建完成。这座屋顶上以金色竖琴为标记的白色建筑物，其音响效果极佳，名列世界第三。

阿姆斯特丹是水城，船只可以在市区运河中自由航行到市区的任何地方。市中心的达姆广场是该市的心脏，广场旁坐落着著名的王宫。乘着观光游船可以循着河道顺次造访阿姆斯特丹的各处风景名胜和观赏水城的风情。

（1）**荷兰王宫**（Koninklijk Paleis）位于荷兰首都阿姆斯特丹市中心，为17世纪的巴洛克式建筑。1810年在法国统治荷兰时，成为拿破仑的行宫。这是一座仿意大利文艺复兴时期风格的建筑，设计和装饰全出于荷兰名建筑师和装饰师之手。建筑师范朋克是画家，在意大利学画时兼攻建筑，回国后开始设计这座宫殿的工程。王宫的内部装饰和布局则为名雕刻家奎宁尼亚斯兄弟的杰作。宫殿正面有围以黄铜栏杆的拱形游廊。宫内大厅设“法座”，法座的背景是象征正义与法律的精美浮雕，法座华盖上绘着东半球的地图，反映了17世纪的荷兰作为一个海上殖民强国的意图。大厅四壁是大理石雕塑，拱形天花板上绘有神话故事，画工逼真，栩栩如生。进入内厅的两个门楣上，一边饰以立体的大理石雕的小天使，另一边饰以平面的图画小天使，且两边的形象毫无二致，不经指点几乎分辨不出雕刻与绘画的不同。沿内厅的楼梯而上可到装饰庄严肃穆的公民厅，在厅两侧的各部门办公室的门框上，都雕刻着象征这些部门的艺术形象。壁炉上方挂着许多有关荷兰历史的名画，其中一室专挂荷兰各省市的盾徽。方形长廊上陈设着形形色色的各国礼品，其中有当年清朝政府赠送的整套贝嵌乌木桌椅。站在公民厅的阳台上，阿姆斯特丹的市景奔来眼底。宫前的小广场为全市中心点。

（2）**库肯霍夫公园**（Keukenhof）位于盛产球茎花田的中心城市阿姆斯特丹以南的利瑟（Liess）小镇，是世界最大的球茎花园，也是每年荷兰花卉游行的必经之路，占地 28 万平方米。“霍夫”意为城堡中的庭院，用于打猎和种植蔬菜及药草以供厨房膳食，“库肯”意为厨房，据说这就是 1949 年开放的鲜花公园——库肯霍夫名字的起源。公园四周环绕着多采缤纷的花田，每年的 3 月底，这里就会有 600 多万株的鲜花展露独特的风采。色彩斑斓的郁金香、风信子、水仙花，以及各类的球茎花构成一幅繁茂的色彩，尤其是粉紫、鲜黄、嫩红、纯白的数百种郁金香花，更是争奇斗艳。除了室外缤纷绚丽的花海，展览馆内也有各种各样的花展、花卉栽培的示范活动，以及绘画和摄影的展示。另外，主题花园的设计，更是园艺爱好者规划自家花园的灵感来源。当然也有特别为儿童设计的探险之旅、花园迷宫、牧场等活动。

2．鹿特丹（Rotterdam）

鹿特丹是世界最大的港口和荷兰第二大城市。位于荷兰西南部莱茵河口地区新马斯河两岸，距北海 28 千米，鹿特丹港港区面积约 100 平方千米，码头岸线长约 38 千米，拥有世界最大的集装箱码头，全年进港停泊的远洋轮达 3 万多艘。目前是西欧共同体货物集散中心之一，有“欧洲的门户”之称。炼油、化工、造船等工业发达，它是欧洲最大的炼油基地和世界第三大炼油中心，同时也是国际航运枢纽和国际贸易中心。鹿特丹市年产值约占荷兰国民收入的 13%。市区两部分由 4 条河底隧道连接，并建有世界贸易中心。

鹿特丹拥有港口、博物馆及其他众多观光景点。登上高达 185 米被称为“欧洲桅杆”的高塔，可鸟瞰全市。该塔建于 1960 年，是为了迎接当年在鹿特丹举办的花展而建的，每年来此游览参观者逾 30 万人，该建筑也是鹿特丹的象征和荷兰的一 个著名景点。在塔身 32 米处是航海博物馆，里面陈列许多航海资料和实物；100 米处是一个旋转餐厅，人们在此可边品尝佳肴，边观赏周围景致。

鹿特丹的建筑在第二次世界大战期间遭到严重破坏，战后鹿丹人修复和重建了在战争中被炸毁的一些著名的建筑物，如市政厅、圣劳伦斯教堂等，恢复了他们的历史面貌。此外还新建了许多风格各异新奇独特的公共建筑的民宅。因此，鹿特丹也有“建筑博物馆”之称。

鹿特丹还经常组织一些大型文化体育活动，比如鹿特丹国际马拉松赛、鹿特丹国际电影节等。

3．海牙（The Hague）

海牙位于西南海岸、距北海 6.4 千米的砂地平原上。是荷兰政府和议会的所在地，荷兰第三大城市、南荷兰省首府，荷兰的政治、商业和金融的中心，也是国际会议的中心。13 世纪以来，海牙一直是荷兰的政治中心。19 世纪初首都迁往阿姆斯特丹以后，议会、首相府和中央政府各部仍设在这里。

海牙，在荷兰语中的意思是“伯爵家的树篱”，最初这里是荷兰贵族们的狩猎驻留地。1248 年建立城堡。1280 年四周建起了“爵士宫”等建筑，13 世纪成为皇家的行宫，后来成为总督的住地，并逐渐形成了城市的核心部分，称为“宾尼霍夫”（内院）。14 世纪，王宫区西面建起了村庄。1580 年荷兰最早的议会会议就在“宾尼霍夫”（内院）里举行。1585 年尼德兰联合省和荷兰省府机构迁到这里。17～18 世纪，市内的建筑不断增加，修起了运河、建起了港湾，渐渐成了全国政治的中心。19 世纪初，荷兰首都迁往阿姆斯特丹，但王宫、议会、首相府和中央各部仍留在这里。从17世纪起，海牙逐步成为一座国际性的城市，一些国际性会议常在这里举行。1668年英国、瑞典和荷兰三国同盟条约以及1717年英国、法国和荷兰三国同盟条约均在此签订，1899和1907年两次国际和平会议也在这里举行。至今，在城市郊区还完好地保存着一座名为“林中之屋”的别墅，这就是第一次和平会议的会址。1913年建造的和平宫雄伟巍峨，是国际常设法庭所在地。1969年又建成了荷兰会议中心，每天可容纳9000名代表。不少大石油公司的国际总部也设在这里。

海牙市内有美丽的公园，邻近是平缓的海滩，这里交通便利，被称为“欧洲最大最美丽的村庄”。辟有欧洲最大的野营公园。著名建筑有诺尔登德宫、毛里修斯宫等。附近的斯维宁根海滨是荷兰最大的海滨浴场之一，在此可饱览碧波万顷的北海，是著名的旅游胜地。

（1）**和平宫**（Peace Palace）是联合国国际法院所在地，位于海牙市郊的著名建筑。1899年第一次海牙和平大会决定建立仲裁常设法庭，和平宫就是为仲裁常设法庭而建。它建于1907～1913年，是一座四方形两层建筑，带有两座尖耸的高塔，周围有茂密的林木环抱，环境清幽、宁静。在建造过程中，各国政府捐献了建筑材料和供内部陈列的工艺品，象征各国协力缔造和平之意。大厅全部采用大理石，并饰以金色浮雕，庄重肃穆。大厅中间是主楼道，正中坐落着一座由美国捐献的司法女神雕像。楼上有一命名为“日本厅”的会议室，全部的装饰和陈列品都由日本捐献。中国捐献了四个一人多高、红木底座的景泰蓝花瓶，这些花瓶现在仍然陈列在底楼的楼道上。

（2）**马都拉丹小人国**（Madurodam）是一座面积仅为1.8万平方千米的微型“城市”，位于海牙市郊。城内汇集了以25∶1的比例缩小的荷兰国内120多座著名建筑和名胜古迹。阿克马的乳酪集市、和平宫、水坝广场的王宫，还有阿姆斯特丹和台夫特运河沿岸的房舍等著名的荷兰景观，都可以在小人国中一览无遗。在全长4.5千米的铁路上，火车向四面八方行驶，风车旋转，平底小船在运河上来回穿梭。这里数以千计的“居民”都是寸把高的“小人”。“模型城”建于1952年，是马都拉夫妇为纪念他们在二战中牺牲的儿子而出资建造的，作为献给荷兰儿童的一件礼物。“模型城”有自己的城徽，市长由当今荷兰女王贝娅特丽克丝担任，市议会议员由海牙30名海牙小学生组成。1972年，马都拉丹被“荷兰城市联盟”接纳为正式会员，成为世界上最小的城市。

3.3 东欧之旅

欧洲东部地区，在地理上指爱沙尼亚、拉脱维亚、立陶宛、白俄罗斯、乌克兰、摩尔多瓦和俄罗斯的欧洲部分，地形以平均海拔170米的东欧平原为主体。东部边缘有乌拉尔山脉，平原上多丘陵和冰川地形，北部湖泊众多，东南部草原和沙漠面积较广。北部沿海地区属寒带苔原气候，往南过渡到温带草原气候，东南部属温带沙漠气候。欧洲第一大河伏尔加河向东南注入里海。但通常也把波兰、捷克、斯洛伐克、匈牙利、罗马尼亚、保加利亚、阿尔巴尼亚等作为东欧国家。这里绚丽多姿的自然风光和丰富多彩的名胜古迹展示了欧洲另一种独具魅力的异国情调。

3.3.1 列宁的故乡——俄罗斯（Russia）

（一）基本概况

1．旅游环境

俄罗斯联邦（The Russian Federation）简称俄罗斯，位于欧洲东部和亚洲北部，地跨欧亚两洲。北邻北冰洋，东濒太平洋，西接大西洋。陆地邻国西北面有挪威、芬兰，西面有爱沙尼亚、拉脱维亚、立陶宛、波兰、白俄罗斯，西南面是乌克兰，南面有格鲁吉亚、阿塞拜疆、哈萨克斯坦，东南面有中国、蒙古和朝鲜，东面与日本和美国隔海相望。面积为1707.54万平方千米（占前苏联领土面积的76%），居世界第一位。海岸线长3.38万千米。

俄罗斯地势东高西低，地形以平原为主，平原和低地面积约占国土面积的70%，多分布在叶尼塞河以西地区。其中东欧平原面积约400万平方千米，西西伯利亚平原面积约300万平方千米。介于两平原间的乌拉尔山脉南北延伸2000多千米，其东麓为欧亚两洲的分界线。叶尼塞河以东多为高原和山脉，主要有中西伯利亚高原、东西伯利亚和远东山地，俄罗斯欧洲部分有大高加索山脉，厄尔布鲁士山是俄罗斯也是欧洲最高峰。境内河流众多，湖泊沼泽广布。有欧洲第一长河——伏尔加河，世界上最深的淡水湖——贝加尔湖，深1637米。

俄罗斯大部分地区属典型的大陆性气候。冬季寒冷漫长，夏季温暖短促。各地气候差异较大。1月平均温度为－50～0℃，7月平均温度为1～25℃。年平均降水量一般在150～1000毫米之间。

俄罗斯矿藏资源丰富，森林覆盖率达到43.9%。属发达的工农业国家。综合国力居世界前列。工业基础雄厚，部门齐全，以机械、钢铁、冶金、石油、天然气、煤炭、森林工业及化工等为主，纺织、食品、木材和木材加工业也较发达。农牧业并重，主要农作物有小麦、大麦、燕麦、玉米、水稻和豆类。经济作物以亚麻、向日葵和甜菜为主。畜牧业主要为养牛、养羊、养猪业。出口商品主要有石油、天然气、电力、煤、机器设备、黑色及有色金属等，进口商品主要有机器设备、食品、化工产品等。

2．历史与文化

俄罗斯是个古老的国家，俄罗斯人的祖先为东斯拉夫人罗斯部族。公元6世纪末，东斯拉夫人的氏族社会开始解体，未经奴隶制而逐渐形成地域性的部落联盟；到公元9世纪末，形成以基辅为中心的古罗斯国家——基辅罗斯。公元15世纪末，伊凡三世建立了以莫斯科为中心的中央集权制国家——莫斯科大公国。1547年，伊凡四世改“大公”称号为“沙皇”，从此莫斯科公国成为沙皇俄国。1721年彼得一世（彼得大帝）改国号为俄罗斯帝国。20世纪初成为军事封建帝国主义国家。1917年11月7日（俄历10月25日）取得了十月革命胜利后，建立社会主义苏维埃政权，1922年成为苏维埃社会主义共和国联盟（简称苏联）的主体部分。1991年12月苏联解体，改名为俄罗斯联邦，并与白俄罗斯、乌克兰等国成立独立国家联合体（简称“独联体”）。

俄罗斯国旗自上而下分别由白、蓝、红三色相等的横长方形相连而成，俄罗斯幅员辽阔，国土跨寒带、亚寒带和温带三个气候带，用三色横长方形平行相连，表示了俄罗斯地理位置上的这一特点。白色代表寒带一年四季白雪茫茫的自然景观，也象征着真理；蓝色代表亚寒带气候，寓意俄罗斯丰富的地下矿藏、森林和水力资源，此外还象征着忠诚和纯洁；红色是温带的标志，也象征美好和勇敢。俄罗斯的国徽采用十月革命前伊凡雷帝时代的、以双头鹰为图案的国徽。红色盾面上有一只金色的双头鹰，鹰头上是彼得大帝的三顶皇冠，鹰爪抓着象征皇权的权杖和金球。鹰胸前是一个小盾形，上面是一名骑士和一匹白马。双头鹰的含义是俄罗斯地跨欧亚两洲，图案标志着俄罗斯人有一颗共同的心脏在跳动。在俄罗斯，被视为“光明象征”的向日葵最受人们喜爱，被称为“太阳花”，并被定为国花。国树是白桦。熊是俄罗斯民族的图腾崇拜。

俄罗斯领土跨越欧亚两大洲，自然而然地融合了东西方两种文化。俄罗斯不仅文学在世界上享有盛誉，出现了普希金、莱蒙托夫、果戈理、别林斯基、陀思妥耶夫斯基、托尔斯泰、契诃夫、高尔基、肖洛霍夫等世界驰名的大文豪和作家，俄罗斯的绘画也有着悠久的历史，著名的艺术大师有列维坦、列宾、苏里柯夫、克拉姆斯科伊等。此外，俄罗斯的宗教音乐和民间音乐同样有着深远的历史传统，歌剧、交响乐和室内音乐具有鲜明的民族气质，奔放豪迈。俄罗斯的戏剧艺术体裁和形式多样，最早出现在宫廷里，19世纪进入繁荣时期。果戈理的《钦差大臣》等社会戏剧充满强烈的时代气息，具有鲜明的民族特色，同时涌现出了许多杰出的艺术大师。亚·尼·奥斯特罗夫斯基是19世纪50年代以后俄罗斯文坛众多的戏剧作家中最杰出的代表，被称为“俄罗斯戏剧之父”。俄罗斯的马戏团、金属、兽骨和石头的艺术加工，以及木雕、木雕壁画、刺绣、带花纹的纺织品、花边编织等实用装饰艺术在世界享有盛名，最有名的工艺品有木制套娃、木刻勺、木盒、木盘等木制品。

俄罗斯重视发展文化事业，重视对博物馆珍品和历史建筑文物的保护，扩建和新建了许多博物馆。著名的大型革命历史博物馆有俄罗斯中央革命博物馆、国家历史博物馆、克里姆林宫博物馆、中央海军博物馆等。较大的艺术馆有莫斯科科列季亚克夫国家绘画陈列馆。

俄罗斯人口14290万（2005年11月1日）。全国有130多个民族，其中俄罗斯人占83%，其余为鞑靼、乌克兰、哈萨克、白俄罗斯等族人。人口分布极不均衡，西部发达地区平均每平方千米52～77人，个别地方达261人，而东北部苔原带不到1人。高加索地区的民族成分最为复杂，有大约40个民族在此生活。居民多信奉东正教，其次为伊斯兰教。官方语言为俄语。

3．习俗礼仪

俄罗斯人注重礼貌，见面时互相致意问好。一般的见面礼是握手，但握手时要脱下手套，并且不能拉对方的手。久别的亲朋好友相见时，常用拥抱、亲吻礼，男士一般吻女士的手背，父母吻儿女的额头。在隆重的场合，俄罗斯人用“面包加盐”的方式迎接贵宾，以表示最高的敬意和最热烈的欢迎。

在俄罗斯称“您”或“你”有严格界限。一般对16岁以下的儿童、近亲之间与同事之间（年轻人之间）、年轻人对年轻人称呼使用“你”；对老年人、陌生人（儿童除外）和领导人则称“您”。对儿童可直呼其名，而对老年人、陌生人和领导人则应呼其名字加父称。

在饮食习惯上，俄罗斯人讲究量大实惠，油大味厚。他们喜欢酸、辣、咸味，偏爱炸、煎、烤、炒的食物，尤其爱吃冷菜。俄罗斯以面食为主，很爱吃用黑麦烤制的黑面包。除黑面包之外，俄罗斯人大名远扬的特色食品还有鱼子酱、酸黄瓜、酸牛奶，等等。吃水果时，他们多不削皮。在饮料方面，俄罗斯人很能喝冷饮。具有该国特色的烈酒伏特加，是他们最爱喝的酒。

对于数字，俄罗斯人忌讳“13”，而喜爱“1”和“7”。“1”代表开始，标志着从无到有；“7”被认为是幸福和成功。送礼亦喜爱用单数，认为双数不吉利。打碎镜子对俄罗斯人来说意味着灵魂的毁灭，个人生活将出现不幸；而打碎杯子和碗，特别是盘子和碟子则意味着富贵和幸福。

（二）主要旅游城市及名胜

到过俄罗斯的人，对肃穆的葱头顶教堂、巍峨的高层塔楼、实用的乡间木屋和富丽堂皇的地下铁道印象最深。这些都是该国不同时期、不同用途建筑的代表。莫斯科、圣彼得堡及周边地区是俄罗斯最主要的旅游地，那里既古老又现代的都市风貌，翠绿濡染的湖光山色，让游人如痴如醉。

1．莫斯科（Moscow）

首都莫斯科是俄罗斯最大的城市，全国的政治、经济、科学文化及交通中心，也是一座魅力四射的著名国际大都会。位于俄罗斯平原中部、莫斯科河畔，跨莫斯科河及其支流亚乌扎河两岸。

莫斯科是一座有着850多年历史的城市，始建于12世纪中期。莫斯科市作为居民点最早见诸史册是在公元1147年。1156年，莫斯科奠基者尤里·多尔哥鲁基大公在莫斯科修筑泥木结构的克里姆林城堡。15～18世纪初为俄国首都。1918年成为苏联首都。1991年12月成为俄罗斯联邦的首都。

莫斯科是一座历史名城，市中心保留着250多处纪念性建筑物。以布局严整的克里姆林宫和红场为中心，向四周辐射伸展。在克里姆林宫的中心教堂广场，有巍峨壮观的圣母升天大教堂，有凝重端庄的报喜教堂，有容纳彼得大帝之前莫斯科历代帝王墓地的天使大教堂。克里姆林宫东侧是国家仪典中心——红场，红场内有列宁墓，南端有波克罗夫斯基教堂。此外，在莫斯科近郊有新圣母修道院、特罗伊察东正教大修道院、西蒙诺夫修道院等。园林路环以内主要为政府机构和商业区，大部分国家机关和主要饭店、商店、剧场、博物馆、美术馆、图书馆以及原经互会总部均建在此。园林路环和环城铁路之间多工厂、火车站和货场。

雕塑是莫斯科市内别具风格的装饰，市内多处屹立着用青铜或大理石雕塑的塑像和纪念碑。城郊的新村银松林、希姆基、奥斯坦基诺等地翠林茂盛，清幽宜人。全市有11个自然森林区，近百座公园，是个森林城市。全市绿化面积约占总面积的1/3多，是世界上绿化最好的城市之一。

（1）**红场**（Red Square）是莫斯科市中心的著名广场，莫斯科的象征之一，与克里姆林宫相毗连。建于1662年，呈长方形，南北长700米，东西宽130米，总面积9万多平方米，是莫斯科重大历史事件的见证。“红场”俄语意为“美丽的广场”，17世纪以来，既是莫斯科的商业中心，也是沙皇政府宣读重要诏书和举行盛大活动的场所，十月革命后成为苏联举行庆祝活动、集会和阅兵的地方。列宁陵墓位于红场西侧中央，红场南面是著名的瓦西里·勃拉仁大教堂。

（2）**克里姆林宫**（Kremlin）是俄罗斯国家、民族的象征。原是历代沙皇的皇宫、前苏联政治活动中心，现为俄罗斯总统府及国家杜马所在地。位于莫斯科市中心，坐落在涅格林纳河和莫斯科河汇流处的鲍罗维茨丘陵上，南临莫斯科河，西北依亚历山德罗夫花园，东临红场，呈不等边三角形，面积27.5万平方米。克里姆林，俄语意为“内城”，或“卫城”，为俄罗斯古代城市设防的中心部分。卫城一般建在城中高地上，中间是宫殿、教堂等，筑有城墙和塔楼。始建于1156年，初为木墙，后屡经扩建。15世纪莫斯科大公伊凡三世时初具规模，16世纪中叶起成为沙皇的宫堡，17世纪逐渐失去城堡的性质而成为莫斯科的市中心建筑群。至19世纪40年代建成大克里姆林宫，为一古老建筑群，主要有大克里姆林宫、多棱宫、圣母升天教堂、天使大教堂、报喜教堂、参议院大厦、伊凡大帝钟楼等。其中，为悬挂世界钟王“沙皇钟”始建于1505年的伊凡大帝钟楼，是克里姆林宫最高的建筑，高81米，是莫斯科的重要标志。此外，有20座塔楼分布在三角形宫墙的三边，其中的斯巴斯克塔、尼古拉塔、特罗伊茨克塔、鲍罗维茨塔和沃多夫塔等5座塔楼各装有大小不一的红宝石五角星。1990年莫斯科克里姆林宫和红场被联合国教科文组织列入《世界文化遗产名录》。

（3）**瓦西里·勃拉仁大教堂**（Church of the Holy Virgin）又叫圣母大教堂，16世纪中叶为纪念喀山公国和阿斯特拉罕合并于俄罗斯而建造，现为俄罗斯历史博物馆分馆，位于红场南端。教堂结构独具一格，由9座教堂巧妙f 结合在一起，中间高高隆起的一座略大，周围8座略小，如众星拱月，团团围住中央的教堂，层次分明，错落相连，构成一组精美的整体。9座教堂均为圆顶塔楼，9个塔楼高高隆起，中央主塔高达47米，每个塔上的蒜头式穹形顶大小、高低、色彩和装饰各不相同。教堂内的平顶天花板，装饰有17～18世纪的造型生动、风格细润的壁画。教堂整体为砖和白石结构。9座教堂的基地相連，互有通道，曲折迂回，是防御敌人入侵克里姆林宫的外围建筑的通道。独特的设计和造型，被誉为古代俄罗斯建筑艺术的精品。

（4）**莫斯科大彼得罗夫大剧院**（Bolshoi Theatre of Russia）简称大剧院，始建于1776年，是俄罗斯历史最悠久的剧院，坐落在莫斯科斯维尔德洛夫广场上。1780年剧院改址到彼得罗夫大街上一所新建的石造剧院里，称彼得罗夫剧院，1805年剧院被焚毁。1824年，由著名建筑师波维在石造剧院的原址修建了新剧院，称大彼得罗夫剧院，简称大剧院。1853年，大剧院又遭受火灾，1855～1856年重新修复，略加改建，成为19世纪中叶俄罗斯建筑艺术的典范，也是欧洲最大的剧院之一，并于1919年起成为国立示范大剧院。整个建筑雄伟高大，它的正门是廊柱式结构，由8根古希腊式的顶梁柱组成，每根石柱高15米。门顶上竖着一辆阿波罗青铜马车。内部设备完善，具有极佳的音响效果，可容纳2200名观众。俄国许多著名的艺术大师，如格林卡、柴可夫斯基、穆索尔斯基的音乐作品均在此作首场演出。世界著名芭蕾舞皇后乌兰诺娃也是从这里演出《天鹅湖》而名扬世界的。

（5）**莫斯科地铁**（Moscow Metro）是莫斯科最快、最安全的交通工具，也是世界上规模最大、极富艺术内涵的地下铁路系统之一，享有“地下的艺术殿堂”之美称。始建于1932年，1935年开通了第一条线。到目前莫斯科地铁全长260多千米，有150个地铁站，平均每50秒钟就有一趟列车通过。每个地铁站都由国内著名建筑师设计，建筑造型各异、华丽典雅。铺设的大理石就有几十种，并广泛采用大理石、马赛克、花岗石、陶瓷和五彩玻璃，装饰出具有不同艺术风格的大型壁画及各种浮雕、雕刻，再配以各种别致的灯饰，像富丽堂皇的宫殿，令人流连忘返。莫斯科地铁设计科学、结构复杂，不但给市民提供了极为方便、舒适的交通工具，同时又兼有防御战争的功能。

（6）**阿尔巴特街**（Arbat Street）是莫斯科市中心的一条著名步行街，也是俄罗斯人文资源的集中地，紧邻莫斯科河，是莫斯科的象征之一。大街从普希金故居开始，一直到布拉格饭店，全长500米，宽约15米。路面用同一色的石板铺筑，风格雅致古朴。这里有著名的儿童墙，它是世界各地的儿童用自己的艺术灵感绘制而成的。阿尔巴特街曾是艺人和画家荟萃的天堂，保存有许多古色古香的建筑。俄罗斯不同时期的许多知名人物，如普希金、莱蒙托夫、托尔斯泰、果戈理等均在此居住过。

2．圣彼得堡（Saint Petersburg）

圣彼得堡又名列宁格勒，是俄罗斯第二大城市，位于波罗的海芬兰湾东端的涅瓦河三角洲。历史上是俄罗斯政治、经济和文化中心，素有俄罗斯北方首都之称。整座城市由40多个岛屿组成，市内水道纵横，580多座桥梁把各个岛屿连接起来，风光旖旎。

圣彼得堡的名胜古迹众多。包括548座宫殿、庭院和大型建筑物，32座纪念碑，137座艺术园林，此外还有大量的桥梁、雕像等等。又被称为“北方的花环”。其中最著名的名胜古迹有彼得保罗要塞、冬宫、彼得大帝夏宫、斯莫尔尼宫、伊萨基辅大教堂等。建于1703年的彼得保罗要塞是圣彼得堡的中心建筑，彼得保罗大教堂、国家政治监狱、兵工厂和造币局是要塞的主要建筑。1990年圣彼得堡历史名城和有关遗址群被联合国教科文组织列入《世界文化遗产名录》。

（1）**冬宫**（Winter Palace） 原为俄国沙皇的皇宫，十月革命后辟为圣彼得堡国立艾尔米塔奇博物馆的一部分，位于圣彼得堡宫殿广场上。始建于1711年，是18世纪中叶俄国巴洛克式建筑艺术最伟大的纪念物。冬宫是一座蔚蓝色与白色相间的3层楼建筑，宫殿长约200米，宽160米，高22米，呈封闭式长方形，占地9万平方米。屋顶上耸立着100多尊人物雕像和花瓶。共有1050间房，内部装饰豪华，色彩缤纷，极为豪奢。御座大厅（又称乔治大厅）的御座背后，有一幅用4.5万颗彩石镶成俄国地图。

（2）**彼得大帝夏宫**（Peter the Great's Summer Palace）是历代俄国沙皇的郊外离宫。位于芬兰湾南岸的森林中，距圣彼得堡市约30千米，占地近千公顷。夏宫建于1714年，是圣彼得堡的最早的建筑群之一。以花园、雕塑、喷泉最著名。大宫殿前有喷泉64个，梯形瀑布2处，金色塑像37尊，小型塑像150个，浮雕29组。由于它的建筑豪华壮丽，因而被誉为“俄罗斯的凡尔赛”。1934年以后，夏宫辟为民俗史博物馆。

（3）**伊萨基辅大教堂**（Lsaakiezskiy Sobor Church）曾与梵蒂冈、伦敦和佛罗伦萨的大教堂并称世界四大基督教堂，位于圣彼得堡。高102米，为圣彼得堡最高的建筑物。这座教堂建于1818～1858年，44万名工匠造了40年。教堂四面由重120吨的16根紫红色花岗岩柱排成双列托起雕花的山墙。教堂内部到处是价值连城的壁画以及被视为艺术珍品的圣物。

（4）**“阿芙乐尔号”巡洋舰**（Aurora Crusier）是苏联十月革命的象征。原为波罗的海舰队的巡洋舰，该舰长124米，宽16.8米，1903年起服役。1905年它曾参加日俄间的对马海役。“阿芙乐尔”意为“黎明”或“曙光”，在罗马神话中，“阿芙乐尔”是司晨女神，她唤醒人们，送来曙光。1917年11月7日凌晨，列宁领导的武装起义军在阿芙乐尔号巡洋舰上发出起义信号，上午10时，列宁以革命军事委员会的名义起草《告俄国公民书》，向全国广播。当晚，阿芙乐尔号巡洋舰炮轰临时政府所在地冬宫，宣告了“十月革命”的开始。从1948年11月起，该舰作为十月革命的纪念物永久性地停泊在涅瓦河畔，成为中央军事博物馆分馆。

3.4　中 欧 之 旅

中欧是指波罗的海以南，阿尔卑斯山脉以北的欧洲中部地区。包括波兰、捷克、斯洛伐克、匈牙利、德国、奥地利、瑞士、列支敦士登等国家。南部为高大的阿尔卑斯山脉及其支脉喀尔巴阡山脉，山地中多陷落盆地；北部为平原，受第四纪冰川作用，多冰川地形和湖泊。地处典型的温带海洋性气候向大陆性气候的过渡地带。除欧洲第二大河多瑙河向东流经南部山区注入黑海外，大部分河流向北流入波罗的海和北海。浪漫的莱茵河、蓝色的多瑙河、壮丽的阿尔卑斯山脉，以及神秘的古堡和闻名于世的音乐文化都吸引着世界各地的游人来此探访。

3.4.1　欧洲走廊——德国（Germany）

（一）基本概况

1．旅游环境

德国全称德意志联邦共和国（The Federal Republic of Germany），位于欧洲中部，北与丹麦相连并临北海和波罗的海，西部与荷兰、比利时、卢森堡、法国为邻，南部与瑞士和奥地利为邻，东部与捷克共和国及波兰接壤，是欧洲邻国最多的国家。面积35.7万平方千米，边境线全长为3758千米。

德国的地形地貌复杂多样，地势北低南高，北部为北德平原，平均海拔在100米以下。在北德平原与多瑙河之间为中德山地区，山脉、丘陵和盆地交织分布。南部为高原、山地区，其中德奥边境的阿尔卑斯山脉的主峰楚格峰海拔2963米，为境内最高峰。境内河流众多，主要河流莱茵河、威悉河、易北河、奥德河均向北流淌，唯有多瑙河自西向东流经德国注入黑海。各大河流间均有运河沟通。湖泊星罗棋布，较大湖泊有博登湖、基姆湖、米里茨湖和阿默湖。

德国属温带气候。1月平均温度-3℃，7月平均气温17℃，年降水量500～1000毫米。巴伐利亚所处的阿尔卑斯山地区夏季凉爽、冬季多雪。

德国是一个高度发达的工业化国家，经济实力居欧洲首位。在国际上是仅次于美国和日本的第三大经济强国和美国之后的第二大贸易国，德国近1/3的就业人员为出口行业工作。自然资源贫乏，除煤和钾盐的储量丰富之外，在原料供应和能源方面很大程度上依赖进口。工业门类齐全，以重工业为重点，机械、化工、电气和汽车等部门是工业的支柱，占工业全部产值的40%以上。1885年世界第一辆汽车在德国诞生，之后德国生产了“奔驰”、“宝马”、“大众”、“保时捷”、“欧宝”等世界名牌汽车。西部工业高度发达，鲁尔区是最大的工业区。农业机械化程度很高，畜牧业约占农业总产值的2/3。主要农产品为乳、肉畜产品以及谷物、马铃薯、甜菜等。

2．历史与文化

公元前境内就居住着日耳曼人。公元2～3世纪逐渐形成部落。公元962年建立德意志民族的神圣罗马帝国，后走向封建邦国。1871年建立了统一的德意志帝国。德国是两次世界大战的发动者。1914年挑起第一次世界大战，1918年战败，帝国崩溃。1919年2月建立魏玛共和国。1939年发动第二次世界大战，1945年5月8日德国战败投降。战后，美、英、法及前苏联根据波茨坦协定，分区占领德国。1948年6月美、英、法三国占领区合并，1949年5月23日正式成立德意志联邦共和国，1949年10月7日，在前苏联占领区内成立了德意志民主共和国，德国从此正式分裂为两个主权国家。1990年10月3日民主德国正式加入联邦德国，实现了统一。10月3日为德国的国庆日，德国统一日。

德国国旗自上而下由黑、红、黄三个平行相等的横长方形相连而成。关于国旗颜色的来历没有明确的解释。19世纪初以来，黑、红、黄三色是自由和德意志思想的象征。德国的国徽为金黄色的盾徽，盾面上是一头红爪红嘴、双翼展开的黑鹰，黑鹰象征着力量和勇气。德国的国歌是《德意志之歌》。矢车菊是德国的名花，又名蓝芙蓉、荔枝菊、翠蓝，德国人用它象征日耳曼民族爱国、乐观、顽强、俭朴的特征，并认为它有吉祥之兆，因而被誉为“国花”。德国的国鸟是白鹳，一种著名的观赏珍禽。在欧洲，自古以来白鹳就被认为是“带来幸福的鸟”，是吉祥的象征和上帝派来的天使，专门来拜访交好运的人的。

德国素有“诗人和哲人的国度”之美誉。莱辛是杰出的剧作家；歌德、海涅、席勒是享誉世界的德国伟大诗人；马克思、恩格斯是伟大的哲学家，马克思主义的创始人；康德、黑格尔、费尔巴哈、尼采等都是杰出的哲学家，在哲学史上占有重要地位。音乐是德国人生活中不可缺少的组成部分。德国造就了各个不同时期的音乐大师，如贝多芬、巴赫、门德尔松、瓦格纳等。柏林爱乐乐团更是享誉世界。教堂、宫殿和古堡是德国重要的文化遗产。德国有3000多座博物馆，收藏内容十分丰富。此外，每年都举行各种艺术节、博览会和影展等。

德国人口总数为8244万（2005年）。除俄罗斯联邦外，它是欧洲人口最多的国家。99%是德意志人，有少数丹麦人和吉普赛人等。官方语言为德语。居民多信奉基督教新教和天主教。

3．习俗礼仪

德意志民族是一个讲究秩序的民族，他们实在、勤奋、准时、勤俭，做事一板一眼。秩序被德国人视为生命，人们把一切都安排得井井有条，而且事事、处处都按规定、照计划严格遵守。德国人做事习惯先订计划，办事必须提前预约，连家庭主妇外出购物也都是先列张购物单。

德国烹饪是以多种多样的肉肴和面包片为特征的。德国菜不像法式菜那样复杂，也不像英式菜那样清淡，其特点是食用生菜较多，很多菜都带酸味，各种各样的香肠是当地特产，现在风靡一时的快餐食品“汉堡包”，也系德式的汉堡肉扒演变而成。焖酸白菜非常普及，而小香肠焖酸白菜举世闻名。咸鲱鱼色拉、多种制法的土豆几乎每餐必吃。同时德国菜还喜欢用啤酒作调味品。喝酒是德国人的一种偏爱，主要是啤酒和葡萄酒。德国啤酒总共有5000多种，因种类繁多而闻名于世。

4．慕尼黑啤酒节

德国慕尼黑啤酒节源于1810年，为庆祝巴伐利亚储君卢德亲王与萨克森·希尔登豪森的黛丝丽公主共结百年之好而举行的一系列庆祝活动。德国的10月正值大麦和啤酒花丰收的时节，人们在辛勤劳动之余，也乐得欢聚在一起，饮酒、唱歌、跳舞，以表达内心的喜悦之情，这一传统节日一直延续至今。今天，这个节日的影响已远超出慕尼黑，而成为世界上规模最大的民间庆典之一。慕尼黑啤酒节从9月的最后一个星期开始，到10月的第一个星期日结束。因在10月前后，又称“10月节”。历史上，除因战争和霍乱中断外，慕尼黑啤酒节已整整举办了170届了（截至2004年）。10月啤酒节完整地保留了巴伐利亚的民间风采和习俗。人们用华丽的马车运送啤酒，在巨大的啤酒帐篷下开怀畅饮，欣赏巴伐利亚铜管乐队演奏的民歌乐曲和令人陶醉的情歌雅调，人们在啤酒节上品尝美味佳肴的同时，还举行一系列丰富多彩的娱乐活动，如赛马、射击、杂耍，各种游艺活动及戏剧演出、民族音乐会等。

（二）主要旅游城市及名胜

1．柏林（Berlin）

首都柏林是德国第一大城市，全国的政治、经济、文化和交通中心。位于德国东北部。

柏林又是著名的欧洲古都，始建于1237年。建城人是勃兰登堡边疆伯爵阿伯特，因伯爵的绰号叫“熊”，后人就一直以一只站立的黑熊作为柏林城的城徽。1871 年俾斯麦统一德国后定都柏林。作为一座拥有760多年历史的文化名城，这里不仅有很多古典建筑和现代建筑群。还有良好的绿化环境。柏林的公园、森林、湖泊和河流约占城市总面积的1/4，整个城市在森林和草地的环抱之中，宛若一个绿色大岛。

柏林市区古典与现代建筑艺术互相映衬，相得益彰，体现了德意志建筑艺术的特色。1957年落成的会议大厅是现代建筑的代表作之一，屋顶是向上张开的蚌壳状。在其北面，过去的帝国国会大厦已部分修复。1963年建成的交响音乐厅和著名建筑师路德维希设计的国家现代美术馆风格新颖。古老的德皇威廉一世纪念堂两侧，建有八角形的新教堂和钟楼。附近还有20层的钢铁玻璃结构的欧洲中心大厦。长达1.6千米的“菩提树下大街”是欧洲著名的林荫大道，它是由菲特烈二世主持修建的，街道宽60米，两旁绿树成荫。现代化的旅馆商店和已修复的富丽堂皇的古老宫殿分立两侧。大街西端是按照古希腊雅典卫城城门式样建造的勃兰登堡门，东端是乐园广场，广场南边是马克思—恩格斯广场。马恩广场一侧有用巨型玻璃镶嵌的宏伟的“共和国宫”。附近矗立的电视塔高达365米，在200多米处有一球形旋转餐厅，从这里可以俯瞰柏林全市的风光。乐园广场北面是著名的“博物馆岛”，这里集中了国家美术馆等多个博物馆，收藏了世界各国珍贵的艺术品。

柏林也是德国文化最大的对外窗口。柏林有3所歌剧院、150家剧场和剧院、170座博物馆、300座画廊、130家电影院和400家露天剧场。成立于1882年的柏林爱乐乐团更是享誉世界。历史悠久的洪堡大学和柏林自由大学都是世界著名学府。此外，每年都举行各种艺术节、博览会和影展等。

（1）**柏林墙遗迹**（The Wall Remains Berliner）原德意志民主共和国围绕西柏林（德国首都柏林的一部分，后为民主德国的首都）建造的界墙遗迹。始建于1961年，后经过多次改建。墙高3.5米，南北长45千米，水泥板结构，上部为圆水泥管，使人无法攀缘。1990年10月3日德国统一后，将柏林墙拆除。为纪念这段历史，保留了一段长1.3千米的柏林墙，上面有不同风格的墙画，这是来自21个国家的艺术家的杰作，也称东边画廊。

（2）**勃兰登堡门**（Brandenburg Gate）是柏林的象征，位于柏林市中心菩提树下大街西端。公元1753年，普鲁士国王弗里德利希·威廉一世定都柏林，下令修筑共有14座城门的柏林城，弗里德利希·威廉一世以国王家族的发祥地勃兰登命名。初时此门仅为一座用两根巨大的石柱支撑的简陋石门。1788年，为庆祝普鲁士王国经过7年战争（1756～1763）终于获得国家统一而重建此门。于1788～1791年德国著名建筑学家卡尔·歌德哈尔·朗汉斯设计建筑。重建后的城门高26米，宽65.6米，进深11米，门内有5条通道，中间最宽的一道原为皇室御道。门内各通道之间用巨大的白色砂岩条石隔开，条石的两端各饰6根高达14米、底部直径为1.70米的多立克式立柱支撑。此门建成之后曾被命名为“和平之门”，门楼上装饰了德国著名雕塑家戈特弗里德·沙多设计塑造的一套青铜四马战车及“和平女神”塑像。这个雕像在1807年拿破仑入侵普鲁士时被运往巴黎，1814年又物归原主。为此，德国著名雕家申克尔又雕刻了一枚象征普鲁士民族解放战争胜利的铁十字架，镶在女神的月桂花环中。从此，“和平女神”被改称为“胜利女神”，此门也逐渐成为德意志帝国的象征。在各通道内侧的石壁上还镶嵌着沙多创作的20幅描绘古希腊神话中大力神海格拉英雄事迹的大理石浮雕画。30幅反映古希腊和平神话“和平征战”的大理石浮雕装饰在城门正面的石门楣上。

2．波恩（Bonn）

古城波恩位于莱茵河中游两岸，是一座拥有2000多年历史的文化古城。公元1世纪初，罗马军团曾在这里设立兵营，因此“波恩”意为“兵营”。13～18世纪曾是科隆大主教区驻地。1949～1990年为德意志联邦共和国首都。迁都柏林后，波恩还设有部分政府职能机构。

波恩是欧洲著名的历史文化城市。波恩市政厅是一座巴洛克式建筑，建于700年以前，墙上浮雕金光闪耀，楼面古朴大方，曾经两次遭到战争严重破坏，每次战后都及时进行修复。建于1786年的波恩大学，是欧洲最古老的高等学府之一，校舍主楼是普鲁士时期的宫殿式建筑，马克思和著名诗人海涅都曾在这里学习过。坐落在市中心的大教堂，建于1050年左右，顶端为96米高的方形塔，被视为波恩的象征。坐落在哥德斯山顶的哥德斯堡，是欧洲著名的古建筑。波恩城市建设中的一个突出特点是，许多古老建筑在重新修缮后被辟为博物馆和文化机构，从而得到充分利用。音乐家贝多芬于1770年诞生于波恩市中心的一幢房子里，并在这幢房子里生活了22年。1889年将他的故居辟为博物馆，馆内陈列着贝多芬当年的手稿、文献及乐器等。

波恩是欧洲绿化最好的城市之一，被誉为“绿色的城市”。波恩市区延伸在莱茵河谷地段，莱茵河东、西两侧绵延起伏的丘陵地区被大面积森林所覆盖，全市拥有大小公园、街心公园达1200多个，占地面积490多万平方米。市区周围是大片森林，覆盖面积达4000多万平方米，这些园地、森林占全市总面积的1/3以上，平均每个市民占有公园绿地17平方米，森林140平方米。

3．慕尼黑（Munich）

慕尼黑是德国的第三大城市，位于德国南部阿尔卑斯山地区，始建于1158年。这里地处德国通往阿尔卑斯山的一个有名山口的北侧，自古就是北欧进入中欧、南欧的交通要冲，同时又有多瑙河的支流伊萨尔河流经这里，故有“通向世界的门户”、“欧洲大转盘”之称。

“慕尼黑”在德语里是“僧侣之地”的意思。建于15世纪的圣母教堂是大多数慕尼黑明信片上展示的标志性建筑。橘红色的屋顶和两座绿色的高塔，是其独特之处。位于玛丽恩广场北侧的新市政厅，是一座19世纪末建造的棕黑色哥特式建筑，建筑布局恢宏，装饰华丽。其80多米的高塔，安装有铜质时钟，每逢上午11时鸣钟，其塔阁里有许多彩色小铜人开始摆动，排演成威廉五世和兰妮女公爵1568年结婚典礼的隆重场面，被认为是慕尼黑艺术工匠的垂世名作。市内有陈列馆、博物馆25座，其中阿尔特·皮纳科特绘画陈列馆，建于19世纪上半叶，藏有比利时大画家鲁本斯和德国大画家丢勒的作品。州立现代艺术陈列馆，则因收藏20世纪饮誉世界的毕加索等大师的作品而驰名。德意志博物馆陈列了从古迄今的自然科学及技术发展的各种展品，为世界上同类博物馆中规模最大者。宝马汽车博物馆内按照年代秩序陈列着从古到今的各类汽车。

慕尼黑也是世界著名音乐城之一，是德国著名作曲家、指挥家查理德·施特劳斯的诞生地。有20多座歌剧院、剧院，居维利歌剧院以其崇尚浮华的洛可可式建筑闻名。位于城西北的奥林匹克公园是为举办1972年夏季奥林匹克运动会修建的一座综合体育设施。每年10月举行的啤酒节已有190多年历史。这里还是德国著名诗人歌德的诞生地，1914年建立的歌德大学则是全德最著名的学府之一。因此，慕尼黑有“博览会之城”、“啤酒之都”之美誉。

4．科隆（Cologne）

科隆是德国的第四大城市，位于德国西部北莱茵-威斯特法伦州，著名的莱茵河穿市而过。早在公元前50年，已是罗马帝国的重要殖民地，其市名就是由Colonial（殖民地的）演变而来。如今，它是莱茵区最大的国际商业中心，经常举行各类国际博览会，有“传媒与通讯之城”的美誉。

在这座位于莱茵河中游的历史古城，可感受到浓烈的宗教气氛，这里有150多座教堂，其中科隆大教堂是德国最大的教堂。

科隆大教堂（Cologne Cathedral）是世界最高的教堂之一，与巴黎圣母院、罗马圣彼得大教堂并称为欧洲三大宗教建筑。它位于科隆市中心的莱茵河畔，是科隆的标志。该建筑以轻盈、雅致著称于世，于1998年列入世界文化遗产。大教堂始建于1248年，封顶于1322年，完成于1880年，其建筑期长达630多年，堪称世界之最。科隆大教堂占地8000平方米，建筑面积约6000平方米。内有10个礼拜堂，中央大礼拜堂穹顶高达43.35米。教堂的中央是两座与门墙砌成一体的双尖塔，高161米，就像两把锋利的宝剑，直插苍穹。此外，周围的玻璃窗上都是用彩色玻璃镶嵌出的《圣经》故事图画；教堂内还有描绘圣母玛丽亚和耶稣故事的精美石刻浮雕。教堂的钟楼上装有5座大钟，最大最著名的是圣彼得钟，重达24吨。登上钟楼，可眺望莱茵河的美丽风光和整个科隆市容。

3.4.2 音乐之邦——奥地利（Austria）

（一）基本概况

1．旅游环境

奥地利共和国（The Republic of Austria）简称奥地利，位于中欧南部，是内陆国。东邻斯洛伐克和匈牙利，南接斯洛文尼亚和意大利，西连瑞士和列支敦士登，北与德国和捷克接壤。面积为8.39万平方千米。因奥地利是东欧和西欧之间的必经之路，素有“欧洲心脏之国”和东西方“十字路口”的美称，也是欧洲的文化中心。

奥地利是一个山地国家，境内山地占70%，东阿尔卑斯山脉的3条支脉自西向东横贯全境。大格洛克纳山海拔3797米，为全国最高峰。北部是高原，东北部是维也纳盆地，东部和东南部为丘陵和平原。主要河流为多瑙河。有与德国和瑞士共有的博登湖及奥匈边界的新锡德尔湖。

奥地利属温带气候，夏季凉爽，冬季寒冷。1月平均气温-2℃，7月平均气温19℃。年降水量自东向西逐渐减少，约700～1000毫米。

奥地利地处欧洲中心，是欧洲重要的交通枢纽。主要工业部门是采矿、钢铁、机械制造、石油化工、电力、金属加工、汽车制造、纺织、服装、造纸、食品等。采矿业是奥地利的传统工业，但规模相对较小；钢铁工业在国民经济中占有重要地位。森林、水力、矿藏资源丰富，森林占国土面积的44%。农业发达，农产品自给有余，机械化程度高。

2．历史与文化

公元前400年，克尔特人曾在此建立诺里孔王国。中世纪早期，日耳曼人中的哥特人、巴伐利亚人等来此居住。12世纪中叶形成公国。13～19世纪由神圣罗马帝国哈布斯堡王朝统治。1815年成立以奥地利为首的德意志邦联。1866年在普奥战争中失败，被迫解散德意志邦联。1867年同匈牙利合并为奥匈帝国，直到1918年第一次世界大战后解体，建立奥地利共和国。1938年3月被纳粹德国占领。第二次世界大战中曾作为德国的仆从参战。1945年战败后，奥地利曾被苏、美、英、法四国分区占领。1955年恢复独立。奥地利国民议会并于1955年10月26日通过"永久中立法"，奥地利成为中立国家，10月26日被定为奥地利国庆日。

奥地利国旗自上而下由红、白、红3个平行相等的横长方形相连而成，旗面正中是奥地利国徽图案。此旗的来历可追溯到奥匈帝国时期，据说当时的巴本堡公爵在与英王理查一世激战时，公爵的白色军衣几乎全被鲜血染红，只有佩剑处留下一道白痕。从此，公爵的军队采用红白红为战旗颜色。1786年约瑟夫国王二世把红白红旗作为全军战旗，1919年正式定为奥地利国旗。奥地利国徽为一只鹰。鹰是奥地利的标志，鹰头上的金冠象征市民，鹰爪中握着的金色锤子和镰刀象征农工，鹰胸前盾面为国旗图案，鹰爪上还套有被打断的锁链象征奥地利人民获得自由、解放。奥地利的国歌是《让我们拉起手来》。奥地利国花是白雪花、火绒草。国鸟是家燕，奥地利人认为燕子会给人带来活力和吉祥，在他们的心目中还是造福于人的使者。

奥地利最有名的当数音乐和歌剧，素有"音乐之邦"的美称。海顿、莫扎特、舒伯特、约翰·施特劳斯，还有出生德国但长期在奥地利生活的贝多芬等等，都是名扬世界的音乐家。这些音乐大师在两个多世纪中，为奥地利留下了极其丰厚的文化遗产，形成了独特的民族文化传统。奥地利萨尔茨堡音乐节是为纪念莫扎特诞辰而举行的活动，是世界上历史最悠久、水平最高、规模最大的古典音乐节之一。一年一度的维也纳新年音乐会可谓世界上听众最多的音乐会。建于1869年的皇家歌剧院（现名维也纳国家歌剧院）是世界最有名的歌剧院之一，而维也纳爱乐乐团则是举世公认的世界上首屈一指的交响乐团。

奥地利人口817万（2004年），91%为奥地利人，少数民族有斯洛文尼亚人、克罗地亚人和匈牙利人。官方语言为德语。78%的居民信奉天主教。

3．习俗礼仪

奥地利人极为重视礼貌，即使是和陌生人相遇，他们也惯于打个礼节性的招呼。奥地利人在官方场合与客人相见时，一般惯以握手为礼。女人与男宾相见时，也惯施屈膝礼，同时还礼貌地将右手伸向对方，以使对方回敬吻手礼。初次应邀到奥地利人家里去拜访时，可以送些鲜花或巧克力之类的小礼物。

在饮食方面，奥地利人很注重菜肴的营养成分。他们的口味一般偏重，喜欢咸、辣、甜味。许多人继承了日食五餐的传统。奥地利人不喜欢在新年期间食用虾类，因为虾会倒着行走，象征不吉利。

奥地利人喜欢绿色，认为绿色象征着美好和吉祥。他们新年早晨最愿碰见烟囱清洁工，认为遇见他们是吉利的好事。他们喜欢别人知道自己民族的特征和谈论自己的成就。切勿把奥地利人称作德国人，他们虽然讲同一种语言，但奥地利人和德国人各自有其独特的习俗和价值观念。

（二）主要旅游城市及名胜

奥地利美丽的多瑙河和郁郁葱葱的森林景色，为它赢得了“绿色王国”、“森林之国”和“中欧花园”的美称，也带给音乐家们无限灵感。壮美的阿尔卑斯山脉是登山爱好者和冬季运动爱好者的理想去处；数百个秀美的湖泊，是夏季休闲和水上运动的好地方。青山绿水、音乐文化吸引着世界各地无数的旅游者来此探访。

奥地利国家虽小，但迄今为止已有八处被联合国教科文组织列入世界文化遗产名录：维也纳老城、舍恩布龙宫（美泉宫）、萨尔茨堡老城、格拉茨老城、多瑙河畔的瓦豪风景区、中欧最大的平原湖新希德勒湖、阿尔卑斯山脚下的哈尔施塔特、欧洲第一条山间铁路谢莫林。

1．维也纳（Vienna）

首都维也纳是著名的音乐城市，奥地利的政治、经济和文化中心。位于奥地利东北部阿尔卑斯山北麓多瑙河畔的维也纳盆地之中，占地面积415平方千米，三面环山，多瑙河穿城而过，著名的维也纳森林从西、北、南三面环绕着城市，辽阔的东欧平原从东面与其相对，环境优美，景色诱人，素有“多瑙河的女神”之称。

维也纳是一座拥有1800多年历史的古老城市。公元1世纪，罗马人曾在这里建立城堡。1137年为奥地利公国首邑。13世纪末，城内出现大批宏伟的哥特式建筑。15世纪以后，成为神圣罗马帝国的首都和欧洲的经济中心。维也纳的名字始终是和音乐连在一起的。18世纪这里是欧洲古典音乐“维也纳乐派”的中心，19世纪是舞蹈音乐的主要发祥地。只要提起维也纳，人们自然会联想到贝多芬、莫扎特、舒伯特、海顿、约翰·施特劳斯等这些音乐大师的名字，因为这里是著名圆舞曲华尔兹的故乡，也是欧洲许多著名古典音乐作品的诞生地，一直享有世界音乐名城的盛誉。世界各地许多著名音乐家曾来这里居住，从事创作和演出活动。漫步维也纳市区，几乎到处可以看见一座座造型逼真的音乐家雕像，城市许多街道、公园、剧院、会议厅等都是用世界著名音乐家的名字命名的。维也纳内环城路是音乐大师们的雕塑像最集中的地方。在这条环城路的城市公园里，竖立着奥地利音乐家“华尔兹之王”约翰·施特劳斯的雕像。莫扎特的雕像坐落在内环城路皇宫公园的中心，贝多芬的雕像耸立在内环城路上的一个广场中央。

维也纳城区房屋多顺山势而建，重楼连宇，层次分明。登高远望，各种风格的教堂建筑给这青山碧水的城市蒙上一层古老庄重的色彩。市内街道呈辐射环状，从内城向外城依次展开，分为三层。两旁林荫蔽日的环形大道以内为内城。内城即老城，这里街道狭窄，卵石铺路，纵横交错，两旁多为巴洛克式、哥特式和罗马式建筑。中世纪的圣斯特凡大教堂和双塔教堂的尖塔耸立蓝天，在高层建筑不多的城区显得格外醒目。环形大道两旁为博物馆、市政厅、国会、大学和国家歌剧院等重要建筑。环形大道与另一相平行的环行路之间是城市的中间层，这儿是密集的商业区和住宅区，其间也有教堂、宫殿等建筑。第二环形路外为外层，在外层的南面和东面是工业区，西面是别墅区、公园区、宫殿等，一直延伸到森林的边缘。在这众多的宫殿中，以位于城西南部的舍恩布龙宫引人注目，这是奥地利历史上繁荣时期的一个遗迹。

（1）**维也纳国家歌剧院**（State Opera Theatre of Vienna）是世界上一流的大型歌剧院，是“音乐之都”维也纳的主要象征，素有“世界歌剧中心”之称。建于1869年，原是皇家宫廷剧院，其前身是17世纪维也纳城堡广场木结构包厢剧院。1869年5月25日，在此首场演出了莫扎特的歌剧《唐璜》，从此拉开了辉煌的序幕。1945年，国家歌剧院毁于战火，战后重建工作持续了10年。1955年11月以演出贝多芬的歌剧《费德利奥》庆祝再生。歌剧院为罗马式宏伟建筑，前厅和侧厅都用大理石砌成，内部绘有精美壁画，挂有大音乐家和名演员照片。观众席共有6层，可容有座观众1600多人。

（2）**维也纳音乐厅**（Music Hall Vienna）是维也纳最古老，也是最现代化的音乐厅，是每年举行“维也纳新年音乐会”的法定场所。始建于1867年，1869年竣工，是意大利文艺复兴式建筑。外墙黄红两色相间，屋顶上竖立着许多音乐女神雕像，古雅别致。1870年1月6日，音乐厅的金色大演奏厅举行首场演出。自1939年开始，每年1月1日在此举行维也纳新年音乐会，后因战争一度中断，1959年又重新恢复。厅内有收藏馆，馆分两室。一间是展览室，定期举行收藏品展览；一间是档案室，一边的书架上放满大量历代的音乐书籍和乐谱，另一边的铁柜里藏有音乐大师们的乐稿、书信和其他手迹。屋子中间是一长排桌子，供研究者查阅资料之用。

（3）**舍恩布龙宫**（Schonbrunn Castle in Vienna）亦称“美泉宫”，是奥地利哈布斯堡王朝的避暑离宫，位于维也纳西南部。1694年由玛利亚·特利萨女王下令修建。整座宫殿占地2.6万平方米，仅次于法国的凡尔赛宫。宫内共有1400多个房间，其中44间是以18世纪欧洲流行的洛可可式建筑风格装修的。此外，还有以东方古典样式装修的厅堂，如镶嵌紫檀、黑檀、象牙的中国式和饰以泥金和涂漆的日本式。房间内部的饰品和陈设也与建筑风格相一致，在琳琅满目的陶瓷摆设中，尤以明朝万历年间的彩瓷大盘和描花古瓶最为珍贵。宫内有哈布斯堡王朝历代帝王设宴的餐厅和华丽的舞厅。在长廊上，挂满了哈布斯堡王朝历代皇帝的肖像和记录他们生活场景的图画以及玛利亚·特利萨女王的16个女儿的肖像画。在房间和回廊的拐角处是各种式样的火炉，其中俄式的大火炉造型最为奇特。在宫殿北侧是一座占地2平方千米，仿凡尔赛宫风格的后花园。

2．萨尔茨堡（Salzburg）

萨尔茨堡是萨尔茨堡州首府，是奥地利北部交通、工业及旅游中心，也是音乐艺术中心，被誉为“音乐之城”。位于奥地利西北部阿尔卑斯山山麓，濒临多瑙河支流萨尔察赫河。古罗马时期萨尔茨堡就是当时的贸易中心。1077年设市，公元8～18世纪为天主教大主教驻地和活动中心。这里的建筑艺术可与意大利的威尼斯和佛罗伦萨相媲美，有“北方罗马”之称。

城市坐落在萨尔察赫河两岸，偎依在白雪覆盖的阿尔卑斯山峰之间。城内古堡、皇宫、教堂林立。建于11世纪的霍尔亨萨尔茨堡，历经900多年风雨，仍巍峨挺立，是中欧地区保存最完好、规模最大的一座中世纪城堡。米拉贝尔宫原是17世纪为萨尔茨堡大主教建造的宫殿，18世纪又经扩建，现在是包括宫殿、教堂、花园、博物馆的游览中心。宫殿正门是草坪、花圃、喷水池，四周环绕着20余座以希腊神话为题材的大型石雕。城南有17世纪建造的皇家花园，以“水的游戏”著称。花园内有一座玲珑的假山，山洞内可以听到26

种不同的鸟鸣声，组成一曲悦耳动听的空山鸟语，其实是流水发出的声音，非常有趣。这里还有一处机械装置的舞台，利用水流的原理使156个活动的小人在台上扮演300多年前一个小镇的生活场面。

萨尔茨堡在历史上以音乐之城闻名，大作曲家莫扎特在1756年出生于此，现有莫扎特纪念馆，馆前的广场上竖立着莫扎特全身铜像，市内还有莫扎特歌剧院，每年都将在此举行纪念莫扎特的一系列文化活动，盛况空前。

莫扎特故居（Mozartst Seburtuts）是奥地利18世纪著名音乐大师莫扎特出生的地方，位于市中心粮食大街9号。这是一座金黄色的6层楼建筑，公元1756年1月27日莫扎特就诞生在这里，并度过了他的童年。莫扎特14岁被任命为宫廷乐师。1781年，他向宫廷提出辞呈，迁居维也纳，从而打开维也纳古典音乐的大门，直到1791年1月5日逝世。为了纪念他，1917年把这里辟为莫扎特故居和博物馆。馆内陈列着莫扎特生前使用过的小提琴、木琴和钢琴，亲笔写的乐谱、书信以及亲自设计的舞台剧蓝图等。馆内如今还珍藏着莫扎特的一缕金色头发。故居前面是莫扎特全身铜像。

3.4.3 欧洲屋脊——瑞士（Switzerland）

（一）基本概况

1．旅游环境

瑞士联邦（Swiss Confederation）简称瑞士，是一个位于欧洲中西部的内陆国家，北面是德国，西面是法国，南临意大利，东接奥地利与列支敦士登，众星捧月的地势，使瑞士成为欧洲这块大陆上的屋顶。

瑞士属山地国家，平均海拔1350米，面积4.13万平方千米。西北部为侏罗山区，约占国土面积的10%；南部为阿尔卑斯山区，大约占国土面积的58%；中部为瑞士高原，占国土面积的32%。最高点杜富尔峰，海拔4634米，最低点马乔列湖，海拔193米。在山区、高原、谷地上分布1494个自然湖泊，最大的是日内瓦湖（又名莱蒙湖），面积581平方千米。境内冰川有140个，总面积达1951平方千米，占全国面积的4.7%。欧洲著名的莱茵河、罗讷河发源于此。

自西向东伸展的阿尔卑斯山脉成为瑞士气候的分界线。阿尔卑斯山以南是亚热带地中海气候，阿尔卑斯山以北的瑞士大部分地区属温带气候，气候自西向东由温和湿润的海洋性气候向冬寒夏热的大陆性气候过渡。瑞士年平均气温9℃，年降雨量为1000～2000毫米。

瑞士是经济高度发达的资本主义国家。工业、金融业和旅游业为经济的三大支柱。工业主要有机械制造、化工、医药、钟表和食品加工等，瑞士有“钟表王国”之称。雀巢食品公司是瑞士最大的工业垄断集团，速溶咖啡闻名于世。旅游业是主要的创汇来源。农业集约化程度高，乳用畜牧业较发达，生产牛乳、乳油、干酪等，其次是肉类和肉制品。农作物有小麦、马铃薯、甜菜、葡萄等。瑞士矿藏资源贫乏，仅有少量的煤、铁、石油和铀。水力资源丰富，森林覆盖率为29%。

2．历史与文化

公元3世纪阿勒曼尼人（日耳曼民族）迁入瑞士东部和北部，勃艮第人迁入西部并建立勃艮第王朝。公元11世纪处于神圣罗马帝国的统治之下。1648年摆脱神圣罗马帝国的统治，瑞士联邦宣布独立，奉行中立政策。1798年，拿破仑一世侵吞瑞士，将其改为“海尔维第共和国”。1803年，瑞士恢复联邦。1815年，维也纳会议承认瑞士为永久中立国。此后在历次国际战争和两次世界大战中，瑞士均保持中立。1848瑞士制定新宪法，设立联邦委员会，从此成为统一的联邦制国家。

瑞士国旗呈正方形，旗面为红色，正中一个白色十字。白色象征和平、公正和光明，红色象征着人民的胜利、幸福和热情；国旗的整组图案象征国家的统一。这面国旗在1889曾作过修改，把原来的红地白十字横长方形改为正方形，象征国家在外交上采取的公正和中立的政策。瑞士的国徽为盾徽，图案、颜色与国旗相同。瑞士的国歌是《瑞士诗篇》，国花是火绒草，国石是水晶。

瑞士天主教祭典流行至今。在祭典日，人们穿着民族服装，唱歌、跳舞和祈祷。儿童节祭典又称“疯狂的祭典”，参加者戴上假面具，把装有青豌豆的袋子绑在裤子上，互相追打。此时连神父也戴上假面具，和人们一同参加祭典。

瑞士人口745万（2004年）。官方语言为德、法和意大利语。居民中讲德语的占64%，法语占19%，意大利语占8%。根据语言的不同，瑞士分为3个语区：德语区、法语区和意大利语区。居民中48%和44%分别信奉天主教和基督教。

3．习俗礼仪

瑞士人约会讲究准时，办事追求效率，以吃苦耐劳闻名。男子见面一般握手为礼，女子可行吻面额礼。见面时喜欢安静，在房间行走时会避免发出很大的响声。

瑞士人酷爱清洁，不但个人居室住所干净整齐，也十分注意保持公共场所的卫生，无论城市乡间，都绝少有乱弃废物的现象，也不在阳台上晒衣服。他们也十分重视环境污染问题，因此在保护环境卫生、防止污势方面有许多严格而具体的规定。

瑞士人以西餐为主，讲究菜肴的色香味形。喜饮酒，喜食牛肉、奶酪、巧克力、速溶咖啡和浓缩食品。

瑞士人赠花很有讲究，不习惯接受别人赠送3支红玫瑰，因为这带有浪漫色彩，特定场合下才能接受这样的礼物。但是以1支或20支为礼是可以接受的。他们珍视火绒草，用它象征至高无上的荣誉，常将它作为最珍贵的礼物奉献外宾，以表达友好、诚挚、崇敬。瑞士人忌讳数“13”和“星期五”，不喜欢饰有猫头鹰图案的物品，也不喜欢黑色。

（二）主要旅游城市及名胜

受德国、法国、意大利文化相互交织的影响，瑞士的古迹体现了欧洲不同文化、历史和传统的完美结合。这里还有白雪皑皑的山峦巅峰，郁郁葱葱、百花争艳的丘陵绿野，碧波荡漾的湖光山色，交相辉映的冰川与峻岭。碧水、翠谷、银峰、红瓦深深吸引着每一位旅游者。

1．伯尔尼（Bern）

首都伯尔尼也是伯尔尼州首府，瑞士的政治和文化中心。位于瑞士高原中央山地，莱茵河支流阿尔河的岸边。湍急的河水从三面绕伯尔尼老城而过，形成了一个半岛。现有7座桥梁把两岸旧城区与东岸新城区连接起来。

伯尔尼于公元1191年建城，1848年联邦宪法定为瑞士首都，又称为“联邦城”。伯尔尼这一名称是从德文“熊”字演绎而来，传说为给城市取名，当时的统治者扎灵根公爵决定外出打猎，以打到的第一只野兽作为城市名，结果打死一头熊，于是以“熊”字命名该城。“熊”自然成了伯尔尼的城徽，进而又变为伯尔尼州的标志，伯尔尼市有些古建筑上至今仍留有熊的雕塑。

伯尔尼老城原来一些木质结构的建筑被中世纪的多次大火烧毁，后来重建时改为石头结构，现仍保持完好。碎石铺成的马车道，街道两旁是彼此相连的漫长拱廊，红瓦白墙相映生辉的古老房屋，各有典故的街心喷泉彩柱，16 世纪的钟塔及始建于 1421 年的晚期哥特式大教堂，使伯尔尼显得古色古香，保留着中世纪时的风貌。现主要街道已被划为步行区，环境十分幽静，伯尔尼老城已被联合国教科文组织列入世界文化名城之列。钟塔称得上是伯尔尼的城市象征，始建于 13 世纪，原来是伯尔尼城的门户，如今是伯尔尼对公众开放参观的文化遗产中，最著名的一项景点。大教堂内有著名的《最后的审判》（1495 年）、建于 1523 年的刻花唱诗班廊檐、1421～1450 年间完成的雕花天窗等。它的 100 米高的尖塔顶是瑞士的最高建筑尖顶。

伯尔尼还是万国邮政联盟和国际铁路运输总局所在地。瑞士传统钟表业的中心，许多世界名品都诞生于此，这里是欧洲最大的具有中世纪特色的购物区。

历史上，许多革命活动家都曾在伯尔尼生活、工作过，恩格斯 1848 年秋曾到伯尔尼指导瑞士的工人运动；列宁从 1914 年 9 月到 1916 年初也曾在伯尔尼附近的齐美瓦尔德和昆塔尔逗留过。著名物理学家爱因斯坦在此创立相对论的居所，现已辟为爱因斯坦之家博物馆。

2. 日内瓦（Geneva）

日内瓦是国际名城，瑞士第三大城市，日内瓦州的首府，位于瑞士西南部，群山环抱的日内瓦湖南端。由于它背山面水，风景优美，气候宜人，被誉为"旅游者的圣地"。

日内瓦是全世界交汇之点，以国际组织所在地和国际会议城市著称于世，是继纽约之后联合国机构和国际组织最多的城市。已被世人誉为"和平之都"。日内瓦也是世界钟表之都，钟表业与银行业成为日内瓦的两大经济支柱。

罗纳河穿城而过，将市区分为老城区和新城区。老城区以一座古代大教堂为中心，有许多中世纪的名胜古迹和富有特色的哥特式建筑。新城区沿湖而建，街道宽阔，绿树成荫，到处是现代化的高层建筑，以及栽有各种花卉的公园。新老城区之间为商业区和大学区。

（1）**万国宫**（Palace of Nations）是瑞士日内瓦的著名建筑。它曾经是第二次世界大战前国联大厦（1920～1946）旧址。现为联合国驻日内瓦办事处，又称联合国欧洲总部，是联合国许多机构的驻地和举行国际会议的中心，位于日内瓦东北郊日内瓦湖畔。万国宫由中央大会厅、北侧的图书馆和新楼、南侧的理事厅，以及阿丽亚娜花园等宏伟的建筑群组成，总面积达 2.5 平方千米。大会厅共 6 层，有座位 1800 多个。理事厅装饰富丽堂皇，四周墙壁和天花板上，有西班牙艺术名家绘制的作品，画的主题是正义、力量、和平、法律和智慧。另有一幅浮雕壁画横贯整个天花板，画着宇宙中 5 个巨人的 5 只巨手紧紧握在一起，象征着世界五大洲人民的团结与合作。这个理事会厅就是 1954 年周恩来总理参加的关于印度支那问题的日内瓦会议和 1955 年的美、苏、法、英国首脑会议的会址。6 层的图书馆大楼有藏书 71.6 万册和世界各国出版的期刊 1 万多种。图书馆与 1973 年新建的万国宫新楼之间有空中走廊相连，新楼是一座 4 层的会议厅大楼，内有 10 个设有同声传译设备的会议厅。

（2）**日内瓦湖**（Geneva Lake）又名莱蒙湖，位于日内瓦近郊，为一冰碛湖。湖长 72 千米，宽 8 千米，面积 580 平方千米，平均水深 150 米，最深处 310 米，湖面海拔 375 米。是阿尔卑斯山区最大的湖泊，分属瑞士和法国。沿湖排列着激流公园、玫瑰公园、珍珠公园、英国花园和植物园等。坐落在湖畔英国花园南边草坪上的著名花钟，是当地能工巧匠巧妙地用花卉之美同钟表制造技术共同表现瑞士“花园之国”与“钟表之乡”特色的别出心裁之作。湖中有一座水柱高达150米的人工喷泉，银色的水柱，冲入云霄，水珠四溅如云雾，在阳光照耀下，呈现若隐若现的彩虹。天鹅和各种水禽嬉戏水上，游艇和彩帆游弋湖面，群群白鸽在湖上空飞翔，和平宁静，引人入胜。

（3）**圣彼得大教堂**（Saint Peter's Cathedral）是日内瓦老城区给人印象最深的标志性建筑。建于1160～1232年间，大教堂融会了多种建筑风格，原建筑是以罗马式风格修建，其拱门是哥特式的，18世纪加建的正门则有希腊-罗马式的圆柱和类似罗马的万神殿的穹顶。大教堂下面藏着欧洲最大的对公众开放的水下古迹。此外，还能看到许多令人惊叹的奇迹，如建于公元4世纪的洗礼堂和公元5世纪反映不同时期不同社会阶层的精妙绝伦的镶嵌图画。

3．苏黎世（Zürich）

苏黎世是瑞士第一大城市，苏黎世州首府，位于阿尔卑斯山北部，苏黎世湖西北端和利马特河通苏黎世湖的河口处。苏黎世既是瑞士最大的金融和商业中心，又是瑞士重要的文化城市，交通和服务业也居全国首位。这里集中了100余家银行，半数以上是外国银行，故有“欧洲百万富翁都市”的称号。

苏黎世历史悠久，曾是罗马帝国时期重要的关卡。现在利马特河左岸的菩提园就是当时罗马人在此设关的痕迹，为苏黎世市诞生的标志。在建筑艺术上，苏黎世为中世纪与现代化结合的城市。中世纪时期的教堂尖塔、喷泉、古堡在市内随处可见。双塔式罗马大教堂建于15世纪，它是苏黎世城的重要标志。市政厅则是一座华丽的意大利文艺复兴风格的建筑。它们与修女院以及许多现代化的住宅、旅馆和饭店等分布在利马特河的两岸。此外，全市有23家图书馆和档案馆、20家博物馆、98个画廊以及享有盛名的苏黎世音乐厅和歌剧院。1898年开馆的瑞士国家博物馆内，收藏着很多古代历史文物和美术品。

苏黎世湖是一山地湖泊，呈半月形，湖长40千米，宽4千米，面积达88平方千米，最深处达140多米。湖边有白雪皑皑的阿尔卑斯山，葱郁的葡萄园、果树园和森林漫布在湖畔的缓坡上，其间零星地点缀着住宅和别墅。站在湖边，放眼远眺，蓝天映碧水，白云衬银帆，雪冕冰冠的阿尔卑斯山峰峦起伏，是理想的休闲和旅游胜地。

3.5 南欧之旅

南欧主要是指欧洲南部沿地中海一带地区，由阿尔卑斯山脉以南的伊比利亚半岛、亚平宁半岛和巴尔干半岛及附近岛屿组成。南面和东面临大西洋的属海地中海和黑海，西濒大西洋。包括斯洛文尼亚、克罗地亚、南斯拉夫、波斯尼亚和黑塞哥维那、马其顿、罗马尼亚、保加利亚、阿尔巴尼亚、希腊、土耳其的欧洲部分、意大利、梵蒂冈、圣马力诺、马尔他、西班牙、安道尔和葡萄牙。南欧三大半岛多山，平原面积小。地处大西洋—地中海—印度洋沿岸火山带，多火山，地震频繁。大部分地区属亚热带地中海式气候。河流短小，大多注入地中海。这里既有独特的城市风貌、值得炫耀的历史和文化，以及建筑精美的古堡宫殿，也有欧洲最惬意温暖的海滩、极具田园气息的自然风光。

3.5.1 露天历史博物馆——意大利（Italy）

（一）基本概况

1．旅游环境

意大利共和国（The Republic of Italy）简称意大利，意为“小牛生长的乐园”，位于欧洲南部亚平宁半岛上，领土还包括西西里岛和撒丁岛等，国土面积为 30.13 万平方千米。北以阿尔卑斯山为屏障与法国、瑞士、奥地利、斯洛文尼亚接壤，东滨亚得里亚海，西临利古里亚海与第勒尼安海，南隔地中海同北非相望。由于意大利的国土形似一只插入地中海的长靴，故又被称为“靴国”。

意大利海岸线长约 7200 多千米。地理位置十分重要，它不仅是欧洲的南大门、欧亚非三大陆的桥头堡和跳板，还是意大利境内两个主权袖珍国——梵蒂冈教皇国和圣马利诺的栖歇地。

意大利不仅是个半岛国家，而且也是名副其实的山国和岛国，山地和丘陵占国土面积的 80%；除西西里岛和撒丁岛外，在其周围的地中海海域还星罗棋布着许多小岛。阿尔卑斯山脉横贯北部，亚平宁山脉纵贯半岛。两大山脉之间为波河平原。沿海亦有小片平原。意、法边境的勃朗峰海拔 4810 米，为境内最高峰。南部多火山，地震频繁，西西里岛上的埃特纳火山海拔 3340 米，为欧洲最高的活火山。

意大利的河流多而短小。波河是意大利最大的河流，全长 652 千米。此外，中部有台伯河、阿迪杰河、阿尔若河等主要河流。意大利的湖泊星罗棋布，多为冰川湖，以北部最为集中最为著名。较大的湖泊有加尔达湖、马焦雷湖、特拉西梅若湖和科莫湖，其中科莫湖因风景秀美而成为意大利和欧洲著名的旅游和度假胜地。

意大利大部分地区属亚热带地中海式气候，冬季温暖湿润，夏季干燥炎热。1 月平均气温 2～10℃，7 月为 23～26℃。年平均降水量 500～1000 毫米。

意大利属发达的工业国，居西方七大工业发达国家的第 5 位。意大利工业在整个国民经济中占有重要地位，是国民收入的主要来源。主要工业有采矿、钢铁、炼油、汽车、纺织等，有“欧洲炼油厂”之称。意大利发展工业所需的能源和原料主要依赖国外，产品的 1/3 以上供出口。旅游业和航海业发达，有“旅游之国”、“航海之国”等美称。农产品主要有小麦、玉米、稻米、马铃薯、甜菜、葡萄、油橄榄、柑橘、苹果等。盛产橄榄油和葡萄酒，是世界三大橄榄生产国之一，意大利葡萄和葡萄酒产量均占世界第一位，每年都有大量葡萄酒出口到法国、德国和美国，出口量居世界首位。意大利还是欧洲的粮仓，是出口大米最多的国家之一。

2．历史与文化

意大利是欧洲的文明古国，意大利是从古罗马逐步演变发展起来的。历经公元前 509～前 28 年罗马共和以及公元前 27～公元 476 年罗马帝国后，进入长期的封建割据和混战阶段，并成为文艺复兴运动的发祥地。从 16 世纪起，意大利先后被法国、西班牙、奥地利占领。1861 年 3 月 17 日独立，建立意大利王国。意大利在长期分裂之后，于 1870 年 9 月实现统一，资本主义开始迅速发展。1922 年 10 月墨索里尼上台，实行长达 20 余年的法西斯统治。1940 年 6 月向英、法宣战。1943 年 9 月意大利投降。1946 年 6 月废除君主制，成立意大利共和国。

意大利国旗由绿、白、红三个平行相等的竖长方形构成。意大利原来国旗的颜色与法国国旗相同，1796年才把蓝色改为绿色。1946年意大利共和国建立后，正式规定绿、白、红三色旗为共和国国旗。其中绿色代表葱郁的山谷，白色代表皑皑的白雪，红色象征烈士的鲜血。意大利国徽呈圆形，中心图案是一个带红边的五角星，象征意大利共和国；五角星背后是一个大齿轮，象征劳动者；齿轮周围由橄榄枝叶和橡树叶环绕，象征和平与强盛。意大利的国歌是《马梅利之歌》。意大利的国花是雏菊、紫罗兰、玫瑰，国树是五针松。

意大利是欧洲文明的发源地，古罗马文化是在汲取地中海周围各族文化和东方文明古国文化的精髓基础上发展起来的。古罗马文化在文学艺术、雕刻绘画、建筑艺术、地理科学方面都达到了很高的水平。14～15世纪资本主义生产关系的萌芽，使意大利成为欧洲文艺复兴运动的发祥地，文艺空前繁荣，涌现出但丁、达·芬奇、米开朗基罗、拉斐尔、伽利略等一批文化与科学巨匠。如今，在意大利各地都可见到精心保存下来的古罗马时代的宏伟建筑和文艺复兴时代的绘画、雕刻、古迹和文物。

意大利人口5846万（2004年12月），意大利族占89%，其余为法兰西族和拉丁族等。意大利人口分布很不平衡，64%的人居住在仅占全国面积20%的平原及沿海地区，以及城市的市区及周围。官方语言为意大利语，个别地区讲法语和德语。大部分居民信奉天主教。

3．社会习俗

意大利人朴素、开朗、健谈，爱好音乐、艺术。

意大利菜味醇香浓，以原汁原味著称。意大利面食品种多达400多种，烤饼“比萨”名扬世界。在意大利执意拒绝午餐或晚餐的邀请是不礼貌的。如果被邀请到意大利人家里吃饭，可以带葡萄酒、鲜花或巧克力作为礼物，但不能带菊花和百合花。送花时要送单数，但不送13朵。手帕、丝织品与亚麻织品一般也别送人。意大利是嗜歌好酒的民族。意大利盛产葡萄酒，酒的名目繁多，是家庭中必备饮料。午饭和晚饭时，不论男女老少，很少不喝葡萄酒，客人来了也以酒相待，就是喝咖啡也要掺上些酒。喝酒的方式十分讲究，一般在饭前喝开胃酒，席间视菜定酒，吃鱼时喝白葡萄酒，吃肉时喝红葡萄酒，餐后喝少量加冰块的烈性酒，以助消化。在正式宴会上，每一道菜都配有一种不同的酒。意大利人均年饮酒量大约120升，但很少酗酒，席间也不劝酒，各人量力而为。

意大利人喜欢绿、蓝、黄三种颜色。他们偏爱雏菊，认为它象征着意大利人的君子风度和天真烂漫。意大利人酷爱自然界的动物，喜爱动物图案和鸟类图案，喜欢养宠物，尤其是对狗和猫异常偏爱。意大利人忌讳用一根火柴给3个人点烟，即使用打火机，给两个人点完烟，再给第三个人点火时，也要先灭掉，重新打开再点。

（二）主要旅游城市及名胜

提起意大利，人们立刻会联想到罗马的古迹、米兰的工业、佛罗伦萨的雕刻与绘画、威尼斯水城的贡多拉、都灵的菲亚特汽车、热那亚的港口、比萨的斜塔、西西里和撒丁岛的民俗风情，真是千姿百态。因此，意大利这些丰厚的文化艺术遗产和自然景观，加上得天独厚的地理位置和气候条件、四通八达的海陆空交通网、与之配套的服务设施以及渗透在人民生活各个层面的文化内涵每年都吸引着成千上万的旅游者前往旅游度假。

1．罗马（Roma）

首都罗马是欧洲最古老的城市之一，意大利最大的城市，拉齐奥大区的首府，全国的政治、文化和交通中心。位于意大利中西部的特韦雷河下游丘陵地带上，距第勒尼安海25

千米。因城市坐落在7座山丘之上，历有“七丘城”之称。面积200多平方千米，人口约267万。

罗马始建于公元前753年前后，是古罗马帝国的发源地。罗马是以欧洲文艺复兴运动为代表的西方文明的摇篮，穿行在罗马的街头，仿佛走进一座古建筑艺术的陈列馆。遍布全城的教堂、广场、雕塑、喷泉，使罗马成为公认的“永恒之城”和一座巨型的“露天历史博物馆”。在古都遗址上耸立着元老院、万神殿、贞女殿等，还有世界八大奇迹之一的古罗马斗兽场，以及随处可见的千姿百态的残垣断壁和名胜古迹。此外，市政厅前台阶旁的兽笼，罗马城徽上的母狼形象，以及这座城市名称的由来等，都有各自的故事与传说。

（1）**万神殿**（Pantheon）　古代供奉众神的寺庙，是唯一保存完整的罗马帝国时期的建筑物。现为意大利名人灵堂，被列为国家圣地。万神殿始建于公元前27年，主体部分是一个带穹顶的巨大的混凝土圆桶，这种以“圆”为主的风格，是典型的古罗马建筑的特点，而在它的大门入口处，又靠着一个典型的古希腊的柱廊，柱廊由8根科林斯柱式组成，它的上面则是一处三角形的山尖。整个建筑活脱脱地显示着古罗马建筑继承与创新的形象，其中圆顶大厅是最精彩夺目的，大厅高度和屋顶直径均为43.5米，这样的规模直到19世纪尚无人能及。其半球形穹顶天花板由纵横排列齐整的凹陷藻井构成，中心的圆形天眼直径约9米，不但是神殿的唯一光源，而且有天光直射及下界通天的寓意。环厅的7座礼拜堂和7座壁龛中还有许多绘画及雕刻作品。1980年，万神庙和罗马历史中心被列入联合国教科文组织的《世界遗产名录》。

（2）**古罗马斗兽场**（Arena）亦称科洛西奥露天竞技场，是一座世界闻名的古迹，位于罗马市区东南部。斗兽场是露天建筑，呈椭圆形。占地约2万平方米，周长527米。从外面看去，它是一座残缺的建筑，西墙有4层，其余为3层，墙上的拱形门窗，一个挨一个。场内四周的看台上是退了色的淡红古砖，中间是宽阔的表演场地，共可容纳8万名观众。斗兽场是古罗马帝国的象征，也是迄今为止古罗马建筑中最卓越的代表，它建于公元1世纪，主要用于观看角斗士的格斗和斗兽表演。这里浓缩了当时一个奴隶制国家的政治和文化面貌。如今从断壁残垣中人们亦可略看出此前的旧貌，也引起无限遐想和追忆。

（3）**圣彼得大教堂**（The Basilica of St.Peter's）是梵蒂冈教廷的教堂，也是世界最大的天主教堂。1506～1626年建于现意大利首都罗马西北郊的世界最小的“袖珍国”梵蒂冈内。这里不但是绘画艺术的王国，同时也是建筑艺术的王国，整个教堂是由文艺复兴时期建筑家兼艺术家米开朗基罗、拉斐尔、勃拉芒特等大师们共同完成的杰作，是意大利文艺复兴时代不朽的纪念碑。大教堂平面地基呈拉丁十字架形，长212米，宽130多米，总面积达4.97万平方米，内部能容纳5万人。上有穹隆大圆屋顶，直径为41.9米，从地面到大圆屋顶顶尖十字架的高度达137.8米。教堂正立面高45.5米，长115米，有8根柱子和4根壁柱，女儿墙上立着施洗约翰和圣彼得的11个使徒的雕像，两侧是钟楼。教堂为石质拱券结构，外部用灰华石饰面，内部则用各色大理石，并有丰富的镶嵌画、壁画和雕刻作装饰，大多出自文艺复兴时代著名艺术家之手。自1870年天主教教皇的加冕仪式在这里举行以来，以后历代教皇的加冕仪式都在这里举行。

由建筑师贝尔尼设计督造的圣彼得广场，位于圣彼得大教堂旁。广场呈椭圆形，地面用黑色小方石块铺砌而成，两侧由两组半圆形大理石柱构成的长廊，共有284根圆柱和88根方柱组成，柱高18米，柱身需三、四人才能合抱，柱顶竖有142尊神态各异的圣人塑像。

广场中央矗立着一座高插云霄的从古埃及运来的方尖石碑，广场可容纳50万人，是罗马教廷用来举行大型宗教活动的地方。

2．米兰（Milano）

米兰是意大利的第二大工业城市，米兰省的首府，是意大利最重要的工业、商业和金融中心，亦是全国的铁路、公路和空运枢纽，有“经济首都”之称，同时也是艺术的摇篮和许多天才人物的故乡。米兰位于阿尔卑斯山前的波河平原，海拔122米。市区面积181.75平方千米，人口约250万。

米兰是一座历史悠久的古城。始建于公元前400年，从公元292年起，成为西罗马帝国皇帝的居住地。历史上，米兰曾多次先后被西班牙、奥地利，法兰西统治过，1860年摆脱奥地利的统治并入意大利。

米兰市区中世纪辐射状的环形布局仍保存完好，宽阔的大街、广场与古老的城堡、小巷并存。杜莫主教堂坐落在市中心的杜莫广场上，1805年拿破仑曾在此加冕，宣布兼任意大利国王。靠近杜莫广场还有饿马努艾乐二世长廊，这是一座顶部呈半圆形用彩色玻璃装饰的长廊，长196米，宽105米，高47米，两边布满了各种装饰考究、价格昂贵的各种商店。米兰还有世界著名的斯卡拉歌剧院、斯福尔泽斯科城堡、圣玛利亚教堂等。达·芬奇曾两次定居米兰，市内有达·芬奇故居。达·芬奇创作于圣玛利亚教堂修道院的餐厅内的《最后的晚餐》壁画，被尊为米兰的骄傲。

杜莫主教堂（Church of Duomo）是意大利最大的哥特式教堂，有“米兰的象征”之称，也是世界最华丽的教堂之一，规模仅次于梵蒂冈的圣彼得大教堂，被马克·吐温称赞为“大理石的史诗”。位于米兰市中心杜莫广场始建于1386年，拿破仑于1805～1813年间命人完成了其大部分工程，直到1965年装上正面最后一扇铜门，修建工程才算告终，前后持续了长达6个世纪的时间。主教堂呈拉丁十字架形，宽55米，长150米，面积1.17万平方米，可容纳3.5万人。因全部用康多利亚的白大理石修建，又被称为“大理石山”。建筑师和设计师来自意大利、法国、德国等欧洲国家，所以教堂集古希腊、古罗马及多种民族的建筑艺术风格于一身。从教堂正面看去，映入眼帘的是5座大铜门和6组直立的大方柱。每座铜门从上至下分成许多小方格，每格都雕刻着有关主教堂的历史、神话和圣经故事以及各种图案、飞禽走兽、花草鱼虫；6组方柱的柱身和柱基上雕有22幅大型作品和上百个人物雕像，每个人物各不相同，整个作品气势雄伟，人们来到这里就像来到一座博物馆一样。教堂顶上有135个哥特式大理石塔楼，每一塔顶立一真人大小的雕像。最大的尖塔居于教堂顶正中，高达107米，上有一座高4.2米的圣母玛丽亚镀金雕像。

3．威尼斯（Venezia）

威尼斯是举世闻名的水城，意大利东北部的重要港口，中世纪著名旅行家马可·波罗的故乡。位于意大利北部威内托大区的亚得里亚海深入内陆的一个泻湖之中，由100多个小岛组成，素有“亚得里亚海明珠”和“百岛之城”的美誉。

威尼斯四周为海洋所环绕，177条大小河道构成了城市的大街小巷，401座各式各样的桥梁把城市的各个部分连在一起，只有西北角一条4千米长的人工长堤与大陆相通，故有“水都”之称。整个城市没有一辆汽车，以舟代车，乘上当地特色“贡多拉”小舟在水中穿梭，可以尽情观赏威尼斯的众多名胜古迹。威尼斯及其泻湖于1987年被联合国教科文组织列入《世界遗产名录》。

威尼斯城建于公元5世纪，10世纪开始发展，到14世纪末，进入全盛时期，成为意大利境内最大、最富、最强的海上“共和国”，也是地中海贸易中心之一。威尼斯商人的足迹遍布欧、亚、非三洲。直至16世纪哥伦布发现美洲大陆，葡萄牙人发现通往亚洲的新航线后，其经济地位受到打击，才逐渐衰落。

威尼斯风光旖旎，古迹繁多，全城有教堂、钟楼、修道院、宫殿、博物馆等艺术及历史名胜450多处。其中有120座哥特式、文艺复兴式及巴洛克式教堂，120座钟楼，64所修道院，40多座宫殿。位于市中心的圣·马克广场是建筑艺术的典范，是威尼斯最大的广场。广场上坐落着富丽堂皇的王宫、罗马——拜占庭式的圣·马克大教堂、执政官宫和拿破仑王宫等。威尼斯因桥多也被称作“桥墩”，其中最有名的是“里阿尔托桥”，位于市中心大运河上，建于1588～1591年，桥长48米，宽22米，高7.9米，是一座大理石单孔桥。

圣·马可大教堂（Basilica San Marco）曾是中世纪欧洲最大的教堂，是威尼斯建筑艺术的经典之作。位于圣马可广场东面。圣马可是圣经中《马可福音》的作者，被威尼斯人奉为护城神，标志为狮子，所以威尼斯的城徽是一只狮子拿着一本福音书。圣马可教堂建于1073年，里边有圣马可墓。圣马可教堂建筑格局循拜占庭风格，平面呈希腊十字形，上覆5座半球形圆顶，正面宽51.8米，有5座棱拱形罗马大门。顶部建有东方式与哥特式尖塔和各种大理石塑像、浮雕与花饰，为融合欧洲和中东各流派于一体的综合艺术杰作。中间大门的穹顶阳台上，耸立着手持《马可福音》的圣马可塑像，6尊飞翔的天使簇拥在塑像之下。此外，还有十字军东征时掠夺的4匹金铜马和4根悬旗的青铜柱。教堂的内部，从地板、墙壁到天花板上，都是细致的镶嵌画作，这些画作都覆盖着一层闪闪发亮的金箔，使得整座教堂都笼罩在金色的光芒里，教堂又被称之为“金色大教堂”。教堂内殿中间最后方的黄金祭坛之下是圣徒马可的坟墓。

教堂前面的圣·马克广场北面有一座圣马可钟楼，高98.6米，在上面可以俯瞰威尼斯全景。楼顶有一口大钟，钟旁塑有两个摩尔人，手握大锤，每逢报时，自动举锤扣钟，钟声响及全城。特别是正午12点，洪亮的钟声，惊起正在广场觅食的鸽群，腾空而起，盘旋飞舞，势若垂天之云，极为壮观。

4．佛罗伦萨（Florence）

佛罗伦萨是意大利文艺复兴运动的发源地，世界上保存文艺复兴时期艺术作品最丰富的地区之一，托斯卡纳省的首府。它位于亚平宁山脉中部的阿尔诺河谷地，依山傍水。

佛罗伦萨在意大利语中意为“鲜花之城”。建立于公元200年，历史上一直是贸易和艺术中心。1569年成为图斯卡尼大公国都城，1865年为统一后意大利的首都。

佛罗伦萨是文艺复兴运动的发祥地，也是世界上最丰富的文艺复兴时期艺术品保存地之一。全市有40多所博物馆和美术馆，60多座宫殿，还有许多各种风格的教堂建筑，收藏着大量优秀艺术品和精美文物，有“西方雅典”之称。整座城市作为一座充满艺术珍品的巨大博物馆，1982年被联合国教科文组织列入《世界遗产名录》。

佛罗伦萨城市规模虽然不大，但和谐优美，文化艺术遗迹比比皆是，大部分古迹和有名的建筑都在阿尔诺河北岸。位于佛罗伦萨市中心的西尼奥列广场有建于13世纪、现为市政大厅的碉堡式旧宫，高94米的塔楼耸立其上，是意大利最夺人心目的公共建筑之一。现在这座宫殿连同整个广场成为一座名副其实的露天雕塑博物馆，各种铜像、石雕，栩栩如生。圣玛利亚·德尔·弗洛雷大教堂又被称为“圣母百花大教堂”，是佛罗伦萨众多教堂中最有名的一座，也是佛罗伦萨的重要标志。它建于1296年，为罗马式建筑，外部以白、红、绿三色大理石按几何图案装饰，橘红色巨型圆顶堪称文艺复兴时期的圆顶之最。圣玛利亚大教堂对面的八角形浸礼宫，有意大利著名画家和雕刻家洛伦德·吉贝尔蒂等所建的青铜大门和后期拜占庭式的意大利最精美的镶嵌图案。阿尔诺河横贯市内，河上架有7座桥梁，其中一座称为“旧桥”的石桥，上有桥廊，古风盎然。石桥两端是举世闻名的乌菲齐和皮提美术馆，这里保存有达·芬奇、拉菲尔、米开朗基罗等许多文艺复兴时期享有盛名的艺术家在佛罗伦萨留下的不朽之作。

5．比萨（Pisa）

比萨是意大利历史名城，一个商业繁华的港口城市，位于意大利西部。公元前179年，比萨已是古罗马帝国的属地，同时也是一个占有十分重要地位的港口城市。比萨的名气不仅因斜塔而世界闻名，它也是意大利一座伟大的艺术之都。在闻名于世的比萨中央教堂广场上有一组洁白、精致的大理石建筑，那就是大教堂、洗礼室、钟楼（即斜塔）和墓地，被视为中世纪建筑的奇迹，因而得名“奇迹广场”。这些建筑对意大利11世纪到14世纪间的纪念艺术产生了极大影响，1987年被联合国教科文组织列入《世界遗产名录》。

比萨斜塔（Leaning Tower of Pisa）实际是比萨大教堂的钟楼，是大教堂、钟楼、洗礼堂和墓地所组成的宏伟的整体的一部分。位于利古里亚海滨的比萨城，东距佛罗伦萨约70千米。斜塔在主教堂圣坛东南约20多米处，建于1174～1350年，是8层圆柱形建筑，高54.5米，塔身墙壁底部厚约4米，顶部厚2米，从下而上，外围8重拱形券门总共213个。全部采用大理石建成，重达1.42万吨，古拙秀巧，为罗马式建筑的典范。塔内有螺旋状楼梯294级而达塔顶，可眺望比萨全景，顶层为钟楼。因造基不慎，出现倾斜，建成时塔顶中心即偏离垂直线2.1米，600多年来，塔身继续缓慢地倾斜，故称“斜塔”。现在该塔向南的斜度为5.3º，顶部中心偏离垂直线达4.4米。因1590年意大利物理学家伽利略曾在比萨斜塔上做了著名的自由落体实验而久负盛名。

3.5.2 神话王国——希腊（Greece）

（一）基本概况

1．旅游环境

希腊共和国（The Hellenic Republic）简称希腊，位于欧洲巴尔干半岛最南端，北部与保加利亚、马其顿、阿尔巴尼亚接壤，东北与土耳其欧洲部分接壤，西南濒地中海，东临爱琴海。面积13.2万平方千米，其中15%为岛屿，海岸线长1.5万千米。

希腊境内多山，海拔1200～1800米的山地占全国面积的70%。品都斯山脉横贯中西部，东部的奥林匹斯山海拔2917米，为全国最高峰。东北部和沿海有盆地和小块平原，为重要的农业区。河流短小流急，水力资源丰富；岸线异常曲折，多港湾。主要河湖有阿谢洛澳斯河、奈斯托斯河、特里霍尼斯湖、韦戈里蒂斯湖等。最大半岛是伯罗奔尼撒半岛，最大岛屿为克里特岛。

希腊属亚热带地中海式气候，冬季温暖湿润，夏季干燥炎热。1月平均气温为6～13℃，7月为23～33℃。年降水量500～1500毫米。

希腊是欧洲联盟中经济欠发达的国家之一，工业基础较其他欧盟国家薄弱，技术落后，规模小，主要工业有纺织、卷烟、食品、炼油、造船等，能源及工业原料需进口。农业在经济中占重要地位，主要农产品有小麦、玉米、马铃薯、烟草、油橄榄、葡萄、柑橘等，海运、旅游、侨汇是经济的三大支柱。

2．历史与文化

希腊是世界文明古国之一，有2700多年有文字记载的历史。公元前5世纪为鼎盛时期。公元前146年被罗马帝国吞并。1460年起受奥斯曼帝国统治。1830年获得独立。1832年5月成立希腊王国。1924年改为共和制。1941年被纳粹德国侵占，1944年全国解放，恢复独立。1973年6月废除君主制，改为希腊共和国。

希腊国旗由蓝底白条相间，上面两条短白带，下面两条长白带，在左上角有一个白色十字。蓝色代表蓝天，白色代表宗教信仰，希腊人大多信奉东正教，以东正教为国教。希腊国徽为由橄榄枝环抱的盾徽。近似方形的蓝色盾面上镶嵌着一个白色十字，白十字象征宗教信仰。希腊的国歌是《自由颂》。希腊的国花是油橄榄。

希腊是西方文明的发祥地，创造过灿烂的古代文化。公元前2800年～前1400年克里特岛就出现米诺斯文化，伯罗奔尼撒半岛出现迈锡尼文化。希腊在音乐、数学、哲学、文学、建筑、雕刻等方面也都曾取得过巨大成就。

希腊是奥林匹克运动会的发源地。古时候，希腊人把体育竞赛看作是祭祀奥林匹斯山众神的一种节日活动。公元前776年，在距离雅典约300千米的伯罗奔尼撒半岛西部的奥林匹亚村举行了人类历史上最早的运动会。奥林匹克运动会在古希腊人心目中成为整个希腊民族精神的象征。自1896年在雅典举行了第一届现代奥林匹克运动会以后，“和平、友谊、进步”就成为奥运会崇高的体育精神。并每四年轮流在某个国家举行，每一届的火炬都从这里点燃。

希腊人口1090万（2001年），98%以上是希腊人，其余为土耳其人。官方语言为希腊语，信奉东正教。

3．习俗礼仪

希腊人热情好客，能言善辩，不拘小节。希腊人视橄榄树为和平与智慧的象征，马蹄铁被看做是最灵验的护身符，大蒜和石榴挂在墙上以“驱除邪恶”。在希腊蛇被视为神灵，盐是圣物。希腊人喜欢黄、绿、蓝和白色，黑色被视为死亡的征兆。拜访希腊人不要送诸如领带、衬衫和袖口链扣之类的个人用品。谈话时忌讳别人中途插嘴。希腊人斜着脖子表示肯定，仰头表示否定。手掌心不可对着别人，这是他们最忌讳的动作；也不能以拇指和食指作成“O”型，这表示与“性”有关。

希腊人以面食为主，有时也吃米饭。他们喜欢吃牛肉和羊肉，常吃的蔬菜有番茄、马铃薯等。在希腊的土地上到处都是橄榄树，它生产的橄榄油世界闻名，希腊菜里一般都放有橄榄油，它独特的味道使希腊的食品具有独特的风格。希腊人的晚餐开始得很晚，在雅典城里晚饭一般是在10点以后才开始。他们喜欢喝土耳其咖啡，而且嗜酒如命，不论午餐晚餐都要喝酒。希腊早在6000年前就有了酿酒工艺，酒与希腊古老的文明紧紧相连，作为西方文明摇篮的希腊在酿酒业方面，也是欧洲的先驱。希腊的酒主要是葡萄酒，古希腊将葡萄酒视为人类智慧的源泉，在各种装饰物中随处可见葡萄、葡萄园和盛满葡萄酒的各种泥陶酒具。

（二）主要旅游城市及名胜

希腊的自然景观多种多样。希腊海岸线曲折，天然港湾和岛屿众多，平缓的沙滩，碧蓝的海水，造就了许多优雅的海滨浴场。在希腊北部，又有众多设施齐备的滑雪胜地，这些都是休养和进行各种体育运动的好地方。

到希腊旅游最重要的内容是“考古”。雅典卫城遗址、德尔菲太阳神殿、奥林匹亚古运动场遗址、克里特岛上的米诺斯宫遗址、埃皮达夫罗斯露天剧场、维尔吉纳马其顿王墓、圣山、罗得岛、提洛斯岛等都是考察古希腊文化的最佳去处。

1．雅典（Athens）

首都雅典是用智慧女神雅典娜的名字命名的历史古城，有“酷爱和平之城”之称。是希腊最大的城市，全国的政治、经济、文化和交通中心，位于巴尔干半岛东南的阿蒂卡平原，东、北、西三面环山，南面临海，西南距爱琴海法利龙湾8千米。雅典市内多小山，基菲索斯河和伊利索斯河穿城而过。

雅典对欧洲及世界文化曾产生过重大影响，自古有“西方文明的摇篮”之美誉。雅典的著名建筑主要坐落在市内的3座小山上。339米高的利卡维托斯山上建有国家图书馆、雅典科学院、雅典大学（1837年重建）等；尼姆夫斯山上建有天文台（1842年建）、新王宫（1891～1897年建）；举世闻名的帕提侬神庙坐落在阿克罗波利斯山上。位于雅典市中心的希腊历史文物博物馆是雅典的另一重要建筑。这里陈列着从公元前4000年以来的大量文物、各种器具、精巧的金饰及人物雕像，生动展现了希腊各个历史时期的灿烂文化，可称作是古希腊史的一个缩影。

古希腊的建筑艺术，是欧洲建筑艺术的源泉与宝库。古希腊的神庙建筑则是古希腊最伟大、最辉煌、影响最深远的建筑。在古希腊的建筑中，柱式以及以柱式为构图原则的单体神庙建筑生动、鲜明地表现了古希腊建筑和谐、完美、崇高的风格。

雅典卫城（Athens Acropolis）是古希腊人进行祭神活动的地方，位于雅典城西南的一个海拔仅152米的高岗上，由一系列神庙构成。这块高地在公元前1500年是王宫所在地，四周筑有坚固的城墙。雅典卫城于公元前800年开始形成，当时神庙等祭祀建筑在高地上，而城市则逐渐于高地下形成。卫城入口是一座巨大的山门，山门向外突出两翼，犹如伸开双臂迎接四面八方前来朝拜“神”的人们。左翼城堡之上坐落着胜利神庙，在构图上均衡了山门两侧不对称的构图，山门因地制宜，内外划分为两段，外段为多立克式，内段为爱奥尼克式，其体量和造型处理都恰到好处，既雄伟壮观又避免了体量过大而影响卫城内主体建筑的效果。在卫城内部，沿着祭神流线，布置了守护神雅典娜像、主体建筑帕提农神庙和以女像柱廊闻名的伊瑞克先神庙。卫城的整体布局考虑了祭典序列和人们对建筑空间及形体的艺术感受特点，建筑因山就势，主次分明，高低错落，无论是身处其间或是从城下仰望，都可看到较为完整的艺术形象。

帕特农神庙是供奉雅典护神雅典娜女神的神殿，是雅典卫城建筑群中的杰作，是希腊全盛时期建筑和艺术雕刻的代表作。神庙建于公元前447年～前432年，位于雅典城中心卫城山上。这是一座长方形的白色大理石建筑物，神庙呈长方形，长69.5米，宽30.88米，高20米，由46根呈环行排列的圆柱构成的柱廊，没有柱础，柱高约10米。主殿是神殿，长约30米，合100古雅典尺，因此也被称为百尺殿。殿内原供奉着用象牙和黄金制成的雅典娜立像，是出自雕刻家菲迪亚斯的杰作。后来，神像被罗马皇帝劫走后失踪，现仅存一台座。庙墙上雕刻着许多精美的神话故事。整座建筑结构严谨，看上去巍巍壮观。

2．古希腊文明之旅

希腊是欧洲的文明古国，西方文明的摇篮。希腊的16处世界遗产中，文化遗产有14处，文化与自然双遗产有2处，这些都深深地渗透着古希腊文明的精华。雅典卫城遗址是古希腊城邦时期建筑艺术的精华；迈锡尼和提那雅恩斯的遗址、德尔菲考古遗址的太阳神庙、奥林匹亚考古遗址的宙斯神庙是荷马时代文化的代表作；马其顿地区的维吉拉遗址和塞萨洛尼基古建筑是拜占庭建筑文化的典型代表。此外，在埃皮达鲁斯古城考古遗址、帕特莫斯岛的天启洞穴和圣约翰修道院、巴塞的阿波罗·埃皮鸠里乌斯神庙、德菲尼、丘奥斯尼墨尼和荷修卢卡斯修道院、罗得——中世纪古城、迈泰奥拉、米斯特厄斯、萨摩斯岛上的皮萨哥利延和海拉瑞安遗址、圣山（阿索斯山）、提洛斯岛等世界遗产地不仅有青铜器时期文化的典型代表，还有不少西方中世纪文化的遗存，这些都是古希腊文明之旅和“考古”之旅的绝佳去处。

（1）**奥林匹亚考古遗址**（Archaeological Site of Olympia）是古代奥林匹克运动和现代国际奥运会的发源地，世界现存的最古老的运动场旧址。位于希腊伯罗奔尼撒半岛西部的克罗尼斯山旁。在公元前10世纪，奥林匹亚已成为敬拜万神之神宙斯的一个中心。这里有著名的宙斯神殿、赫拉神殿、竞技场等20余处建筑遗址。赫拉神殿是希腊众神殿中最古老的一座，建于公元前7世纪上半叶。现代奥运会点燃圣火的仪式就在赫拉神殿前的广场上举行。宙斯神殿建于公元前457年，神殿长64米，宽约28米，高约20米，由大理石座、石柱和山墙三部分组成。宙斯神殿的艺术精华是东西山墙上的人物雕像。

约在公元前1000年左右，希腊人为祭祀宙斯神在奥林匹亚等地举行盛典和竞技会，后来因北方多利安人入侵而停止。公元776年，希腊人收复奥林匹亚后，竞技会又恢复举办，并且每隔4年举行一次。罗马帝国统治时期，罗马大帝曾下令禁止异教徒举行祭典，奥林匹亚竞技会被迫停办。在此之前，奥林匹亚竞技会共举办过293届，历时1170年。公元6世纪，奥林匹亚发生大地震，随后克拉的乌河又泛滥成灾，使这里变成废墟，渐渐被人们遗忘。公元1776年，英国学者钱德拉发掘了奥林匹亚，经过几代人的挖掘，盛极一时的奥林匹亚圣地终于重现原貌。1894年，根据法国教育家顾拜旦的建议，召开了恢复奥林匹克运动的代表大会，成立了国际奥委会。1896年在雅典举行了第一届现代奥运会。奥林匹亚遗址内的奥林匹亚竞技场至今仍保持原貌。如今，这个具有3000多年历史的竞技场，已成为希腊著名的旅游景区和弘扬人类崇高体育精神的圣地。

（2）**提洛斯岛**（Delos）是古希腊爱琴海上的宗教、政治与商业中心。位于希腊爱琴海基克拉泽斯群岛的中部，占地面积为3.43平方千米，是群岛中面积最小的一个岛屿。公元前3000年，提洛斯岛就有人居住，到公元前10至9世纪，这里已经成为一处繁荣昌盛的城市与拜神中心。根据希腊神话，阿波罗神出生在提洛斯岛上。当时的阿波罗的神殿吸引了来自希腊各地的圣地朝拜者，享有“圣岛”之美称。

1873年，考古学家在这里发现了岛西岸的古城区、阿波罗神庙区、金索斯山神庙、剧场区，以及圣湖区的4组遗址，大体上勘查出了古城当年的轮廓。其中尤其以巨大的阿波罗神庙与圣湖区的9尊大理石狮像最为有名。这个考古遗址是所能想象的地中海地区一个巨大的世界性的港口，它记载了提洛斯岛在爱琴海历史上曾有过的辉煌文明。

（3）**迈锡尼和提那雅恩斯的遗址**（The Archaeological Sites of Mycenae and Tiryns）是

希腊神话中的迈锡尼国王阿加梅农的都城和古希腊迈锡尼文明的杰出代表。已发掘出城堡、皇宫、竖坑墓穴和蜂窝式墓葬等遗址。位于伯罗奔尼撒半岛东北。

约建于公元前1350～1330年的城堡建筑是人类创造才能的杰出典范，对古典希腊建筑和城市设计的发展及综合文化的形成都有非常深的影响。位于皇宫西面的皇家墓地上的6所竖坑墓穴内发掘的殉葬物品包括青铜器皿、金银制作的面具，以及其他象征王权的殉葬品，是考古学史上收获最丰富的发掘之一。也正是由于这些珍贵文物的发现，迈锡尼被认为是欧洲晚期铜器时代的典型地区，迈锡尼及其附近发掘的古文化，统称为“迈锡尼文化”。

（4）**德尔菲考古遗址**（Archaeological Site of Delphi）是希腊古城，位于科林斯湾北岸福基斯的帕尔纳苏斯山南麓，因居住在这一地区的德尔斐族人而得名。这里是古希腊时期供奉太阳神阿波罗的圣地，基于宗教的意义，公元前6世纪以来，它就已经成为宗教的中心和古希腊世界统一的象征，享有极为崇高的地位。

1892年法国考古学家开始在遗址上进行发掘，发现院墙内的圣地面积达1.67万平方米，三面为德尔斐城所围绕，东南是入口处。圣地庭院内，有许多由各城邦与私人树立的颂扬神谕圣迹的纪念碑，并有约20多所由各城邦建立的藏珍库。阿波罗神庙居圣地中心，略呈方形，四周是墙。神庙区东南部的大门，有“之”字形大路通往阿波罗神庙和露天剧场。这条被称为“圣路”的路，两旁有希腊各邦为供神而建的“礼物库”、祭坛、柱廊、纪念碑等。阿波罗神庙始建于公元前7世纪，中间屡遭摧毁，公元前370～前330年是最后一次重建。庙长60米，宽25米，东西两端各有6根柱，南北则分别有15根柱子，全是由石料精制而成。在神庙和各个礼物库中，有许多质地不同的雕像，其中以战车御者的铜像最为精美，是早期的古典雕刻杰作。除了与神庙有关的建筑物及纪念碑林外，还有剧院和运动场。

3.5.3 斗牛王国——西班牙（Spain）

（一）基本概况

1．旅游环境

西班牙位于欧洲西南部的伊比利亚半岛（也称比利牛斯半岛）上，占该半岛面积的4/5。西邻葡萄牙，东北与法国、安道尔接壤，北濒比斯开湾，西临大西洋，南隔直布罗陀海峡与非洲的摩洛哥相望，东和东南滨地中海。面积为50.59万平方千米。

西班牙是欧洲海拔仅次于瑞士的山地国家，平均海拔670米。地貌以山地和高原为主，全国35%的地区海拔1000米以上，平原仅占11%，境内海拔3300米以上的山峰有10座，北部有东西走向的比利牛斯山脉和坎塔布连山脉；南部靠边界处有东西走向的安达卢西亚山脉，其最高峰穆拉森山海拔3478米，是西班牙的最高点。西班牙中部梅塞塔高原是一个被山脉环绕的闭塞性的高原，约占全国面积的60%，平均海拔高度为600～800米。位于地中海的那加利群岛是由13个火山岛组成。西班牙境内主要河流有塔霍河和埃布罗河。

西班牙中部高原属温带大陆性气候，冬季严寒、夏季高温，年平均降雨量在500毫米左右；北部和西部沿海属温带海洋性气候，1月平均气温为9℃，7月为19℃，年平均降雨量在1000毫米以上；东南沿海属亚热带地中海式气候，夏季酷热干燥，冬季温暖多雨。

西班牙是中等发达的工业国。主要工业有造船、钢铁、汽车、采矿、纺织、石化等。西班牙森林覆盖率为31%，森林资源主要集中在北部沿海一带，西班牙的软木产量仅次于葡萄牙，居世界第二位，是西班牙的重要出口物资。农业以粮食作物种植为主。西班牙有丰富的渔业资源，经济价值最大的是金枪鱼，大西洋和比斯开湾盛产沙丁鱼和鳕鱼。

2．历史与文化

公元前9世纪，凯尔特人从中欧迁入到此。公元前8世纪起，伊比利亚半岛先后遭外族入侵，长期受罗马人、西哥特人和摩尔人的统治。1492年建立统一的西班牙封建王朝。15～16世纪曾是海上强国，在欧、美、非、亚洲均拥有海外殖民地。1588年“无敌舰队”被英国击败后开始衰落。18世纪成为法国的附庸。1873年建立第一共和国，1931年建立第二共和国。1947年成为君主国。

西班牙国旗为带有国徽的红、黄两色旗。中间为黄色，两边为红色，两色各占一半，黄色部分偏左侧绘有西班牙国徽。红、黄两色是西班牙人民喜爱的传统颜色。西班牙国徽中心图案为盾徽。盾面上有6组图案，其中两组是头戴王冠的红狮和黄色城堡，分别象征古老的王国莱昂和卡斯蒂利亚；3朵百合花，象征国家富强、人民幸福、民族团结；红色石榴象征富贵吉祥；国徽上的王冠说明西班牙为君主立宪制国家；盾牌两边的白色海格立斯柱，以红色纽带紧紧联系在一起，代表自由和民主以及各民族的团结。西班牙的国歌是《皇家进行曲》。西班牙的国花是石榴花。

在西班牙有许多古老的、独特的民族文化传统和别具一格的民族文化娱乐活动，其中包括闻名于世的西班牙斗牛、热情奔放的西班牙舞蹈，以及各种各样的风俗习惯、民族节日，都构成西班牙文化丰富的内容和特有的情趣。

西班牙人口近4410万（2005年1月1日），是一个多民族的国家，主体民族是卡斯蒂利亚人（即西班牙人），占总人口的73%，其次有加泰罗尼亚人、巴斯克人和加里西亚人等。西班牙人口分布极不均匀，在约占全国面积2/3的内地，居民仅有1/3。96%的居民信奉天主教。官方语言为西班牙语。西班牙语起源于古老的拉丁语，迄今已有1000多年的历史，它还是拉丁美洲一些国家、非洲的赤道几内亚和北非几个国家以及菲律宾部分地区的通用语言，也是联合国通用语言之一。目前全世界共有2.3亿人使用西班牙语。

3．习俗礼仪

西班牙人乐观悠闲，热情奔放，穿戴讲究，能歌善舞。西班牙人相互问候时，男士以握手和拥抱来表示，女士则相互施吻面礼，吻面礼在亲朋好友之间也通行。受到邀请做客，一般到达的时间以晚10～15分钟为宜。西班牙人做客时，一般携带些小礼物，一瓶酒或一盒糖果、一束鲜花即可。西班牙人喜欢石榴花，忌讳菊花和大丽花。西班牙人也忌讳数字“13”。西班牙人对宠物珍爱有加，当局为保护狗、猫制定了有关法律，无辜打死别人的宠物，要负责赔偿，甚至可能被拘留。

西班牙得天独厚的地理位置使得西班牙人酷爱各种海鲜食品，西班牙人最喜爱吃的海鲜饭，就是用鲜虾、鱿鱼、鸡肉、西班牙香肠，配上洋葱、蒜茸、番茄汁、藏红花等焖制而成。此外，还喜欢吃烤肉和菜汤，马德里肉汤和蔬菜冷汤是西班牙的两大特色菜。生火腿、鸡蛋土豆煎饼和肉肠是西班牙的3大特色小吃，其中生火腿最著名。甜食也是西班牙人餐桌上不可缺少的食物。

4．西班牙斗牛

斗牛被认为是西班牙的“国粹”、“国技”，西班牙素有“斗牛王国”之称。全国有斗牛场300多个，每年7月在潘普洛纳市都要举办斗牛艺术节，热情奔放、自强奋斗的个性给西班牙传统的斗牛运动带来了激情浪漫的色彩。

西班牙斗牛艺术节也称为奔牛节，它的正式名称叫“圣·费尔明节”，圣·费尔明是西班牙东北部纳瓦拉省首府潘普洛纳市的保护神。奔牛节的起源与西班牙斗牛传统有直接关联。早在公元1591年已有奔牛的活动，这个继承了400多年的西班牙传统之所以能够引得世界各地旅游者的兴趣，在很大程度上应归功于美国著名作家海明威。1923年，海明威首次来到潘普洛纳观看奔牛并写成了著名小说《太阳照样升起》，他在作品中详细描述了奔牛节，奔牛节因而声名远播。1954年海明威获得诺贝尔文学奖后，西班牙奔牛节更是名声大噪。

（二）主要旅游城市及名胜

西班牙轻松休闲的气氛、充足的阳光以及中世纪风情的城镇，所有这些都为西班牙增添了无穷的魅力。

1．马德里（Madrid）

首都马德里是欧洲著名的历史古城，西班牙的政治、经济、文化和交通中心。位于伊比利半岛中心，地处梅塞塔高原，海拔670米，是欧洲地势最高的首都。

马德里11世纪前是摩尔人的要塞，古称“马吉利特”。1561年西班牙国王菲利普二世迁都于此。19世纪时发展为大城市。1936～1939年西班牙内战时，曾在此进行著名的马德里保卫战。

马德里是一座具有古老文化和悠久历史的城市，市内现代化的高楼大厦与风格迥异的古建筑摩肩并立、相映生辉。市内名胜古迹荟萃，风格各异的大小凯旋门多达1000座，著名的宫殿、博物馆等鳞次栉比。宏伟的阿尔卡拉门坐落在阿尔卡拉街头的独立广场上，共有5道拱门，是马德里著名的古建筑之一。坐落在市区的东方宫，始建于1738年，前后历时26年完成。宫内的大理石圆柱、雕塑精致的屋顶、织锦的壁毯、豪华的水晶吊灯以及收藏的45座外国钟表等，均属闻名于世的珍品。马德里市区有300多个广场，广场中央大都是塑像、钟楼，下面是喷泉、花圃，广场周围保留着历史建筑物或者建有现代化的商店。西班牙广场被视为马德里的象征，中央屹立着作家塞万提斯的纪念碑，他的名著《堂吉诃德》已被译成100多种文字，书中主人公堂吉诃德骑士及其侍从桑科·潘扎的雕像就在纪念碑底下。马约尔广场位于市区西南，修建于1619年，呈长方形，西班牙国王菲利普三世骑马的塑像耸立在广场中央。不远处是太阳门广场，这里有历史上著名的太阳门遗址。市内的文塔斯斗牛场是西班牙最大的斗牛场，可容纳2.5万名观众。

2．巴塞罗纳（Barcelona）

巴塞罗纳是西班牙的第二大城，也是工商业、文化艺术非常发达的城市，是伊比利亚半岛最富欧洲气质的大都会，有“伊比利亚半岛的明珠”、“地中海曼哈顿”之称。西班牙现代艺术巨匠如毕加索、米罗、达利等人都诞生于此。大作家塞万提斯曾赞誉它是西班牙的骄傲和世界上最美丽的城市。整个城市依山傍海、地势雄伟，气候舒适宜人，市区内哥特式、文艺复兴式、巴洛克式建筑和现代化楼群相互辉映。由和平之门广场到卡塔鲁尼亚广场之间，以大教堂为中心，有无数值得参观的建筑物。

19世纪末20世纪初，西班牙最杰出的建筑大师安东尼奥·盖勒（1852～1926）的代表作品都在巴塞罗纳。由他设计建造的巴塞罗纳的盖勒公园、宫殿和米拉宅邸，因表现出综合和个性化的建筑风格，被认为是建筑、花园、雕塑和所有装饰艺术风格的创新。1984年被联合国教科文组织列入《世界遗产名录》。

3．西班牙古城文化之旅

西班牙历史悠久，名胜古迹比比皆是，是一个引人入胜的旅游王国。众多的历史古城中已有不少被联合国教科文组织列入世界文化遗产名录。如托莱多历史名城、昆卡古城、圣地亚哥—德孔波斯特拉古城、萨拉曼卡古城、阿维拉古城及城外教堂、埃纳雷斯堡大学城及历史城等。这些历史古城古朴的风貌，以及保存完好的大量不同时期、不同风格的宫殿、城堡和教堂等建筑艺术精品，构成西班牙文化旅游不可或缺的主题之一。

（1）**托莱多历史名城**（Historic City of Toledo）在历史上是帝国首府、宗教城市，现为托莱多省的重要城市，也是西班牙最负盛名的旅游古城。它位于新卡斯蒂利亚的中心地带，距马德里以南67千米，东、南、西面皆被塔霍河环绕。托莱多有二千多年的历史和文化，除了古城及其城墙，世界性历史遗迹还包括建有桥梁和大门的塔霍河河岸、罗马角斗场以及圣塞尔旺多的城防系统。仅近400年来保存完好的各类教堂、寺院、修道院、王宫、城墙、博物馆等大型古建筑就有70多处。

在历史上，托莱多曾多次被罗马人、西哥特人和阿拉伯人侵占。长达9个世纪的建都历史使这个古城不仅将伊比利亚半岛上各个历史时期的民族文化特点融汇在一起，而且还将基督教、伊斯兰教和犹太教三种形态的文化融为一体，素有“三文化城”之称。

（2）**阿维拉古城**（Old Town of Avila）是欧洲中世纪最大的一座要塞城堡式城市，阿维拉省首府。它位于西班牙中部的阿达哈河畔，距马德里约90千米，海拔1116米，是西班牙境内地势最高的城市。西班牙历史上著名的卡斯提尔女王伊萨贝拉诞生于此，又有“王城”、“圣人和石头之城”之称。

古城建于1091年，众多的城内外宗教和防御建筑使整个城市极具价值。城墙高12米，厚3米，全部由花岗石构筑。在城墙上，设置了88座城堡和9道城门，构成长约2500米的六边形城垣。阿维拉因这座工程浩大和坚固挺拔的城垣而闻名于世，其城墙保存得完整无缺，是中世纪防卫城市的杰出典范。建于中世纪的圣维森特教堂、圣佩德罗教堂和哥特式圣托马斯修道院等是城内较著名的建筑物。

4．西班牙阳光、海滩之旅

西班牙三面环海，海滨气候怡人，风和日丽，西北部的崇山峻岭直插大西洋，形成一连串景色秀丽的海湾，东南部地中海沿岸多沙滩而平缓。在东南和西北沿海以及岛屿上拥有2000多个海滩，构成了西班牙自然风光的独特风韵，灿烂的阳光、美丽的海滩和清新的空气使得西班牙称为“出口阳光和海滩”的国家。其中最著名的是有“地中海浴池”之称的巴利阿里群岛、有火山景观和“热带风光”的加那利群岛，以及被称为“太阳海岸”的地中海沙滩等三大海滨浴场和旅游度假胜地。

（1）**巴利阿里群岛**（Balearic Islands）地处西地中海，位于伊比利亚半岛、法国南部和北非之间，由马略卡岛、梅诺卡和伊比萨等三个一系列岛屿组成，面积4992平方千米。巴利阿里群岛温和的气候、美丽的海滩、明媚的阳光、相辅相成的小海湾和海滩，以及各岛屿植根于不同文化传统的异域建筑，加上体育港、高尔夫球场和乡村旅游农庄，构成了一处处迷人的夏季度假中心，成为世界著名海滨旅游胜地。

（2）**加那利群岛**（Canary Islands）位于大西洋东部，是大西洋中由拉帕尔玛岛、耶罗岛、戈梅拉岛、特内里费岛、大加那利岛、兰萨罗特岛、富埃特文图拉岛等七大火山岛屿组成的群岛，面积为7447平方千米。这里终年气候温湿、阳光明媚，还有壮观的火山景观，被誉为“幸福岛”。其中的特内里费岛群岛的中西部，是该群岛中最大和最高的火山岛，岛上的泰德峰是西班牙最高的山峰，海拔3781米。

（3）**太阳海岸**（Costa del sol）位于西班牙南部安达卢西亚地区的大西洋之滨和地中海沿岸。全长250多千米，沿岸连接着99个中小城镇。这里气候温和，阳光充足，全年日照300多天，故有“太阳海岸”之称。周围有多个浴场、水上运动场，可供赛艇、滑板冲浪和垂钓。

3.6 思考与练习

1．简述挪威、丹麦、俄罗斯等国家旅游环境的基本特征。
2．简述伦敦的主要文化景观。
3．为什么法国成为最受旅游者喜爱的旅游目的地之一？
4．简述欧洲建筑艺术之旅的主要名胜古迹构成及其特点。
5．为什么意大利有“露天历史博物馆”之称？意大利旅游资源有何特色？

第4章 美洲地区

学习目的

通过本章学习，了解和掌握北美洲及南美洲主要旅游目的地国家和地区的基本情况和主要旅游城市及名胜，以及由当地特色旅游资源构成的专题旅游线路。

主要内容

● 北美洲之旅

枫叶之国——加拿大；山姆大叔——美国；仙人掌王国——墨西哥；墨西哥湾的钥匙——古巴；

● 南美洲之旅

热带巨人——巴西；天涯之国——智利；玉米之仓——秘鲁；通往南极洲的桥梁——阿根廷。

美洲全称亚美利加洲（America），又称新大陆。公元1499年至1504年间，意大利探险家亚美利哥·维斯普奇到美洲探险，到达了南美洲北部地区，并证明1492年哥伦布发现的这块地方是欧洲人所不知道的“新大陆”。后来意大利历史学家彼得·马尔太尔在他的著作中首先用新大陆称呼美洲。德国地理学家华尔西穆勒在他的著作中以“亚美利加”的名字称这块大陆为亚美利加洲，并一直沿用到今天。

美洲位于西半球，东临大西洋，西濒太平洋，南隔德雷克海峡与南极洲相望，北濒北冰洋，西北以白令海峡与亚洲为界，东北隔格陵兰海和丹麦海峡与欧洲为邻。美洲由北美和南美两个大陆及其邻近的许多岛屿组成，并以巴拿马运河作为北美洲和南美洲的分界。美洲陆地面积为4219.8万平方千米，约占世界陆地总面积的28.2%。

美洲西海岸除南、北地段外，一般比较平直；东岸曲折，多半岛、岛屿和海湾。格陵兰岛为世界第一大岛。大陆从东向西分为3个南北纵列带：东部是久经侵蚀的山地和高原，中部为广阔的平原，西部是高峻的山地和高原。主要河流有亚马孙河、密西西比河等。北美洲还有世界最大的淡水湖群。整个美洲跨有不同的气候带：北美北部伸入北极圈，大部分属亚热带和温带大陆性气候，有广大的针叶林和大草原；南美北部为赤道所横贯，它与中美主要属热带气候，有面积辽阔的热带雨林和热带稀树草原；南美南部狭长，属温带气候。

整个美洲包括51个国家和地区。国际上通常又将美洲地区分为北美地区、拉丁美洲和加勒比海地区两部分。北美地区是世界经济最发达地区之一，高楼林立的现代化气息、清澈明净的五大湖风光、气势磅礴的国家公园，美不胜收；拉丁美洲和加勒比海地区有着广袤的土地、漫长曲折的海岸线、恢宏的山川、茂密的热带雨林，风景旖旎。玛雅文化、印加文化、拉丁风情和神秘而古老的印第安文明构成了美洲丰富多彩的文化遗迹和独特的民族风情。

4.1 北美洲之旅

北美洲全称北亚美利加洲，位于西半球北部，东面是大西洋，西面是太平洋，北面是北冰洋，南临墨西哥湾和加勒比海，以巴拿马地峡与南美洲相连。北美大陆东至加拿大的圣查尔斯角，西至美国阿拉斯加州的威尔士太子角，南至巴拿马的马里亚托角，北至加拿大布西亚半岛的默奇森角。北美洲除巴拿马运河以北的美洲大陆外，还包括加勒比海中的西印度群岛。大陆和岛屿总面积2422.8万平方千米，居世界第三位。这里既拥有丰富的自然景观，也有异彩纷呈的民族文化，更有高度发达的现代化国家和令人眼花缭乱的高科技风貌。

4.1.1 枫叶之国——加拿大（Canada）

（一）基本概况

1．旅游环境

加拿大其名源自印第安语的“棚屋”，位于北美洲的北部，领土横跨除了阿拉斯加半岛和格陵兰岛之外的整个北美洲北半部，东濒大西洋，西临太平洋，北靠北冰洋达北极圈，南至美国本土，西北部同美国的阿拉斯加州接壤，东北隔巴芬湾与格陵兰岛相望。加拿大总面积997.06万平方千米，为世界面积第二大国。

加拿大地势东西高，中间低。东部和东南部为拉布拉多高原及山地与丘陵区，平均海拔500～600米，最高处约1800米。中部和中西部为劳伦琴低地，约占全国面积的一半，环绕哈得孙湾分布，河湖密布。西部为科迪勒拉山系，是加拿大最高的地区，许多山峰在海拔4000米以上，包括落基山脉、海岸山脉、喀斯喀特岭及山间高原。最高山洛根峰，位于西部的落基山脉，海拔5951米。境内水系发达，主要河、湖有马更些河、圣劳伦斯河、纳尔逊河以及与美国共有的五大淡水湖群等。

加拿大位于北半球的高纬度地带，气候严寒。北部为寒带苔原气候，一年仅两三个月温度在0℃以上。北极群岛，终年严寒。加拿大冬季比较漫长，1月份全国2/3地区的平均气温在-18℃左右。春秋季节很短。南部气候温和，四季分明。西海岸由于受太平洋暖湿气流的影响，夏季凉爽干燥，冬季温和潮湿。但由于科迪勒拉山系的阻挡，东部气温稍低。秋季是加拿大最漂亮的季节，每到秋季，满山遍野的枫叶或呈橘黄，或显嫣红，宛如一堆堆燃烧的篝火，因此加拿大也有了“枫叶之国”的美誉。加拿大国旗上的枫叶代表了加拿大人对枫叶的钟爱。

加拿大是经济高度发达的国家，工业有采矿、电力、机器制造、冶金、化学、木器加工和军工等。加拿大地域辽阔，森林、矿藏、能源等资源丰富。矿藏有60余种，其中镍、锌、铂、石棉的产量居世界首位，铀、金、镉、铋、石膏居世界第二位。森林占国土面积的44%。加拿大又是一个农业高度发达的国家，主要种植小麦、大麦、亚麻、燕麦、油菜籽、玉米等作物，粮食生产仅次于美国、中国，居世界第三位。渔业很发达，75%的渔产品出口，是世界上最大的鱼产品出口国。大西洋沿岸沿海盛产大龙虾、鳕鱼和扇贝类海鲜，是加拿大最大的渔业基地之一。

2. 历史与文化

加拿大原为印第安人与因纽特人（爱斯基摩人）的居住地。16世纪起，法、英殖民者先后入侵，建立殖民地。17世纪沦为英、法殖民地，后又被法国割让给英国。1867年部分地区成为英国的自治领土。1926年获得外交独立权。1931年加拿大成为独立国家，属英联邦成员国。

加拿大国旗左右两边为红色宽边，分别代表加拿大濒临的太平洋和大西洋；中间为白色正方形，代表加拿大辽阔的国土。正方形中央为一片红色枫树叶，象征生活在这片土地上的加拿大人民。加拿大国徽中间为盾形，盾面下部为一枝三片枫叶；上部分别为金狮、红狮、竖琴、百合花，象征加拿大在历史上与英格兰、苏格兰、爱尔兰和法国之间的联系。盾徽之上有一头狮子举着一片红枫叶，既是加拿大民族的象征，也表示对第一次世界大战期间加拿大的牺牲者的悼念。狮子之上为一顶金色的王冠，象征英女王是加拿大的国家元首。盾形左侧的狮子举着一面联合王国的国旗，右侧的独角兽举着一面原法国的百合花旗，底端的绶带上用拉丁文写着“从海洋到海洋”，表示加拿大的地理位置——西濒太平洋，东临大西洋。加拿大的国歌是《啊！加拿大》，国鸟是大雁，国树是枫树，国花是枫叶。

加拿大是一个移民组成的国家，来自世界各地70多个民族的移民融合成加拿大民族。加拿大人口为3230万（2005年7月1日），其中主要是欧洲裔居民，占82%以上，又以英裔居民和法裔居民为主，大约分别占42%和27%；土著居民（印第安人、米提人和因纽特人）约占3%，其余为亚洲、拉美、非洲裔等。加拿大是世界上人口密度相对较小的国家，就人口而言居世界第31位。全国一半以上的人居住在五大湖附近或圣劳伦斯河沿河地带。英语和法语同为官方语言。加拿大是个宗教信仰自由的国家，全国绝大多数人信天主教或基督教新教，居民中信奉天主教的占47%，信奉基督教新教的占41%。

3. 习俗礼仪

加拿大国民主体是由英法两国移民的后裔所构成的，他们的礼仪习俗和英、法两国相似。一般而言，英裔加拿大人大多信奉基督教新教，讲英语，性格上相对保守内向一些；而法裔加拿大人则大都信奉天主教，讲法语，性格上显得较为开朗奔放。

加拿大人热爱大自然，酷爱户外活动。冬天，全民投入冰雪运动，溜冰、滑雪几乎无人不会，冰球是加拿大的国球。夏天，人们喜欢躺在草坪和沙滩上，享受太阳的温暖。

地广人稀的特殊环境对加拿大人的待人接物有一定影响。一般而言，在交际应酬中，加拿大人最大的特点是既讲究礼貌，又无拘无束。握手被认为是一种友好的表示，一般在见面和临别时握手。加拿大人有邀请亲朋好友到自己家中共进晚餐的习惯。如果被邀到别人家做客，一般都给主人送一瓶酒、一盒糖或一束鲜花。白色的百合花不可作为礼物送人，一般用于葬礼。

加拿大人对法式菜肴比较偏爱，面包、牛肉、鸡肉、土豆、西红柿等物为日常之食。从总体上讲他们以肉食为主，特别爱吃奶酪和黄油。饮食上讲究菜肴的营养和质量，注重菜肴的鲜和嫩。口味一般不喜欢太咸，偏爱甜味。习惯饭后喝咖啡和吃水果。忌吃虾酱、鱼露、腐乳等有怪味、腥味和辣味的食物，忌食各种动物内脏和脚爪，不爱吃肥肉。

加拿大人在家里吃饭时，不能说使人悲伤的事，也不谈与死亡有关的事。在家不能呼唤死神，不能讲事故之类的事。在日常生活中，尽量避免不要把盐弄撒了，也不能把玻璃物品打碎了，他们认为这可能出现不吉利的事。

（二）主要旅游城市及名胜

加拿大幅员辽阔，拥有丰富的自然景观和众多的名胜古迹。旅游资源大多集中在靠近太平洋的西岸和邻近大西洋的东部。加拿大西岸的旅游城市主要有温哥华、维多利亚、班芙和捷士伯等。东岸是加拿大的发祥地，有许多具有历史价值的建筑物或文物古迹，多伦多、渥太华、蒙特利尔、魁北克和爱德华王子岛等均是东部著名的旅游城市和景点。加拿大西部的落基山脉和东南部的尼亚加拉瀑布更是令人惊奇大自然的鬼斧神工。

1．渥太华（Ottawa）

首都渥太华是全国的政治、经济、文化中心和交通枢纽，位于安大略省东南部，渥太华河下游南岸，为加拿大第四大城市。

渥太华依山傍水，风景秀丽，市内有渥太华河由西向东穿流而过，将整个城市南北分开。里多运河自南向北穿城而过，注入城北的渥太华河。渥太华属寒温带大陆性气候，冬季气候干燥寒冷，1 月平均气温为-11℃，最低气温曾达-39℃，每年约有 8 个月夜晚温度在 0℃以下，是世界上最寒冷的首都之一。故有人称其为“严寒之都”。春季，整个城市布满了色彩艳丽的郁金香，因此又有“郁金香城”的美誉。定期在每年 5 月最后两周举办的郁金香花节，也就成了渥太华的一个盛大节日。

渥太华是一个多元化的城市，拥有众多的古色古香的建筑。坐落在渥太华河畔国会山麓的国会大厦是渥太华著名的建筑群，中央有陈设着加拿大各省标志的大厅和一个高 88.7 米的和平塔，塔顶有个带着 53 个铃铛的钟琴，塔内有战争纪念碑。塔的左、右分别是众议院和参议院，后面是规模宏大的国会图书馆。里多运河以东坐落着市政厅、国家档案馆、加拿大造币厂、渥太华历史博物馆、圣母玛丽亚大教堂、联邦火车站以及具有法国建筑风格的铁路旅馆——劳利大楼等重要建筑物。

渥太华还是一个花园城市，郊区到处是草坪、花圃，自春至秋，碧绿青葱、姹紫嫣红。1826～1832 年由英军约翰·巴依上校兴建而成的军用水道——里多运河，现在成为著名游乐中心。运河两侧绿树苍翠，花团锦簇，是充满天然美景的散步街道。当年河上的水闸、水坝等石砌工程，现在成为历史性文物，夏季可在河上驾驶游艇，冬季则是天然滑冰场。自 1976 年起，每年 2 月初，在这个世界最大的滑冰场上举行为期 10 天的冰上狂欢节。

渥太华市的冰上运动水平在全国堪称一流，特别是冰球运动，享有盛名。加拿大素有“冰球之国”之称，渥太华则是“冰球之城”，现代化的室内冰球场遍及全市。一年一度的艺术祭雪节，也是渥太华冬季的另一特色，吸引成千上万的艺术爱好者和世界各地旅游者。

2．多伦多（Toronto）

多伦多是加拿大最大的城市、重要港口和金融、商业、工业和文化的中心之一，也是加拿大安大略省的省会，位于安大略湖的西北角，有屯河和恒比河穿流其间，船只可由这里经圣劳伦斯河进入大西洋。多伦多接近美国东部工业发达地区，汽车工业、电子工业、金融业及旅游业在多伦多经济中占有重要地位。加拿大有名的大银行总部，如皇家银行、帝国银行、蒙特利尔银行等全部汇集于此，90%的外国银行驻加分支机构设在多伦多。

多伦多原是印第安人在湖边交易狩猎物品的场所，“多伦多”在印第安语中是“汇集之地”的意思。

多伦多还是一座著名的旅游城市，其都市风光与自然景色让人流连忘返。多伦多市内新颖别致的代表建筑，是位于市中心的新市政大厦，它代表着多伦多的历史和成长史，由三部分组成：两座高度不一的弧形办公大楼相对而立，中间是一个蘑菇状的多功能活动大厅，远远看去就像一对半开半张的蚌壳内含一颗珍珠。整个建筑的设计出自芬兰建筑师威里欧若威尔之手，建于1965年。多伦多的城市标志是位于市娱乐区心脏地带的电视塔，这座建于1976年的电视塔，耸立在安大略湖畔，高553米，是世界最高的建筑物。它既是电视发射塔，又是旅游和文化活动胜地。塔的地面层设有餐厅、商店，塔内335米至360米处，有一个外形像横卧的轮胎状的空中楼阁，内有仪器房、旋转餐厅、电视广播台等。塔内446米高处是个专为游人观景而设置的塔楼，称“太空甲板”，是世界最高的观景点，塔内设有透明升降机，以便于游客观光。观景台上面设有旋转餐厅，每小时自动旋转一周，用餐时凭窗远眺，全城风光尽收眼底。天高云淡时，能清晰地看见遥远的尼亚加拉大瀑布的喷雾奇景，并可看到120多千米以外的美国。

尼亚加拉瀑布（Niagara Falls）为世界著名景点，被誉为世界七大奇景之一，位于加拿大和美国边界联结伊利湖与安大略湖的尼亚加拉河上。“尼亚加拉”在印第安语中意为“雷神之水”，印第安人认为瀑布的轰鸣就是雷神说话的声音。尼亚加拉河从伊利湖流注安大略湖，于石灰岩和白云岩构成的尼亚加拉陡崖处跌落形成瀑布。瀑布落差约为 49 米，宽约1240米。宽阔的河水在下坠成瀑之前，被河心的戈特岛一分为二，分隔了加拿大安大略省和美国纽约的水牛市，其距离大约是20千米。岛的西侧为属于加拿大的“马蹄瀑布”，宽793米，落差49.4米，是气势最大的瀑布，占瀑布总水量的90%；岛的东侧为属于美国的“亚美利加瀑布”，宽300米，落差51米。

尼亚加拉河为加拿大和美国两国共有，主航道中心线为两国边界。尼亚加拉瀑布周围建设了一系列游乐设施，在加拿大一侧划为维多利亚女王公园，美国一侧划为尼亚加拉公园。瀑布四周建有四座高塔，游人可乘电梯登塔，瞭望全景，也可乘电梯深入地下隧道，钻到大瀑布之下，倾听瀑布落下时雷鸣般的响声。

3．蒙特利尔（Montreal）

蒙特利尔为加拿大第二大都市和最大的河港，工业、商业、金融和文化中心，工业产值居全国第一位。位于加拿大的东南端，圣劳伦斯河和渥太华河汇合处的蒙特利尔岛上。

蒙特利尔是北美洲唯一的一个法语都市，也是世界上仅次于法国巴黎的第二法语城市。全市居民中有75%为法裔加拿大人，深受法兰西文化的影响，有着浓郁的法国风情，因而被称为“北美的巴黎”。夏天是这儿的旅游旺季，皇山公园、达姆斯广场、老港口区等都让游人流连忘返。尤其是在老城区内举行的每年一度的国际电影节、爵士音乐节、戏剧节、舞蹈节，以及啤酒节、法国音乐节、国际美食节、另类电影节等各种文化活动或艺术节，更是吸引了世界各地的爱好者和旅游者。

4．温哥华（Vancouver）

温哥华是加拿大的第三大城，位于加拿大西南部，不列颠哥伦比亚省南端，是加拿大西部最大的工业、商业、金融、科技和文化中心。

温哥华是加拿大西海岸最大港口的城市。温哥华港为天然不冻的深水港，是北美西岸处理散装货的最大港口，与亚洲、大洋洲、欧洲、拉丁美洲均有定期海轮往返，每年进港停泊的船只有数千艘，货物年吞吐量约1亿吨。据统计，在来港的船舶中80%～90%是来自中国、日本及其他远东国家和地区。因此，温哥华有“加拿大通往东方的门户”之称。

温哥华的名称源自到此探险的英国航海家乔治•温哥华。原名格兰维尔，为渔业和锯木业小镇。温哥华三面环山，一面傍海，是一座风景优美、气候宜人的海滨旅游城市。城市街道整齐、宽阔，高楼林立，公园遍布。市内有北美第二大“中国城”、北美最大的城市公园——斯坦利公园、著名的伊丽莎白女王歌剧院、海洋博物馆等景点。

5．加拿大博物馆艺术之旅

加拿大是一个多元化的国家，古老的印第安文明和十足的欧洲风味，使这个国家人文景观多姿多彩。在加拿大，几乎每个城镇都设立有各种各样的博物馆，通过加拿大众多的各类博物馆，我们不仅可以了解社会、历史和普及科学知识，更能全面了解加拿大的成长历程。

（1）UBC 人类学博物馆（UBC Museum of Anthropology）是温哥华非常著名的博物馆，加拿大最大的教学博物馆，位于温哥华 UBC 卑诗大学校区内。博物馆创办于 1949 年，直到 1976 年才搬入现在的建筑。博物馆由加拿大著名建筑师艾瑞克森设计，充分反映西北海岸原住民的传统架梁结构。该馆以收藏的卑诗省沿岸的土著文物见称，馆内丰富的的藏品与图腾柱等充分体现了西海岸原住民灿烂的艺术和文化。

（2）**加拿大国立美术馆**（The National Gallery of Canada）是加拿大 3 个最著名的美术馆之一，另外两个是蒙特利尔和安大略美术馆。它位于首都渥太华，由莫须塞福迪奥所设计的加拿大国立美术馆保留了加拿大现存最重要的美术收藏，藏品中有加拿大著名画家科尼利厄斯·克里高夫和七人画派的作品，还有欧洲和美国画家的力作。

（3）**温哥华海洋博物馆**（Vancouver Maritime Museum）是一座展示卑诗省及温哥华的海洋发展史的博物馆，位于温哥华基斯兰奴区。博物馆是由一艘真正航过海的古老舰船所建而成。一踏入博物馆，抬头便可看见舰船高耸的桅杆。这艘名为“圣·劳殊号”的加拿大舰船，曾于 1928～1954 年服役于加拿大皇家骑警队。1954 年退伍后，由温哥华市府购得，停放在现址，供游客参观。所谓的“博物馆”指的便是这艘船的内部，馆里收藏有大量船模以及温哥华与海洋有关的许多特别的展示。

（4）**卑诗矿业博物馆**（BC Mining Museum）是一个铜矿的遗址，位于温哥华海天公路上的不列颠沙滩上，保存着 20 世纪采矿场的真实作业场景，是了解 20 世纪采矿业的最好场所。参观者可坐着矿坑内的运输火车进入矿坑，体验采矿的过程以及矿工的艰辛生活。博物馆主楼前的院子内还停放着一辆 235 吨重的超大运矿卡车，也见证了当年矿业的辉煌。

（5）**加拿大文明博物馆**（Canadian Museum of Civilization）是加拿大最著名的博物馆之一，是了解加拿大发展历程的最佳去处，位于魁北克省的赫尔市。博物馆本身就是现代建筑设计中最具代表性的，其外形是大胆的曲线设计，象征加拿大广阔的土地；落地的玻璃大幕墙不仅把渥太华河畔的风景和阳光融汇成一幅大油画，而且还是远眺渥太华河的好地方。加拿大文明博物馆内部的展览品囊括由史前至现在的发展，更放眼未来。馆内一楼展示了原住民的生活文化考证，四楼则用大量的历史资料，配以实物的摆放和陈设，展览欧洲移民开拓加拿大的历史。哥特式的里多修道院也位于美术馆内。

4.1.2 山姆大叔——美国（United States）

（一）基本概况

1．旅游环境

美利坚合众国（The United States of America）简称美国（U.S.A.），位于北美洲中南部，

领土还包括北美洲西北部的阿拉斯加和太平洋中部的夏威夷群岛。东临大西洋，西濒太平洋，北接加拿大，南靠墨西哥及墨西哥湾。美国国土面积 937.26 万平方千米，海岸线总长 2.27 万千米。

美国本土的地势与北美大陆一致，两侧高，中间低。东部是阿巴拉契亚山脉和沿海平原。西部是科迪勒拉山系构成的高原和山地，包括落基山脉、海岸山脉、内华达山脉、喀斯喀特岭以及一系列山间高原、盆地和谷地。山系宽 800～1600 千米，海拔一般为 2000～3000 米。内华达山脉主峰惠特尼山海拔 4418 米，为本土最高峰；位于阿拉斯加州的麦金利山海拔 6193 米，为美国最高峰，也是北美洲的最高峰。中部是平原，一般海拔在 500 米以下。

美国河流湖泊众多。位于落基山以东的河流均注入大西洋，主要有密西西比河、圣劳伦斯河及其支流。其中密西西比河全长 6020 千米，居世界第三位。注入太平洋的河流主要有科罗拉多河、哥伦比亚河、育空河等。东北边境的苏必利尔湖、密歇根湖、休伦湖、伊利湖和安大略湖等五大湖为世界最大的淡水湖群，总面积 24.5 万平方千米，素有“北美地中海”之称，其中密歇根湖属美国，其余 4 湖为美国和加拿大共有。苏必利尔湖为世界最大的淡水湖，面积在世界湖泊中仅次于里海，居世界第二位。

美国大部分地区属温带和亚热带气候，但由于美国幅员辽阔，地形复杂，各地气候差异较大。阿拉斯加州位于北纬 60～70° 之间，属北极圈内的寒冷气候；佛罗里达州南端、夏威夷州位于北回归线以南，属热带气候，墨西哥湾沿岸 1 月平均气温 11℃，7 月 28℃；东北部沿海地区属温带气候，冬季寒冷，夏季温和多雨，1 月平均温度为-6℃左右，7 月 16℃左右，年平均降水量为 1000 毫米左右；东南部属亚热带气候，温暖湿润，1 月平均温度为 6℃左右，7 月 24～27℃，年平均降水量为 1500 毫米；中部平原属大陆性气候，冬季寒冷，夏季炎热，1 月平均温度为-14℃左右，7 月高达 27～32℃，年平均降水量为 1000～1500 毫米；西部高原属干燥的大陆性气候，高原上年温差较大，科罗拉多高原的年温差高达 25℃，年平均降水量在 500 毫米以下，高原荒漠地带降水量不到 250 毫米；太平洋沿岸属海洋性气候，冬暖夏凉，雨量充沛。1 月平均气温在 4℃以上，7 月 20～22℃左右，年平均降水量为 1500 毫米左右。

美国经济高度发达，国内生产总值居世界首位。工业门类齐全，科技先进，燃料、动力、钢铁、机械、航空、化学、电子等工业居世界前列。能源、军工产量、农业总产值、粮食出口量均占世界第一位。航天工业居世界领先水平。美国是一个农业高度发达的国家，农业机械化程度高。美国农业的产量和生产率水平按人口平均，都居世界第一位。美国的矿产、森林和水利资源丰富。铁、煤、石油、天然气、钾盐、磷酸盐、硫黄等矿藏储量均居世界前列。美国拥有 18 亿公顷的森林，占全国土地总面积的 31.5%左右，主要树种有美洲松、黄松、白松和橡树类。

2．历史与文化

美国原是印第安人的聚居地。1492 年哥伦布“发现”美洲大陆时，居住在美洲的印第安人，约有 2000 万，其中有大约 100 万人住在现在的加拿大和美国中北部，其余绝大部分住在现在的墨西哥和美国南部。15 世纪末，西班牙、荷兰、法国、英国等国家开始向北美移民。到 1773 年，英国在北美建立的 13 个殖民地逐渐形成，成为“北美 13 州联合殖民地”。从 1775 年，13 州殖民地人民在乔治·华盛顿的领导下，发动了推翻英国殖民统治的独立战争。1776年7月4日《独立宣言》发表，美利坚合众国正式成立。1783年独立战争结束，英国被迫承认美国合法的独立性。在1776年以后的100年内，经过一再扩张领土，形成拥有50个州的现在的美国。

美国国旗是星条旗。旗面左上角为蓝色星区，区间排列着50颗白色五角星，代表着美国现在的50个州。星区外是由13道红、白相间的横式宽条组成，代表最早发动独立战争并取得胜利的13个州。美国国徽的图案是一只象征独立、自由精神的白头鹰。它双翼展开，右爪握一束橄榄枝，左爪握13支利箭，象征和平和武力；鹰嘴叼着一条黄色绶带，上用拉丁文写着“合众为一”；盾面上半部为蓝色横条，下半部为红白相间的竖条，其寓意同国旗相同；鹰上方的蓝色天空中，13颗白色五角星环绕着云朵，代表美国最初的13个州。美国的国歌是《星条旗之歌》。美国的国鸟是白头鹰，它代表着勇猛、力量和胜利。美国的国花是玫瑰花，象征着美丽、芬芳、热忱和爱情。

美国的象征是“山姆大叔”。传说1812年开始的美国第二次独立战争期间，美国纽约特罗伊城商人山姆·威尔逊负责给联邦军队供应食品。他在每个食品箱上都打上了代表联邦政府的标记“U.S.”。由于在英文中山姆大叔（Uncle Sam）的缩写也是“U.S.”，与联邦政府的标记一样，于是美国士兵们总爱把政府发下的物品称作“山姆大叔”给的。后来“山姆大叔”的名声越来越大，就逐渐成了美国的代号。19世纪50年代，美国的漫画家又将“山姆大叔”画成一个头戴星条高帽、蓄着山羊胡须的白发瘦高老人。1961年美国国会通过决议，正式承认“山姆大叔”为美国的象征。

美国是世界上最大的移民国家，除极少数的土著居民印第安人外，绝大多数是外来移民的后裔。在美国有从世界各地来的不同种族、不同肤色的人，故有“世界民族的大熔炉”、“人类种族博物馆”之称，也形成了美国特定的文化背景。

美国人口3亿（2006年10月），其中白人约占84%，黑人约占13%，亚裔3.3%，华人约160万。通用英语。但由于地理的阻隔、时间的流逝，美英两国语言已产生了很大的差异。美国56%的居民信奉基督教新教，28%信奉天主教。

3．习俗礼仪

美国人一般性情开朗、乐于交际、不拘礼节。第一次见面不一定行握手礼，有时只是笑一笑，说一声“Hi”或“Hello”。在告别的时候，能常向大家挥挥手或者说声“再见”、“明天见”。但如果别人向他们致礼，他们也用相应的礼节。

在美国，如果要登门拜访，必须先打电话约好；如果有客人夜间来访，主人穿着睡衣接待客人被认为是不礼貌的行为；当被邀请去老朋友家做客时，应该预备小礼物；忌讳向妇女赠送香水、衣物和化妆用品。在朋友家做客时，打长途电话要经过主人同意，离开的时候，要留下电话费。名片一般不送给别人，只是在双方想保持联系时才送；当着美国人的面想抽烟，必须问对方是否介意，不能随心所欲。

美国人独立进取，讲求实际，求变好动。美国在开发过程中优胜劣汰、适者生存的规律被体现得淋漓尽致，这种价值观被美国人世代尊崇。美国人从很小的时候就开始干自己力所能及的事情，成年后便开始独立生活，不喜欢依靠任何人。美国历史短暂，没有传统的包袱，因而非常务实，凡事大小都喜欢亲自动手，在金钱问题上分得很清楚，绝不会考虑面子而含糊了事。美国人可以说是一个永不满足的民族，他们从来不满足于稳定的生活和安定的环境，喜欢变换职业、旅游、冒险和体育活动，从变化中求得新感觉、新刺激，从改变中获得新的成功的乐趣。

美国人拥有不同于英国人的绅士风度，也具有不同于法国人的浪漫气质。这一特点从美国人的穿着上可以看出来。美国人穿着很随意，一般场合下穿着西装、夹克、牛仔、运动衫不拘一格，但正式社交场合则按礼仪要求着装。

美国人的饮食习惯五花八门，一般不在精美细致上下工夫，更讲求效率和方便，快餐在美国非常普及。晚餐是一天中最丰盛的正餐，习惯在餐后吃甜点喝咖啡，有睡前吃小吃的习惯。美国人一般乐于在自己家里宴请客人，而不习惯在餐馆请客。喜欢保健食品，注重营养均衡。蔬菜水果讲究新鲜，菜肴味道喜欢清淡，吃肉要少而瘦，吃鸡鸭要去皮，喝牛奶要脱脂，喝咖啡尽量不放糖，喜欢吃豆制品。喜欢喝可口可乐、啤酒、冰水、矿泉水、威士忌、白兰地等。

在美国，个人利益神圣不可侵犯，人们日常交谈，不喜欢涉及个人私事、年龄、婚姻状况、收入、宗教信仰等，这些都是忌讳的话题。讨厌蝙蝠，认为它是吸血鬼和凶神的象征。黑猫被视为不吉利的动物。非常忌讳数字“13”和“星期五”。忌讳黑色，认为黑色是肃穆的象征，是丧葬用的色彩。

（二）主要旅游城市及名胜

美国这个高度现代化的国家，拥有丰富的自然景观和异彩纷呈的民族文化。高楼林立的现代化气息、眼花缭乱的高科技风貌，以及复杂多姿的文化与自然遗产应有尽有。其中，主要的世界遗产有大沼泽地国家公园、大雾山国家公园、克卢恩和兰格尔——圣伊莱亚斯诸公园、猛犸洞穴国家公园、奥林匹克国家公园、霍德伍德公园、黄石国家公园、费城独立大厅、弗德台地国家公园、卡霍基亚墩群遗址、科罗拉多大峡谷、自由女神像、约塞米蒂国家公园、查科国家历史公园、蒙蒂塞洛和弗吉尼亚大学、梅莎维德国家公园、夏威夷火山国家公园等。

1. 华盛顿（Washington）

首都华盛顿全称为“华盛顿哥伦比亚特区”（Washington D.C.），美国的政治、军事和文化中心，是世界上少有的仅以政府行政职能为主的现代化大城市。位于美国东海岸中部，马里兰州和弗吉尼亚州之间的波托马克河与阿纳卡斯蒂亚河汇合处的东北岸，面积177平方千米。为纪念美国第一任总统乔治·华盛顿和发现美洲新大陆的哥伦布而命名的。华盛顿在行政上由联邦政府直辖，不属于任何一个州。

整个城市沿着河岸在山丘上绵延着，四周群山环抱，其中心部位有建于低矮丘陵国会山上的国会大厦，大厦西北约2.5千米处为总统居住的白宫。国会大厦和白宫之间有“联邦三角”建筑群，包括政府机构以及国家美术馆、国家档案馆、泛美联盟、史密森国家博物馆和联邦储备大厦等。国会大厦东边为最高法院大厦，附近的国会图书馆是一幢文艺复兴时代式的建筑物，圆形天花板由各式玻璃镶成，2000扇玻璃窗制造出极好的采光效果，为仅次于莫斯科列宁图书馆的世界第二大馆，毗邻的莎士比亚图书馆以藏莎翁著作以及研究文献而著称于世。国防部所在的五角大楼在华盛顿附近波托马克河西岸的阿灵顿镇。全城有数百处纪念性建筑物、纪念碑、雕像等，大多与美国历届总统有关。

（1）**华盛顿纪念碑**（Washington Monument）是美国首都的标志性建筑，为纪念美国第一任总统乔治·华盛顿而建。它位于华盛顿市，靠近波托马克河，居国会大厦和林肯纪念堂中间。这是一座白色大理石方尖形石碑，从外形看来，酷似行将升入太空的火箭。纪念碑建成于1885年，碑高169米，顶端为金字塔形顶，高约17米，尖端用镀铝盖顶，由R·米尔斯设计，是世界最高的石质建筑。其内墙镶嵌有188块有私人、团体、各城市、各州和其他国家捐赠、镌刻着各种图案和历史故事的纪念石，其中有一块中国清朝赠送、刻有中文的纪念石。内部中空，有898级楼梯，碑顶上有碑文记录了建碑的历史。从塔顶的瞭望台可以饱览全城美丽的景色，往塔的正北方向望去，依次为椭圆广场、白宫、拉法埃脱公园；纪念塔的西侧，远处是林肯纪念堂，近处是宪法公园；东侧是国会大厦和格兰特纪念堂等。

（2）**林肯纪念堂**（Lincoln Memorial）为纪念美国第16届总统、美国南北战争时期的亚伯拉罕·林肯总统而兴建，位于华盛顿哥伦比亚特区林荫路西首的西波托马克公园内。兴建纪念堂的法案于1867年由国会通过，并于1914年破土动工，到1922年最后建成，首尾时隔55年，历经了12任总统。这是一座仿古希腊巴特农神庙式的古典建筑，南北宽57.3米，东西长35.9米，高24.4米，由美国著名建筑师亨利·培根设计。环绕纪念堂四周有36根古朴的希腊式白色大理石圆形廊柱，代表林肯遇刺时的36个州，廊柱的横楣上刻着这些州的名字。纪念堂正中是一座高达5.8米的林肯坐像，由28块大理石组合雕塑而成。馆内壁上刻有林肯著名的《葛底斯堡演说》的内容和“民有、民治、民享”。周围装饰着有关解放黑奴、南北统一，以及象征正义与不朽、博爱与慈善的壁画。

（3）**杰弗逊纪念堂**（Jefferson Memorial）为纪念美国第3任总统托马斯·杰弗逊兴建，位于波托马克河附近的潮汐湖南岸。1939年由罗斯福总统主持开工，到1943年在这位《独立宣言》的作者托马斯·杰斐逊诞辰200周年时举行落成仪式。这是一座古罗马万神殿式圆顶建筑，外形为环状、穹顶、廊柱结构的庙堂形式，为白色大理石建筑，高29.3米，入口处的门厅上方刻有杰斐逊和富兰克林、亚当斯等开国元勋正在起草《独立宣言》的群雕。圆形穹顶大厅为纪念堂的主体建筑，殿堂中央是一座由R·伊万斯雕刻的杰弗逊铜像，高5.8米，以墨黑色花岗石为基座。周围墙上，衬以四块刻着杰斐逊传世论著的巨大镶板。杰弗逊纪念堂与华盛顿纪念碑、林肯纪念堂形成三角形布局，各具特色又协调一致。

2．纽约（New York）

纽约是美国第一大城市和最大海港，美国最大的金融、商业、贸易和文化中心，联合国总部所在地，位于美国东北部哈得孙河注入大西洋的河口处。市区由曼哈顿岛、长岛、斯塔藤岛以及邻近的大陆组成，面积945平方千米。

纽约原是印第安人居住地。1626年荷兰人从印第安人手中低价买下曼哈顿岛，取名为新阿姆斯特丹。英国人在1664年占领此地，并更名为纽约，范围扩大到邻近陆地和长岛等处。美国独立后，纽约在1789～1790年为美国临时首都。1825年伊利运河通航，连接纽约、水牛城、五大湖区以及西部地区的交通，纽约因而成为地位突出的海港和世界性的商业中心。

纽约由曼哈顿、布朗克斯、布鲁克林、昆斯和斯塔藤岛5个行政区组成。其中，曼哈顿区是纽约市的象征，有“纽约市的心脏”之称。位于曼哈顿区的华尔街、百老汇大街分别是美国金融、保险机构和文化娱乐场所的集中地。与百老汇大街平行的第五大街极为有名，两街之间有美国著名的纽约文化中心、现代艺术博物馆、卡内基厅、洛克菲勒中心、纽约公共图书馆等许多高级商场、剧院、歌舞剧院等商业、文化设施。其中，洛克菲勒中心是一个包括十多幢摩天大楼的建筑群，世界最大的集商业、娱乐综合体，是一个独立于纽约的“城中城”。位于纽约市曼哈顿南端的唐人街，是纽约最大的华人聚居区，大街小巷，朱门碧瓦，飞檐画栋，颇具中国特色。

（1）**联合国总部**（United Nations）位于纽约曼哈顿区，占地约 7 公顷，由联合国大会大厦、联合国会议大厦、联合国秘书处大厦等 3 座主要建筑物组成。这组建筑群中最引人注目的是联合国秘书处大厦，这是一座高达 39 层的盒式建筑，南北两侧为大理石墙。建筑群的周围是一片绿色的草坪，180 多面成员国的国旗飘扬在总部的正面，在院内的主旗杆上，飘扬着天蓝色的联合国旗，以橄榄枝围绕着地球的白色图案是和平、友谊、合作、协调的联合国宪章的宗旨的象征。这里被称为“国际领土”，不属于任何国家。参观者可以在里面的邮局买到联合国邮票，并在大楼里邮寄。大楼里面还有餐馆、出售世界各国商品的商店、工艺品店铺，里面的艺术品由成员国捐助。

（2）**自由女神像**（Statue of Liberty）其全称为“自由女神铜像国家纪念碑”，是为纪念美国独立战争期间美法联盟，法国政府赠送的礼物，是美国自由精神的象征。位于纽约哈得孙河口的自由岛上。自由女神像高 46 米，右臂握着火炬，左臂抱着一本书，象征着美国《独立宣言》，上面刻着“1776 年 7 月 4 日”的字样。自由女神像内有 22 层，电梯只能开到第 10 层，另外 12 层沿着旋梯而上直至女神像顶端的皇冠处。通过皇冠外布满的小窗可以饱览纽约的美景。基座高 45 米，刻有美国犹太女诗人埃玛 •拉扎鲁斯为雕像写的诗作《新的巨人》。基座内设有美国移民博物馆。整座铜像以 120 吨钢铁为骨架，80 吨铜片为外表皮，30 万只铆钉装配固定在支架上，总重量达 225 吨。铜像内部的钢铁之架是由建筑师约维雷勃杜克和以建造巴黎埃菲尔铁塔闻名于世的法国工程师埃菲尔设计制作的。

（3）**中央公园**（Central Park）纽约最负盛名的公园，号称纽约“后花园”，是纽约城中的一片绿洲，位于曼哈顿中心。公园总面积达 340 万平方米，是一块完全人造的自然景观，有人造湖、大都会博物馆、动物园、牧场、网球场、露天剧场、泳池，游客中心等。这里四季皆美，春天嫣红嫩绿、夏天阳光璀璨、秋天枫红似火、冬天银白萧索，为忙碌紧张的都市生活提供了一个悠闲的场所。

3．芝加哥（Chicago）

芝加哥是美国仅次于纽约的第二大城市，五大湖地区最大的工业、商业和交通中心，也是美国黑人、犹太人聚居较多的城市。位于美国北部密歇根最南端，芝加哥河汇流处，面积 588 平方千米。芝加哥交通发达，被称为“美国的动脉”，是美国最大的空运中心和铁路枢纽，也是世界上最大的一个内陆港口。城市沿湖滨平原向西、北、南展开，地势平坦。以芝加哥为中心的 480 千米范围内的五大湖城市带，集中了美国人口的 1/5。因这里气候温和湿润，终年多风，风向多为来自密歇根湖的东北风，因而有“风城”之称。

1804 年在芝加哥河口一带始建永久定居点，后以皮毛贸易站为基础形成集镇。1837 年设市。芝加哥是有名的“建筑之都”，市内到处是在建筑史上占一席地位的奇丽建筑物，是美国摩天大楼最多的地方。高 443 米、110 层的西尔斯大厦为美国最高建筑物，其次是高 346 米、80 层的标准石油大厦，高 343.5 米、100 层的汉科克中心大厦，以及水塔广场大厦、第一国家银行大厦等。在杰克逊大街两侧，仿古希腊、古罗马的建筑，文艺复兴时期的标志，以及近现代风格的建筑一应俱全，可谓建筑艺术的博物馆和圣地。

芝加哥市内公园、绿地众多，占地近 5000 公顷，沿密歇根湖 50 千米的滨湖“绿带”是市民主要的游憩场所，芝加哥城郊还有大片森林保护地。芝加哥最大的公园是林肯公园，就位于市北密歇根湖滨，全长8千米，占地480公顷。园内有林肯、歌德、莎士比亚、贝多芬等塑像，还有动物园等设施。距市中心最近的格兰特公园是用芝加哥大火后清理出的瓦砾沿湖堆积而成的，是芝加哥最具魅力、最著名的公园之一，并拥有芝加哥艺术馆、费尔德自然历史博物馆和谢德水族馆等3个世界级的博物馆，被誉为芝加哥的“前院”。园中的白金汉喷泉是世界最大的照明喷泉。

4．洛杉矶（Los Angeles）

洛杉矶是美国第三大城市，也是美国西海岸边一座风景秀丽、璀璨夺目的海滨城市。位于加利福尼亚州南部，濒太平洋。洛杉矶意指“天使的城市”，坐落于一个三面环山，一面临海的开阔盆地中，平均海拔84米，面积1200多平方千米。洛杉矶是美国西部最大的城市和工业中心，也是美国科技的主要中心之一，享有“科技之城”的称号，著名的硅谷就坐落在这里。

除拥有发达的工业和金融业，洛杉矶还是美国的文化娱乐中心。一望无垠的沙滩和明媚的阳光、闻名遐迩的“电影王国”好莱坞、引人入胜的迪斯尼乐园、峰秀地灵的贝佛利山庄使洛杉矶成为一座举世闻名的“电影城”和“旅游城”。

（1）**好莱坞**（Hollywood）是世界闻名的电影中心，美国影城，位于洛杉矶城西北郊。好莱坞为“长春树林”之意。这里原是一个荒凉的小村镇，1910年成为洛杉矶市的一个区。20世纪初，电影制片商在此发现理想的拍片环境，1909年以后便陆续集中到此，1911年尼斯托公司在此建立第一家电影制片厂，1925年生产了第一部有声电影。此后，好莱坞发展成为举世闻名的电影中心。20世纪30年代和第二次世界大战之后，是好莱坞的全盛时期，当时已成为拥有环球、米高梅、联合艺术家、二十世纪福克斯、哥伦比亚、派拉蒙和华纳兄弟等八家著名电影公司，每年制作数百部影片的名副其实的“世界影都”。现在位于好莱坞内的环球电影公司制片场、供拍摄用的各种街道及建筑物、星光大道及环球影城都成为游人参观的热点。

（2）**迪斯尼乐园**（Disney Land）是世界上第一个迪斯尼主题乐园，位于洛杉矶以东57千米处，面积65公顷。由美国著名动画片制作家、米老鼠形象的作者沃尔特•迪斯尼创立，游乐园于1950年动工建造，1955年7月17日正式开放。它以丰富的想象力设计出来的人间幻境招徕游人，很快饮誉全球。在迪斯尼乐园中，设有中央大街、美女之城、探险世界、未来世界、幻想世界、开拓之城等主题乐园。凡是想象力所能及的刺激与冒险，这里应有尽有，是名副其实的梦幻天堂。号称“全世界最快乐的地方”。

5．费城（Philadelphia）

费城全称费拉德尔菲亚，美国第四大城市。位于宾夕法尼亚州东南部，德拉瓦河与斯库基尔河的汇流处。市区东起德拉瓦河，向西延伸到斯库基尔河以西，距海142千米。

1701年建市，18世纪费城曾是美国最大城市，也是美国和美国民主的诞生地。1776年7月4日，13个北美洲的英国殖民地代表在费城开会，投票通过了《独立宣言》，正式宣布脱离英国统治。1790～1800年，费城曾是美国首都。

费城重、化工业发达，为美国东海岸主要的炼油中心和钢铁、造船基地，还有电机、机械、汽车等重要工业部门，有“美国的鲁尔”之称。城市背靠阿巴拉契亚山麓台地，沿两河之间的狭长半岛伸展，地势平坦，平均海拔30米。城市中心街道布局呈方格状，以居两河间正中位置的本广场为中心，耸立于广场的市政厅塔楼为城市制高点。费城艺术博物馆、罗丁博物馆、本杰明·弗兰克林纪念馆和菲斯天文馆等是城市主要的历史名胜。

独立大厅（Independence Hall）是1787年美国宪法签署纪念地，位于费城。建立于1732年，原为州政府，后于1776年7月在此发表《独立宣言》。其后，又在该处起草合众国宪法，从而诞生了美利坚合众国。纪念馆外种植有13棵大树，代表最早参加联邦的13个州。馆内陈设的13张会议桌为当时13块殖民地的代表席。此外，还有弗兰克林寓所和葬着7位《独立宣言》签署者的教堂墓地，以及在独立战争中英勇献身的“无名英雄墓”等历史陈迹。

议事厅是与独立纪念馆连接的建筑物。1790～1800年，该处为联邦议事厅。华盛顿曾在此被推选为美国连任总统。厅内留存较多历史性遗物。

6．旧金山（San Francisco）

旧金山的英文名其实是“圣弗朗西斯科”，华人称旧金山或三藩市，是美国西部沿海仅次于洛杉矶的第二大港市，金融、贸易、商业和文化教育中心。位于美国西海岸加利福尼亚州西北部，介于太平洋和圣弗朗西斯科湾之间一个宽不足10千米的半岛上。人们常把旧金山称为美国西部的大门，素有“西海岸门户”之称。这个窗口本身也是美国风景最美、气候最好、最为国际化的城市之一。

旧金山原为西班牙的一个殖民据点，1847年墨西哥人来到这里，以西班牙文命名为圣弗朗西斯科。1848年因在距离旧金山以东约150千米的科罗马溪谷发现了金矿，从此揭开了美国西部淘金时代的序幕。各处淘金者蜂拥而至，城市迅速发展起来。

旧金山市域内丘陵起伏，有诺布山、双峰山、戴维森山，沿海地带较为平坦，南流的萨克拉门托河和北流的圣华金河在城市附近汇合后，向西注入圣弗朗西斯科湾。滨海山城的优美景色和冬季温和宜人的气候，使旧金山成为一个度假的天堂。

（1）**金门大桥**（Golden Gate Bridge）是世界上最大的单孔吊桥之一，旧金山的标志性建筑，也是进入圣弗朗西斯科湾的门户。金门大桥由美国著名桥梁专家和工程师约瑟夫·贝尔曼·斯特劳斯设计并主持建造。自1933年开始建造，1937年落成使用，前后持续4年时间，耗用10万多吨钢材。这座横跨在金门海峡上的悬索桥长达2737米，从海面到桥中心部位的高度约为81米。桥两端有两座高227米的桥塔，柱端用粗钢索与桥身相连。大桥有6个车道，平均每天有10万辆车的客流量。

（2）**唐人街**（Chinatown）历史最悠久，也是亚洲之外最大的华人社区，约有近10万余名华侨居住。唐人街的入口是在布什大街上格兰特街的南端，入口处耸立着高大而又色彩鲜艳的中国式牌楼，牌楼以绿瓦盖顶，雕梁画栋，有几条生动的龙，孙中山先生的“天下为公”四个大字熠熠生辉。在这里到处是多彩多姿的中国文化，街道边挂满了中文广告牌，几乎可以买到所有种类的中国货，还保留着传统餐饮及建筑，体现出中国传统风格。设在假日酒店里的中国文化中心举办有关华裔美国人的各种展览，包括安排唐人街的历史游和美食游。

7．美国国家公园之旅

美国地形复杂多姿，自然景观丰富。自从1872年3月1日，美国国会将位于怀俄明、蒙大拿和爱达荷三州交界处的黄石山谷规划成立第一家美国国家公园至今，这种以山川、峡谷、森林和海滩等自然景观为主的国家公园在美国已有57个，构成了美国独特的旅游景观。

（1）**黄石国家公园**（Yellowstone National Park）是世界上建立最早的国家公园，位于美国西北部爱达荷、蒙大拿、怀俄明三个州交界处的落基山区，占地9000多平方千米。在1978年被联合国教科文组织列入《世界遗产名录》。黄石国家公园是一个向斜盆地，熔岩广覆，海拔2500米，以多间歇泉著称。这里的间歇喷泉多达300多处，占世界间歇泉总数的一半以上，被人称为“水与火构成的自然界奇异景色”。

（2）**大峡谷国家公园**（Grand Canyon National Park）是世界自然奇观之一，因谷地有科罗拉多河流过，所以又被称作“科罗拉多大峡谷”。位于亚利桑那州西北部，占地2724.7平方千米，全长350千米，大峡谷谷底宽度不足1000米，最窄处仅120米。公园成立于1919年，并于1979年被联合国教科文组织列入《世界遗产名录》。大峡谷由科罗拉多河侵蚀切割形成的，峡谷两岸随处显露着形成于不同地质年代的地层断面，不仅景观神奇，而且是一部生动的“地质教科书”。

（3）**约塞米蒂国家公园**（Yosemite National Park）是美国景色最优美的国家公园之一，地处美国西部的加利福尼亚州境内，位于内华达山脉的西坡，占地约3028平方千米。1864年，美国总统林肯将约塞米蒂谷划为予以保护的地区，因而约塞米蒂谷也被视为现代自然保护运动的发祥地。1890年被定为国家公园，1984年被联合国教科文组织列入《世界遗产名录》。

公园中心宽阔的U形约塞米蒂溪谷长12千米，集结有许多壮丽的自然美景。由于特纳雅、伊利洛特和约塞米蒂3条河汇成的默塞得河正好横贯谷底，使这里成为世界上瀑布最密集的地区。其中高739米的约塞米蒂瀑布是北美落差最大的瀑布。这里又是巨岩独秀荟萃之所，景观中有许多诸如“船长峰”、“三兄弟峰”、“半圆丘”、“将军岩”等美丽的山峰和独石。园中有加利福尼亚州三大著名的红杉丛林，以在约塞米蒂谷南35千米的蝴蝶丛林最为有名。这里有植物1300多种、哺乳类动物67种，以及18种爬行类动物和221种飞禽。公园里的约塞米蒂博物馆珍藏有这个地区的野生动植物标本和与印第安人相关的陈列品。

（4）**夏威夷火山国家公园**（Hawaii Volcanoes National Park）坐落在太平洋中的夏威夷岛上，占地929平方千米，主要包括冒纳罗亚和基拉韦厄两座著名的活火山。夏威夷火山的最大特点，是高度流动性的玄武熔岩，而不是爆炸式的火山喷发。它们溢出的奔腾汹涌的橘红色火山熔岩，构成夏威夷火山公园最具特色的景观。1916年建为国家公园，1987年被联合国教科文组织列入《世界遗产名录》。

冒纳罗亚火山海拔4170米，山顶的大火山口叫莫卡维奥维奥，意思是火烧岛，直径达5千米，是夏威夷岛上第一大火山，常有熔岩喷出，1881年、1950年、1974年和1984年曾大喷发。它倾泻出的大量熔岩，使山体不断增大，有“伟大的建筑师”之称。基拉韦厄火山海拔1243米，是岛上的第二大火山，也是夏威夷火山国家公园的游览中心。火山脊公路环绕基拉韦厄火山口，经过热带雨林和沙漠，并通硫黄海岸、哈莱马乌马乌火山口、火山喷气眼和灾难路的景点。

4.1.3 仙人掌王国——墨西哥（Mexico）

（一）基本概况

1．旅游环境

墨西哥全称墨西哥合众国（The United States of Mexico），得名于阿兹台克人传说中战神的别名墨西特里，“哥”为“地方”之意，“墨西哥”有“墨西特里战神之庙”的意思。墨西哥位于北美洲南部，是南、北美洲陆路交通的必经之地，素有“陆上桥梁”之称。北邻美国，南接危地马拉和伯利兹，东濒墨西哥湾和加勒比海，西临太平洋和加利福尼亚湾。面积196.72万平方千米，是拉美第三大国，中美洲最大的国家，海岸线长1.15万千米。

墨西哥地形以高原和山地为主，东、西、南三面被三列马德雷山脉环绕，北面海拔800～1000米，其间分布有沉积盆地。南部又称中央高原，海拔2000～2500米。东、西沿海为带状平原。中央高原南部为横断火山带，有火山300余座。奥里萨巴火山海拔5700米，为全国最高峰。主要河流有布拉沃河、巴尔萨斯河和亚基河。湖泊多分布在中部高原的山间盆地中，最大的是查帕拉湖，面积1109平方千米。

墨西哥气候复杂多样，北部属亚热带气候，南部属热带气候。整个高原年平均气温在20℃左右，冬无严寒，夏无酷暑，四季万木常青，故享有“高原明珠”的美称。东南沿海年降水量为2000～4000毫米，内地为700～1000毫米，北部不足500毫米。

墨西哥是拉美经济大国，实行工业、农业并重的方针。矿藏资源丰富，主要有石油、天然气、金、银、铅、锌、铜、铀、锑、钼、石墨等。石油工业是墨西哥国民经济的支柱，有“浮在油海上的国家”的美誉。主要工业部门有采矿、石化、钢铁、电力、汽车制造、食品、水泥等。墨西哥以产白银而著称于世，其白银产量居世界首位，素有“白银王国”之称。农、林、牧渔业依然在墨西哥经济中占有重要的地位。主要农产品有玉米、小麦、高粱、大豆、水稻、棉花、甘蔗、烟草、剑麻等。墨西哥是世界上最早种植玉米的国家之一，被称为“玉米的故乡”，玉米也是墨西哥最主要的农产品。

2. 历史与文化

墨西哥是一个具有悠久历史的文明古国，历史上为美洲印第安人古文化中心，是玛雅文化、阿兹台克文化的发源地。1519年西班牙入侵，1521年沦为西班牙殖民地，自此，西班牙对墨西哥进行了长达300余年的殖民统治。1810年9月16日掀起反抗西班牙殖民统治，争取独立的斗争，后定9月16日为墨西哥独立日。1821年获得独立。1824年10月建立联邦共和政体。1846年遭美国入侵，被迫割让230万平方千米土地。1917年颁布资产阶级民主宪法，宣布国名为墨西哥合众国。

墨西哥国旗从左至右由绿、白、红三个平行相等的竖长方形组成，白色部分中间绘有墨西哥国徽。绿色象征独立和希望，白色象征和平与宗教信仰，红色象征国家的统一。国徽为一只展翅的雄鹰嘴里叼着一条蛇，两爪分别抓着蛇身和踩在从湖中岩石上长出的仙人掌。表示在神启示下定居，建造墨西哥城。图案中下方为橡树和月桂树枝叶，象征力量、忠诚与和平。墨西哥的国歌是《墨西哥合众国国歌》。墨西哥的国鸟是长腿鹰，墨西哥人将鹰视为祖国的象征。墨西哥的国花是仙人掌、大丽菊，仙人掌象征着墨西哥民族及其顽强的斗争精神。墨西哥是仙人掌的故乡，在仙人掌的2000多个品种中，墨西哥有一半以上，因此享有“仙人掌王国”的美誉。

墨西哥文化古老而又混杂。这里曾是美洲大陆印第安人古老文明中心之一，孕育了玛雅、阿兹台克等古印第安文化。存在于公元前1000年至公元1250年的玛雅文化，可谓“美洲印第安文化摇篮”，至今仍对墨西哥和中美洲部分国家产生着重要影响。玛利雅奇音乐和萨巴特奥舞蹈融合了西班牙和印第安音乐舞蹈的特色，不仅成为墨西哥独特的民族艺术形式，也成为墨西哥民族的一种象征。墨西哥的文学成就同样举世瞩目。从印第安神话到“第十个缪斯”胡安娜·伊内斯（1651—1695），再到墨西哥第一位诺贝尔文学奖获得者奥克塔维奥·帕斯（1914—1998），墨西哥文学受到欧美文化两大源头的浸润并最终创造了属于自己的文学辉煌。

墨西哥人口1.05亿（2004年7月），在拉美仅次于巴西，居第2位。墨西哥人大都是印第安人和西班牙人的后裔，其中印欧混血种人占90%，印第安人占10%，还有白人等。官方语言为西班牙语，有8%的人讲印第安语。居民中92.6%信奉天主教，3.3%信奉基督教新教。

3. 习俗礼仪

墨西哥人豪放而热情。在墨西哥，遇到朋友，或是第一次被介绍给某人时，通常都要与他们握手为礼；而熟人见面时，主要是拥抱礼与亲吻礼。在上流社会中，男士们往往还会温文尔雅地向女士们行吻手礼。通常，他们习惯使用的称呼是在交往对象的姓氏之前，加上“先生”、“小姐”或“夫人”之类的尊称。前去赴约时，墨西哥人一般都不习惯于准时到达约会地点。在通常情况下他们的露面总要比双方事先约定的时间晚上一刻钟到半个小时左右，在他们看来这是一种待人的礼貌。

墨西哥人的穿着打扮，既具有强烈的现代气息，又具有浓厚的民族特色。墨西哥人非常讲究在公共场合着装的严谨与庄重。在他们看来，在大庭广众之前，男子穿短裤，女子穿长裤，都是不合适的。因此，在墨西哥出入公共场合时，男子一定要穿长裤，女子则务必要穿长裙。

墨西哥人的传统食物主要是玉米、菜豆和辣椒，它们被称为墨西哥人餐桌上必备的“三大件”。菜以辣为主，有用昆虫做菜的爱好。在墨西哥仙人掌可以作为蔬菜和水果食用。墨西哥人还以嗜酒闻名于世，宾客上门，习惯先以酒招待。

墨西哥人忌讳紫色，一般不能送紫色类的物品或以紫色包装的礼品。穿紫色类的服装一样也不受欢迎。在墨西哥，黄色花表示死亡，红色花表示符咒，因此黄色和红色的花不可送人。墨西哥人最喜欢的颜色是白色。

（二）主要旅游城市及名胜

悠久的历史文化、独特的高原风情和人文景观以及漫长的海岸线为墨西哥发展旅游提供了得天独厚的有利条件。印第安玛雅文化遗址、西班牙殖民统治留下的风格迥异的近代建筑、山清水秀的高原景观、载歌载舞的墨西哥风情都是墨西哥独特的魅力所在。

1. 墨西哥城（Mexico City）

首都墨西哥城是西半球最古老的城市，墨西哥的政治、经济和文化中心。墨西哥城海拔2200多米，位于墨西哥高原南部边缘的湖积平原上，城市四周环绕着峻峭的群山。南端的波波卡特佩特尔火山海拔5452米，山顶终年积雪，东侧的特斯科科湖是阿兹台克和托尔特克文化的发祥地。墨西哥城号称世界最大的城市，面积可达1500平方千米，人口多达1800多万。

关于墨西哥城的建立有一个传说，相传一群阿兹台克人在荒无人烟的沙漠上奔波，太阳神告诉他们，当他们看到老鹰站在仙人掌上啄食蛇时，那里便是他们定居的安身乐业之处。他们按着神的指示到处寻找，终于在特斯科科湖中央的一个小岛上看到了神所指示的景象，这样，他们便在此定居下来，建起了城池，起名为特诺奇蒂特兰，意思是“石头上的仙人掌”，“太阳神之子”的别称也是源于这一传说。墨西哥国徽和国旗的主要图案，所象征的也正是这段故事。

史实是，1325 年印第安阿兹台克人在特斯科科湖心小岛建起了特诺奇蒂特兰城，并把这座城市当作他们的圣城，以特诺奇蒂特兰城为中心，填湖建城、修筑水道，建起了一座座宏伟壮丽的庙宇、宫殿，整个城市相当繁华，创造了著名的阿兹台克文化，以至后来这里成为古代印第安人“三大文明区”之一。1521 年西班牙入侵后，又修筑了许多欧洲式宫殿、教堂、修道院等建筑物，并给该城取名为墨西哥城，以“宫殿都城”之誉驰名欧洲。1821 年，墨西哥独立时定为首都。18 世纪末，城市规模不断扩大。20 世纪 30 年代以后，现代化的高楼大厦相继拔地而起。它既保留了浓郁的民族文化色彩，又是一座绚丽多姿的现代化城市。

墨西哥城内有许多名胜古迹，保留着大量阿兹台克人的古建筑遗迹、兴建于西班牙殖民统治时期的富有欧洲风格的古老宫殿、教堂及独立后兴建的高楼大厦等。城内还有 50 多个博物馆和 40 多个艺术画廊。位于墨西哥城北部 40 千米处的太阳和月亮金字塔是阿兹台克人所建特奥蒂瓦坎古城遗迹的主要组成部分，也是阿兹台克文化保存至今的最耀眼的一颗明珠，1988 年被联合国教科文组织列入《世界遗产名录》。坐落于查布尔特佩克公园内的人类学博物馆是拉丁美洲最大和最著名的博物馆之一。墨西哥城中的“三种文化广场”由阿兹台克金字塔废墟、16 世纪西班牙殖民者修建的教堂和 20 世纪建造的外交部大楼组成。广场展示了古老的阿兹台克文明、西班牙殖民文化与墨西哥现代文明，象征墨西哥丰富多彩的历史文化与兼容并包的民族特征。在墨西哥城市中心矗立着一座 15 米高的塔式钟楼，是 1921 年 9 月墨西哥的华人侨商为庆祝墨西哥独立 100 周年建立的，因此当地人习惯地称它为“中国钟”。

墨西哥城又被称为“壁画之都”，在墨西哥城许多建筑物的墙壁上都绘有反映古代印第安人生活和墨西哥历史发展进程的壁画，这些历史悠久的建筑已成为该城的一大景观。早在 1000 多年前，墨西哥的印第安人就擅长壁画。墨西哥现当代的壁画家们继承了源远流长的民族优秀壁画传统，又大胆吸收欧洲艺术的长处，创造出独树一帜的民族壁画艺术，把这座古老的城市打扮得五彩缤纷，分外动人。

（1）**人类学博物馆**（Anthropological Museum）是拉丁美洲最大和最著名博物馆之一，位于墨西哥城查普尔特佩克公园内，占地 12.5 万平方米，展览面积 3.3 万平方米。该馆是在 1808 年墨西哥大学建立的古特委员会的旧址上于 1940 年改建而成的，1964 年经墨西哥著名建筑家佩德罗·拉米雷斯·巴斯克斯重新设计建成新馆。博物馆的建筑融印第安传统风格与现代艺术为一体，充分表现出墨西哥人民深厚的文化内涵。博物馆的基本结构类似北京的四合院，东西略长，南北较短。大门口的墙壁由雕有各种图案及人像巨石砌成。院中立着一个独具风格的大图腾铜柱，柱的顶端类似一个巨大的蘑菇，可以蓄水，并向四面喷洒。院内展出了一尊高 8.5 米，重 167 吨的特拉洛克雨神的石雕像。该博物馆集古印第安文物之大成，介绍了人类学、墨西哥文化起源以及印第安人的民族、艺术、宗教和生活，并展出了一些欧洲人来此之前墨西哥各族人民的文化和生活实物，包括印第安人的服饰、房屋式样、生活用具、宗教器皿、乐器、武器等多种文物。仅西班牙人入侵前的历史文物展品就有 60 多万件。

（2）**特奥蒂瓦坎古城**（Pre-Hispanic City of Teotihuacan）是印第安文明的重要遗址，是古印第安玛雅人中的一支托尔特克人的宗教圣地和经济中心。坐落在墨西哥波波卡特佩尔火山和依斯塔西瓦特尔火山山坡谷底之间，距墨西哥城北约 40 千米处，古城遗址面积 250 公顷。特奥蒂瓦坎古城建于公元 1～7 世纪，“特奥蒂瓦埃”在印第安语中的意思是“众神之城”。古城以几何图形和象征性排列的建筑遗址及其庞大规模闻名于世，遗址主要包括著名的太阳金字塔和月亮金字塔，羽蛇神庙和纵贯南北的“逝者大街”等。1987 年联合国教科文组织将其作为文化遗产，列入《世界遗产名录》。

据留存的建筑遗址和出土的文物判断，在公元 5 世纪的全盛时期，特奥蒂瓦坎是墨西哥的圣城，是西半球最大和最重要的城市，也是当时世界上屈指可数的大城市之一。公元 6～7 世纪，该城居民可能多达 20 万左右，他们创造了光芒四射、辉煌灿烂的文化。高耸的金字塔、华丽的宫殿、宏大的建筑、排列整齐的宽阔的街道和高度发达的文化。

太阳金字塔和月亮金字塔是特奥蒂瓦坎古城遗址的一部分。太阳金字塔和月亮金字塔都是举行宗教仪式的祭坛。太阳金字塔是特奥蒂瓦坎古城遗址的最大建筑，是古印第安人祭祀太阳神的地方，建于公元 2 世纪，呈梯形，坐东朝西，正面有数百级台阶直达顶端。塔的基址东西宽 225 米，南北长 222 米，塔高 66 米，共有 5 层，塔顶曾建有太阳神庙，现已被毁。塔的内部用泥土和沙石堆建，从下到上各台阶外表都镶嵌着巨大的石板，石板上雕刻着五彩缤纷的图案。月亮金字塔高 46 米，塔基宽 150 米，比太阳金字塔规模要小，但据考证，重大的宗教仪式都在它前面的月亮广场举行。

逝者大街长约 2.5 千米，宽达 40 米，它的南端通往长方形城堡遗址。城堡后面有羽蛇神庙，古印第安人称它为克祭尔夸特神庙。传说克祭尔夸特是托尔蒂克人的第一任君主，被托尔特克人尊奉为空气和水之神。月亮金字塔南面有蝴蝶宫，是宗教上层人物和达官贵人的住所，也是全城最华丽的地方。圆柱上刻着极为精致的蝶翅鸟身图样，至今仍然颜色鲜艳。宫殿下面现在又发掘出饰有美丽羽毛的海螺神庙。这座古迹的地下排水系统纵横交错，密如蛛网。从特奥瓦坎的遗址中还可看到它精湛的壁画、雕刻和彩绘陶器，这是古印第安文化的瑰宝。

2．莫雷利亚（Morelia）

莫雷利亚是墨西哥历史名城，位于墨西哥中部阿纳瓦克高原南端，海拔 1950 米，是连接首都墨西哥城和墨西哥第二大城市瓜达拉哈拉的中间站，距首都墨西哥城以西约 240 千米。在墨西哥境内西班牙殖民城市中，莫雷利亚是最古老的一个，建立于公元 1541 年，是殖民时期著名的文化和艺术中心。1991 年，莫雷利亚市因其完整地保存了西班牙殖民时代的建筑原貌，被联合国教科文组织列入《世界遗产名录》。

城市的中央广场周围，排列着许多用泛红的粗岩为建材的红色建筑物。城中至今仍保留着许多壮观的欧洲巴洛克式或文艺复兴式建筑。其中，巴洛克风格的莫雷利亚大教堂是这座城市最高大最重要的纪念性建筑。大教堂始建于 1660 年，直到 1744 年才建成，工期长达 84 年。教堂规模宏大，内部装饰极尽完美，尤以纯银的洗礼盘和 1903 年德国制造的风琴，以及用甘蔗粉制作的耶稣像最引人注目。此外，城中最古老的建筑还有建于 1546 的圣弗朗西斯大教堂和建于 1580 年的圣尼古拉斯神学院。

莫雷利亚是墨西哥独立战争领导人、民族英雄莫雷洛斯的诞生地。1828 年为了纪念莫雷洛斯，这座城市被改名为“莫雷利亚”。现在城中有两处因莫雷洛斯而闻名的近代建筑，一处是位于科雷黑德拉大道上的莫雷洛斯出生时的民居；另一处是被称为“莫雷洛斯之家”的博物馆。

3．墨西哥“玛雅世界”之旅

公元前 2000 年左右，玛雅人就出现在墨西哥以及中美洲危地马拉的太平洋海岸，他们在农业、建筑、雕刻、绘画艺术、象形文字、天文、历法和数学等领域都曾取得过卓越的成就。现今墨西哥的尤卡坦半岛、恰帕斯和塔帕斯科两州和中美洲的一些地方是玛雅文明孕育、兴起和发展的中心。如今在墨西哥东南部及中美洲北部的热带雨林中散布着许多古玛雅人留下的古城遗址，其中在墨西哥境内的帕伦克、奇琴伊察、乌斯马尔等重要的古城遗址是公元 3～9 世纪玛雅文化全盛时期的宗教、政治和文化中心。这些都被视为玛雅文化的精华，是了解、研究“玛雅世界”的最佳实物。

（1）**帕伦克古城**（Pre-Hispanic City of Palenque）位于墨西哥国境东南沿海平原，坐落在恰帕斯州首府梅里达西北约 480 千米处。帕伦克遗址的建筑表现了玛雅人高超的建筑水平和工艺，是玛雅文明的生动写照，无怪乎人们把帕伦克称为“美洲的雅典”。1987 年被联合国教科文组织列入《世界遗产名录》。

帕伦克古城遗址的历史可上溯到公元前 300 年左右，古城布局沿平缓的坡地自东向西展开，环绕四周的是密不透风的原始森林，奥托罗姆河从市中心缓缓流过。城内的神庙、宫殿、广场、民舍等依坡而建，错落有序，形成雄伟壮观的古代建筑群。公元前 1 世纪，帕伦克古城就已是美洲著名的城市。公元 600～700 年间，城市发展达到顶峰。

帕伦克的主要建筑有 1 座王宫和 5 座神庙。帕伦克王宫建在梯形平台上，周围建有 4 座面积不等的庭院，建筑物之间有走廊或地下通道相连，宫内装饰着华丽的壁画和雕刻。帕伦克宫殿的一角还有一座高耸的塔楼，被称为“天体观测塔”，塔楼共 4 层，高 15 米，是玛雅建筑唯一的塔楼式建筑。太阳神庙的主体建筑有正面的三扇门廊和后部的圣殿两部分构成。碑铭神庙是帕伦克遗址最雄伟的建筑，它是一座金字塔、神殿、墓葬合一的建筑。其中的金字塔有 9 层高，底基边长 65 米，连同神殿高 21 米，675 年起动工，683 年建成。神庙正面阶梯顶部有并排 5 座门的神殿，门侧均有雕刻，神殿内壁刻有 600 多个玛雅象形文字。玛雅考古史上最大的收获——巴加尔国王的石棺就在碑铭神庙底部的墓室中被发现的。

令人不解的是，公元 800 年左右，帕伦克城的建设突然停止了。公元 10 世纪，这座古城消失在热带森林中，直到公元 18 世纪中期遗址才被发现。

（2）**奇琴伊察古城**（Pre-Hispanic City of Chichen-Itza）位于墨西哥东南部的尤卡坦半岛北部梅利达城东 120 千米处，有“羽蛇城”之称。遗址分布在东西 2 千米，南北 3 千米的范围内，现存数百座建筑物，是古玛雅文化的著名遗址。奇琴伊察古城遗址充分反映了玛雅人高度发展的文化艺术和宗教意识。1988 年被联合国教科文组织列入《世界遗产名录》。

奇琴伊察古城最早建于公元 432 年，公元 11～13 世纪发展达到顶峰。保存至今的建筑有金字塔神庙、千柱厅、球场、天文观象台等遗迹。库若尔甘金字塔和和塔顶上的羽蛇神庙是这个古城遗址中最大的建筑。高 30 米的库若尔甘金字塔共 9 层，四方对称，底大上小，呈阶梯形。塔的每边都有 91 级台阶，加上顶部的平台，共有台阶 365 级，代表玛雅太阳历中的一年。石阶两边，有雕刻成巨蛇形的石砌栏杆。塔顶上的羽蛇神庙高 6 米，内部使用了羽蛇形状的石柱装饰。金字塔右下方有一方形庭院，东西北三面有柱廊环绕，柱廊底边周长 150 米，列柱如林，被称为“千柱厅”。武士神庙在千柱厅附近，共 4 层，被认为是玛雅神庙建筑中最美观的一座。神庙刻有着极其丰富的浮雕装饰。大门上的两根蛇形柱纤细，蛇头雕刻精美。两边墙面雕有龙头蛇身图案浮雕。梯道两边的顶端立有武士小雕像。大门前还有一座称为“恰克莫尔”（意为红老虎）的小雕像。奇琴伊察的天文观象台是玛雅建筑中极为重要的一座建筑物。天文观象台为高12.5米的圆形建筑，建在两层高大的底座上，内部有螺旋楼梯。观象台的设计和尺寸都颇为奇特：台阶和阶梯平台的数目分别代表了一年的天数和月数，52块雕刻图案的石板象征着玛雅历法中52年为一轮回。这座建筑物的方向定位显然经过精心考虑，它的阶梯朝着正北、正南、正东和正西。圣井是遗址中一座大的地下泉水池，是古城的主要水源。尤卡坦半岛属石灰岩层地带，没有河流湖泊，但有许多因岩层塌陷而形成的天然地下水池或水井。玛雅人的伊察部落能在该处定居建城，靠的就是这些地下水池供水。“奇琴伊察”在玛雅语中即为“伊察人的井口”之意，城市因此而得名。据考证，该城居民有传统的祭井仪式，将青年男女及金银宝饰投入水池举行人祭。在圣井中已打捞出部分珠宝饰物，它们现存于墨西哥和美国的一些博物馆内。

（3）**乌斯马尔古城**（Prehispanic Town of Uxmal）是公元600～900年玛雅文化鼎盛时期的代表性城市，位于墨西哥东南部的尤卡坦州。乌斯马尔古城东西长约600米，南北长约1000米，建筑雄伟而富于变化，被认为是玛雅文明的建筑杰作之一。1996年被联合国教科文组织列入《世界遗产名录》。

早在公元前800年左右，就已经有人类在这里居住。文化和经济的交流，使乌斯马尔发展成为尤卡坦半岛北部的政治、经济和宗教中心。公元10世纪末，乌斯马尔与奇琴伊察、玛雅潘两城联盟，因而更加繁荣。1194年，玛雅潘占领乌斯马尔之后，城市逐渐衰落，公元15世纪末被废弃。古城的建设者继承了玛雅文化的传统，把重要建筑物建在一条南北方向的中轴线上，从南向北依次是南神殿、鸽子宫，以及一个由4座建筑围成的广场。鸽子宫东面是大金字塔，东北面是总督宫。总督宫基台上的西北角建有乌龟宫，北面是球场、祭司住所和精灵金字塔。乌斯马尔古城遗址最著名的景观就是精灵金字塔，该金字塔包括有5座神殿，它的底面呈椭圆形，长径70米，短径50米，高达26米，与其他玛雅金字塔建筑的风格截然不同。在传说中，精灵金字塔是在一夜之间由精灵建造而成的。考古学家经过调查证实，精灵金字塔的建设从公元6世纪开始到公元11世纪结束，先后持续了300多年，融合了各个时期不同风格的建筑艺术。

4. 墨西哥海滨度假之旅

墨西哥是个高原之国，西边是太平洋，东边是墨西哥湾和加勒比海，山水兼而有之，风景名胜遍布各地。在东西海岸，散布着许多世界闻名的海滨旅游城，如加勒比海边的坎昆，太平洋沿岸的阿卡普尔科、马萨特兰等等。那里海水碧蓝，沙细滩平，椰树成荫，是理想的旅游度假胜地。

（1）**坎昆**（Cancun）是墨西哥新兴的旅游城市，一座长21千米、宽仅400米的美丽岛屿。位于加勒比海北部，尤卡坦半岛东北端海滨。整个岛呈蛇形，城市三面环海，西北端和西南端有大桥与尤卡坦半岛相连。隔尤卡坦海峡与古巴岛遥遥相对。

由于坎昆地处热带，全年平均气温达27.5℃，每年也仅有雨、旱两个季节，当7～10月间雨季来临时，几乎每天都下阵雨，雨后晴空万里，偶或天际出现彩虹，坎昆市也因此而得名。坎昆在玛雅语中意为“挂在彩虹一端的瓦罐”，被认为是欢乐和幸福的象征。

坎昆原是一座只有300多人的僻静渔村，因这里有平静的大海，明媚的阳光，细软雪白的沙滩，周边还有大量古玛雅人的文化遗存，1972年墨西哥政府将这里建成旅游区和自由贸易中心，重点发展旅游业。市区的各行各业都为旅游业服务，市内的旅馆建筑风格多种多样，色彩各异。海边有一片20千米长的白色沙滩，铺满了由珊瑚风化而成的细沙，柔如毯、白如玉，因而在不同地段，被分别命名为“白沙滩”、“珍珠滩”、“海龟滩”和“龙虾滩”等。在海滩上还建有以棕榈叶为顶，石为柱的玛雅式凉亭和小屋。岛上还有代表玛雅文化的圣米盖里托古迹废墟等名胜。

在尤卡坦半岛东北部的奇琴—伊察，还有闻名世界的库库尔坎金字塔，库库尔坎在玛雅语中意为“带羽毛的蛇神”，被当地人认为是风调雨顺的象征。此外，在距坎昆130千米处还有图伦遗址，据说，这是迄今墨西哥保存最好的一座玛雅和托尔特克人的古城。

（2）**阿卡普尔科－德华雷斯**（Acapulco de Juarez）是墨西哥南部著名的港口及旅游城市，位于格雷罗州太平洋沿岸的阿卡普尔科湾畔。

阿卡普尔科在古代只是一个小渔村，1550 年起才有人在此居住，1599 年正式建市。1565～1815年间是墨西哥与菲律宾进行贸易的主要港口。整个城市依海湾而建，旅游设施较为齐全，近99%的阿卡普尔科居民都依靠旅游业为生。

阿卡普尔科海湾呈半月形，长6千米，宽3千米，最大水深100米，是墨西哥太平洋沿岸的良港和世界最佳天然锚地之一。地处热带，气候温和舒适，在海岸边有20多处金黄色的海滩，海滩上还散落着数不清的小凉棚，四季都可以进行游泳及钓鱼等娱乐活动，是休闲度假的好去处。海边还有一道狭小的海沟，两边悬崖高耸，怪石嶙峋，景观独特，也是表演悬崖跳水的绝佳场所，每天都有扣人心弦的跳水表演。市中有一座圣迭戈古堡，记录了19世纪初墨西哥人民在这里为争取独立进行的最后的一次战斗。

4.1.4 墨西哥湾的钥匙——古巴（Cuba）

（一）基本概况

1．旅游环境

古巴共和国（The Republic of Cuba）简称古巴，位于加勒比海的西北部，墨西哥湾的出口处，是南北美洲的要冲，素有“墨西哥湾的钥匙”之称。古巴是西印度群岛的一个岛国，由古巴岛、青年岛以及属于大安的列斯群岛的 1600 多个大小岛屿组成，陆地面积为11.09万平方千米，是西印度群岛中最大的岛国，有“千岛之国”的美称。面积最大的古巴岛，长1250千米，最宽处145千米，最窄处仅32千米，因地形狭长，形如鳄鱼，且植被茂盛，植物种类多达8000多种，故有“加勒比海的绿色鳄鱼”之称。

古巴岛是西印度群岛最大的岛屿，岛上3/4为平原和盆地。西北部有奥尔加诺斯山脉、罗萨里奥山脉，南部有马埃斯特腊山脉，其主峰图尔基诺峰海拔1974米，为全国最高山峰。东、西部是广阔的平原。盆地主要有西部的马耳帕索灰岩盆地和波特雷里托盆地。

古巴的河流水量充足，但是流程很短，河流分南北入海。古巴共有200多条河流和几千条溪涧，发源于马埃斯特腊山脉的卡乌托河是古巴最大的河流，全长为370千米，流域面积为8515平方千米。另外还有位于古巴东南部的托亚河，萨帕塔半岛上的阿蒂瓜尼科河，自东向西注入布罗亚湾。古巴有很多泻湖，如西部的因迪奥斯泻湖、萨帕地区的特索罗泻湖等。

古巴境内大部分地区属于热带雨林气候，仅西南部沿岸背风坡为热带草原气候。年平均气温 25℃，最冷月平均气温为 21℃，最热月平均气温在 28℃左右。哈瓦那地区，冬季气温为 10℃或 11℃。5 月～10 月为雨季，常遇飓风侵袭，年降水量都在 1300～1400 毫米之间，关塔那摩湾附近的雨量最少，只有 600 毫米。

古巴是一个经济不发达的农业国，土地肥沃，雨量充沛，适合农林牧业发展，主要出产甘蔗、烟草、热带水果、水稻、咖啡、可可等。甘蔗的种植面积占全国可耕地的 55%，甘蔗生产和制糖是古巴经济的支柱，具有“世界糖罐”之誉。古巴矿业资源以铁、镍、钴、铬、锰、铜等为主。工业部门除制糖业外，还有采矿、电力、纺织和水泥等。外贸以出口蔗糖、雪茄烟、矿产品、水果等为主。烟草是古巴的传统经济作物，古巴雪茄烟享誉世界，著名的“哈瓦那雪茄”驰名世界。森林覆盖率约 21%，盛产贵重的硬木。

2．历史与文化

古巴岛上原先居住着瓜纳达贝、西沃内和达依诺 3 个印第安部落，这些印第安人基本处于原始公社时期。1492 年哥伦布航海抵达古巴。1511 年古巴沦为西班牙殖民地。1756～1763 年 7 年战争期间，古巴曾经被英国占领。1763 年的《巴黎和约》使古巴又重新落到西班牙人手中。经历 1868 年和 1895 年开始的两次独立战争，1898 年美国占领古巴。1902 年 5 月 20 日成立古巴共和国。1959 年菲德尔·卡斯特罗宣布成立革命政府。1961 年 4 月击败美国雇佣军的入侵，宣布开始社会主义革命。

古巴国旗由红、蓝、白三种颜色组成。左侧为红色等边三角形，内有一颗白色五角星；旗面右侧由五道蓝、白相间的宽条构成。三角形和五角星原是古巴秘密革命组织的标志，象征自由、平等、博爱和爱国者的鲜血。五角星还代表古巴是一个独立的民族。三道蓝色宽条表示共和国分成东、西、中三个州；白条表示古巴人民在独立战争中怀着纯洁的目的。古巴的国徽盾面上部的蓝色部分代表加勒比海；一轮太阳从海面升起，横置的钥匙表示古巴为墨西哥湾的一把钥匙（古巴岛形似钥匙），表明其地理位置的重要。盾面左下方为蓝、白相间的斜纹，右下方的图案为草地、山峦、棕榈树。盾徽两侧为橡树枝叶和月桂枝叶；背后是一根束棒，象征权威；束棒之上是一顶“自由之帽”，表示争取自由、为自由而斗争。古巴的国歌是《巴雅莫颂》。古巴的国花是姜黄色百合花，国树是大王椰子，国鸟是古巴咬鹃。

古巴的文化富有浓郁的加勒比海地区热带国家的特色，归因于欧洲殖民者以及拉美地区本就十分活跃的多民族的文化交流和融合。古巴是音乐舞蹈的王国，其民间歌舞是西班牙民族音乐和黑人歌舞文化的混合产物，热情奔放、欢快轻松。由早期的宗教仪式演变而来的伦巴舞，不仅成为现今古巴的主要民族歌舞形式，而且早已走向世界交际舞坛。

古巴人口 1127.5 万（2005 年）。其中白人占 66%，黑人占 12%，混血种人占 22%，印第安人占 1%。且古巴人口分布不均，城市人口占总人口的 60%。西班牙语为官方语言。古巴的宗教在古巴的历史上扮演过重要角色，对古巴的政治、经济和社会曾有过巨大影响。居民大部分信奉天主教，此外还有基督教新教、古巴教和非洲教等。

3．习俗礼仪

古巴人诚实谦逊、热情随和、乐于待人、待客如宾。对客人即使是初次见面也会热情招呼、主动问候、握手致意。古巴的见面礼有握手礼、吻面礼和拥抱礼等。

古巴人大多数信奉天主教，宗教对他们的生活习惯有较大的影响，如：忌讳“13”这个数字，更忌讳 13 日星期五这一天举行娱乐活动；婴儿出生后要举行洗礼，并给其取教名；习惯过复活节、圣诞节、狂欢节等。还有一种奇趣的习俗，即在每年的新年除夕，按习惯每人必须要准备一碗清水，等午夜的时钟敲过12下后，就各自将准备的那碗清水拿到室外倒去以表示辞旧迎新。

古巴传统的美食是菜豆、猪肉和米饭。一般以爱吃烤、煎、炸制的菜肴者居多。最为典型的土生土长古巴人的美食风味是炸鸡、拌洋葱和土豆，肚里填满大米和黑豆的火鸡，红烧鲷、鲑或鳟鱼外加洋葱和土豆，黄米饭炒干虾，油炸猪脑，芋头、南瓜和嫩玉米。在古巴圣诞节晚宴上有烤肉串、火鸡或卡塔鲁尼亚式红烧鲷鱼，外加油炸芭蕉和红润的烤乳猪肉，或者木薯拌蒜泥。每逢星期日有火鸡炒米饭，上面撒上黑胡椒，还有冷拌西红柿、蔬菜和黄瓜色拉。古巴是世界糖罐，古巴人最爱吃甜食，古巴的甜食制品丰富多彩。古巴盛产热带水果，古巴人一般将芒果、菠菜、柑橘等切成块加糖食用。此外，还爱咖啡、可可、红茶。

在古巴，给对方礼物被视为非法行为，也禁止小费；严禁对军事设施、政府机关拍照；少谈古巴的内政与外交问题。

（二）主要旅游城市及名胜

古巴拥有独特的自然风光和人文景观。在6000多千米绵延曲折的海岸线上，有几百个海岸风景点，像翡翠般点缀在蔚蓝色的海域中。广阔的石灰岩分布区，有着众多的变幻莫测、宛若仙境的地下溶洞奇观。首都哈瓦那等地还保存着不少规模浩大的古堡、要塞等建筑，这些都已成为吸引世界各地旅游者的名胜。

1. 哈瓦那（La Habana）

首都哈瓦那是古巴最大的城市和海港，全国的政治、经济、文化和旅游中心，也是西印度群岛中最大的城市，有“加勒比海的明珠”之称。它位于古巴岛西北海岸，面临墨西哥湾，北距美国佛罗里达群岛约180千米，是大西洋通过佛罗里达海峡进出墨西哥湾的门户。这里集中了约占全国1/5的人口，面积740平方千米。。

哈瓦那是由西班牙人在1519年建立的，1608年成为西班牙殖民者统治古巴的首都，17世纪时已成为西印度群岛最重要的军事中心，18世纪中期发展成为当时美洲第三大城市。

哈瓦那作为海港城市极具特色和韵味。在这里，古典与现代，新城与老城，白色与黑色和谐地统一起来。哈瓦那城分新城和老城两部分。新城濒加勒比海，那里有政府机关大厦、豪华的旅馆、舒适的公寓，以及一个个街心花园，建筑物整齐而美观。旧城位于哈瓦那湾西侧的一个半岛上，巴洛克式和新古典主义建筑构成这座古老的城市不朽的风范。老城面积不大，街道狭窄，那古迹众多。有许多西班牙殖民时期修建的城堡和大教堂，是建筑艺术的宝库。哈瓦那旧城及防御工事 1982年已被联合国教科文组织列入《世界遗产名录》。其中，1544 年修建的拉富埃尔萨城堡是古巴最古老的城堡，也是美洲地区最古老的城堡之一。城堡呈方形，四周有高达20米的城墙。古堡中有一座塔楼，楼顶上安放着一尊名为“哈瓦那”的印第安少女铜像风向标，高1.07米，据说哈瓦那城就是因此而得名，现已成为哈瓦那的象征。在哈瓦那港入口处的悬崖峭壁上耸立着另一座巍峨的莫洛城堡。该城堡始建于1579年，后在1844年建成一座灯塔，成为加勒比海上的指路明灯。这座古堡三面环水，靠陆地的一面有深达几丈的壕沟。城墙厚2米，上面还建有炮台，地势险要，易守难攻。每晚9点，莫洛城堡就会鸣炮通知关闭城门，这个传统至今保留着。

位于哈瓦那郊外的维希亚小庄园是美国文学家、诺贝尔文学奖获得者海明威在哈瓦那的住处，现在已改为海明威博物馆。博物馆墙上挂着海明威与古巴老人格里高利·富恩特斯的照片，这位老人就是《老人与海》主人公圣地亚哥的原形，享年104岁。哈瓦那西部小海湾畔有海明威海洋公园，海明威的不朽名著《老人与海》就在此写成。

2．圣地亚哥（Santiago de Cuba）

圣地亚哥全称古巴圣地亚哥·德·古巴，是古巴第二大城市和第二大商港，圣地亚哥省首府。它位于古巴岛南部加勒比海岸上的圣地亚哥湾上，面积6170平方千米，80%以上是森林和农业区。

圣地亚哥始建于1514年，为西班牙在古巴建立的第一个永久居留地。1522～1589年曾是西班牙殖民统治的中心之一。在16～17世纪是加勒比海盗频频袭击的目标，故此于1640年建起了莫罗城堡和沿海其他一些防御工事。

圣地亚哥是古巴最炎热的城市，年均温度36℃，拥有众多的风景名胜和历史古迹，风味美食更是当地一绝，素有"加勒比之都"的美誉。因城里有古巴"祖国之父"卡洛斯·马努埃尔·德赛斯佩德斯公园和古巴独立先驱、民族英雄何塞·马蒂之墓，故有"英雄城"之称。圣地亚哥的主要名胜古迹有圣·佩德罗—德拉罗卡堡、大教堂、市政府大楼、特罗瓦诗歌之家、贝拉斯克斯纪念馆、市会议厅、嘉年狂欢节博物馆、巴卡拉迪博物馆、神父峰街、秘密斗争博物馆、埃雷迪亚剧场、莫罗城堡等。巴科瑙公园是城中规模最大的公园，占地8万公顷，是联合国教科文组织宣布的"国家生物保护圈"。城外海拔1234米的圣胡安山顶上耸立着一块巨大的岩石，有7.5万吨重，堪称圣地亚哥的自然奇观。此外还有法国咖啡园遗址、仙人掌植物园，以及海滨洞穴等值得一看的好去处。

圣·佩德罗—德拉罗卡城堡（San Pedro de la Roca Castle）是圣地亚哥17世纪最重要的军事要塞，位于圣地亚哥东南不足8千米处。圣·佩德罗—德拉罗卡城堡是根据意大利文艺复兴原理设计的复合建筑体，包括有堡垒、军火库、工事和大炮，是讲西班牙语的美洲人的军事建筑中保存得最完整、最好的一个，有"历史纪念碑"之称。1997年被联合国教科文组织列入《世界遗产名录》。

16～17世纪加勒比海地区商业和政治上的竞争，导致了在海岬上建筑厚重的防御工事，以扼守重要港口圣地亚哥。圣·佩德罗—德拉罗卡城堡自16世纪开始建造，历经200多年最终完成，并成为当时西班牙殖民帝国在"新世界"的一座非同寻常的城堡，称得上古巴的"山海关"。如今，这里是圣地亚哥乃至古巴东部最著名的旅游景点，古堡内除了原样陈列的大炮、弹药等武器装备以外，还建有一座海盗博物馆。

3．古巴海滩之旅

古巴四周围海的岛国优势，让海滩成为古巴的第一大旅游资源。古巴四周有290多个天然海滩，除了宽广的海岸线之外，还有许多迷人的珊瑚礁。蓝天、碧海、阳光、沙滩，使古巴拥有"人间的伊甸园"的美誉。其中最著名的有巴拉德罗、卡玛等海滩，那里平缓连绵的海滩、清澈的海水和毫无污染的纯粹的自然风光蕴藏着无尽的资源，令人陶醉。

巴拉德罗（Varadero）位于古巴的中北部，距离首都哈瓦那仅140千米，是三面环海的长形半岛，面对佛罗里达海峡。巴拉德罗于1897年建镇，20世纪初开始建造别墅，发展旅游业。巴拉德罗以它蓝色的海滩著称，是集大海、沙滩、阳光、蓝色为一体的最美的海滩，也是古巴著名的热带风情旅游度假区。

巴拉德罗海滩长达25千米，宽50～100米，海水具有蓝色的一切层次。平坦的海滩、清澈的海水、宜人的气候、葱绿的森林、茂盛的花果、奇异的洞穴和岛礁，以及美丽的海底珊瑚世界、奇特的海洋生物和当地珍稀的动植物等旖旎优美的自然景观都是巴拉德罗海滩最天然、最诱人之处。

4.2 南美洲之旅

南美洲是南亚美利加洲的简称，位于西半球南部，东临大西洋，西濒太平洋，北滨加勒比海，陆地以巴拿马运河为界与北美洲相连，南隔德雷克海峡与南极洲相望。南美大陆东至巴西的布朗库角，西至秘鲁的帕里尼亚斯角，南至阿根廷不伦瑞克半岛的弗罗厄德角，北至哥伦比亚瓜希拉半岛的加伊纳斯角。南美洲总面积1797万平方千米（含附近岛屿），占世界陆地总面积的12%，人口有4亿万人，约占世界总人口的5.6%。

南美洲海岸线长2.87万千米，海岸较为平直，少岛屿和海湾。其地形可分为3个南北方向的纵列带：西部为狭长的安第斯山，长9000千米，是世界最长的山脉，阿空加瓜山海拔6960米，为南美洲最高峰。东部由巴西高原、圭亚那高原和巴塔哥尼亚高原构成波状起伏的高原区，其中巴西高原面积500万平方千米，是世界面积最大的高原。中部由奥里诺科平原、亚马孙平原和拉普拉塔平原构成广阔平坦的平原低地区，其中亚马孙平原面积560平方千米，是世界最大的冲积平原。南美洲的主要河流有亚马孙河、拉普拉塔河、普鲁斯河、马代腊河等。其中，亚马孙河长6751千米，流域面积为705万平方千米，是世界最长、流域面积最大的河流。南美洲的湖泊不多，主要湖泊有马拉开波湖、的的喀喀湖等。南美洲瀑布较多，主要有安赫尔瀑布、库克南瀑布、开爱土尔瀑布等。其中安赫尔瀑布落差979米，为世界之最。南美洲独特的地理位置、丰富的自然景观，以及五彩斑斓的人文环境是开展热带雨林探险、热带海滨度假、南极附近探险、冒险运动、考古之旅、民族歌舞之旅的最佳境地。

4.2.1 热带巨人——巴西（Brazil）

（一）基本概况

1．旅游环境

巴西全称巴西联邦共和国（The Federative Republic of Brazil），是拉丁美洲面积最大的国家。位于南美大陆中部和东部。北邻法属圭亚那、苏里南、圭亚那、委内瑞拉和哥伦比亚，西邻秘鲁、玻利维亚，南接巴拉圭、阿根廷和乌拉圭，东濒大西洋。海岸线长7400多千米。巴西为世界第五大国家，面积854.74万平方千米，几乎占了南美的一半。

巴西境内的地貌由高原和平原构成。主要高原有北部边境的圭亚那高原和中南部的巴西高原。圭亚那高原的内布利纳峰海拔3014米，为巴西的第一高峰。巴西高原占国土面积的1/2。在两高原之间为辽阔的亚马孙平原，地势低平，大部分海拔在150米以下，拥有世界上最大的热带原始森林。北部和东部沿海有狭窄平原。境内有亚马孙河、圣弗朗西斯科河、巴拉那河等三大河系。亚马孙河横贯巴西西北部，在巴西境内的流域面积达390万平方千米；圣弗兰西斯科河系，全长2900千米，流经干旱的东北部，是该地区主要的灌溉水源；巴拉那河流经西南部，多激流和瀑布，有丰富的水力资源。

巴西国土的80%位于热带地区，除最南端属亚热带气候外，其余大部分地区属热带草原和热带雨林气候。亚马孙平原年平均气温27～28℃，南部地区年平均气温16～19℃。年降水量500～2500毫米。

巴西是南美第一大国，土地面积、人口、经济实力和经济发展水平均居南美首位。国土面积广大，自然条件得天独厚，森林、矿产、水力资源丰富。素有“地球之肺”之称的亚马孙森林面积达750万平方千米，占世界森林面积的1/3，其中大部分位于巴西境内。巴拉那河上建有被誉为“世纪工程”的世界第一大水电站——伊泰普水电站。主要矿藏有铁、铀、铝矾土、锰、石油、天然气和煤等。其中已探明的铁矿砂储量为650亿吨，产量和出口量均居世界第一位。巴西有较为完整的工业体系，工业产值居拉美之首。主要工业部门有钢铁、采矿、汽车、造船、石油、化工、电力、食品、纺织等。农业发达，主要农产品有咖啡、甘蔗、可可、大豆、柑橘、玉米等。巴西是世界第一大咖啡生产国和出口国，有“咖啡王国”之称，甘蔗和柑橘的产量也居世界之首，大豆产量居世界第二，玉米产量居世界第三。全国可耕地面积约4亿公顷，被誉为“21世纪的世界粮仓”。

2．历史与文化

古代巴西为印地安人居住地。1500年4月22日，葡萄牙航海家佩德罗·卡布拉尔抵达巴西时，竖立了一块刻有葡萄牙王室徽章的十字架，给这块陆地取名为“圣十字架地”，并宣布为葡萄牙所有。由于葡萄牙殖民者的掠夺是从砍伐名贵的巴西木开始的，因此“巴西”这个原属于木头的名称逐渐代替了“圣十字架”，成为巴西的正式国名。16世纪30年代巴西沦为葡萄牙殖民地。1808年，拿破仑入侵葡萄牙，葡萄牙王室迁往巴西。1821年，葡萄牙王室迁回里斯本，王子佩德罗留在巴西任摄政王。1822年9月7日佩德罗王子宣布独立，建立巴西帝国。1889年11月15日，巴西废除帝制，成立巴西联邦共和国。1891年改为巴西合众国，1968年又改为巴西联邦共和国。

巴西国旗为绿色，中间是一个黄色菱形，菱形中间是一个蓝色天球仪，其上有一条拱形白带。绿、黄色是巴西的国色。绿色象征巴西广阔的森林，黄色代表丰富的矿藏和资源。天球仪上的拱形白带将球面分为上下两部分，下半部象征南半球星空，其上大小不同的白色五角星代表巴西的26个州和一个联邦区。白带上用葡萄牙文写着“秩序和进步”。巴西的国徽图案中间突出一颗大五角星，象征国家的独立和团结。大五角星中的蓝色圆面上有五个小五角星，代表南十字星座；圆环中有22个小五角星，代表巴西各州和联邦区。周围环绕着用咖啡叶和烟草叶编织的花环，下端是一柄剑。绶带上用葡萄牙文写着“巴西联邦共和国”。巴西的国歌是《巴西联邦共和国国歌》，国花是毛蟹爪兰、兰花，国树是巴西木，国鸟是金鹦哥。

巴西是一个多民族的、多姿多彩的国家。热带气候环境，以及葡萄牙、非洲和美洲印第安人的传统文化融会成了独特的巴西文化。巴西是世界上节假日最多的国家之一，其中最盛大的民族传统节日要数狂欢节。最早的巴西狂欢节开始于1641年，当时的殖民统治者为了庆祝葡萄牙国王的寿辰，法令民众游行、舞蹈、畅饮娱乐。经过300多年的发展，巴西狂欢节成了民间最重要的节日，极富亚马孙地区的印第安人特色。灿烂的阳光、缤纷的服装、火辣的“国舞”——桑巴舞以及洋溢在男女老少脸上的笑容，构成了一幅浓郁的民俗风情画。

巴西又是世界足球大国。足球运动不仅是巴西民众的共同爱好，也是整个民族的骄傲。巴西职业球队之多，可谓世界之冠。正式登记注册的足球俱乐部已有两万个以上，从事足球运动的人数逾百万。除球王贝利外，巴西还拥有济科、苏格拉底、卡雷卡、罗纳尔多、里瓦尔多、罗马里奥等一大批世界级的足球巨星。

巴西人口 1.82 亿（2004 年 8 月），占世界人口的 2.8%，居拉美首位。其中白种人占 55%，黑白混血种人占 38%，黑种人占 6%，黄种人占 0.4%，印第安人约占 0.2%。有近 90% 的巴西人信仰天主教。巴西的官方语言是葡萄牙语，是南美唯一讲葡萄牙语的国家。

3．习俗礼仪

在巴西，社交场合通常都以拥抱或者亲吻作为见面礼节，只有十分正式的活动中，他们才相互握手为礼。沐浴礼是巴西的印第安人接待客人时的一种特殊礼仪，请客人到河里洗澡次数越多，越表示热情。

巴西人赠送礼物时，接受礼品的人要当面打开包装，不管是否喜欢，都要向送礼者表示感谢。巴西人忌讳把手帕和刀子当礼品。与人交谈要专注地倾听，不要随便插嘴打断别人的话，更不要东张西望。在巴西，一般不向别人打听财产、工资等情况。对于 25 岁以上的女性，一般不问她们的年龄和婚姻情况。最适于谈论的话题是足球、笑话、趣闻等。英美人所采用的表示“OK”的手势，在巴西被认为是非常下流的。

在正式场合，巴西人的穿着十分考究，他们不仅讲究穿戴整齐，而且要求在不同的场合应有不同的着装。一般在重要的政务、商务活动中，要穿西装或套裙等正式服装。在一般的公共场合，男士至少要穿短衬衫、长西裤，女士则最好穿高领带袖的长裙。

巴西人平常主要吃欧式西餐。因畜牧业发达，巴西人所吃食物之中肉类所占的比重较大。主食是米饭、黑豆和木薯粉，通常会配以牛排、鸡肉或鱼肉。凉菜多为沙拉，主菜则以烤肉为主。饭后备有甜食、水果、咖啡、茶、冰淇淋等。巴西人喜欢饮酒，以葡萄酒和啤酒为主。

（二）主要旅游城市及名胜

从繁茂而又富饶的亚马孙雨林、壮观的伊瓜苏瀑布到里约热内卢、圣保罗和巴西利亚，巴西拥有无数活跃而又极具吸引力的旅游元素。

1．巴西利亚（Brasilia）

首都巴西利亚是巴西的行政中心，位于巴西中央高原，海拔 1158 米。巴西利亚以其独特的建筑闻名于世，有“世界建筑博览会”之称。充满现代理念的城市格局、构思新颖别致的建筑以及寓意丰富的艺术雕塑，使巴西利亚蜚声世界，1987 年被联合国教科文组织列入《世界遗产名录》，成为世界上最年轻的“人类文化遗产”。

历史上，巴西曾先后在萨尔瓦多和里约热内卢两个海滨城市建都。为开发内地，1956 年库比契克总统决定迁都内地。1957 年建都工程启动，仅用了 41 个月的时间，一座现代化的城市就建成了。1960 年 4 月 21 日，巴西首都从里约热内卢迁至巴西利亚。

城市按照巴西著名建筑师路西奥·科斯塔的“飞机型总体规划图”建设。通过拦河筑坝，建成一个人工湖——帕拉诺阿湖，城市建造在帕拉诺阿湖旁，形状像一架头朝东方的巨型飞机，寓意巴西正迎着朝阳展翅飞翔。“机头”为三权广场，即议会、法院和总统府的所在地；“机身”是城市的交通主轴，一条 8 千米长、250 米宽的东西向主干大道；其中“前仓”是政府各部广场，两侧排列着各部办公楼，“后舱”是文教区、体育城、国家剧院、电视塔等建筑；“机尾”是为首都服务的工业区；“飞机两翼”是商业区、住宅区、旅馆区。帕拉诺阿湖由四条河流拦截而成，分南湖和北湖，状如“人”字，面积近 40 平方千米，像张开的双臂拥抱着大半个城市。

巴西利亚最高的建筑是耸立在市中心，高224米的电视塔，为世界第四高铁塔，重378吨。铁塔观景台位于175米处，可容纳150人，整座城市秀丽风光在此尽收眼底。巴西利亚大教堂是座与传统欧洲教堂迥然不同的建筑。它没有通常的高尖屋顶，16根抛物线状的支柱支撑起教堂的穹顶，支柱间用大块的彩色玻璃相接，远远望去如同皇冠。而教堂主体则坐落在地下，人们通过甬道进出。

2．圣保罗（Sao Paulo）

圣保罗是巴西最大的城市、最大的贸易和工业中心，位于巴西东南部大西洋西岸，海拔800多米，东南距外港63千米，城区面积1624平方千米。该城虽然地处南回归线附近，但因地势比较高，夏季多雨凉爽，冬季干燥偏冷，无严寒，是一座气候宜人、林木苍翠、风光秀丽的城市。

圣保罗最早是印第安人的村落。1554年1月25日，葡萄牙殖民者来到这里，发现其地理位置理想，便大兴土木兴建城镇，因这一天恰好是天主教纪念圣徒圣保罗的日子，便将这座城镇命名为圣保罗。1822年，巴西在这里宣布独立。到1880年，圣保罗仍只是一座面积2平方千米、人口4万的小镇。19世纪末期，城镇开始迅速发展起来，到1940年城市人口已超过130万，成为世界上发展速度最快的城市之一。

圣保罗是座十分繁华的现代化城市。高楼大厦鳞次栉比，宽阔的马路上车水马龙，街道纵横交错，密如蛛网。市区许多建筑物高达三四十层，如圣保罗州银行高32层，在160米的楼顶建有一座电视塔；意大利大厦高41层，顶端建有餐厅和瞭望台，凭栏远望，全城景色尽收眼底。

圣保罗也是巴西的一座文化城市。圣保罗市区博物馆众多，其中著名的有圣保罗美术博物馆、巴西美术博物馆、家具博物馆、航空博物馆、科学博物馆、印第安民间艺术和手工艺品博物馆等。这些博物馆建筑别具一格，藏品丰富，对游客具有极大吸引力。圣保罗市区还有许多著名建筑物，其中最引人注目的是南美洲最大的教堂之一——天主教大教堂。这座教堂始建于20世纪30年代，落成于圣保罗建城400周年的1954年，是一座典型的哥特式建筑，气势宏伟，多姿多彩，地下室里保存着许多圣徒的遗骨。

3．里约热内卢（Rio de Janeiro）

里约热内卢简称里约，是里约热内卢州首府，是巴西仅次于圣保罗的第二大城市和最大的商业中心，位于巴西东南部大西洋西岸。里约热内卢，在葡萄牙语中意为“一月的河”，因葡萄牙人1505年1月远航到此而得名，60年后开始建城。从1763～1960年，这里一直是巴西的首都。1960年4月，巴西政府将首都迁至巴西利亚。但现今这里仍设有相当多的联邦政府机关以及社团组织和公司的总部，故亦称巴西“第二首都”。

在里约热内卢，许多保存完好的古建筑物现已被辟为纪念馆或博物馆。这里集中有巴西最著名的博物馆、拉丁美洲最大的图书馆、世界最大的足球场，以及全国最大的公园、植物园等。里约热内卢依山傍水，气候宜人，是世界著名的旅游胜地。它有海滩30多处，总长达200千米，其中最为著名的是长达8千米的科帕卡巴纳海滩。

4．萨尔瓦多（Salvador）

萨尔瓦多旧称圣萨尔瓦多，是巴西东北部港口城市、巴伊亚州首府，位于大西洋的桑托斯海湾东岸。萨尔瓦多建立于公元1549年，是葡萄牙殖民者在巴西建造的第一座城市。

直到 1763 年，萨尔瓦多一直是葡萄牙殖民地的贸易、防卫、首都所在地。随着第一批非洲奴隶于 1558 年到达这里，并从事甘蔗种植，它也成为“新世界”第一个奴隶市场。直到 18 世纪中叶，萨尔瓦多的这个港口因位于非洲、巴西、欧洲的三角贸易通道上，成为葡萄牙的最主要的贸易中心。它见证了欧洲、非洲和美洲文化的融合。

萨尔瓦多保留着浓厚的巴伊亚文化，拥有葡萄牙天主教的教堂及建筑艺术，还有西非黑奴所留下来的非洲文化和土著色彩，再加上当地拥有迷人的沙滩，椰林处处，多年以来都是巴西人向往的度假胜地。

萨尔瓦多坐落在伸入大西洋的半岛上，山丘起伏，城市沿着海湾的边缘分布，由一个陡坡将其分为上城和下城两部分。上城市于半岛的小山上，高达 80 米的峭壁成为抵御来自海上攻击的天然屏障。古城区在上城佩罗尼奥区及其广场周围，这里的许多建筑体现了文艺复兴时期欧洲城市的建筑风格。上城古色古香，拥有许多广场和巴洛克式建筑群；下城面临海湾，工商业繁荣。萨尔瓦多城内拥有 76 座巴西最著名、最富丽的教堂。最古老的马特里斯·圣母康塞桑教堂，建于 1549 午；最华丽的是圣弗朗西斯科教堂，穹顶、墙柱、圣像和雕塑共使用了 300 千克黄金和 80 千克白银；17 世纪建造的瓦西利亚教堂是巴西最大的教堂。1985 年联合国教科文组织将萨尔瓦多古城作为文化遗产，列入《世界遗产名录》。

5．巴西热带原始生态之旅

巴西的中心地带是最浩瀚的河流和最广袤的热带雨林，亚马孙河是巴西最伟大的标志之一。由亚马孙河及其大约 1.5 万条支流冲积而成的亚马孙平原，在巴西境内面积 200 多万平方千米，约占全国面积的 1/3。赤道横穿过其北部，为世界最大的热带雨林气候区，著名的亚马孙热带雨林就生长在这里。这里是世界上最大的生物保留地，拥有无与伦比的自然资源和地球上 1/10 的植物和昆虫种类，为热带原始生态探险之旅提供了独特的机遇。亚马孙河水的流量是所有河流中最大的，它每年注入大洋的淡水大约占全世界淡水总量的 1/10，更是通往热带丛林腹地的“道路”。

（1）**马瑙斯**（Manaus）是亚马孙河的重要港口，亚马孙州首府，巴西西部文化中心和著名的旅游城市。它位于巴西西北部距离海岸 1400 千米的热带雨林深处，亚马孙河两条支流内格罗河和索里莫埃斯河交汇处，面积 1.43 万平方千米。100 多年前，橡胶被称作“黑色的黄金”，马瑙斯作为一个盛产橡胶的地方，也就成为世界的“黑金之都”。

16 世纪时，此地为印第安人村落。1669 年建城，几易其名。1825 年定名为马瑙斯。1850 年成为州府。1890～1920 年间因周围橡胶业繁荣而得以快速发展。1912 年橡胶出口居世界第一位。1967 年巴西政府把该市辟为自由贸易区。

马瑙斯是典型的上帝偏爱的地方，拥有无尽的自然生态资源。以玛瑙斯为中心的亚马孙雨林地区，被誉为是“人生必去的地方”之一。距市区 80 千米处就是野生热带雨林区。位于市西北 200 千米处的世界自然遗产——雅乌国家公园，是亚马孙平原最大的国家公园，地球上物种最丰富的地区之一，在历史上还是亚马孙河流域人类居住的家园，这里是开展热带原始生态探险之旅等特色旅游的绝佳地点。

（2）**贝伦**（Belem）又称帕拉，是巴西北部亚马孙河最大的港口城市，帕拉州首府，也是巴西北部的重要文化中心。它位于亚马孙河三角洲瓜雅拉湾与帕拉河汇流处，距海约 130 千米，为进入亚马孙平原的门户，市区面积 736 平方千米。贝伦靠近赤道，地势低洼，海拔仅 24 米，终年高温多雨，年平均气温 26℃，年平均降水量 2770 毫米。

贝伦建于1616年，原为葡萄牙殖民者的要塞，19世纪中叶之前，这里是人类进入神奇的亚马孙原始森林的“门户”，也是巴西人守卫亚马孙广阔领土最重要的军事要塞。19世纪因亚马孙河被开辟为国际航道和从事野生橡胶贸易而繁荣。1915年后趋于衰落。现在，贝伦依然是亚马孙地区的战略要地、繁华的商业中心和重要的科研基地。

坐船游览亚马孙河、观赏热带雨林风光、品尝巴西北方地区风味佳肴、参观17世纪至19世纪的欧式建筑是巴西贝伦市的魅力所在。

4.2.2 天涯之国——智利（Chile）

（一）基本概况

1．旅游环境

智利共和国（Republic of Chile）简称智利，“智利”在印第安语中有“世界的边缘”之意。它位于南美洲大陆西南部，南北长4352千米，东西最窄96.8千米、最宽362.3千米，是世界上地形最狭长的国家，面积75.66万平方千米。大部分地带沿海岸伸展，北部海岸较平直，南部海岸线曲折，多峡湾和群岛，海岸线总长约1万千米。东与阿根廷为邻，北与秘鲁、玻利维亚接壤，西临太平洋，南与南极洲隔海相望。

智利是一个多山的国家，地形大致是由南北走向互相平行的3条并列带所构成：东面为高峻的安第斯山脉，约占全境东西宽度的1/3；西面为海拔300～2000米的海岸山脉，中部为长约1100千米，宽30～50千米的陷落纵谷，称为中央谷地或智利谷地；北部为著名的阿塔卡马沙漠。位于智利、阿根廷边境上的奥霍斯－德尔萨拉多峰海拔6880米，为全国最高点。境内多火山，地震频繁。海拔6800米的图蓬加托火山是世界上最高的活火山之一。河流短小，多独流入海。全国有河流30余条，主要河流有比奥比奥河、洛阿河等。较大湖泊有延基韦湖等。

智利气候由北至南分别属干旱少雨的热带荒漠气候，冬季多雨、夏季干燥炎热的亚热带地中海式气候和温凉湿润的温带海洋性气候。年降水量从北至南由25毫米逐步增至2000毫米。阿塔卡马沙漠有连续91年无雨的记录，被称为气候的“世界旱极”。最南端是世界多雨区，年降水量达5000毫米。

智利属于中等发展水平国家。矿业、林业、渔业和农业资源丰富，是国民经济四大支柱。工业以采矿、制造、电力为主。智利以盛产铜闻名于世，大小铜矿星罗棋布，拥有世界上最大的露天铜矿，铜的储量、产量居世界第一位，铜的出口量仅次于赞比亚，素有“铜之王国”、“铜矿之国”的美称。硝石产量独居榜首，独享世界“硝石之国”的盛誉。农产品有小麦、稻谷、大麦、玉米等。智利是世界上树木种类最多的国家之一，林业是其国民经济的第二大支柱，是拉美第一大林产品出口国。智利还是南美第一位的渔业大国。

2．历史与文化

智利境内原为印第安民族居住地。16世纪初以前属于印加帝国。1535年西班牙殖民者从秘鲁入侵智利北部，1541年沦为西班牙殖民地，并受其统治近300年。1810年9月实行内部自治。1818年2月12日正式宣布独立，成立智利共和国。

智利的国旗由蓝、白、红三色构成。靠旗杆一边上方蓝色正方形中央绘有一颗白色五角星。红色象征为了智利的独立和自由，反抗西班牙殖民军的统治中，在兰卡瓜英勇牺牲的烈士鲜血；白色象征安第斯山高峰的白雪；蓝色象征海洋。智利的国徽盾面来自国旗图案。盾徽左侧是安第斯鹿，右侧是美洲大兀鹰，上方是与国旗颜色相同的美洲鸵鸟羽毛。底部的智利国花戈比爱野百合花是独立自由的象征。绶带用西班牙文写着“依靠公理和武力进行斗争”。智利的国歌是《亲爱的祖国》。智利的国树是鸡冠刺桐，国鸟是山鹰。昆卡是智利的“国舞”。

智利是拉美文化艺术水准较高的国家之一。诗人加夫列拉·米斯特拉尔获1945年诺贝尔文学奖，成为第一个获此奖的南美洲作家。诗人巴勃罗·聂鲁达获1971年诺贝尔文学奖。

智利人口1540万（2002年），其中印欧混血种人占75%，白人占20%，印第安人占3%。人口分布不平衡，绝大多数人口居住在城市及中部地区。城市人口占全国人口的85%以上，其中42%居住在首都圣地亚哥，且全国80%的人口居住在中部地区。官方语言为西班牙语。居民中的85%信奉天主教。

3．习俗礼仪

智利人十分重视见面时的问候礼节。与客人第一次见面，多要握手致意；熟悉的朋友，还要热情拥抱；一些上了年纪的人见面，还习惯行举手礼或脱帽礼。智利人最常用的称呼是先生和夫人或太太，对未婚青年男女分别称为少爷和小姐。在正式场合要在称呼前加行政职务或学术头衔。智利人应邀参加宴会或舞会，总是带上一点礼物，并要在门外等主人请才能进门。智利人喜欢听客人谈论他们的家庭，特别是孩子，但要避免议论当地有关的政治和宗教话题。有妇女优先的习惯，在公共场合年轻人总是将方便让给老人、妇女和孩子。

智利人的主食有面粉、大米、玉米、牛肉、猪肉和羊肉，节日等重要场合的餐桌上多为烤肉，高质量海产品也是节日里做菜的主要原料。智利人吃饭必须饮酒，饮酒的方法也很多，可以单独饮用，也可以掺进柠檬和糖作开胃酒。智利人1天吃饭多达4次。早餐喝咖啡，吃吐司，以简便为原则；下午1时左右，是正午的午餐，量多质佳；下午4时，再喝咖啡，吃数片吐司；晚上9时，吃正式的夜餐。

智利人都喜欢牛，每逢盛大的节日都要举行围牛活动。智利人的禁忌和西方国家几乎一样。除此以外，还认为“5”这个数字不吉利。

（二）主要旅游城市及名胜

智利是个拥有各种变化多端的景致的国度。在那里既可体验到阿塔卡马沙漠的酷热，也可领教巴塔哥尼亚高原凛冽的寒风，还有迷人的海滨、湖泊、高山和城市带给人们的喜悦。圣地亚哥、波蒂略滑雪场、圣卢西亚山与圣克里斯托瓦尔山公园、复活节岛等都是各国旅游者向往的旅游胜地。

1．圣地亚哥（Santiago）

首都圣地亚哥是智利最大的城市，南美洲第四大城市，全国的政治、经济、文化和交通中心，有“南美小巴黎”之称。它位于智利中部海岸山脉和安第斯山脉之间的河谷平原，前临马波乔河，东依安第斯山，西距瓦尔帕来索港约185千米。面积1.33万平方千米，海拔600米。

圣地亚哥始建于1541年，1818年成为智利首都。夏季干燥温和，冬季凉爽多雨雾。市容绮丽多姿，一年四季棕榈婆娑。今日的圣地亚哥已成为一座现代化的城市，城市建筑风格独特，街道纵横交错，既保存有殖民时期的总督府、教堂、铸币所等古建筑，又有造型优美的新古典式大楼。市内到处可以看到铜的光辉，在广场和街头随时可见历代名人的塑像和重大历史时间的雕塑，建筑物上镶着铜制装饰品，商店橱窗里陈列着闪闪发光的铜制器皿和手工制品。兵器广场和宪法广场为城市心脏地带，附近有繁华的商业区，保存大量古文物和艺术品的大小教堂、国会大厦、总统府等建筑宏伟壮观。“红厅”是举行官方活动的地方，宪法广场是举行群众集会的场所。位于市区东端海拔230米的圣卢西亚山为著名风景区，被称为“城中绿岛”，成为圣地亚哥的标志。城东北角有海拔1000米的圣克里斯托瓦尔山，是首都公园，山顶屹立着一尊用大理石雕刻的圣母玛丽亚雕像，故又称“圣母山”。世界闻名的滑雪胜地——波蒂略滑雪场，海拔2055米，位于圣地亚哥东北145千米与邻国阿根廷的交界处。

2．瓦尔帕莱索（Valparaiso）

瓦尔帕莱索是智利第二大城市，阿空加瓜区首府，智利最大的海港，也是南美太平洋沿岸的最大港口。它位于智利中部沿海瓦尔帕莱索湾南岸，濒临大西洋的东南侧，距圣地亚哥西北100千米处，是首都圣地亚哥的海上门户。城市三面环山，一面临海，港湾开阔，有坚固的防波堤，是天然良港，平均海拔41米。

瓦尔帕莱索在西班牙文中意为“天堂谷地”。1536年由西班牙殖民者修建，后两次受地震破坏。19世纪晚期逐步发展成为南美太平洋沿海最重要的商业港口，有“智利门户”之称。港湾开阔，设备先进，是南美大陆桥西部桥头堡，智利的大部分进出口货物经此中转，在全国运输业和外贸中占有重要位置。城内的建筑、街道依然遗留着殖民时期的痕迹。现瓦尔帕莱索港口城市历史区已被联合国教科文组织作为“人类文化遗产”，列入《世界遗产名录》。

瓦尔帕莱索有“海上葡萄园”和“天堂之路”的美称。城市就像一轮明月镶嵌在大海与高山间8平方千米的狭长地带上。这里青山环绕，绿水幽幽，湛蓝的大海舒展面前，给港口描绘了一幅色彩艳丽的图画。最令人称道的是独具匠心的城市结构，整座城市像坐落在阶梯式剧场中，各种建筑群呈排排阶梯式分布在周围。依山建楼，傍海造屋，山腰上点缀着星罗棋布的教堂尖塔。位于瓦尔帕莱索城东北7000米处有旅游卫星城比尼亚德尔马，此地拥有南美最著名的海水浴场，有“南太平洋的珍珠”之称。

3．复活节岛（Easter Island）

复活节岛位于太平洋东南部智利瓦尔帕莱索省的一个略呈三角形的岛屿上，最长处约24千米，最宽处17.7千米，面积117平方千米。因荷兰探险家雅各布·洛吉文于1722年4月16日复活节那天登上该岛而得名。当地波利尼西亚语称该岛为“拉帕·努伊”，意为“地球的肚脐”，表示自己是世界的中心。

复活节岛以神秘巨像而闻名遐迩，被称为“石像的故乡”和“露天博物馆”。发现有1000多尊巨大的半身人面石像，其中600尊整齐地排列在海边的石砌平台上。石像用整块火成岩雕成，大小不等，高6～23米，重约30～90吨，造型雄浑生动。这些平台长90米，高4米，每座平台一般安放4～6尊石像，个别多达15尊。这些石像都有过长的头、高鼻深目、长耳垂肩和前突的嘴，一双长手放在肚前，昂首遥望着大海。在岛的东南部山区还有390多尊尚未完工的巨像，最大的一尊高达22米，重约400吨，一顶帽子就有30吨重。对于这些巨大的石像，在当时的条件下古人是如何将它们运送并安放的，一直是个谜。此外，在附近的拉诺拉拉库火山处，有40多个神秘的洞穴和许多尚未完工的雕像。岛南部的奥龙戈地区有一块石头，石头上刻有迄今未被人译解的象形文字，在石头附近还有一尊鸟人像。在岛上上万件古物中，有 25 块上面刻着由人、兽、鱼、鸟等图形符号的木板，大的长 2 米，岛民称之为“会说话的木板”，至今无人能读懂它们。对于这些神秘古物，岛民也不知其来历。1996 年该岛被联合国教科文组织宣布为世界文化遗产。

复活节岛北部的阿纳凯是全岛最富魅力的景点，除一排威武的石像外，一片金黄色的沙滩又长又宽，岸上的棕榈树林青翠茂密。攀上全岛最高点，在海拔 507 米的特雷瓦卡山顶极目远眺，岛上的大小火山和四周的石像尽收眼底，浩瀚的太平洋与蓝天浑然一体，令人心旷神怡。

每年 8～9 月是黑海鸥飞到复活节岛所属的莫多努伊岛产卵繁殖的季节，每当这个时候，岛上各部落都会选派一名农夫出生的勇士，让他们渡海游上莫多努伊岛以等待海燕的到来。拿到海燕蛋的勇士会迅速游回复活节岛，哪个部落的勇士第一个游回，人们便把他所属的部落酋长命名为“坦加塔·玛努”即“鸟人”，这位酋长就成为全岛的领袖，对全岛行使一年的统治权。这就是复活节岛上一年一度最大的传统节日——“鸟人节”。节日期间还有传统的祭神等宗教仪式、多彩的化妆表演等活动。为适应旅游的需要，活动时间由原来每年 8～9 月改在每年的 2 月份，这样能让更多的游客目睹这奇异的风俗。

4．火地岛（Tierra del Fuego）

火地岛又称大火地岛，是南美洲南端岛群的主岛，有“天涯海角”之称。火地岛略呈三角形，西部和南部山地为安第斯山脉余脉，地面崎岖，海拔 1500～2000 米，最高峰约甘山海拔 2469 米。由于纬度较高，雪线高度仅 500～800 米，并有现代冰川发育。底边与比格尔海峡相邻，隔麦哲伦海峡同南美大陆相望，面积 4.87 万平方千米，包括附近数百个小岛和岩礁在内的群岛总面积 7.3 万平方千米。

火地岛原为印第安人奥纳族等的居住地。因为每到秋季漫山遍野如火如荼的红叶，此地才被唤做“火之岛屿”，火地岛由此而来。1520 年航海家麦哲伦探险到达。1880 年后，由于牧羊业兴起和发现金矿，智利和阿根廷开始移民。1881 年，智利和阿根廷两国商定，自大西洋圣埃斯皮里图角沿西经线 68°36′，以及东西走向的比格尔海峡为界，火地岛西部约 2/3 属智利，东部 1/3 属阿根廷。1945 年主岛北端马南蒂亚莱斯发现石油，火地岛成为智利仅有的产油区。现主要经济活动是养羊，集中于岛的北部；其次是伐木、捕鱼和狩猎。工业仅有石油和天然气开采以及一些供本地消费的小型炼油厂、肉类冷冻厂等。主岛南端的乌斯怀亚为阿根廷火地岛区的行政中心，地处南纬 54°47′，是世界最南的城镇。

1832～1836 年，英国著名的生物学家查理·达尔文乘英国海军巡洋舰“贝格尔”号环球旅行时，曾到火地岛进行过地质和生物的科学考察，还深入到印第安人部落了解他们的生活和习俗，后来这些都记载在达尔文发表过的“贝格尔巡洋舰考察日记”里。火地岛东部的那座 2135 米的达尔文山，就是为纪念这位著名科学家而命名的。火地岛也因此而扬名。

火地岛的冰川风光别具一格，冰川奇形怪状，雪山重岩叠嶂，湖泊星罗棋布。最大的法尼亚诺冰川湖方圆数百平方千米，周围群山环抱、森林密布，湖水清且静，风光秀美。火地岛的夏天是最美的，白天长达近 20 个小时，半夜 23 时太阳才落入海面，凌晨 4～5 时，太阳又升起。岛上动植物资源保存较好，岛上的海豹、企鹅、野兔，茂盛的山毛榉树林，以及南面比格尔海峡一带时常出没的巨大、珍贵的蓝鲸。构成了火地岛奇妙的生物世界。

4.2.3 玉米之仓——秘鲁（Peru）

（一）基本概况

1．旅游环境

秘鲁共和国（The Republic of Peru）简称秘鲁，“秘鲁”在印第安语中是“玉米之仓”的意思，位于南美洲西部，北与厄瓜多尔和哥伦比亚接壤，东与巴西和玻利维亚为邻，南与智利交界，西濒太平洋。面积为128.52万平方千米。海岸线长2254千米。

秘鲁是个多山的国家，安第斯山纵贯其中部，平均海拔4300米，高原、山地占全国面积的一半。西部为热带沙漠，滨海有断续分布的沿海平原；中部高原区主要为安第斯山中段，是亚马孙河发源地；东部为亚马孙河上游流域，为山麓地带和冲积平原；南段多火山地震。瓦斯卡兰山海拔6768米，为秘鲁最高点。主要河流有亚马孙河主源阿普里马克河及支流马拉尼翁河。的的喀喀湖海拔3812米，为世界上海拔最高的大淡水湖之一。

秘鲁西部沿海属热带沙漠、草原气候，干燥而温和，年平均气温12～32℃；中部气温变化大，年平均气温1～14℃；东部属热带雨林气候，年平均气温24～35℃。年平均降水量，西部不足50毫米，中部不足250毫米，东部在2000毫米以上。

秘鲁经济属拉美中等水平，以农业、矿业为主。秘鲁矿业资源丰富，是世界12大矿产国之一。主要有铜、铅、锌、银、铁和石油等。其中，铋、钒储量居世界首位，铜占第三位，银、锌占第四位。森林覆盖率为58%，面积达7710万公顷，在南美洲仅次于巴西。水力和海洋资源极为丰富。工业以加工和装配业为主。主要农产品有玉米、棉花、稻谷、甘蔗、咖啡、古柯等，捕鱼量居世界前列，是世界主要鱼粉、鱼油生产国。

2．历史与文化

秘鲁历史悠久，是美洲文化的发源地之一。公元11～16世纪初印第安部落印加人以库斯科为首都，在高原地区建立了印加帝国，这个帝国在极盛时期，其疆域达200万平方千米，除今天的秘鲁本土外，还包括厄瓜多尔、玻利维亚以及哥伦比亚、阿根廷和智利的部分地区。15～16世纪初形成美洲古代文明之一的印加文化。1533年沦为西班牙殖民地。1821年7月28日独立，建立秘鲁共和国。这一天后来被定为秘鲁的“独立节”。1835年玻利维亚和秘鲁合并，称秘鲁—玻利维亚邦联。1839年邦联瓦解。1854年废除奴隶制。

秘鲁国旗由三个平行相等的竖长方形组成，中间为白色，两侧为红色，白色长方形中间有国徽图案。白色象征自由、民主、和平与幸福；红色象征人民在独立战争中取得的胜利，也表示人民对烈士的怀念。秘鲁国徽中心图案为盾徽。盾面左上方是一只南美骆马，代表国家的动物资源，也是秘鲁民族的象征之一；右上方是一棵金鸡纳树，代表该国的植物资源；下半部为一只象征丰饶的羊角，代表该国的自然资源和矿藏。盾徽上端为一个绿枝叶环；两侧各有两面秘鲁国旗。秘鲁的国歌是《秘鲁共和国国歌》。秘鲁的国花是向日葵；国树是金鸡纳树；国兽是骆马。

秘鲁可谓南美洲文明的心脏，是一个拥有悠久文化历史的古老国家，是古代美洲大陆三大印第安文明中心之一。公元前1500～前400年的查文人和公元前200～公元700年莫奇卡人在农业、工程和建筑上都做出了杰出的成就，他们留下的遗迹至今令人惊叹。公元11世纪，印加人在安第斯高原地区创造了古老而灿烂的印加文化，使秘鲁古代文明达到顶峰，也为世界文化作出了重要贡献。古代秘鲁有发达的农业和纺织业。早在公元前2000

年秘鲁就开始种植马铃薯，而培植玉米的历史可以追溯到公元前4000年，有“玉米之乡”、“玉米之仓”的美誉。并在冶炼铸造、建筑、机械、数学和天文知识等方面也已经达到高度文明的水平。西班牙殖民统治的历史又使秘鲁形成了多元文化。今天的秘鲁文化是古代印加文化和西班牙文化相结合的产物，成为世界多元文化大家庭当中独具异彩的一员。

秘鲁人口2615万（2005年12月）。其中印第安人占41%，印欧混血种人占36%，白人占19%。西班牙语为官方语言，一些地区通用克丘亚语、阿伊马拉语和其他30多种印第安语。96%的居民信奉天主教。

3．习俗礼仪

秘鲁人大多信奉天主教，崇拜祭祀太阳神，每年冬至日要举行祭祀活动，尤以库斯科的祭典规模最大。人们在头戴假发和面具的男主祭人主持下，一连三天，膜拜初升的太阳，并和着民间乐曲跳太阳舞，以示对太阳神的祈祷。秘鲁基巴罗族人视巫师如神明，并对其异常崇敬。秘鲁的印加印第安人，还有在每年9月要定期举行驱魔节日的习俗。

秘鲁人在社交场合与客人相见和告别时，都惯以握手为礼。朋友之间，男子一般用拥抱礼，并互相拍肩拍背；妇女之间习惯施吻面礼。秘鲁人习惯约会迟到半小时左右，这是他们的礼节风俗。秘鲁女子除在官方场合穿礼服外，平时习惯身披大披肩，这个披肩白天当衣服，晚上可用来当被子。秘鲁的奥列宗人都喜欢在耳垂上嵌一个木盘。起初为小盘，随年龄的增长，逐渐换大盘，以至把耳垂都拉得很长，有的甚至两耳垂肩，故称“大耳人”。在该部族，大耳不仅是美的标志，也是智慧的象征。

在秘鲁的印第安人中，数量最多的是克丘亚人，他们的传统服装很有特色。女人通常穿毛料深色裙子，裙子下边镶着花边；上身穿短衬衫，有白的，也有带色彩的，外面披着披肩，胸前还有胸饰。男人多穿短上衣及长至膝盖的裤子；在较冷的天气里，他们还穿着斗篷。男女所穿的毛料服装都是家庭手工制作的，自制的细毡帽很流行，男女普遍都戴。

秘鲁人的饮食品种丰富多彩，其中尤其爱吃海味和肉食。他们的烹调方法独具特色，惯于用炭条把鹅卵石烤烫，然后放上肉食、玉米、豆类等主食烤制。他们平日一日三餐，早餐较为简便，一般为面包加牛油，一杯牛奶或咖啡；午、晚两餐大多比较重视，菜肴较为丰盛。秘鲁印第安人嗜嚼古柯叶。他们每天午饭后，都喜欢围坐在一起咀嚼古柯叶。

秘鲁人对紫色倍加赞赏，紫色平时禁用，只有在10月份举行宗教仪式时使用，认为紫色预示着幸运的到来。他们偏爱向日葵，被视为秘鲁的象征，还称其为“印加魔花”、“太阳花”。非常喜欢猫头鹰，认为这是一种益鸟，会给人类造福，并认为它是智慧和力量的象征。秘鲁人特别忌讳“死亡”这个字眼；忌讳数字“13”和“星期五”；忌讳乌鸦，视为不祥之鸟；忌讳以刀剑为礼品，认为送这些东西意味着割断友谊；在饮食上忌食海参一类的奇形怪状的食品。

（二）主要旅游城市及名胜

秘鲁多样性的自然环境、亚马孙河丛林、安第斯高原印加遗迹，以及世界最高的的的喀喀湖，使其成为世界上最具观光价值的国家之一。

1．利马（Lima）

首都利马是秘鲁的政治、经济、文化中心，位于里马克河两岸，占据了里马克河与米腊弗洛烈斯海湾之间的整个广阔地带。东北有圣克里斯托瓦尔山，西连太平洋岸的港口城市卡亚俄。利马的名字即来源于里马克河，意为“会说话的神像”。利马是世界闻名的“不雨城”，四季无雨，只在12月到来年1月间，常有浓湿雾形成的繁雾，年降水量仅10～50毫米。这里的气候四季如春，最冷月平均温度为16℃，最热月平均温度为23.5℃。市中心海拔154米。

利马建于1535年，长期为西班牙在南美洲的殖民地。1821年秘鲁独立定为首都。城区分新老两部分，作为世界文化遗产地的老城在利马北面，靠近里马克河，多为殖民统治时期的建筑。狭窄的街道、低矮的房屋，从西北向东南与里马克河平行。老城多广场，它的中心是马约尔广场（原称武器广场）。从广场辐射出条条以大块石板铺砌的道路，通向城市各个角落。广场中央的铜喷泉建于1650年。广场东面有建于17世纪的天主教堂，这是利马唯一保持浓厚西班牙建筑风格的教堂。广场周围还有1938年在皮萨罗宫殿部分旧址上建造的政府大厦、1945年建造的利马市政大厦等高大建筑。广场东北方向是风景优美的阿拉梅达公园。位于整个城市中心地区的圣马丁广场上矗立着在美洲独立战争中建有奇功的民族英雄圣马丁将军骑马塑像。广场中间还有古栈道等大片遗迹。新城的玻利瓦尔广场周围有许多博物馆。利马近郊还有著名的秘鲁黄金博物馆。

（1）**皇家费利佩城堡**（Fortaleza del Real Felipe）是西班牙殖民统治者在美洲殖民地修筑的规模最大的防御工事，为典型的16世纪中叶欧洲城堡建筑风格。位于首都利马以西14千米处的卡亚俄海岸。城堡建于1747年，由法国宇宙结构学家路易·戈丁、西班牙数学家何塞·阿米奇和城堡建筑专家胡安·弗朗西斯科设计。工程历时29年完成。城堡建成后，为纪念已故西班牙国王费利佩五世，遂被命名为“皇家费利佩城堡”。占地7万平方米，城墙长1580米，高5.88米，宽12～14米，全部用坚石砌成。

费利佩城堡呈不等边五角形，每边上建有碉堡，分别命名为“国王”、“王后”、“圣费利佩”、“圣卡洛斯”和“圣何塞”，每个碉堡上均建有弹药库。“国王”和“王后”碉堡是城堡内两座用石块砌成的最醒目的建筑，堡上还建有塔楼，称为“骑士”塔楼，两堡各有一座吊桥供出入。被视为“堡中之堡”的国王碉堡共3层，最上一层是瞭望台，下两层设有炮台。堡内配备了粮食和武器储存库等服务设施，以供堡垒遭攻击时守备之用。王后碉堡也是城堡的主要防御工事，内除设有粮食和弹药储备库外，还有水井，井里至今有水。这座城堡在不同的历史时期，曾分别担任过防御工事以及临时政府、国会和法院所在地等不同角色。左侧的总督府，现已被改建成秘鲁陆军军事博物馆。馆藏十分丰富，从最初印加人民反抗殖民统治和剥削所使用的原始木刀、竹箭，到秘鲁军队使用的地雷、枪支、大炮、服饰和旗帜，一应俱全。博物馆门外，矗立着一座为纪念所有为祖国而献身的战士而建的无名英雄雕像。登上“骑士”塔楼极目远望，整个卡亚俄港尽收眼底。蔚蓝色平静的海面上船影点点，渔轮穿梭，一片繁忙景象。

（2）**帕恰卡马克遗址**（Pachacamac）原为前印加时期土著人的土地神庙，后被印加王国征服，成为秘鲁中部海岸最著名的神庙，以庄严、肃穆、雄伟而著称。位于首都利马以南20余千米处的“鲁林谷地”，在秘鲁古文明史上占有重要地位。帕恰卡马克是土坯和干打垒的泥土建筑群，于公元前200年左右兴起，15世纪达到鼎盛时期，1533年被入侵的西班牙殖民者毁坏。遗址的地基由石块铺垫，墙壁上有一排上窄下宽的梯形窗式装饰。其中最高大的建筑物被称为太阳宫（或太阳庙），高6层，背靠大海，建在山顶上。大殿背后建有观象台，观看太阳出没并据此制定农历。在太阳庙另一侧的低洼处还建有月亮宫。印加时期这里集中了邻近地区的美女，她们从 9 岁起被选入宫中，学习各种技艺。长大后，出落得最美丽的可被选为王妃，相貌稍逊者则作为宫女或教师。月亮宫内的通道犹如迷宫，宫内还修有水池、水渠供美女们沐浴。

2．库斯科（Cuzco）

库斯科是秘鲁东南部著名古城，库斯科省省会，古印加帝国的都城。位于比尔加诺塔河上游，安第斯山高原盆地，海拔 3410 米。城市居高临下，四周皆崇山峻岭，林木葱郁，气候凉爽，秘鲁人称它为“安第斯山王冠上的明珠”。

库斯科城建于公元 11 世纪，由印加帝国第一位国王曼科・卡帕克主持兴建。并以这里为中心，建立了庞大的印加帝国（印加意为“太阳的子孙”），创造了印加文化，成为南美大陆印第安文明的最高峰，有“古印加文化的摇篮”之誉。“库斯科”在克丘亚语中意为“世界的中心”，以印加古迹闻名，城中精美的石砌墙垣和太阳庙遗址等古印加文明的痕迹比比皆是。1983 年库斯科城被联合国教科文组织宣布为“人类文化遗产”。

库斯科城 1533 年被西班牙殖民者侵占，后曾屡遭地震破坏，而今已成为一座现代化印第安城市，但古城格局依旧，留存有大量的印加帝国时代街道、宫殿、庙宇和房屋建筑遗迹，以及殖民统治时期建筑的大教堂。两种建筑风格融合，被誉为西班牙—印加的独特建筑方式。城市中心是武装部队广场，正中耸立着一位印第安人的全身雕像，四周有西班牙式的拱廊和 4 座天主教堂。几条狭窄的石铺街道呈放射形通向四周，街道两旁仍矗立着用土坯建造的尖顶茅屋，其中许多石头房基还是古印加帝国的遗物。广场东北，建有高耸的金字塔顶的太阳庙，此外还有月亮神庙和星神庙；广场东南是左右对峙的太阳女神大厦和蛇神殿的墙壁遗迹；广场西南方的欢庆广场，被当地人称之为“库西帕塔”，是欢庆帝国军队胜利归来的场所。两个广场附近有陈列着印加帝国时期遗留的陶器、纺织品、金银器皿和雕刻碎片等的考古博物馆。城中还有 1692 年建立的大学。而世界闻名的举行“太阳祭”的萨克萨瓦曼圆形古堡，位于距库斯科城 1500 米的高处。以古堡为起点，印加人修筑了一条全长 3000 米左右的古道，是秘鲁古代一条主要交通干线。从古堡东行可至肯科遗迹。据考证，这里是古墓地和宗教祭祀中心，留有神庙和圆形的斗技场的遗迹。场中央有一巨石雕琢的祭台。

马丘皮丘（Machu Picchu）是秘鲁南部古印加帝国的古城废墟，秘鲁最著名的游览胜地，也是联合国教科文组织批准的人类文化遗产。“马丘皮丘”在印加语中意为“古老的山巅”，位于古印加帝国首都库斯科城西北 112 千米的高原上，四周崇山峻岭环抱，面积 13 平方千米。海拔 2280 米的古城两侧为高 600 米的悬崖峭壁，下临湍急的乌鲁班巴河，地势极为险峻。

马丘皮丘古城建于印加帝国后期 1440～1500 年，西班牙人入侵美洲大陆后，古城被舍弃，由于山高路陡，丛林密盖，一直未被发现。1911 年，被美国耶鲁大学南美历史学教授海勒·宾加曼发现，它隐藏在一大片乱糟糟的葡萄藤和树丛中。古城街道狭窄，但排列整齐有序。宫殿、寺院与平台宏伟壮观，还有作坊、堡垒等，它们多用巨石砌成，大小石块对缝严密，甚至连一片刀片都插不进去。巍峨的金字塔上有由处女守护的太阳神庙。马丘皮丘被分成几部分：墓地、监狱、较小的居民区和庙宇。马丘皮丘的一些建筑约两层高，上面曾经是用茅草盖住的尖屋顶。有些贵族住宅的墙壁上遗留有呈长方形或三角形的窗户；台阶倚山铺砌，高广而整齐；还有石砌蓄水池，引山泉流入供饮用。这里发掘出的日晷，显示了古印加帝国高度的文化水平。考古学家还在这里发掘出成千具印加人的残骸和头盖骨，每具男性遗骸周围呈辐射状埋葬着10具女性遗骸。废墟石壁上刻有许多尚未人知的符号和标记。气候湿润的马皮比丘周围分布有热带雨林，是众多动植物的理想栖息地。

3．阿雷基帕（Arequipa）

阿雷基帕是秘鲁第二大城市，南部阿雷基帕省首府，秘鲁最古老城市之一。它位于米斯蒂火山山麓、海拔2300多米的山谷中。这里有被称为“秘鲁富士”的米斯蒂火山，四周峰峦环峙，树木苍翠，景色清幽。

1540年西班牙殖民者在这座印加古城旧址上建造了西班牙风格的城市，城市发展融合了美洲文化和西班牙文化，成为混合文化的城市典型。城中建筑均由白色火山凝灰岩建造，被称为“白色之城”。著名的安第斯巴洛克式的建筑，是该市独特的建筑形式，为16、17世纪殖民主义时期的遗迹。它们不但表现了著名的欧式装潢外观，亦呈现了原土著居民的风味，于2000年被联合国教科文组织授予“人类文化遗产”称号。

城市中心是武装部队广场，广场三面有拱廊，一面矗立着建于1612年的双塔顶的天主教堂，广场上有棕榈树、老式的煤气、英国花园和花园中的喷泉。许多狭窄的街道从这里延伸，名胜古迹随处可见。城中到处是建于18世纪的雅致的贵族之家；拉康帕尼亚教堂里的圣器收藏室的天花板上覆盖着深红和金黄色的微型绘画和雕刻品；市内的圣奥古斯丁大学有考古学博物馆，馆内收集了许多印加帝国时代的木乃伊和陶器。阿雷基帕中最引人入胜的参观地是卡德林娜女修道院，是一座城中之城，始建于1580年，17世纪进行了扩建。400多年以来，里面一直居住着多达450位的修女，她们完全与外界隔离。直到1970年，修道院的大部分地区才开始向公众开放。如今，建筑物的北面还依旧有修女在那里生活。对游人开放的部分经过了精美极致的装修：窄小的街道和广场上面铺满了绚丽多姿的鲜花，墙壁上用各种鲜艳的色彩描绘着美丽的图案，到处都回荡着中世纪所特有的气息。穿过狭窄的小巷有独具匠心的广场、具有原始装饰风格的独特的起居室、餐厅及修女洗衣房，藏书众多的巨型图书馆。此外，城内还有一所剧场和一些图书馆，市内的一所旧监狱中设有手工艺中心，城附近有温泉和印加文化遗迹。

4．秘鲁自然、人文奇观之旅

在南美洲，没有哪个国家像秘鲁一样具有如此之多的惊人的自然、人文奇观，高耸的群山、潮热的榆林和干旱的沙漠，的的喀喀湖的传奇水道、神秘的纳斯卡线条等都是文化追寻者、探险者和生态旅游者的追寻目标。

（1）**伊基托斯**（Iquitos）是秘鲁最重要的靠橡胶繁荣起来的城市，也是秘鲁亚马孙地区最大的城市，位于秘鲁热带森林的腹地。亚马孙河在印第安人语言中的意思是“撞碎独木舟之河”，它源于秘鲁，流经巴西入海，在秘鲁境内为680千米。伊基托斯一带的河面宽约3千米，水流平稳。西岸是伊基托斯市，东岸是茫茫森林。从那里出发，沿亚马孙河、亚那莫诺河或马那提河走不远就可以进入原始森林。沿途可以看到粗糙的木料、用棕榈叶搭建的房屋和亚马孙土著人乘坐的掏空独木舟；珍奇的鸟类在爬满葡萄藤的大树上飞来飞去，以及随处可见的蝴蝶、貘、猴子、野猪和粉红色的河豚等奇异的野生动物。

伊基托斯建城已有120多年的历史。早在20世纪初橡胶热年代，它就是种植园主和豪商大贾挥霍的娱乐之地，一些雕刻壁画的欧式建筑，至今还保留着当年的风姿。

（2）**纳斯卡线条**（Lineas de Nazca）是散布在250平方千米干燥沙质地表上的众多深

几十厘米、长几百米到几千米不等的巨大线条。它位于秘鲁首都利马南 300 多千米处，是美国科学家保罗·科索科于 1939 年在纳斯卡地区研究古印第安人灌溉系统时发现的，起名为“世界上最大的天文书”。纳西卡线条其实是一系列动物、几何图形和鸟类的图案，图案是在干燥的沙漠表层刻画出来的。因尺寸巨大，需乘飞机在空中才能看到全貌。有关线条的制作者和制作目的有许多猜测。主要推测认为，这是创造过纳斯卡文化的古印第安人的作品，是古代人奇特的天文日历；或是印第安人的灌溉系统；或道路，或与印第安人的宗教祭祀活动有关，甚至有人认为可能是外星人修建的飞船着陆标志。但从公元前 3～5 世纪纳斯卡文化留下的陶器上的图形看，纳斯卡文化同巨型图画之间有着密切关系。联合国教科文组织于 1994 年将这一遗迹确定为人类文化遗产予以保护。

（3）**帕拉卡斯自然保护区**（Reserva Nacional de Paracas）是秘鲁太平洋海岸最大的沿海野生动物保护区，著名的旅游胜地。它位于伊卡省境内，距皮斯科城 19 千米，利马南部 247 千米处，总面积 33 万公顷。

保护区内最引人入胜的去处是鸟岛。鸟岛由南岛、北岛和中岛及 6 个礁石岛组成，是成千上万的海洋动物的栖息地及海鸟的家园。其中北岛最大，面积为 64 公顷，距海岸 11 千米。岛上栖息着海豹、企鹅、火烈鸟、海龟、海豚等许多濒临灭绝的海洋动物和鸟类，其中尤以为数众多的海豹最为壮观。岛屿高处堪称海鸟的天堂，黑白两色的海鸟不计其数，其中一种企鹅为当地所特有。岛上大量鸟粪，为优质肥料，是 19 世纪秘鲁开发的主要自然资源。

（4）**的的喀喀湖**（Lago Titicaca）是南美洲秘鲁和玻利维亚的高原湖泊，也是世界最高的淡水湖之一。它面积有 8330 平方千米，海拔 3812 米，水深平均 100 米，最深处可达 280 米，位于玻利维亚和秘鲁两国交界的科亚奥高原上，被称为“高原明珠”。其中 2/5 在秘鲁境内。湖水主要依靠东科迪勒拉高山融雪补给，水温较低（12℃～16℃）。湖东南方向有一出口，经德萨瓜德罗河注入波波湖。湖为群山环抱，景色秀丽，湖岸蜿蜒曲折，形成许多半岛和湖湾港汊。的的喀喀湖被印第安人称为“圣湖”，湖区为蒂亚瓦纳科文化和印加文化的发祥地。阿依马拉族认为，他们世代崇拜的创造太阳和天空星辰的神祇来自湖底。的的喀喀湖中的伊斯拉·德尔·索尔岛即是“太阳之岛”，伊斯拉·德·拉·鲁纳岛为“月亮之岛”，现今湖区仍有为敬奉太阳女神建立的神庙遗址，湖东南 21 千米处保留着古城遗迹。的的喀喀湖是大约 250 个乌鲁族人的家园，他们居住在漂浮的筏子上。这种筏子用一种称为“托托拉”的蒲草芦苇捆扎而成。

4.2.4　通往南极洲的桥梁——阿根廷（Argentine）

（一）基本概况

1．旅游环境

阿根廷共和国（The Republic of Argentine）简称阿根廷，位于南美洲东南部，东濒大西洋，西同智利接壤，北界玻利维亚、巴拉圭，东北部与巴西和乌拉圭为邻。面积 278 万平方千米，为拉美第二大国，仅次于巴西。海岸线 4000 余千米。

阿根廷地势由西向东逐渐低平，西部以安第斯山为主体的山地，约占全国面积的 30%；东部和中部的潘帕斯草原是著名的农牧区，也是全国经济最发达、人口最集中的地区；北部主要是格兰查科草原，多沼泽和森林；南部是巴塔哥尼亚高原，面积占国土面积 1/3，谷地纵横，冰川湖泊星罗棋布。主要山脉有奥霍斯-德尔萨拉多山、梅希卡纳山和海拔 6960 米的阿空加瓜山。主要河流巴拉那河、乌拉圭河及其汇合而成的拉普拉塔河。主要湖泊有奇基塔湖、阿根廷湖和别德马湖。著名的乌马瓦卡峡谷，曾是古老的印加文化传到阿根廷的通道，被称为“印加之路”。

阿根廷北部属热带气候，中部属亚热带气候，南部为温带气候。北部平均气温 24℃，南部 5.5℃。大部分地区年降水量低于 500 毫米，中东部沿海可达 1000 毫米，西北部和南部约 250 毫米。

阿根廷在西班牙语中意为“白银”，同时寓意“货币”、“财富”。这块广袤的土地上虽不产白银，但有着肥沃的土壤，丰茂的草原，良好的气候，这使阿根廷成了“世界的粮仓和肉库”。阿根廷物产丰富，气候适宜，土地肥沃，是综合国力较强的拉美国家。矿产资源有石油、天然气、煤炭、铁、银、铀、铅、锡、石膏、硫黄等。工业门类较齐全，主要有钢铁、石油、化工、纺织、机械、食品等。工业产值占国内生产总值的 1/3。食品加工业较先进，主要有肉类加工、乳制品、粮食加工、水果加工和酿酒等。阿根廷是世界葡萄酒主要生产国之一。阿根廷森林面积占全国总面积的 1/3 左右。沿海渔业资源丰富。国土面积的 55%是牧场，农牧业发达，是世界粮食和肉类主要生产和出口国之一。农产品有小麦、玉米、稻谷、大豆、高粱和葵花籽等。

2．历史与文化

公元 16 世纪前为印第安人居住地。1535 年沦为西班牙殖民地。1810 年 5 月 25 日爆发反对西班牙统治的“五月革命”。1816 年 7 月 9 日宣告独立。1853 年建立联邦共和国。自 20 世纪 30 年代起，出现军人与文人交替执政的局面。1983 年，阿方辛民选政府上台，恢复宪制，大力推进民主化进程。

阿根廷国旗由天蓝、白两色组成，白色中间是一轮“五月的太阳”。天蓝色象征正义，白色象征信念、纯洁、正直和高尚；“五月的太阳”象征自由和黎明。每年 6 月 20 日为“国旗日”，全国在这一天举行纪念活动。阿根廷国徽为椭圆形，椭圆面上蓝下白，上端有一轮“五月的太阳”，寓意同国旗。椭圆形中有两只紧握着的手，象征团结；手中握有“自由之竿”，象征权利、法令、尊严和主权；竿顶为红色的“自由之帽”。椭圆形图案由绿色的月桂树叶环绕，绿色象征忠诚和友谊，月桂树叶象征胜利和光荣。阿根廷的国歌是《祖国进行曲》。阿根廷的国花是赛波花，赛波树属于木本豆荚科植物，主要分布在中南美地区。阿根廷的国鸟是棕灶鸟。

阿根廷是一个复杂的多元文化国家。阿根廷是探戈舞的故乡。“探戈”自 1885 年在布宜诺斯艾利斯市南的博加港诞生以来，广泛流传，风靡世界各大城市。受来自欧洲和非洲移民的不同文化背景的影响，在旋律、节奏、乐器等方面都融合了各种文化的特色。尤其是受黑人歌舞影响而形成的节奏明快的音乐和华丽高雅、热烈奔放的舞步，深受人们的喜欢。此外，有着 100 多年历史的阿根廷足球以其自由洒脱的风格而风靡世界；生活在南美洲潘帕斯草原上的高乔人，有着精彩的世代相传的驯马表演；阿根廷新年要进行预示去掉污垢和晦气，换来一身吉祥富贵的“花海”沐浴；每年 2 月 22 日～3 月 9 日举行盛大的葡萄节，都浸透着浓郁的民族文化和深远的历史背景。

阿根廷人口 3700 万（2000 年）。其中白人占 97%，多属意大利和西班牙血统。混血种人，印第安人及其他人种占3%。人口分布不平衡，城市人口占85%，农村人口占15%。官方语言为西班牙语。居民87%信奉天主教。

3．习俗礼仪

阿根廷人在日常交往中所采用的礼仪与欧美国家大体上是一致的，并深受西班牙影响。阿根廷人大都信奉天主教，所以一些宗教礼仪也经常见诸阿根廷人的日常生活。在交际中，普遍采取的握手礼。在社交场合，相互之间一般均以“先生”、“小姐”或“夫人”相称。适于谈论的话题多为足球及其他体育项目、烹饪技巧、家庭陈设等。拜访阿根廷人时，可赠送一些小礼品，但菊花、手帕、领带、衬衫等不宜做礼品。

在正式场合，阿根廷人的着装讲究，干净整齐。在一般情况下，不论是进行正式访问还是外出，男士要穿西装或套装，女士要着套裙或长裙。在阿根廷最好不要穿灰色的套装、套群。

阿根廷人普遍喜欢吃欧式西餐，以牛、羊、猪肉为主要食物。阿根廷式的早餐大部分就是咖啡或茶，加上土司、奶油及果酱。午餐及晚餐则是非常的丰富。最常食用的菜肴就是各式烤肉，通常都是在预热的木炭上边烤边吃，并配以现榨的新鲜果汁，饭后甜点通常是新鲜的水果和美味的冰淇淋。阿根廷人喜欢的饮料有红茶、咖啡与葡萄酒。有一种名为“马黛茶”的饮料，最具有阿根廷特色。

（二）主要旅游城市及名胜

阿根廷的古迹名胜众多，著名的有布宜诺斯艾利斯城的科隆大剧院、五月广场等著名建筑，接近南极地区以拥有巨大而壮观的冰川而享有盛名的罗斯格拉希亚雷斯冰川国家公园，以及世界上最宽的系列瀑布——伊瓜苏瀑布、世界最高的死火山——阿空加瓜山和世界最南端的城市——乌斯怀亚等。

1．布宜诺斯艾利斯（Buenos Aires）

首都布宜诺斯艾利斯是南半球最大的城市，大西洋岸重要的港口，阿根廷的政治、经济和文化中心，位于拉普拉塔河南岸。布宜诺斯艾利斯在西班牙语中意为“好空气”，城市风景秀美，气候宜人，有“南美巴黎”之称。

布宜诺斯艾利斯始建于1536年，旋被毁弃，1580年再建，1880年成为阿根廷首都。布宜诺斯艾利斯是一座十分欧化的城市，不仅城市居民几乎都是欧洲移民的后裔，而且城市布局、街景以及居民的生活方式、风俗习惯、文化情趣，处处显露出欧洲风情。市内以街心公园、广场和纪念碑众多而著名。

城市建筑多受欧洲文化影响，至今还保留有几个世纪前的西班牙和意大利风格的古代建筑。市中心是五月广场，许多著名的大街由广场呈辐射状向四周伸展，广场中央矗立着方尖塔形纪念碑，其正面刻有“1810年5月25日”几个醒目大字，这是阿根廷人民推翻殖民统治的起义日。坐落在五月广场前的总统府，建筑呈粉红色，庄重美观，通称“玫瑰宫”，是阿根廷著名建筑师普利迪阿诺·普埃伦东1856年的杰作。广场的尽头矗立着仅存的几座殖民地建筑之一的市政厅，在这幢西班牙式的白色建筑里现在建了一座五月革命历史博物馆。隔壁是建于1723年的首都大教堂，内有民族英雄何塞·圣马丁将军的墓。

科隆大剧院（Teatro Colón）是仅次于纽约大都会歌剧院和米兰拉·斯卡拉剧院的世界第三大歌剧院，位于阿根廷首都布宜诺斯艾利斯的7·9大街广场上。科隆大剧院始建于

1889 年，由著名建筑师弗朗西斯科·塔布里尼设计，1908 年建成。科隆大剧院在街头浓密的月桂树的掩映下，既显出文艺复兴时期意大利的建筑风格，又具有德国建筑宏伟坚固和法国建筑装饰优美的特征。大理石走廊里有无数根圆柱和一尊尊雕像。一排排晶莹透亮的菱形吊灯，把屋子映照得一片辉煌。巨大的礼堂，四壁金光灿灿，脚下铺着红色天鹅绒地毯，透出一派奢华。剧场大厅呈马蹄形，面积 7050 平方米，并围绕着 7 层包厢。厅内设有世界最大的舞台，长 35.25 米，深 34.5 米。大厅的穹顶还装饰着阿根廷著名画家乌尔·索尔迪画的 51 幅音乐舞蹈题材的绘画。在靠近天花板的墙上，题满了曾在这里演出过的各国著名乐队和世界名剧的名称。剧场内还有观众休息厅、艺术家休息厅、会议厅、宴会厅、排练场、练功室和交响乐团演奏厅等。每个厅里都有著名音乐家、作曲家、乐队指挥的塑像，走廊上则悬挂着令人目不暇接的名剧剧照、名画和其他艺术品。

大剧院实际上还是一座丰富的戏剧博物馆。在剧院的靴鞋收藏室里陈放着 4.2 万双不同时代、性别、年龄、职业和身份的人穿的各种款式的靴鞋；服装收藏室里陈放着 9 万多套自剧院成立 90 多年来历次演出用过的各式服装；道具库房里收藏着上百万件各种道具，有数以千计的造型各异的灯具和烛台、皇宫陈设的雕花家具和乡间小酒店的桌椅板凳等等。剧院的地下室里，还设有一座规模可观的舞台美术工厂，演出用的各种服装、道具和偌大的布景，都在这里制作。

2．乌斯怀亚（Ushuaia）

乌斯怀亚是阿根廷南部火地岛区的首府和港口，还是阿根廷南极科学考察的大本营，又是美国“英雄”两极考察队的总部所在地。它位于比格尔海峡北岸、乌斯怀亚湾畔，距阿根廷首都布宜诺斯艾利斯 3218 千米，但距南极洲却只有 800 千米，是世界上最南的城市，被称为“世界之端”。

乌斯怀亚依山傍海，风景秀丽。城市前面是蓝宝石一样透明的比格尔海峡，背后是郁郁葱葱的山坡和银装素裹的勒马尔歇雪峰，海峡对岸智利境内的皑皑雪峰也历历在目，附近的平地青草没膝，野花点点，牛羊成群，构成一幅典雅的风景画。在波光粼粼的比格尔海峡和青山白雪之间，坐落着色调不同的各种建筑。圣马丁大街是乌斯怀亚最热闹的商业街，顺着山势起伏延伸 2 千米长，既有轻巧的木制结构平屋，又有一流的高级旅馆，还有供应蟹、蚌等海鲜和美味兔肉的风味餐馆，图书馆、博物馆、影剧院、银行、邮局等所有城市设施都应有尽有。迈卜大街是乌斯怀亚城的主干道，这里一边是海水，海鸟们在水边飞翔、觅食；一边是沿山而建的西式小屋，白墙红瓦或白墙黑瓦，房前窗下盛开的鲜花在风中摇曳。道路与海水之间是一片片的公园，在绿草鲜花中有各式各样的雕塑，所有雕塑都与马尔维纳斯岛有关，迈卜路的尽头便是闻名的“世界之端”博物馆，火地岛的历史就微缩在一张张图片和古老而美丽的实物中。在乌斯怀亚东边 12 千米处，是阿根廷著名的火地岛国家公园，游人可以在内徒步旅行、露营、烧烤、钓鱼等等。

3．阿根廷自然风情之旅

辽阔的国土，优越的地理位置赋予了阿根廷千姿百态的自然风貌：高山、平原、河流、湖泊、雪峰、冰川、瀑布、火山……东西南北中无不各具特色风情，并且其中不乏世界上绝无仅有的特色景观。有世界最大的现代冰川之一的罗斯格拉希亚雷斯冰川国家公园，世界五大瀑布之一伊瓜苏瀑布，位于圣克莱门特市内的拉丁美洲最大的海洋公园，位于里奥内格罗省西部的第一座国家公园——纳韦尔瓦皮国家公园中的阿根廷著名的滑雪中心卡特德拉尔山，位于密西昂奈斯省圣文森特村附近的热井瀑布，聚居着无数巨鲸、海鸥、海狮和企鹅等海洋野生动物的瓦尔德斯半岛，以及位于丘布特省东部、突出于大西洋洋面的“企鹅乐园”——多斯巴亚斯角等。

（1）**罗斯格拉希亚雷斯国家公园**（The Los Glaciares National Park）位于阿根廷南部圣克鲁斯省西南部的安第斯山脉南段。罗斯格拉希亚雷斯在西班牙语中意为“冰川”，这里终年积雪，有多种冰川现象，最引人注目的是壮观的移动冰川。这个地区由面积4459平方千米的冰川国家公园和占地1541平方千米的国家自然保护区组成。1937年，阿根廷政府在这里建立了罗斯格拉希亚雷斯冰川国家公园。1981年联合国教科文组织又将罗斯格拉希亚雷斯冰川国家公园作为自然遗产，列入《世界遗产名录》。

这片山地冰川区有47座极为壮观的冰川，这些冰川都是从巴塔哥尼亚冰场漂移过来。其中分布在冰川公园内的有10座，莫雷诺冰川是10座中唯一还在成长发展的冰川，其余的都在消融过程中。

公园东部湖区以阿根廷湖为首的第四纪冰川时期形成的冰川湖泊星罗棋布。阿根廷湖海拔215米，面积1414平方千米，湖深187米，最深处324米，湖水清澈。这里以著名冰块堆积景观而闻名于世。该湖接纳来自周围150多条冰河的冰流和冰块。巨大的冰块互相撞击，缓缓向前移动，有时形成造型奇特的冰墙，高达80米。最后全部汇集到阿根廷湖，组成了洁白玉立的冰山雕塑。湖畔雪峰环绕，山下林木茂盛，景色迷人，为阿根廷最引人入胜的旅游景点。

（2）**伊瓜苏瀑布**（Iguazu Falls）是南美洲最大的瀑布，世界五大瀑布之一。位于阿根廷和巴西两国边境，据伊瓜苏河与巴拉那河汇合处23千米。1934年，阿根廷在伊瓜苏瀑布区建立了670平方千米的国家公园。1984年，伊瓜苏瀑布被联合国教科文组织列为世界自然遗产。

“伊瓜苏”在南美洲土著居民瓜拉尼人的语言中是“大水”的意思。发源于巴西境内的伊瓜苏河在汇入巴拉那河之前，水流渐缓，在阿根廷与巴西边境，河宽1500米，像一个湖泊。水往前流陡然遇到一个峡谷，河水顺着倒U形峡谷的顶部和两边向下直泻，形成一个景象壮观的半环形瀑布群，平均落差80米，每秒钟流量1750立方米，凸出的岩石将奔腾而下的河水分成大大小小270多股急流和飞瀑。洪水期形成一道大瀑布，总宽度达3～4千米，瀑声远及25千米，气势磅礴，景色绮丽。

伊瓜苏瀑布与众不同之处在于观赏点多。从不同地点、不同方向、不同高度，看到的景象不同。峡谷顶部是瀑布的中心，水流最大最猛，人称“魔鬼喉”。瀑布分布于峡谷两边，阿根廷与巴西就以此峡谷为界，在阿根廷和巴西观赏到的瀑布景色截然不同。阿根廷在瀑布一侧建有国家公园，瀑布上游修有一座蜿蜒3000米的绿色栏杆小桥，游人可沿桥观赏，直至瀑布边缘。

4.3 思考与练习

1. 简述加拿大的主要旅游名胜。

2．简述美国旅游环境的基本特征。
3．为什么说玛雅文化在墨西哥旅游中占有十分重要的地位？
4．简述巴西狂欢节的一些基本情况。
5．请设计一条南美洲音乐舞蹈之旅专题线路。

第 5 章　非洲和中东地区

学习目的

通过本章学习，了解和掌握北非、西非和中非、东非、南非及中东地区主要旅游目的地国家和地区的基本情况和主要旅游城市及名胜，以及由当地特色旅游资源构成的专题旅游线路。

主要内容

● 北非之旅

地中海的门户——摩洛哥；地中海十字路口——突尼斯

● 西非和中非之旅

铜矿之国——赞比亚；石头城——津巴布韦

● 东非之旅

野生动物王国——肯尼亚；世界天然动物园——坦桑尼亚

● 南非之旅

黑人土地——南非

● 中东之旅

金字塔之国——埃及；勇敢者的国家——土耳其

非洲全称阿非利加洲（Africa），位于东半球的西南部，地跨赤道南北，西北部有部分地区伸入西半球。总面积 3020 万平方千米，约占世界陆地面积的 20.2%，为世界第二大洲。东濒印度洋，西临大西洋，北隔地中海和直布罗陀海峡与欧洲相望，东北角习惯上以苏伊士运河为与亚洲的分界。大陆东至索马里半岛的哈丰角，西至塞内加尔的佛得角，南至南非的厄加勒斯角，北至突尼斯的吉兰角（本·赛卡角）。大陆海岸线全长 3.05 万千米，平直且缺少海湾与半岛，是岛屿数量最少的一个洲。除马达加斯加岛（世界第四大岛）外，其余多为小岛，岛屿总面积约 62 万平方千米，占全洲总面积不到 3%。

非洲为一高原大陆，地势比较平坦，平均海拔 750 米。海拔 500～1000 米的高原占全洲面积的 60%以上；海拔 2000 米以上的山地和高原约占全洲面积 5%；海拔 200 米以下的平原多分布在沿海地带。以刚果河河口至埃塞俄比亚高原北部边缘一线为界，地势东南部较高，西北部较低。东南部被称为高非洲，海拔多在 1000 米以上，有埃塞俄比亚高原（海拔在 2000 米以上，有"非洲屋脊"之称）、东非高原和南非高原。西北部被称为低非洲，海拔多在 500 米以下，大部分为低高原和盆地，有尼罗河上游盆地、刚果盆地和乍得盆地等。非洲较高大的山脉多矗立在高原的沿海地带，西北沿海有阿特拉斯山脉；东南沿海有德拉肯斯山脉；东部有肯尼亚山和乞力马扎罗山。乞力马扎罗山是座活火山，海拔 5895 米，为非洲最高峰。非洲东部有世界上最大的裂谷带，南起赞比西河口，北达红海，直到西亚的约旦河谷，全长 6400 多千米，裂谷中形成一系列狭长而深陷的谷地和湖泊，较大的有马拉维湖、坦葛尼喀湖、维多利亚湖、基奥加湖和阿萨勒湖等，其中维多利亚湖是非洲最大的湖泊和世界第二大淡水湖，坦噶尼喀湖是世界第二深湖，阿萨勒湖的湖面在海平面以下 156 米，为非洲陆地最低点。非洲的河流多急流、瀑布，主要有尼罗河（全长 6671 千米）、刚果河（扎伊尔称扎伊尔河）、尼日尔河、赞比西河、乌班吉河、开赛河、奥兰治河等。非洲的沙漠面积约占全洲面积的 1/3，为沙漠面积最大的一洲。撒哈拉沙漠是世界上最大的沙漠，面积 777 万平方千米，西南部还有纳米布沙漠和卡拉哈迪沙漠。非洲还有世界最大的热带草原和最多的野生动物。

非洲大部分地区位于南北回归线之间，均为热带和亚热带气候。年平均气温在 20℃以上的地带约占全洲面积的 95%，有“热带大陆”之称。埃塞俄比亚东北部的达洛尔年平均气温为 34.5℃，是世界年平均气温最高的地方之一。非洲降水量从赤道向南北两侧递减，降水分布极不平衡，除赤道地区雨量较丰富外，全洲 1/3 的地区年平均降水量不足 200 毫米。

非洲人口约 7.8 亿（2001 年），约占世界人口总数的 13%，仅次于亚洲，居世界第二位。但人口分布极不平衡，农业人口约占全洲总人口的 2/3。尼罗河中下游河谷、西北非沿海、几内亚湾北部沿岸、东非高原和沿海、马达加斯加岛的东部、南非的东南部人口分布比较密集，尼罗河沿岸及三角洲地区，每平方千米约 1000 人。广大的撒哈拉沙漠、纳米布沙漠、卡拉哈迪等沙漠和一些干旱草原、半沙漠地带平均每平方千米不到 1 人，是世界人口最稀少的地区之一。非洲又是世界上经济发展水平最低的洲，大多数国家经济落后。农业在国民经济中占有重要的地位。

非洲现有 58 个国家和地区，分为北非、东非、西非、中非和南非五个地区。非洲地形复杂，历史悠久，给人们提供了众多奇异的自然和人文景观。异常宽阔的大地、神秘的原始丛林、壮观的瀑布、成群结队迁徙的动物、绚丽多姿的民族风情等等，都成为非洲最具吸引力的旅游资源。

5.1 北非之旅

北非主要是指地中海沿岸的北部非洲各国，通常包括埃及、苏丹、利比亚、突尼斯、阿尔及利亚、摩洛哥、亚速尔群岛和马德拉群岛等国家和地区。其中埃及、苏丹和利比亚也被称为东北非，其余国家和地区被称为西北非。北非的西北部为阿特拉斯山地，东南部为苏丹草原的一部分，地中海和大西洋沿岸有狭窄的平原，其余地区大多为撒哈拉沙漠。以热带沙漠气候为主，仅地中海沿岸地区为亚热带地中海式气候。热带沙漠、亚热带海滨风光，以及阿拉伯风情是这一地区主要的旅游景观。

5.1.1 地中海的门户——摩洛哥（Morocco）

（一）基本概况

1. 旅游环境

摩洛哥王国（The Kingdom of Morocco）简称摩洛哥，位于非洲西北端。东、东南接阿尔及利亚，南邻西撒哈拉，西濒大西洋，北隔直布罗陀海峡与西班牙、葡萄牙相望，扼守大西洋进入地中海的门户。面积 45.9 万平方千米，海岸线长 1700 多千米。

“摩洛哥”在阿拉伯文中为“遥远西方”之意。古代阿拉伯人征服北非，西至摩洛哥时受阻于大西洋，以为此地便是西方的最遥远的边界，故称之。另一说法是亚洲的腓尼基人在此登陆，被这里的自然美景所吸引，谓之摩洛哥，意为“休养胜地”。

摩洛哥地形以山地、高原为主。阿特拉斯山脉从西南向东北斜贯境内，约占国土面积的 1/2，一般海拔在 2000～2500 米。阿特拉斯山脉主峰图卜卡勒山海拔 4165 米，为北非最高点。山地西北部为台地，北部为狭长的沿海平原，南部为高原，东南部是撒哈拉沙漠的一部分。主要河流有乌姆赖比阿河、德拉河、木卢亚河、塞布河等。

摩洛哥北部为亚热带地中海式气侯，夏季炎热干燥，冬季温和湿润，1 月平均气温为 12℃，7 月为 22～24℃；年平均降水量为 300～800 毫米。中部属亚热带山地气侯，温和湿润，气温随海拔高度的变化而变化，山麓地区年平均气温约为 20℃，年平均降水量为 300～1400 毫米。东部、南部为热带沙漠气侯，年平均气温约 20℃，年平均降水量在 250 毫米以下，南部不足 100 毫米。由于斜贯全境的阿特拉斯山挡住了南部撒哈拉沙漠热浪的侵袭，加之濒临大西洋和地中海的地理位置，摩洛哥大部分地区的气候温和宜人，四季花木繁茂，赢得了“烈日下的清凉国土”和“北非花园”的美誉。

农牧业是摩洛哥经济的重要支柱。农业占国内生产总值的 1/5，占出口收入的 30%。农业人口占全国人口的 60%。在阿拉伯国家中仅次于埃及，是第二大农业国。主要农作物有大麦、小麦、玉米、水果、蔬菜等，其中柑桔、橄榄和蔬菜大量向欧洲和阿拉伯国家出口，为国家赚取大量外汇。摩洛哥渔业资源极为丰富，是非洲第一大产鱼国，沙丁鱼出口居世界首位。摩洛哥主要矿藏资源为磷酸盐，素有“磷酸盐王国”之称。磷酸盐产品出口是国家主要外汇收入来源之一。其他矿藏有铁、铅、锌、钴、锰、钡、铜、盐、磁铁矿、无烟煤、油页岩等。摩洛哥工业不发达，工业企业主要部门有食品加工、化工、医药、纺织等。手工业在国民经济中占重要地位，主要产品有毛毯、皮革制品、金属加工品、陶瓷和木制家俱。

2．历史与文化

摩洛哥是非洲最古老的国家之一。最早居住在这里的居民是柏柏尔人。公元前 15 世纪起受腓尼基支配。公元前 2 世纪受罗马帝国统治，公元 6 世纪被拜占庭帝国占领。公元 7 世纪，阿拉伯人进入，公元 788 年建立了摩洛哥历史上第一个阿拉伯王国，此后经过多次王朝更替，现在的阿拉维王朝建立于 1660 年，穆罕默德六世国王是该王朝的第 22 位君主。从 15 世纪起，沿岸逐步被葡萄牙、西班牙、法国等殖民者侵占。1912 年沦为法国、西班牙的保护国。1956 年 3 月 2 日获得独立。1957 年 8 月 14 日定名为摩洛哥王国，为君主立宪制的伊斯兰国家。

摩洛哥国旗为红色，中央有一颗由五根绿色线条交叉组成的五角星。红色来自摩洛哥古国早期国旗的颜色。绿色五角星有两种解释：一是绿色为穆罕默德后代所喜欢的颜色，五角星象征人民对伊斯兰教的信仰；二是这一图案是驱病避邪的所罗门护符。摩洛哥国徽即王徽。图案中间为由花冠组成的盾徽。盾面上有一颗绿色五角星，这是国旗的标志；五角星之上是一轮光芒四射的太阳，太阳前面的图案象征位于摩洛哥中北部、有“天然水塔”之称的阿特拉斯山。盾徽上端是一顶王冠，象征摩洛哥王国是君主立宪制；两侧各有一只狮子，象征力量；底部的绶带上用阿拉伯文写着“你助真主，真主助你”。摩洛哥的国歌是《摩洛哥颂》。摩洛哥的国花是石竹；国树是栓皮栎。摩洛哥的国石是珊瑚。

摩洛哥人口2989万（2004年9月）。其中阿拉伯人约占80%，柏柏尔人约占20%。阿拉伯语为国语，通用法语。信奉伊斯兰教。1993年8月落成的哈桑二世清真寺，坐落在卡萨布兰卡的大西洋海滨，通体使用白色大理石砌成，宣礼塔高达200米，是仅次于麦加清真寺和埃及的阿兹哈尔清真寺的世界第三大清真寺，设备之先进在伊斯兰世界首屈一指。

3．习俗礼仪

柏柏尔人的新娘庙会上，姑娘们精心打扮，脸蒙面纱，仅露双眼，只待小伙子前来挑选。庙会上，青年男女一见钟情，订立终生，只是男方父亲必须向女方父亲提亲，方可成婚。摩洛哥人服饰颇有特色，男子一般穿袍服，戴厚头巾，女子穿长及脚踝的白色衣服，并将全身包裹，脸上蒙着层层面纱，只露眼睛。

摩洛哥人盛行饮茶之道，已成为摩洛哥文化的一部分。一日三餐不离茶。清早起床的第一件事，就是冲一杯清香的绿茶，人们喝完茶才开始吃早餐。中餐和晚餐也要喝煮好的清茶，饭后有时还要喝三道茶。摩洛哥人在招待亲朋好友时，把奉上一杯飘着薄荷香味的清茶，看做是很高的礼节，这种薄荷甜茶在节日宴会和社交活动时可以代酒。煮薄荷甜茶的方法很讲究：主人把绿茶和鲜薄荷叶放在特制的铁壶里煮，待汤汁煮浓时，把方糖放入，就煮成清香甘甜的薄荷糖茶。摩洛哥每年消费的茶叶均需进口，95%来自中国，“中国绿茶”与每一个摩洛哥人的生活息息相关。

（二）主要旅游城市及名胜

拥有3000多年文化历史的摩洛哥，名胜古迹遍布全国，有拉巴特、马拉喀什、卡萨布兰卡、非斯、阿加迪尔、丹吉尔等举世闻名的阿拉伯古城，以及反映摩洛哥各个历史时期在艺术、建筑、文学和科学等方面取得辉煌成就的遗迹。

1．拉巴特（Rabat）

首都拉巴特是非洲的历史名城之一，摩洛哥的政治、文化中心和交通枢纽。位于摩洛哥西北部的布雷格雷格河口，濒临大西洋。

拉巴特始建于公元12世纪。1150年，摩洛哥穆瓦希德王朝的统治者阿卜杜勒·阿里·穆明为了出兵阿尔及利亚、突尼斯和渡海远征西班牙，在沿海的古罗马城市萨累的废墟附近建立了一座军事要塞，定名为“里巴特·法特赫”。这座军事要塞便是乌达亚城堡，也称乌达亚要塞。12世纪90年代，是这一王朝的鼎盛时期，君主雅各布·曼苏尔下令在此建城，后又多次扩建，“里巴特·法特赫”逐渐扩展为一座规模宏大的城市，但仍沿用旧的名称，简称“里巴特”。久而久之，“里巴特”演变成“拉巴特”，并作为城市名称沿用到今天。在阿拉伯语中，里巴特是“营地”的意思，法特赫是“出征、开拓”的意思，里巴特·法特赫有“出征之地”的含意。1912年，法国殖民者将摩洛哥的首都从非斯迁到拉巴特。1956年，摩洛哥独立后正式定都拉巴特。

拉巴特由拉巴特新城和萨勒旧城组成。新城区主要是金融、商业与交通中心。现代化建筑与阿拉伯建筑错落有致，交相辉映，街道两侧绿树成荫，花团锦簇，街心公园随处可见。王宫、政府机关、全国高等学府都座落在这里。

旧城萨勒围以红色城墙，城内多古老阿拉伯建筑和清真寺，后街小巷是一些手工艺品作坊，居民的生活和生产方式依然存留着浓厚的中世纪风采。建于公元12世纪的哈桑清真寺，是当时北非最大的清真寺，长183米，宽139米，内设16道门，虽然在15世纪曾遭到大地震的严重破坏，但从残存的一片高低不等的石柱中，还能想像当时建筑规模的宏伟，耸立于寺正面的宣礼塔完整无损，用玫瑰色石块砌成的高塔占地 16 平方米，高 44 米，加上塔顶，共高 69 米，是拉巴特引人注目的古迹。军事要塞遗址乌达亚城堡的城墙、主殿已不复存在，但城门、了望岗楼屹立如故，城堡中间是一花园，多奇花异草。位于新城东南的萨累古城遗址，门楼、清真寺、墓碑等迄今保存完好。建于 1785 年的拉巴特王宫，是一座典型的阿拉伯宫殿建筑，占地 2 平方千米，是一座典型的阿拉伯宫殿建筑，大门上用黄铜雕成图案，绿玻璃瓦屋顶，宫内多式样各异的宫殿，其中哈桑二世用于接见宾客的里亚德宫尤为宏丽，还有哈桑二世的父王穆罕默德五世的陵墓。拉巴特还有公元 859 年创办的卡拉威英大学和 1917 年创建的古物博物馆。市南的大西洋岸，海滩细软，是夏季旅游胜地。

2．非斯（Fez）

非斯是摩洛哥历史名都，位于摩洛哥北部中阿特拉斯山北麓海拔 410 米的高地上，西距首都拉巴特 190 千米，居东、西、北部地区交通要冲，为摩洛哥国土上最早建立的阿拉伯城市，已有 1100 多年的历史，被视为伊斯兰教圣地之一。分新城、老城两部分。老城古色古香，其建筑形式与居民的生活习惯、生产方式仍保持中世纪的风貌，具有伊斯兰特色的古城堡、宫殿、清真寺、博物馆等比比皆是，1981 年被联合国教科文组织列入《世界遗产名录》。

非斯城始建于公元 808 年。非斯这个名称是由“法斯”演变来的。在阿拉伯语里，“法斯”意为“金色的斧子”，据说伊德里斯二世当年主持该城破土奠基时，在面向麦加圣城的方向发现一把金色的巨斧，伊德里斯二世感到这是吉祥的征兆，当即给城市定名为“法斯”。在阿拉伯语里，“法斯”还有“肥美的土地”和“鹤嘴锄”的意思。当城市建成后，伊德里斯二世将它定为摩洛哥第一个伊斯兰王朝——伊德里斯王朝的都城。

非斯老城素以精湛的伊斯兰建筑艺术著称于世界。古城占地 300 公顷，街道狭窄弯曲，两旁店面、作坊毗邻连片。古城里历史古迹到处都是，而且都保护和维修得很好。据记载，公元 12 世纪伊斯兰教全盛时期，城内共有清真寺 785 座，据说现在保存下来的仍有 360 多座，其中以拥有 270 根圆柱的卡拉万纳清真寺和昂达吕西昂清真寺最为著名。城内的卡鲁因大学是专门从事伊斯兰教学习和研究的高等学府，建于公元 859 年，堪称世界上最古老的大学，图书馆藏有各类伊斯兰教书籍几十万册，其中有非洲珍贵的古籍——珍本、善本和手抄本的经典。这座著名的大学最初是一座清真寺，最早的教学方式是学者向教徒们讲解《古兰经》。另外，非斯城的创建者伊德里斯二世国王的陵墓，也对来自世界各地的游客具有极大的吸引力。非斯城内处处可见到泉水，这些泉水被视为“圣水”。

新城区建于 1276 年，这里突出欧式建筑风格，同老城区形成两种迥然不同的景象。新城区街道宽阔笔直，浓荫覆盖，花草争艳，两旁高层建筑鳞次栉比，宾馆、饭店、超级市场、写字楼、银行等雄伟壮观。市区车水马龙，热闹而繁华。

非斯周围的名胜古迹很多，南面和北面山坡上的两座城堡，修建于公元 16 世纪的萨阿德王朝时期，迄今依然保存完好，高高耸立，引人注目。北面山坡上的城堡已改建成兵器博物馆，馆内陈列着摩洛哥历朝历代制造和外国赠送的宝剑、马刀、枪炮等，其中有一把宝剑上刻有汉字，传说是古代中国皇帝赠送给摩洛哥国王的礼物，说明中国人民和摩洛哥人民友好交往的历史十分悠久。

3．马拉喀什（Marrakech）

马拉喀什是摩洛哥南部古城，全国第三大城市。位于大阿特拉斯山脉西坡，海拔 460

米，北距首都拉巴特320千米。以众多的名胜古迹和幽静的园林驰名于世，有“南部明珠”之称。旧城于1985年被联合国教科文组织列入《世界遗产名录》。

马拉喀什始建于公元1062年，中世纪时曾两度为摩洛哥王朝的都城。在阿拉伯语里，“马拉喀什”意为“红颜色的”，其原因是当年的城墙采用赭红色岩石砌成，迄今基本保存完好，完全是一派中世纪的繁华市面风貌。城内的杰马·埃勒·弗纳广场是最繁华的地方，每到午后，人们便从四面八方汇集到这里，观看广场上的露天表演。马拉喀什的民间文艺活动有着悠久的历史，尤其以来自山区和沙漠地区的小型歌舞队表演的带有乡土气息的阿拉伯民间歌舞最为著名，平时在广场上自由演出，一到每年5月便在这里举行盛况空前的联欢会。广场附近，街巷交错，房屋密集，摊铺林立，到处是头缠白巾、身穿长袍的阿拉伯人，空气中散发着浓烈的烤羊肉、烙面饼的香味。新城区建于1913年，这里欧式建筑众多，街道宽阔，浓荫如盖，充满了现代化的气息。

在马拉喀什众多的名胜古迹中，最具吸引力的首推建于1195年的库图比亚清真寺，该清真寺是为纪念与西班牙人战争的胜利，由著名建筑师雅库布·埃勒·曼苏尔主持修造的。清真寺的尖塔高67米，外表富丽堂皇，是北非最优美的建筑之一。它的独到之处在于，当年修建尖塔时，在粘合石块的泥浆中拌入了近万袋名贵香料，使清真寺散发出浓郁的芳香，迄今依然香味扑鼻，因而又有“香塔”之称。此外，还有建于公元19世纪的巴希亚王宫、16世纪萨阿迪王朝的圆顶陵墓以及达西赛义德博物馆等著名建筑。

位于城区东部的阿盖达尔橄榄园，已有700多年的历史，园长3.2千米，宽1.5千米，是马拉喀什众多园林中最大的，园内橄榄树茂密，一望无际，其间还有小型柑桔园和杏园。园内有6个巨大的蓄水池，水质透明，清澈见底，是经过暗渠引来的阿特拉斯山上的雪水，是用来浇灌园林的。城郊的阿特拉斯山，峰顶终年积雪，银光闪闪，是无限幽静美丽的银白世界；山腰林木青苍，古树、幼苗交错生长，犹如一片闪着绿色光芒的海；山脚绿草无边，仿佛一幅巨大的绿色地毯，散落在上面的野花，红的、黄的、紫的、白的，好像为地毯点缀的图案。阿特拉斯山间的瀑布，似白练从山上飞落而下，轻盈无声，像飞天撒向人间的洁白花朵，秀美无比。

4. 丹吉尔（Tangier）

丹吉尔是摩洛哥北部的古城、海港，位于非洲大陆西北角，直布罗陀海峡的入口处，同欧洲大陆隔海相望，战略地位十分重要。丹吉尔距欧洲大陆仅11～15千米，风和日丽时，站在丹吉尔海滨，隔着直布罗陀海峡，可以清楚地望见西班牙境内的山峰。丹吉尔城沿海滨山坡而建，风和日丽，气候宜人，白色住宅、绿色山野和蔚蓝海水交相辉映，是一座风光明媚的海滨山城。丹吉尔终年气候宜人，素有“摩洛哥夏都”和“非洲旅游胜地”的美誉。

丹吉尔建于公元前2世纪，是世界上最古老的城市之一。丹吉尔过去称为“丁吉斯”，阿拉伯语称“丹杰”，意为“辽阔的海湾”。1962年，摩洛哥宣布丹吉尔为自由港，1965年建立自由贸易区。

丹吉尔分为新城和旧城两部分。新城多是欧式建筑，高楼大厦林立，街道宽阔笔直，豪华的宾馆和别致典雅的民宅格外引人注目。条条街道花木争艳，街心公园随处可见，整座城市宛如一片绿色的海洋。旧城区就如《一千零一夜》里所描绘的景象一样，街道弯弯曲曲，如同迷宫，房舍比肩，窗棂相接，满目是店铺、摊点和手工作坊，一天到晚人山人海，喧哗热闹。旧城区最繁华的地方是大索科广场，这里历来就是商业广场。广场四周，咖啡馆里散发着浓郁的薄荷香茶的味道，杂货铺里的货物琳琅满目，服装店和绸布店更是显得五彩缤纷。

丹吉尔作为历史古城，名胜古迹有坐落在旧城大索科广场附近的西迪·布阿比德清真寺，其顶部用彩色陶瓷砌盖，端庄朴素，宏伟壮观；雄踞在旧城与海港之间的卡斯巴城堡遗址，保存有古代的迎宾厅、清真寺、法庭、苏丹王宫和国库等。苏丹王宫已改建成博物馆，陈列着摩洛哥历代珍贵的艺术品和文物，当年的御座大厅和豪华客厅依然保存完好，具有珍贵的历史文化价值。从海角向南，大西洋海滩绵延10多千米，靠近市中心的海湾以及沿海峡南岸往东，游泳场比比皆是。尽管有时大西洋水面雾气蒙蒙，风急浪涌，但丹吉尔海滨却宁静晴朗。斯帕特尔海角灯塔面对着辽阔浩茫的大西洋，塔身高耸，隔很远也能清晰可见，夜间塔顶灯光透亮，来往船只都要据此调整航向。

5. 达尔贝达（Dar El-Beida）

达尔贝达法文名卡萨布兰卡（Casablanca），是摩洛哥历史古城，摩洛哥最大的港口城市，全国经济和交通中心，拥有全国70%的现代工业，金融、商业也十分发达，以一年一度的国际博览会出名，素有“摩洛哥肺叶”的称号。位于摩洛哥西南80多千米处的大西洋畔，东北距首都拉巴特88千米。

达尔贝达城历史悠久。据记载，公元7世纪，这里是罗马古城安法，意为“高地”。安法古城于1438年被葡萄牙人破坏。1770年由阿拉伯人重建，到19世纪末发展为海上贸易中心。现为摩洛哥经济中心。在阿拉伯语里，“达尔贝达”意为“白色的房子”。18世纪末，当西班牙人得到这座城市港口贸易的特权后，将城市称为“卡萨布兰卡”。在西班牙语里，“卡萨布兰卡”也是“白色的房子”的意思。20世纪初，法国占领这座城市。摩洛哥独立后，将城市名称由“卡萨布兰卡”恢复为“达尔贝达”。如同城市的名称一样，整座城市的建筑大多数为白颜色，就连许多阿拉伯渔民的住宅也是在褐色峭壁的背景下呈现白颜色，与辽阔蔚蓝的大西洋交相辉映，构成一幅淡雅多姿的景象。

达尔贝达城市建筑风格最突出的特点是，市区主要的繁华街道均从市中心广场辐射伸展开来，街道宽阔，市面繁华。一幢幢白色的建筑掩映在绿树鲜花丛中，一座座阿拉伯建筑风格的清真寺，古香古色，雄浑壮观，还有古老的王宫、西迪布·斯迈拉陵墓、摩洛哥艺术博物馆、水族馆、梅迪耶区手工艺品市场等名胜古迹，构成了达尔贝达的独特风格。广场附近还有一座雄伟的天主教堂，教堂恬静的环境同大街上喧闹的气氛形成鲜明的对照。城市老城区则呈现出古老的景象，街道狭窄，房屋低矮，店铺成片，作坊毗连，商摊密密麻麻，叫卖声、吆喝声、讨价声此起彼伏，偶尔还有人骑着驼骆从街上走过，使人觉得这里仿佛是一个中世纪的阿拉伯街市。

离城北20多千米的穆罕默德亚海滩也是令游客向往的地方。这里海滩沙粒洁白，海水澄碧，海风轻拂，阳光充足，是游泳、划船、钓鱼、日光浴、沙浴的理想地方。海滩一带环境幽雅，沿岸的宾馆、饭店以及各种娱乐设施掩映在一排排整齐而高大的棕榈树和桔子树下，以绮丽独特的风采吸引游客。海滩附近有一座公园，高尔夫球、网球爱好者们能够如愿以偿了。达尔贝达大西洋畔的海岸景色也十分迷人。在多数情况下，海水幽静得像淑女，阳光下，金沙细浪泛起片片白沫，轻轻地抚摸着岸边的土地、岩石。每到傍晚，人们还可以在这儿欣赏大西洋日落的景象。这时，海浪虽然仍在岸边荡漾，发出均匀而轻微的拍打声，但随着暮色加深，海浪越退越远，大片大片的沙滩上渐渐露出白色、褐色、深黄色的岩石，或呈圆形，或呈长形、或呈方形，体积不大，玲珑精巧。海面的船只，灯火点点，远远望去，恰似天空上的星星在大海夜色里闪烁。游人在此小憩，犹如置身于神话般的仙境之中。达尔贝达港口是世界著名的人工港，有时大西洋上海浪滔天，港内却水波不兴，港口设备相当现代化。达尔贝达港口占摩洛哥出口贸易的 3/4，是非洲第二大商港。达尔贝达还以一年一度的国际博览会而闻名。

5.1.2 地中海十字路口——突尼斯（Tunisia）

（一）基本概况

1．旅游环境

突尼斯共和国（The Republic of Tunisia）简称突尼斯，位于非洲北端，西与阿尔及利亚为邻，东南与利比亚接壤，北、东临地中海，隔突尼斯海峡与意大利相望。海岸线长达 1200 千米，扼地中海东西航运的要冲，素有“地中海十字路口”和“欧洲的钥匙”之称。面积为 16.42 万平方千米。突尼斯的蓬角半岛被称为“北非之角”。

突尼斯地形复杂。北部为山地，由阿特拉斯山脉东延的两条支脉组成，北为泰勒阿特拉斯山脉，南为撒哈拉阿特拉斯山脉的余脉。与阿尔及利亚交界附近的舍阿奈比山海拔 1544 米，为全国最高点。中部为台地和低地，多盐沼。其中有两个季节性大盐湖，较大的为杰里德盐沼，面积 5000 多平方千米，低于海平面 15 米；另一个为费贾杰盐沼。东北部沿海有带状平原，沿海岛屿以杰尔巴岛为最大。南部为撒哈拉沙漠的一部分。境内水系不发达。最大河流迈杰尔达河为常年河，由西南向东北注入地中海，流域面积约 2.4 万平方千米。

突尼斯北部和沿海地区属亚热带地中海式气候，年平均气温 18℃，高山区为 15℃；年平均降水量为 500～1500 毫米。中部属热带草原气候，年平均气温 18℃，年降水量 200～400 毫米。南部属热带沙漠气候，炎热、干燥，年平均气温在 20℃以上，绝对最高温度达 61℃，年降水量不足 20 毫米。

突尼斯以农业为主，但粮食不能自给。矿藏资源主要有磷酸盐、石油、天然气、铁、铝、锌等。工业以石油和磷酸盐的开采、制造和加工为主。旅游业较发达，在国民经济中占重要地位，是突尼斯第一外汇来源。突尼斯是橄榄油主要生产国，橄榄油产量占世界总产量的 4%～9%，是其主要的出口创汇农产品。

2．历史与文化

公元前 9 世纪末，腓尼基人在今突尼斯湾沿岸地区建立了迦太基城，该城后来发展为奴隶制强国。公元前 146 年，被罗马人占领。公元 6 世纪被拜占庭帝国占领。公元 7 世纪起阿拉伯人迁入，13 世纪成为独立王国。1574 年沦为土耳其奥斯曼帝国的一个省。1837 年被法国侵入，1881 年沦为法国的保护国。1956 年 3 月 20 日成为独立王国。1957 年 7 月，废黜国王，成立突尼斯共和国。

突尼斯国旗为红色长方形，中央有一白色圆，圆内有一弯红色新月和一颗红色五角星。国旗的历史可追溯到奥斯曼帝国时期，新月和五角星来自奥斯曼帝国的标志，现为突尼斯共和国的象征，也是伊斯兰国家的标志。突尼斯国徽上的红色新月和五角星，寓意同国旗。

另外的三组图案是：帆船象征海上贸易史，天平象征正义与平等，银刀和狮子象征曾是拜占庭帝国的一部分。绶带上的阿拉伯文字为“秩序、自由和正义”。突尼斯的国歌是《突尼斯共和国国歌》，国花是金合欢，国树是油橄榄树，有“油橄榄之邦”之称。

突尼斯人口 991 万（2004 年 4 月）。90%以上为阿拉伯人，其余为柏柏尔人和犹太人。阿拉伯语为国语，通用法语。伊斯兰教为国教，主要是逊尼派；少数人信奉天主教、犹太教。突尼斯 70%的人口居住在北部地区和沿海平原，那里人口密度每平方千米超过 100 人，中部和南部干旱沙漠地区人烟稀少，人口密度每平方千米仅 5 人。全国平均人口密度为每平方千米 49.3 人，其中城市人口占 53%。

3．习俗礼仪

突尼斯的风俗习惯大都延续着伊斯兰教的传统。多数突尼斯妇女都有深居简出和戴面纱的习俗。伊斯兰教徒每天要在中午、下午、黄昏和夜晚各礼拜一次。在每星期五的午后，还要到清真寺举行一次集体“三麻拜”。礼拜时，他们将伊斯兰教历太阳年的 1、7、11、12 月视为”神运载月”。在这四个月中，禁止一切激烈活动。

突尼斯人与客人相见时多数是行握手礼。握手后，他们还把右手放在胸口，以示真诚。中上层人士除了握手外，还行拥抱礼。亲朋好友见面后，常行亲吻礼，即在面颊两边亲吻。突尼斯人喜欢拍打对方的肩膀，以示关系亲密。他们不用左手递接物品，认为左手是不洁的，而用右手递接物品，是尊敬对方的表示。在欧美国家流行的食指和大姆指搭成圈的 OK 手势，在突尼斯的含义却是我要杀了你。他们外出上车下车碰到别人或平时做了妨碍别人的事时，总要诚恳地道歉。

突尼斯人的主食是面食，常吃大饼和面包，有时也吃米饭。副食爱吃牛肉、羊肉等，突尼斯人忌食猪肉，也忌讳酒。喜爱喝的饮料是咖啡和绿茶，平时都喝自来水或矿泉水。过去突尼斯人是以手抓饭，现在除南部一些地区的人外，大都已习惯使用西式餐具。在当地不能用酒作礼品，一般情况下，到主人家中作客可送鲜花，他们认为红色象征爱情，白色象征兄弟情谊，象征和平。

突尼斯人除了过伊斯兰教传统节日外，每年 12 月还有过撒哈拉联欢节的习俗。节日中要举行赛驼，斗驼活动，并举行壮观的骆驼兵列队游行。斗羊节是突尼斯民间传统盛会，已有 1000 多年的历史。古时候，突尼斯人视公羊为神圣之物，看作是力量、勇敢和威严的象征。每逢古尔邦节来临之际，人们都将自家最好的公羊装饰打扮一番，随后领到清真寺的广场上来，在进行祈祷之前先让羊互相角斗，看谁家的羊力量最大。于是，斗羊比赛便兴盛起来了。斗羊比赛并不是一个单独的节日，而是选在其他节日期间举行。

突尼斯人忌讳别人询问自己的工资情况，认为这是不礼貌的。他们忌讳 13，认为这个数字是不吉利的象征。他们反感看到猪的形象及图案。突尼斯人喜爱绿色、白色和红色，喜欢骆驼。而忌讳猪、狗、猫。

（二）主要旅游城市及名胜

在突尼斯 1200 多千米的海岸线上分布着无数细软的沙滩，尤其是地中海沿岸的苏斯和哈马迈特拥有大片金黄的沙滩，细软的沙子有“金粉”之美誉。优越的地理位置形成的优美风光，加上突尼斯 3000 多年的悠久历史留下的 200 多处驰名世界的名胜古迹，使突尼斯具有发展旅游业得天独厚的条件，每年吸引着几百万的外国游客，使旅游收入成为突尼斯第一外汇来源。

1．突尼斯市（Tunis）

首都突尼斯市是突尼斯的政治、经济、文化中心和交通枢纽。位于突尼斯东北部，临地中海南岸的突尼斯湾。突尼斯市风景秀丽，气候宜人，且靠近欧洲，成为国际会议的中心之一。1979年，阿拉伯联盟总部迁来这里。

2800多年前，腓尼基人在突尼斯海边建立迦太基城，后来它发展成为历史上有名的奴隶制的迦太基帝国，突尼斯城是迦太基城近郊的一个海滨村镇。迦太基城后来被罗马人焚毁。公元698年，倭马亚王朝总督诺马拉下令拆除迦太基残余城墙和建筑物，在今突尼斯城地址建麦地纳城，并兴建港口、船坞，使它成为当时仅次于凯鲁万城的第二大城市。强盛的哈夫斯王朝（1230～1574年）正式定都突尼斯城。1837年突尼斯城遭法国殖民者占领，1957年突尼斯共和国成立后，定为首都。

突尼斯城是一座充满阿拉伯风土气息的旧城和欧化新城合璧的城市。它的建筑物大多为白色，掩映在枣椰树、棕榈树和橄榄树的绿荫中，犹如漂浮在地中海的白莲。传说希腊神尤利西斯带着船员在海中漂浮，看到这朵莲花后就决定在此扎根繁衍了。

旧城保持着古色古香的阿拉伯东方色彩。市区街道拥挤，穿着长袍、披着沙丽等传统服装的男男女女和贩卖各式编织品、刺绣品等手工制品的地摊随处可见。旧城墙虽然已经不存在，但仍有新旧两城相接的海门，以及旧城与郊区相接的苏卡门等近10座城门保存尚好。新城又称“低城”，是1881年以后，法国殖民统治时期开始兴建的。位于麦地纳通向海边的低洼地带。鳞次栉比的高楼大厦、宽广明净的林荫大道、清爽明亮的咖啡店、商场和饭店，将市区妆扮得多彩多姿。市中心繁华热闹的街道是布尔吉巴大街，两旁绿树浓荫，书亭、花摊点缀其间；大街东头是共和国广场，这里矗立着布尔吉巴总统的铜像；西头为独立广场，有突尼斯古代名历史学家卡尔敦的铜像。北面有市内风景区贝尔维黛公园。东北郊则有著名古迹迦太基城遗址、位于突尼斯城以北20千米的地中海悬崖上的极具民族传统建筑特色的西迪·布·赛义德镇、马尔萨海滨浴场和通向大海的门户古莱特港等。富丽堂皇的总统府濒临地中海，坐落在迦太基城遗址旁。西郊3千米处有巴尔多古皇宫，如今是国民议会和巴尔多国家博物馆所在地。

（1）**迦太基古城遗址**（Carthage）曾是地中海上强盛的奴隶制国家迦太基的首都，是当时北非地中海地区政治、经济、商业和农业的中心。位于突尼斯城东北17千米，古城遗址范围包括古罗马人的祭坛、剧场、别墅遗址及公共浴池和供古军商船停泊的码头等。1979年被联合国教科文组织列入《世界遗产名录》。突尼斯政府在这个遗址上建立了国家考古公园。

迦太基古城是公元前9世纪末期由腓尼基人兴建。“迦太基”在腓尼基语中意为“新的城市”。公元前122年，罗马人又在被夷为平地的迦太基城上重建城市，并使其发展为仅次于罗马城的第二大城。公元698年，它被阿拉伯军队彻底毁灭。迦太基古城最古老的部分位于紧靠海岸的比尔萨山下，是迦太基城的中心。比尔萨山上曾建造过坚固的防御工事，城墙长达34千米，高13米、宽8米，每隔60米就设一座了望塔。通过发掘，除宫殿、住宅等建筑依稀可辨之外，还发现了一批石棺和随葬品以及拜占庭时代的宫殿遗址。

迦太基古城罗马时代的遗迹残存较多。罗马人在比尔萨山上建有大神庙，露天柱廊上则保存有罗马在迦太基最杰出的胜利神和丰收神的雕像。著名的公共浴场则是在公元145～162年间罗马皇帝安东尼时期建成的，是古罗马的第四大浴场。住宅区也保存有雕刻精美的石柱，上面饰有人像、狮头、马身等。在数处庭院的地面上，有 2000 多年前用各种颜色的小石块拼成的镶嵌画，残存部分的色泽依然绚丽华美。画面的内容有马、少年捕鸭、生动的鹿等，这些都显示了罗马时期迦太基镶嵌画的成就。罗马时期修建的迦太基古城同其他罗马城市一样，有圆形剧场和椭圆竞技场。迦太基被毁后，这里成为采石场，建筑材料被移作他用，只留下了建筑遗址。

在迦太基古迹附近有一座新落成的现代化博物馆，馆内保存着大量珍贵的历史文物。

（2）**杰姆的古罗马竞技场**（Amphitheatre of El Djem）是突尼斯罗马时代的遗迹，现今世界上保存最完好的古罗马竞技场之一。位于突尼斯市以东约 200 千米的苏塞城与斯法克斯城之间的杰姆村。1979 年被联合国教科文组织列入《世界遗产名录》。

杰姆古罗马竞技场宏伟壮观，有“非洲的科罗西姆”之称。建于公元 230～238 年，呈椭圆形，长径 162 米，短径 118 米，高 40 米，可容纳 3.5 万名观众。竞技场建筑共 3 层，层层建有拱门，3 层共计有 60 座拱门。每座拱门两侧装饰有两根半露的圆柱，圆柱有古希腊科林斯式和混合式两种。位于中间的比赛场呈椭圆形，长 65 米，宽 39 米，周围竖立 3 米高的安全石墙，与观众台隔开。1695 年遭奥斯曼帝国军队毁坏，仅有部分地下通道、拱廊、阶梯及座位残留下来。

2．苏塞（Sousse）

苏塞又名苏萨，是突尼斯的港市，北非古城。位于地中海哈马马特湾南岸，被誉为“地中海的花园港”。

苏塞老城约在公元前 9 世纪由腓尼基人建立。公元 7 世纪中期被阿拉伯军队征服，苏塞的老城就在这个时期初步形成。城中有中世纪以来修建的城垣、宗教建筑、王公府第、地下陵墓和民居，建筑风格多样。1988 年联合国教科文组织将其作为文化遗产，列入《世界遗产名录》。

苏塞分为新城和老城两部分。老城在南区，是一个典型的伊斯兰城镇，与北区新城的现代化建筑形成鲜明的对比。站在老城高处环视四周，蓝色的地中海、白墙蓝窗的阿拉伯小楼，层层重叠于山坡之上，掩映在椰枣丛中。

苏塞在历史上是伊斯兰国家重要的贸易枢纽和军事港口。苏塞老城有城墙环绕，由山石块垒成。城墙南北长 700 米，东西宽 450 米，基本上保存完好。城墙东南角耸立着卡莱福方塔，塔底边长 8 米，顶端边长 5 米，高 30 多米，是最古老的伊斯兰式塔。位于苏塞老城内的苏塞大清真寺建于公元 851 年。祈祷大厅被立柱纵向隔成 13 条长廊，顶部为筒形穹隆，短粗立柱支撑着双半圆拱。大厅的 11 座大门开向中央庭院。宣礼塔位于院内东北角，塔身粗圆，上覆八角穹隆。整座建筑朴素无华。苏塞地理位置重要，战事频繁。伊斯兰信徒礼拜的场所也被修成堡垒的样式。四周建有高墙，只在南墙中部开有一个小门。高墙的四角和其他三边的中点各建有一座圆形塔楼。东南角的塔楼高 15 米，是塔楼中最高的一座。

此外，苏塞博物馆里藏有突尼斯民族艺术瑰宝——镶嵌画，年代最久的作品距今有 3500 年。在位于苏塞以东 24 千米处的莫纳斯提尔是著名的避暑胜地。那里有国家元首的夏季官邸，以及公园 8 世纪，阿拉伯人在此建造的马格里布第一座伊斯兰城堡，这是北非最古老和规模最大的阿拉伯军事建筑。

3．凯鲁万（Kairouan）

凯鲁万是突尼斯的历史名城，伊斯兰教的圣地之一，是一座完全阿拉伯化的城市。位于突尼斯中部偏东地区，北距首都突尼斯城155千米，城边靠近撒哈拉沙漠西端，海拔60米。

凯鲁万是阿拉伯人在战胜拜占庭后建立的第一座城池，建于公元670年。公元800~909年，阿格拉比德王国在此定都，凯鲁万自此名声大振，成为伊斯兰教四大胜地之一。1988年被联合国教科文组织列入《世界遗产名录》。

凯鲁万城城市四周均有城墙围绕，依然存留着典型的阿拉伯风格。城内街巷曲折、店铺林立，寺庙星罗棋布，有“三百清真寺之城”的美誉。现城内保存有80余座清真寺、100余处陵寝、数十座蓄水池和穹顶室内市场。著名的建筑有凯鲁万大清真寺、“三大门”清真寺和阿格拉比德大蓄水池等。

凯鲁万大清真寺是伊斯兰教以及世界建筑杰作中最重要的古迹之一。大清真寺始建于670年，并于836年整修，位于城东北，是一座阿拉伯风格的宏伟建筑。它不仅是北非历史最悠久，规模最大的清真寺，还是与麦加、麦地那、耶路撒冷齐名的世界四大清真寺之一。大清真寺高耸的塔尖已成为凯鲁万的特殊标志。“三大门”清真寺建于866年，是具有雕刻立面的最古老的伊斯兰清真寺。它的三个门拱房立面上精美的带状雕饰花纹令人印象深刻。寺宇点缀着上釉的陶瓷饰物，显得格外富丽堂皇。

凯鲁万也是突尼斯活跃的农、畜产品集散地。凯鲁万的地毯织造世界闻名，是突尼斯地毯织造业的源地，享有“地毯之乡”的美誉。同时它也是羊毛、皮革、谷物、橄榄油的集散地，并以精致的突尼斯皮革，铜器等闻名。

5.2 西非和中非之旅

西非是指几内亚湾及其以北的广大地区，包括毛里塔尼亚、西撒哈拉、塞内加尔、冈比亚、马里、布基纳法索、几内亚、几内亚比绍、佛得角、塞拉利昂、利比里亚、科特迪瓦、加纳、多哥、贝宁、尼日尔、尼日利亚和加那利群岛等国家和地区。这里的地形为海拔较低的高原与起伏和缓的浅平盆地，北部属撒哈拉沙漠，中部属苏丹草原，南部为上几内亚高原，沿海有狭窄的平原。气候的带状分布明显，几内亚湾沿岸地区多属热带雨林气候；中部为热带草原气候；北部为热带沙漠气候。

中非即中部非洲，通常包括乍得、中非、喀麦隆、赤道几内亚、加蓬、刚果、扎伊尔、圣多美和普林西比，有时也把赞比亚、津巴布韦和马拉维作为中非的一部分。地形较为复杂，是个高原和盆地相间的地区，北部属撒哈拉沙漠，中部属苏丹草原，南部属刚果盆地，西南部属下几内亚高原。刚果河支流众多，水量较大，多急流和瀑布。赤道横贯本区南部，刚果盆地和下几内亚高原属热带雨林气候；最北部近北回归线，属热带沙漠气候；其余广大地区属于热带草原气候。

复杂的种族构成和广阔的热带雨林和稀树草原景观，构成了西非和中非独特的人文风情，以及惊心动魄的野生动物奇观。

5.2.1　铜矿之国——赞比亚（Zambia）

（一）基本概况

1．旅游环境

赞比亚共和国（The Republic of Zambia）简称赞比亚，因赞比西河得名，“赞比西”系非洲土语，意为“大河”。旧称北罗得西亚，是位于非洲中南部的内陆国家。东北邻坦桑尼亚，东面和马拉维接壤，东南和莫桑比克相连，南接津巴布韦、博茨瓦纳和纳米比亚，西面是安哥拉，北靠刚果（金）及坦桑尼亚。面积 75.26 万平方千米。

赞比亚境内大部分地区为海拔 1000～1500 米的高原，地势大致从东北向西南倾斜。北部为加丹加高原区，东部和东北边境为东非大裂谷区，西南部和中部为盆地，东南部为高原谷地，东北部为刚果河上游盆地，也是境内平均海拔最高的地区，边境的马芬加山海拔 2164 米，为全国最高点。境内河、湖众多，主要有赞比西河、卢阿普拉河、卡富埃河、卢安瓜河和坦葛尼喀湖、姆韦卢湖等。其中，赞比西河为非洲的第三大河流，是非洲中南部地区文化的摇篮，赞比西河流域占赞比亚整个国土面积的 3/4，流经赞比亚的西部和南部，河上有 70 多个瀑布和许多险滩、峡谷，最出名的是莫西奥图尼亚大瀑布（旧名维多利亚大瀑布）、巴托卡峡谷和卡博拉巴萨滩。刚果河（在扎伊尔称扎伊尔河）上游卢阿普拉河发源于境内。

赞比亚属热带草原气候，年平均气温为 21℃，年降水量从南向北由 600 毫米递增到 1500 毫米。5～8 月为干凉季，气温为 15～27℃；9～11 月为干热季，气温为 26～36℃；12 月～次年 4 月为雨季。

赞比亚矿产资源丰富，以铜为主，蕴藏量居世界第四位，素有“铜矿之国”之称。钴是铜的伴生矿，蕴藏量居世界第二位。此外还有铅、镉、硒、镍、铁、金、银、锌、锡、铀、绿宝石、水晶、钒、石墨、云母等矿物。森林覆盖率为 50%。水力资源丰富。赞比亚经济结构单一，采矿业为经济的重要支柱。铜和钴的产量均居世界前列。其他工业有炼油、化肥、纺织、水泥等。农业是赞比亚国民经济的重要部门，位居三大支柱产业之首，全国约半数人口从事农业生产。主要农作物是玉米、木薯、棉花、花生、油棕、咖啡、可可和甘蔗。

2．历史与文化

9 世纪，赞比亚境内先后建立过卢巴、隆达、卡洛洛和巴罗兹等部落王国。18 世纪末葡萄牙、英国殖民者相继侵入。1889～1900 年英国人罗得斯建立的“英国南非公司”逐渐控制了东部和东北部地区。1911 年，英国将这一地区改称为“北罗得西亚保护地”，由“英国南非公司”管辖。1924 年英国派驻总督进行直接统治。1953 年成为中非联邦一部分。1964 年 10 月 24 日正式宣告独立，定国名为赞比亚共和国，但仍留在英联邦内。

赞比亚国旗为绿色，右下方的竖长方形由红、黑、橙三个平行相等的竖长条相连而成，其上方为一只展翅的雄鹰。绿色象征国家的自然资源，红色象征为自由而斗争，黑色代表赞比亚人，橙色象征国家的矿藏。飞翔的雄鹰象征赞比亚的独立、自由。赞比亚国徽中间的盾形图案由黑白相间的波纹组成，象征著名的莫西奥图尼亚瀑布。两侧的黑人男女象征非洲黑人的兄弟家庭。瀑布图案下面为绿地，绿地上的玉米象征农业和农作物；矿井和斑马象征该国丰富的自然资源。上部的雄鹰象征赞比亚的独立、自由和国家有能力解决面临的问题；交叉的锄头和镐象征农民和矿工。底部的绶带上用英文写着“一个赞比亚，一个国家”。赞比亚的国歌是《上帝保佑非洲》曲调填词。

赞比亚人口 1100 万（2001 年）。有奔巴、通加等 73 个部族，其中奔巴族约占全国人口的 18%，通加族占 10%，其他还有洛兹族、恩戈尼族和隆达族等。官方语言为英语，另有 31 种部族语言。居民多信奉原始宗教和基督教。

3．习俗礼仪

赞比亚人十分注重礼节，朋友见面不仅双手紧握对方，还要上下摇动，热情寒暄。在社交场合一般都惯行握手礼，用左手托住右手与人握手是通常的见面礼节。与客人互致问候时，常习惯用手掌绕着对方的大拇指紧握两三下。赞比亚妇女之间握手，习惯用左手托住右臂。他们见到酋长走近时，通常一面拍手，一面俯身下蹲或下跪，直至酋长走过。赞比亚的年长者向酋长或贵宾致意时，也喜欢一面拍手，一面俯身下蹲或下跪，直到酋长或贵宾走过。赞比亚妇女一般不与男人握手，只有其主动伸手，男子才伸手相握，但不紧握或长时间相握。女主人一般不接待客人。赞比亚人与客人打招呼乐于加尊称，最好是加上职务或头衔。忌讳用左手递东西，因为单单用左手有侮辱人的意思。

赞比亚人以玉米面为主食，习惯把玉米面煮成很稠的玉米糊，这在赞比亚是美味，有时还用在招待国宾的筵席上。赞比亚人爱吃鱼、牛羊肉等肉类及豆类、辣椒、西红柿、茄子、黄瓜等蔬菜；调料多用胡椒、丁香、葱、糖、盐等，口味偏甜及微辣；对煎、烤、炸、煮等烹调方法制作的菜肴比较偏爱。他们习惯吃西餐，平时用手抓食，在社交场合使用刀叉。喜饮喝啤酒、咖啡、可可、牛奶、绿茶等饮料。

赞比亚人习惯用鲜羊肝盛情待客，为了表示敬重和欢迎，往往在客人到来之际把宰得鲜血淋淋的羊肝迅速切成片，整齐地码放在瓷盆里，撒上辣椒末和香料，随即上桌待客。赞比西河上游的巴托克部落人，有个离奇的审美习俗，以拔掉上门牙为美。据说此习俗是源于对反刍动物的模仿。他们对铜至高无上地崇敬。把用铜制的工具、器具招待客人，看成是对客人的一种最高待遇。他们偏爱雄鹰，视其为勇敢的象征，并庄严地将其绘制在国旗上。

赞比亚人忌讳别人从自己背后穿过，认为这样是不礼貌的，从面前穿过才是合乎礼仪的举止。他们忌讳数字“13”，认为“13”是预兆厄运的数字，会给人带来灾祸。他们忌讳他人用手指着自己说三道四。认为这是对人的一种蔑视和污辱。他们忌讳有人以右手握拳挥动着手臂对待他们，这种动作在赞比亚是表达对人的“诅咒与谩骂”。

（二）主要旅游城市及名胜

在赞比亚面积广大的热带稀树草原内栖息着众多的食草动物，许多大型的珍稀动物在草原上成群游荡，赞比亚的 19 个国家级野生动物园和 32 个狩猎管理区构成了赞比亚一道独特的热带野生动植物奇观。

1．卢萨卡（Lusaka）

首都卢萨卡是赞比亚最大的城市，全国的政治、工商业中心和农产品的重要集散地。位于赞比亚中南部高原上，海拔 1265 米。距市区西南 20 多千米处，建有装机容量 60 万千瓦的卡富埃大型水电站。又是全国的交通枢纽，位于通向坦桑尼亚的大北公路和通向马拉维的大东公路的交会点。铁路南经马兰巴通津巴布韦，北通铜矿带，并经卡皮里姆波希接通坦赞铁路。城郊建有现代化国际机场。

1905年罗得西亚铁路修筑至此，始于卢萨卡村。1913年建城。1955年起曾为北罗得西亚殖民地首府。1964年赞比亚独立后定其为首都。

卢萨卡气候宜人，环境优美，多热带花草，有“花园城市”之称。市内的大公园有罗得斯公园和奥林比亚公园。赞比亚作为产铜国，卢萨卡处处皆有铜制品。位于城东的议会大厦外墙用铜皮包成，堪称“铜墙”；矗立在独立广场中央的第三次不结盟国家首脑会议纪念碑，用铜铸成，可谓“铜碑”；位于市区西面自由广场上的高举挣断的锁链的自由战士像，也是一件大型铜雕；在国际机场候机室内，陈放有6亿年历史、重达16吨的古老铜矿石；就连总统用来迎接外宾的座车也是铜制的。铜器店里的各式铜铸艺术品及铜制用品，琳琅闪烁，美不胜收。走进居民家庭，铜制灯具、餐具、茶具，光耀生辉。卢萨卡素有“铜都”之称。

2．赞比亚热带奇观之旅

瀑布和野生动物园是赞比亚最具魅力的两大自然奇观。支流众多、河网稠密的赞比西河上的瀑布、峡谷和险滩，以及开阔的草地、茫茫的林海中成群结队出没不定的猴子、羚羊、角马、野牛、斑马、犀牛、大象、疣猪、马鹿和到处可见的狮子、各类飞禽、爬行动物等珍稀动物，为赞比亚发展旅游业提供了不可或缺的资源。

（1）莫西奥图尼亚瀑布（Mosi Oa Toenja Falls）旧名维多利亚瀑布，是世界三大瀑布之一，位于非洲南部大河赞比西河上中游交界处，在赞比亚马兰巴城西、赞比亚与津巴布韦接壤处。赞比亚人称它为“莫西奥图尼亚”，意思就是“声若雷鸣的雨雾”。莫西奥图尼亚瀑布作为赞比亚与津巴布韦两国的共同财富，已于1989年被联合国教科文组织列入《世界遗产名录》。

赞比西河是非洲著名的大河，也是赞比亚与津巴布韦两国的界河，全长2660千米。它在赞比亚境内的长度为1520千米，流经3/4的国土。在靠近这段界河的西端、赞比亚河中游，由于遇到许多大大小小的岛屿，河面像扇面一样逐渐展宽。到了乌兰巴（旧称利文斯敦）市附近，突然碰上了一个大断层，赞比西河从这里进入峡谷区。大瀑布所倾注的峡谷就是峡谷区的第一道峡谷，它东西长约2千米，宽约90米，从这道峡谷起，一连有七道峡谷，大都是东西走向。每两道之间又连接着一段短促的南北向峡谷，形成“之”字形，绵延达130千米，构成世界上罕见的天堑。大瀑布在第一个峡谷中狂奔而出，首先被岩岛分割成5个瀑布泻入宽仅400米的深潭，万雷轰鸣，惊天动地，激起层层白色水雾。莫西奥图尼亚瀑布是世界上最宽大最壮观的瀑布，上下绵延97千米。在近2千米宽的赞比亚河上，瀑布从玄武岩的悬崖上飞泻直下，轰鸣声传到10千米以外。彩虹和闪亮的水雾在20千米外都能看见。莫西奥图尼亚瀑布在津巴布韦则被称为“曼吉昂冬尼亚”，语意也为“声若雷鸣的雨雾”。它其实是一组瀑布群，由“魔鬼瀑布”、“主瀑布”、“马蹄瀑布”、“彩虹瀑布”和被称为“沸腾锅”的“东瀑布”5部分组成。瀑布年平均流量达每秒1400多立方米，在雨季可达到每秒5000多立方米。

瀑布对岸，矗立着一位探险家的雕像，他就是维多利亚瀑布的发现者——戴维·利文斯顿。1855年11月16日，英国传教士、探险家戴维·利文斯顿探险赞比西河，顺流而下来到这里，惊喜地发现了这座雄伟壮观的瀑布，遂以当时英国维多利亚女王的名字命名。这座非洲的瀑布有着自己的名称，这就是“莫西奥图尼亚”。赞比亚独立以后，更名为莫西奥图尼亚瀑布。作为赞比亚的骄傲和象征，大瀑布还被镌刻在国徽上。

在瀑布附近的赞比亚一侧有利文斯敦博物馆、1938 年建成的卡里巴水电站、拦流形成的巨大的卡里巴水库。而在瀑布区下侧津巴布韦的维多利亚瀑布城有 1952 年建立的维多利亚瀑布国家公园，是著名的游览胜地。

（2）卡富埃国家公园（Kafue National Park）亦称“卡富埃野生动物公园”，是赞比亚最大的野生动物园，也是非洲最大的野生动物公园之一。位于赞比亚中西部，赞比西河中游主要支流卡富埃河中游右岸。包括南方省西北部、中央省西部和西北省东南部，面积 2.25 万平方千米。公园建于 1950 年，园内地形复杂、自然条件各异、野生动物种类繁多，最多的是野牛和羚羊，还有野鹿、斑马、大象和狒狒等，还有 600 多种鸟类，狮子和豹也时常出没。这一国家公园还以美丽的花草树木著名。卡富埃河在园内长 240 千米，盛产梭子鱼、银鱼等多种鱼类，可供游人垂钓。

5.2.2 石头城——津巴布韦（Zimbabwe）

（一）基本概况

1．旅游环境

津巴布韦共和国（The Republic of Zimbabwe）简称津巴布韦，是非洲东南部内陆国家。东邻莫桑比克，南接南非，西和西北与博茨瓦纳、赞比亚相连。面积 39.08 万平方千米。津巴布韦一词，在当地绍纳语中是“石头城”或“石屋”的意思。津巴布韦有“阳光城”、“花园城”、“花树城”、南部非洲的“粮仓”之称。又因其河流中多有鳄鱼出没，以出产优质鳄鱼皮而闻名全球。故又称为“鳄鱼之乡”。

津巴布韦大部分是低、中、高三级高原地形，平均海拔 1000 余米。仅东部边境延伸着南北向崎岖山地。伊尼扬加尼山海拔 2592 米，为全国最高点。主要河流有林波波河、赞比西河，分别是与南非和赞比亚的界河。

津巴布韦属热带草原气候。年平均气温：低高原为 23～27℃，高高原为 18～19℃，东部山地 6℃。4～8 月为凉季，9～11 月为热季，12 月～次年 3 月为雨季。10 月份温度最高，达 32℃，7 月份温度最低，约 13～17℃。年平均降水量东部为 700～900 毫米，西部为 500～700 毫米，西北和东南部则不足 400 毫米。

津巴布韦是非洲经济比较发达的国家之一。自然资源丰富，矿产品有煤、铁、石棉、金、银等 40 余种。是世界上铬和石棉的主要开采国和出口国之一。以农牧业和采矿业为主，制造业比较发达。工业有纺织、皮革、冶金、炼油、水泥等。农牧业以种植烟草、棉花、玉米和饲养肉牛为主，是非洲最大的烟叶生产国。

2．历史与文化

津巴布韦是烙着非洲历史强烈印记的非洲古国。公元 1100 年前后开始形成中央集权国家。13 世纪卡伦加人建立莫诺莫塔帕王国，15 世纪初王国达到鼎盛时期。1890 年，津巴布韦沦为英国殖民地，1895 年英国以英国南非公司创办人罗得斯的名字命名这个国家，称为南罗得西亚。1923 年英国政府接管该地，成为英国“自治领地”。1953 年英国将南罗得西亚、北罗得西亚（今赞比亚）和尼亚萨兰（今马拉维）组合为中非联邦，1963 年联邦解散。1980 年 4 月 18 日独立，定国名为津巴布韦共和国。

津巴布韦的国旗左边为白色三角形，三角形正中是一颗红色五角星，星中有一只津巴布韦鸟。白色象征和平，五角星代表国家和民族的良好愿望，津巴布韦鸟是该国特有的标志，也是津巴布韦和非洲国家古老文明的象征。三角形外的旗面为 7 道平行横条，黑色居中，向上下两边依次均为红色、黄色和绿色。黑色代表占人口多数的黑人；红色象征人民在为争取独立进行武装斗争所洒下的鲜血；黄色象征国家的矿产资源；绿色象征农业。津巴布韦的国徽图案中间为盾徽。盾面上半部是蓝白相间的波纹，象征津巴布韦广阔的水域；下半部的绿地上绘有举世闻名的文化遗址“石头城”，绿地象征布满全国的草场，石头城是津巴布韦古王国的标志，它是非洲古老文明的象征。盾徽上端是五角星和津巴布韦鸟及基座，寓意同国旗。鸟的基座旁有锄头等图案，盾形下方的山坡上有玉米、棉花图案，象征该国丰富的农产品和矿产资源。盾徽两侧各有一只津巴布韦羚羊，底端的绶带上用英文写着“团结、自由、劳动”。津巴布韦的国歌是《津巴布韦共和国国歌》。津巴布韦的国鸟是津巴布韦鸟。

津巴布韦人口 1160 万（2002 年 12 月）。黑人占 97.6%，主要有绍纳族（占 79%）和恩德贝莱族（占 17%）。英语、绍纳语和恩德贝莱语同为官方语言。40%的人口信奉原始宗教，58%的人信奉基督教。津巴布韦人口分布不平衡，农业人口占全国人口的 67%，有大约 1/4 的人口分布在 14 个主要城市，而且多一半的城市人口分布在哈拉雷和布拉瓦约这两个重要城市。

3．习俗礼仪

津巴布韦人注重礼仪，讲究礼节，对人热情友好，对年长者尊敬谦让，在任何场合都遵循“女士优先”的原则。在社交场合，津巴布韦人多采用握手的方式问候致意；见到非常熟悉的朋友，惯施拥抱礼和贴面礼。对年长者须使用尊敬的语言问候，常常要弯腰鞠躬致意。无论在何处遇见女士，男士总是请女士先行，处处主动关心照顾女士，但不可主动伸手同女士握手，只有对方主动伸手才可伸手去同对方握手，如果对方没有伸手的表示，只能是点头表示一下问候。

津巴布韦人遇见外国客人，对于男士多称“先生”，对有身份、有地位的男性贵宾多称为“阁下”，对于女性多称“女士”、“夫人”、“小姐”等。外国客人也可以这样称呼津巴布韦人，但需要按照当地人见面时相互称谓的习惯，同对方的姓名、职务连起来称呼。津巴布韦的社会交往活动中，也同西方国家一样盛行见面送花的习俗，尤其是同那些信奉天主教、基督教的朋友交往时，鲜花是倍受欢迎的见面礼物，可以表达一种美好的感情。津巴布韦人送花时习惯于送给女主人或者主人夫妇，而且只能交到女主人手中，切忌送给男主人，这样有损于他的尊严。

在津巴布韦迟到是不礼貌的行为，失约更是有辱主人的行为。男士进入室内后应当尽快摘去墨镜和帽子。当宾主谈论到非常兴奋的话题时，不可无所顾忌地笑得前仰后合，更不可伸出舌头表示惊讶，当地人认为伸出舌头的做法是侮辱人格的举动。

津巴布韦人请客招待的主食多为大米饭、面包饼和各种点心，副食品有肉类和各种蔬菜，用当地传统的方式制成的各种风味的佳肴；饮料有牛奶、咖啡、果汁和矿泉水等；饭后还要请客人品尝当地的各种热带水果。进餐时，无论主人用什么样的膳食招待，客人均要表现出高兴的样子，并要真诚地感谢主人的盛情款待；进餐过程中，客人取饭菜时不可一次取太多，先取一些放在自己的盘子里，吃完后再取一些；如果主人为客人添加饭菜，不可表现出任何拒绝的意思，可一边双手捧着盘子接过来，一边说“谢谢，今天我已经吃得很多了”，主人听后便不会再继续添加这道菜；如果饭菜太热，不可用嘴去吹；嘴里有食物时，不可边嚼边同主人说话。在津巴布韦，除穆斯林外，当地人也喜欢用各种酒类招待客人，而且同中国一样流行宾主相互敬酒，借此来活跃气氛，表示友好，交流感情。在许多津巴布韦人的家庭里，宴请结束，分别之前，主人会将事先准备的一份礼品或者一束鲜花送给客人，客人应当有礼貌地接过来，真诚地向主人表示感谢。

（二）主要旅游城市及名胜

非洲著名的古代文化遗址景观，壮观的峡谷、瀑布景观以及26个国家公园和野生动物保护区，构成津巴布韦最具吸引力的旅游资源。津巴布韦大力发展旅游业，并使之成为继农业、制造业和矿业之后的又一支柱产业。

1．哈拉雷 （Harare）

首都哈拉雷旧称索尔兹伯里，是津巴布韦最大的城市，议会及政府所在地，同时也是主要商业机构所在地。位于津巴布韦东北部高原，海拔1400米以上。哈拉雷气候宜人，终年草木葱郁，百花盛开。市内街道纵横交错，形成无数个“井”字。林荫大道宽阔整洁而幽静，多公园、花园，有“公园城”、“阳光城”和“常青城”之称。

哈拉雷建于1890年。初为英国殖民者侵占马绍纳兰而建的城堡，并以英国前首相索尔兹伯里勋爵的名字命名。1935年起，被重新修建，逐步形成如今的现代化城市。1982年4月18日，改名为哈拉雷。在绍纳语中，哈拉雷有“不眠之城”的意思。

哈拉雷市内主要名胜有维多利亚博物馆（内藏有早年土著人的绘画，以及从“大津巴布韦遗址”中出土的珍贵文物），市区最著名的索尔兹伯里公园（内有人造的“维多利亚大瀑布”景观），此外还有大教堂、鲁法罗体育场和美术馆等。市郊有位于西部的科彼山，从这里的山顶上可以眺望哈拉雷全景。距城西南30千米处有一座国家公园，那里丛林密布，湖水澄碧，是游泳、泛舟和观赏非洲动植物的良好场所。

2．大津巴布韦遗址（Great Zimbabwe Ruins）

大津巴布韦遗址是非洲著名的古代文化遗址，也是撒哈拉沙漠以南非洲地区规模最大、保存最完好的石头城建筑群体。位于津巴布韦的马斯温戈省，距首都哈拉雷250千米。整个遗址是一片相互关联的庞大石头建筑群，全部用长约30厘米、厚约10厘米的花岗岩石块垒成。1986年被联合国教科文组织作为文化遗产列入《世界遗产名录》。

在津巴布韦及其周边共有200多座规模不同的石头城，当地人引以为豪。从国名、国旗、国徽和硬币上都可以看出，石头城是这个国家和民族的象征。

大津巴布韦遗址三面环山，一面是波平如镜的凯尔湖。整个的遗址范围包括山顶的石岩、山麓的石头大围圈及其东面的一片废墟，占地725公顷。据考证，这座石头城建于公元600年前后，是马卡兰加古国的一处遗址。古城分为外城和内城两部分，外城即卫城，筑在高约700米的山顶上，城墙高10余米，厚5米，全长240余米，由花岗岩巨石砌成。其入口是一条只容一人通行的阶梯，阶梯的台阶由大圆石和峭壁中间修凿而成。卫城是顺着山势的自然走向建造的，将山上天然的岩石和用花岗岩砌成的石块砌成一座天衣无缝的宏伟建筑，其中有一段城墙还筑在大自然造就的岩石的山嘴上，煞为壮观。内城建在山坡谷地，呈椭圆形。城内有锥形高塔、神庙、宫殿等，都由石块砌筑，而且这些建筑的入口、甬道和平台等都是在花岗岩巨石上就地开凿出来的。从卫城上向下俯瞰，在内城和卫城之间是一片开阔的谷地，谷地上有一些零星而低矮的石头建筑。

5.3 东非之旅

东非通常包括非洲东部的埃塞俄比亚、厄立特里亚、索马里 、吉布提、肯尼亚、坦桑尼亚、乌干达、卢旺达、布隆迪和塞舌尔，有时也把苏丹作为东非的一部分。这一地区是非洲地势最高的地区，北部是非洲屋脊——埃塞俄比亚高原，南部是东非高原，只在印度洋沿岸有狭窄的平原。东非大裂谷带纵穿东非高原中部和西部，多火山，非洲最高峰乞力马扎罗山和肯尼亚山均在这里，裂谷之中有许多陷落盆地和湖泊。大部分地区属热带草原气候，这里是世界热带草原面积最大、野生动物最多、对旅游者吸引力极大的地区。

5.3.1 野生动物王国——肯尼亚（Kenya）

（一）基本概况

1．旅游环境

肯尼亚共和国（The Republic of Kenya）简称肯尼亚，位于非洲东部，地跨赤道。东与索马里为邻，北与埃塞俄比亚、苏丹接壤，西与乌干达交界，南与坦桑尼亚相连，东南濒印度洋。面积 58.26 万平方千米，海岸线长 536 千米。

肯尼亚除沿海为宽 50～200 千米的平原地带外，其余大部分为平均海拔 900～1200 米的高原。东非大裂谷东支从中西部纵切高原南北，将高地分成东、西两部分，谷宽 50～130 千米，多湖泊，而且在其境内与赤道相交，所以肯尼亚有“东非十字架”之称。肯尼亚得名于肯尼亚山，其最高峰是位于赤道附近的巴蒂安山，海拔 5199 米，是全国最高峰、非洲第二高峰。多火山，瓦加加伊死火山海拔 4321 米，以巨大的火山口（直径达 15 千米）而驰名。北部为沙漠和半沙漠地带，约占全国总面积的 56%。境内河、湖众多，主要有塔纳河、萨巴基河和图尔卡纳湖等。

肯尼亚位于热带季风区，沿海地区湿热，高原气候温和，全年平均温度为 10～26℃，最高气温为 22～26℃，最低为 10～14℃。年降水量因地而异，从 250 至 1500 毫米不等。

肯尼亚是一个农业国，也是撒哈拉以南非洲经济发展较好的国家之一。农业是国民经济的支柱，90%的人从事农业。主要农作物有咖啡、茶叶、棉花、腰果等。茶叶、咖啡和花卉是农业三大创汇项目。肯尼亚是非洲最大的产茶国和茶叶输出国，肯尼亚出口的茶叶以质量优良而在国际市场有“茶叶之乡”的美称。工业在东非地区相对发达，日用品基本自给。矿藏主要有纯碱、盐、萤石、石灰石、重晶石、金、银、铜、铝、锌及铌、钍等。目前除纯碱和萤石外，多数矿藏尚未开发。工业多为中小型企业，门类较齐全，主要部门有炼油、采矿、水泥、电力、食品加工等。

2．历史文化

肯尼亚是人类发源地之一，境内曾出土约 260 万年前的人类头盖骨化石。公元 7 世纪，肯尼亚东南沿海已形成一些商业城市，阿拉伯人开始到此经商和定居。16 世纪，葡萄牙殖民者占领了沿海地带。1895 年英国宣布肯尼亚为其“东非保护地”，1920 年沦为英国殖民地。1963 年 12 月 12 日宣告独立。1964 年 12 月 12 日，肯尼亚共和国成立，但仍留在英联邦内。肯尼亚人民骄傲地把获得独立的祖国称为“阳光下的土地”。

肯尼亚国旗是根据独立前肯尼亚非洲民族联盟的旗帜为基础而设计的。由黑、红、绿3个平行相等的横长方形构成，红色长方形上下各有一白边。旗面中间的图案为一面盾和两支交叉着的长矛。黑色象征肯尼亚人民，红色象征为自由而斗争，绿色象征农业和自然资源，白色象征统一与和平，矛和盾图案象征祖国统一和为捍卫自由而斗争。肯尼亚国徽图案下方为肯尼亚山；山坡上的咖啡、剑麻、菠萝等图案象征该国丰富的农产品。山峰之上为盾徽，盾面上是国旗图案，中间有一只握斧的雄鸡，是肯尼亚非洲民族联盟的标志，也象征肯尼亚人民新的繁荣生活。盾徽两侧各有一只象征力量的雄狮，底部的红色绶带上用斯瓦希里文写着“共处”。肯尼亚的国歌是《肯尼亚共和国国歌》。肯尼亚的国花是肯山兰。肯尼亚的国鸟是公鸡。

肯尼亚人口3000万（2002年）。全国共有42个部族，吉库尤族为最大部族，占全国人口的25%，其次是卢希亚族、卡伦金族、卢奥族和康巴族等。此外，还有少数印巴人、阿拉伯人和欧洲人。斯瓦希里语为国语，和英语同为官方语言。全国人口的38%信奉基督教新教，28%信奉天主教，6%信奉伊斯兰教，其余信奉原始宗教和印度教。

3．习俗礼仪

肯尼亚人性格温和，注重礼节礼貌，很容易与人交朋友。但在肯尼亚忌谈肤色问题，一切言语和行为都不可触犯国旗和总统。部族意识强烈，排外情绪强。“7”和以“7”结尾的任何数字都是不吉利的。

肯尼亚人普遍喜爱动物，妇女喜欢用兽状装饰物，商店、旅馆、团体组织喜欢用动物命名。

出嫁通常指女子嫁到男家，然而在维多利亚湖的肯尼亚，一些部落流行嫁新郎的习俗，即男子出阁到女家去。但凡嫁新郎的日子，全村人出动，在晚间列队游行护送。前面由两个托着槟榔的小女孩蹦蹦跳跳地引路，中段大锣大鼓，载歌载舞，尾段由亲友抬着一箱箱的嫁妆。抵达女家，新郎新娘行过仪式，进入洞房，互相喂槟榔，标志二人的生活幸福愉快，因为槟榔在当地认为能够去邪祸。至于前来祝贺的亲友，照例大吃大喝，谈欢跳舞到天明。

马赛族住宅简陋，以牛粪、粘土、树枝筑成圆形小屋，称蚕茧屋。马赛族人幼时双耳要穿孔，载重型耳环，长大后，耳垂巨长。

（二）主要旅游城市及名胜

赤道雪山、广袤草原、美丽湖泊、茂密森林以及迷人的海滨沙滩构成了肯尼亚独特的自然风光。占国土面积11%的59个国家级天然野生动物园和自然保护区则是众多野生动物和鸟类的天堂，使肯尼亚享有“鸟兽乐园”的美名。肯尼亚拥有40多个部族，孕育着多姿多彩的传统文化。这里奇特的景致和风土人情吸引着世界各国众多的旅游者来此观光、旅游、避暑、度假。

1．内罗毕（Nairobi）

首都内罗毕是肯尼亚最大的城市，全国的政治、工商业中心，主要农产品集散地和加工中心，也是非洲重要的交通枢纽。位于肯尼亚中南部的高原上，距赤道不过150千米，东南距印度洋港口蒙巴萨480千米。海拔1700米，风光优美，气候凉爽，年最高气温很少超过27℃。面积684平方千米。

内罗毕建于1899年东非铁路（肯尼亚—乌干达铁路）修建期间，1905年取代蒙巴萨成为英国东非殖民地的首府，独立后为首都。现为肯尼亚唯一的省级市。内罗毕市因流经本市的内罗毕河而得名。在当地语言中，内罗毕意为“凉爽之地”或“清凉的水”。因城市绿树如荫，花团锦簇，内罗毕又有“阳光下的绿城”之称。

内罗毕是东非最繁华的城市，高楼大厦、豪华饭店、漂亮公寓、超级市场应有尽有。被誉为非洲的“小巴黎”。市内有尖塔高耸入云的大清真寺，有国立博物馆、铁路博物馆、内罗毕大学、体育场、图书馆等。位于市中心的肯雅塔国际会议中心是城内最雄伟的建筑物，站在顶层可饱览全城风貌。内罗毕最有特色的是在城郊有一片面积达 115 平方千米的原始森林，林内栖息着许多野兽，这座内罗毕国家动物园是世界唯一的城市野生动物园。

内罗毕又是一国际城市。联合国环境规划署和人类居住中心总部及其他一些联合国的国际组织驻非洲的机构就设在这里，也有不少国际商业、新闻机构的地区总部设在这里。市中心的肯雅塔国际会议中心不仅是城市建筑的一大特色，也是各国代表聚会的重要场所。

（1）**肯尼亚国家博物馆**（Kenya National Museum）是中东部非洲乃至全非最为著名的博物馆之一，位于内罗毕市中心。1910 年由东非自然历史协会发起修建。20 世纪 60 年代扩建。除总部内罗毕展馆外，下设 16 个地区博物馆和几处历史遗迹陈列馆。以收集历史文献、文物，研究并展示古今文化和自然遗产，增强人类对文化自然遗产的了解、鉴赏力、保护意识及管理应用能力为博物馆宗旨。内罗毕展馆设有自然历史展厅、肯尼亚文化展厅、肯尼亚装饰艺术展厅，陈列有人类、鸟类、海洋生物起源和地质演变等方面的展品以及古代地图、绘画等。除收藏文物外，博物馆还从事古生物学、鸟类学、无脊椎动物学、哺乳动物学、爬行动物学和植物标本学等学科的研究。博物馆在生物、地质和考古方面的收藏享誉非洲，在人类学、古生物学方面的研究与收藏闻名于世。

（2）**独立花园**（Uhuru Park）是肯尼亚人民于 1963 年 12 月 12 日举行独立庆典的地方，肯政府决定将其建成一个具有纪念意义的花园。1964 年肯雅塔总统在花园种下一棵具有象征意义的无花果树，从此揭开了花园植树活动的序幕，此后，每年雨季来临，这里都举行植树活动。肯尼亚总统莫伊以及许多来肯访问的国家元首、政府首脑都曾在此植树。1996 年 5 月 9 日，江泽民主席在此种下中肯友谊树。为纪念肯尼亚独立，肯政府还分别于肯独立 20 周年和 25 周年期间在花园内建造了两座纪念碑。

（3）**内罗毕国家公园**（Nairobi National Park）著名野生动物园，是东非第一个国家公园，也是世界上唯一一个位于首都城市的国家公园。位于距离内罗毕市中心仅 7 千米的市郊。公园建于 1946 年，占地 115 平方千米，东、西、北三面用电网与城市隔离，南部为开放边界，是动物随季节迁徙的通道。公园有 100 多种哺乳动物和 400 多种特有的迁徙鸟类。园中主要动物有羚羊、斑马、猎豹、金钱豹、长颈鹿、角马、河马、犀牛、狮子、野牛、猩猩、狒狒、鸵鸟、珍珠鸡等。经常迁徙于公园内外的动物有角马、斑马、长颈鹿、羚羊等，它们雨季迁徙出去，旱季迁回。为保护非洲大象，肯尼亚政府严禁象牙及象牙制品的贸易。1989 年，莫伊总统在公园内亲自点火焚烧了 25 吨象牙及狩猎战利品。为纪念这次著名的行动，公园内圈留了象牙焚烧地，并设立了纪念碑，使这里成为公园一个别有意义的观赏点。1963 年，在公园旁开设了动物孤儿院，收留、治疗被遗弃的小动物和伤病动物，直至它们具备重返大自然的能力。

2. 蒙巴萨（Mombasa）

蒙巴萨是肯尼亚第二大城市和最大的港口城市，滨海省省会，肯尼亚重要的工商业城市。位于肯尼亚东南端蒙巴萨岛上，东临印度洋。岛屿面积为13平方千米，但市区面积还包括大陆的195平方千米。

蒙巴萨是东非最古老的城市之一，优良的港口条件使其始终处于被海上列强争夺的境地。岛名“蒙巴萨”意为“战争岛”。公元前500年即与埃及有航海来往。葡萄牙人于15世纪末来到蒙巴萨，使之成为向东征服的重要航海基地。但在以后的两个世纪里，阿拉伯人不断与葡萄牙人争夺东非沿海霸权，蒙巴萨也几经易手。后葡萄牙人在印度洋败于其他欧洲海上强国，遂于1720年撤出蒙巴萨。1822年，英国宣布蒙巴萨为英国保护地，并任命总督进行管理。从此，蒙巴萨成为英国的领地，直至1963年。中国明朝的三宝太监郑和曾经率领远洋船队到达过这里的沿岸，开创了中非贸易的先河，留下了许多中国文化的痕迹。

蒙巴萨曾受阿拉伯、印度、葡萄牙、英国等各种文化的影响，具有独特的文化韵味，美丽的海滩、古老的建筑和现代化建筑形成的强烈反差，都使之成为旅游者向往的著名旅游胜地。在这个世界著名的印度洋热带海滨城市里，可以观赏到古老的清真寺、城堡、用大象牙制作的标志性雕刻、散布在蒙巴萨岛海岸线上的许多美丽的海滩度假胜地，以及在海滩后面与森林交错的河道中时常出没的稀有的鸟类和大象群，也可以在洁白的沙滩上、棕榈树下，欣赏非洲风土歌舞。

3．肯尼亚自然风景之旅

肯尼亚的自然风景之旅可谓赏心悦目，这里有数量众多的珍禽异兽，原始的沙滩和珊瑚礁、热带雨林、白雪皑皑的雪山、大沙漠、清凉的高地。在“花之都”内罗毕，可观赏各种热带花卉和参观市郊野生动物园；在西南部的维多利亚湖，可领略湖光岛影，观赏河马、鳄鱼嬉戏；在北部的大裂谷地带，镶嵌着“鳄鱼的极乐世界”——图尔卡纳湖，在其东部有库彼福勒古人类遗址；沿大裂谷南下，裂谷省的纳库鲁湖是非洲鸟类资源极为丰富的湖泊；其东部是非洲第二高峰肯尼亚山和阿伯德尔国家动物园，这里有著名的“树顶旅馆”，游人可安全地在此地观赏动物的夜间活动。

由于许多野生动物在人类的大肆猎捕下已濒临绝种，第二次世界大战后肯尼亚政府陆陆续续设立了40余座国家公园及野生动物保护区，并于1977年宣布全面禁猎。现今肯尼亚共有59个国家公园、保护区及私营禁猎区，这些国家公园、保护区及私营禁猎区是追踪大量不同品种、稀有的野生动物，并与野生动物作近距离接触的最佳场所。尤其是每年的5～9月动物的大迁徙，届时150万头左右的牛羚将从肯尼亚塞伦盖地平原迁徙到北面原野，场面十分壮观。

（1）**察沃国家公园**（Tsavo national park）是目前肯尼亚最大的野生动物园，也是非洲最大的野生动物园之一。位于首都内罗毕东南160千米，绵延在内罗毕—蒙巴萨公路中段的两侧地区。占地2.1万平方千米，以公路为线，由东察沃和西察沃两部分组成。其中方圆仅 1000 平方千米的西察沃国家公园美丽而淳朴的非洲原野景象和种群多样的野生动物更为引人注目，西察沃国家公园位于察沃河与蒙巴萨高速公路之间的狭长地带。20世纪60年代这里曾是世界上黑犀牛数量最多的地方，约9000余头。由于生态环境的破坏，到80年代末仅剩100头左右。现如今，园内已设犀牛栖息保护地，其数量有所回升。此外，还有狮子、猎豹、金钱豹、大象、长颈鹿、野牛、斑马、羚羊等野生动物。公园内荒原莽莽，有熔岩、峻岭，还有著名的姆齐马涌泉，泉水来自远山，在地底潜流48千米，然后在这里的干燥熔岩地区喷薄而出，每日水量达22亿升，蔚为奇观。公园辟有专门的狩猎场，设有许多旅馆。沃伊旅馆依山傍水，大厅前面有一排安着铁栏的窗口，人们可坐在栏内木椅上，观看近在咫尺的鸟兽饮水嬉戏。在公园的一棵大树上建有树上酒店，可供游客住宿，游客居高临下，观看动物的夜间生活。

整个公园内环境复杂，有野生植物1000多种。在一望无际的荒野上，常可听到狮子的吼叫，可碰到狮子、犀牛、羚羊、长颈鹿、斑马等兽类和数万只鸟禽的出没。据估计园中共有大象2万头，故这里被称为世界最大的野象集中地。在加拉纳河的卢加德瀑布附近，还可看到鳄鱼。

（2）**马塞马拉国家野生动物保护区**（Masai Mara Game Reserve）是世界上最好的野生动物禁猎区之一，位于肯尼亚西南部，内罗毕西200千米处的东非大裂谷平原上，与坦桑尼亚塞伦盖蒂动物保护区相连。保护区始建于1961年，面积达1800平方千米，大约有95种哺乳动物和450种鸟类。这里是动物最集中的栖息地和最多色彩的荒原，狮子、豹、大象、长颈鹿、斑马等野生动物生生不息。马拉河是众多尼罗鳄和河马的家园，也是野生哺乳动物的生命线。在这里，每年发生着世界上最壮观的野生动物大迁徙，即“马拉河之渡”。届时可以看到成千上万匹角马前赴后继，从鳄鱼张开的血盆大口中横渡马拉河的壮观场面，体会动物世界中的物竞天择和适者生存。著名电视节目《动物世界》中的许多镜头拍摄于此。

马赛马拉还是一个巨大的保护完好的风景区，低矮的绿色丘陵绵延起伏，宽广的热带草原一望无际，巨大的金合欢树和波巴布树散落其间，马拉河的众多支流纵横穿越保护区的大草原，河边生长着茂密的丛林，眼前再现的俨然是一幅美国著名作家海明威笔下美丽粗犷的非洲原野景象。每年角马、野牛等动物迁徙时，都会在这里形成非常壮观的景象。由于这里动物繁多，乘坐旅游专用车驰骋于原野上，常可见斑马成群结队，南非羚羊走动其间，非洲野牛徘徊，大象环顾左右。

（3）**东非大裂谷**（Great Rift Valley）也叫东非大地堑，是纵贯东部非洲的地理奇观，是世界上最大的断层陷落带，据说由于约3000万年前的地壳板块运动，非洲东部地层断裂而形成。被人形象地称之为“地球表皮上最大的一道伤痕”，全长8700千米，超过地球圆周的1/4，纵贯南北，与横贯东西的赤道线形成著名的“东非十字架”。

东非大裂谷包括一系列由块状断裂所形成的南北向裂谷和湖盆。南起莫桑比克境内希雷河口，从马拉维湖北端起分为东西两支。东支经坦桑尼亚中部的埃亚西湖、纳特龙湖等，连接肯尼亚北部的图尔卡纳湖、再纵穿埃塞俄比亚高原中部的阿巴亚湖、兹怀湖等，一直延伸到红海和亚丁湾，全长5000多千米，是世界最长大的断层陷落带。其中肯尼亚境内的一段具有最显著的地貌特征。这段峡谷长约800多千米、宽50～100千米、深450～1000米，被称为“世界地理奇迹”。两侧的断壁悬崖，像筑起的两道高墙，首都内罗毕就坐落在裂谷南端的东墙上。茂密的原始森林覆盖着群山，无数热带野生动物生活在群山的怀抱中，一座座高大的死火山屹立在群山之中，在火山熔岩中蕴藏着大批古人类、古生物化石，是地质学、考古学、人类学的宝贵研究资料。裂谷底部是一片开阔的原野，20多个狭长的湖泊，有如一串串晶莹的蓝宝石，散落在谷底。除了乍得湖，非洲所有的湖泊几乎都因大裂谷而生，沿线一连串美丽的咸水湖大多有水鸟聚集，多座火山口集中在谷底奈瓦沙湖、纳库鲁湖和巴林戈湖附近地带。其中的奈瓦沙湖湖面海拔1900米，是裂谷内最高的湖。巴林戈湖是著名的旅游休养胜地，生活着450多种鸟类和鳄鱼，湖中诸岛热泉喷涌，高达80℃，可以煮熟鸡蛋。位于肯尼亚北部的图尔卡纳湖有“沙漠明珠”的美称，是境内最大的咸水湖，也是鳄鱼的极乐世界，面积8600平方米。在这里发现有260万年前的人类头盖骨化石，这是迄今为止所发现的最早的人类遗迹。这里也是钓鱼爱好者的天堂。西支经坦噶尼喀湖、基伍湖、爱德华湖、蒙博托湖直到艾伯特尼罗河谷，全长1700千米。

（4）**肯尼亚山国家公园**（Mt.Kenya National Park）是一处多元化的动植物栖息地，位于肯尼亚的中部，内罗毕东北193千米处，横跨赤道，距肯尼亚海岸480千米，它的中心便是非洲第二高峰——肯尼亚山。肯尼亚山国家公园占地面积为1420.2平方千米，包括肯尼亚山国家公园715平方千米，肯尼亚山自然森林705.2平方千米。1949年建立国家公园，1978年成为联合国教科文组织人与生物圈规划的一个生态保护区，1997年列入《世界遗产名录》。

肯尼亚山是东非大裂谷中最大的死火山，肯尼亚最大部族——吉库尤族的祖山，也是众多的部族在举行祭祀活动时朝拜的神山，作为肯尼亚国名的来源在肯尼亚国民心目中拥有至高无上的神圣地位。最高峰海拔5199米，是仅次于乞力马扎罗山的非洲第二高峰。山顶终年积雪，并有15条冰川。整个山脉被辐射状伸展开去的沟谷深深切开，沟谷大都是由于冰川侵蚀造成，山脚约96千米宽。有大约20个冰斗湖，大小不一，带有各种冰渍特征。分布在海拔3750米到4800米之间。海拔1500～3500米处多密林；海拔2000米以下多咖啡、剑麻等种植园。

（5）**树顶旅馆**（Treetops）是肯尼亚阿伯德尔国家公园内的一家三星级旅馆，位于肯尼亚尼耶里镇附近的阿伯德尔国家公园东部。

阿伯德尔山脉面积767平方千米，最高处海拔3999米，传说是“上帝家园”之一。山脚下是距内罗毕约150千米的尼耶里镇，山的东北部耸立着非洲第二高峰肯尼亚山。山上树木葱茏，动物成群，有大象、狮子、犀牛、豹子、狒狒、猴子、豺狗、羚羊、野牛、水羚羊、野猪以及250多种鸟类。

树顶旅馆最初是一个定居肯尼亚的英国退伍军官于 1932 年在丛林中的大树干上搭建的，只有3间卧室、一间餐厅和一间狩猎室，1952年2月，当时的英国伊丽莎白公主来到处于英国殖民统治下的肯尼亚旅游，一天，公主为观赏野生动物下榻树顶旅馆。当晚，公主接到父王乔治六世去世的消息和由她继位的诏书便中断旅行，立即返英。次年6月2日，伊丽莎白正式加冕为女王。树顶旅馆的经营者们借机大肆宣传“树上公主树下女王”的故事，使之名声大振。现在的树顶旅馆是1954年在原址对面重建的。重建的旅馆仍保留了的古朴风格和野趣。旅馆为纯木结构，可容纳约100人。有30个房间、一个餐厅和两间长廊式酒吧，共3层，高21米，搭在许多大树的树干上，底部距地面10米高，有一个螺旋式的单人木梯供游客攀缘，方便观察动物也能有效防止猛兽袭击。屋顶宽阔的观景平台可远眺肯尼亚山顶的皑皑白雪。旅客由专车接到距旅馆200米处，再由持枪人员护送经专门通道进入。为安全起见，一旦进入旅馆就不能随便下来。树顶从不使用烟火，食物由接待站做好后送上，用微波炉加热。各楼层都设有观赏动物的阳台，旅馆前后建有水塘吸引动物，还提供食品逗引各种鸟类和白尾猴、狒狒。每到傍晚，成群的大象和野牛来到楼下吃盐（人工撒在地上）和其他矿物质，各种动物及鸟类亦纷纷到水塘边喝水，构成一幅美不胜收的黄昏景象。晨曦初露时，各类动物又纷至沓来。每个房间都装有蜂鸣器，守夜的猎人发现狮、豹、象、犀牛等来访时用它通知游客。

1983 年，英女王伊丽莎白故地重游，在女王套间下榻。由此，“树顶”在英国家喻户晓，其游客往往将“树顶”作为到肯尼亚旅游的首选地。

5.3.2　世界天然动物园——坦桑尼亚（Tanzania）

（一）基本概况

1．旅游环境

坦桑尼亚联合共和国（The United Republic of Tanzania）简称坦桑尼亚，位于非洲东部、赤道以南，由大陆坦噶尼喀和海岛桑给巴尔组成。面积 94.5 多万平方千米，大陆海岸线长 840 千米。坦噶尼喀位于非洲东海岸，东临印度洋，南连赞比亚、马拉维和莫桑比克，西邻卢旺达、布隆迪和刚果（金），北界肯尼亚和乌干达。

坦桑尼亚地势西北高东南低，呈阶梯状。内陆为平均海拔 1200 米的高原，沿海为宽 15～60 千米的低地。东非大裂谷纵贯西部边境。东北部的乞力马扎罗山海拔 5895 米，为非洲最高峰。桑给巴尔是地势低洼的珊瑚岛平原，植被茂盛，岛上最高峰是马辛吉吉山，海拔 104 米。坦桑尼亚的主要河、湖有马拉加拉西河、潘加尼河、鲁菲吉河和界湖维多利亚湖、坦噶尼喀湖。

坦桑尼亚大部分地区属热带草原气候。年平均气温 21～25℃，年降水量 500～2300 毫米。桑给巴尔的 20 多个岛屿属热带海洋性气候，终年湿热，年平均气温 26℃。

坦桑尼亚是联合国宣布的最不发达国家之一。经济以农业为主，工业不发达。主要农作物有玉米、小麦、稻米、高粱、小米、木薯等。主要经济作物有咖啡、棉花、剑麻、腰果、丁香、茶叶、烟叶、除虫菊等。尤其是剑麻，坦桑尼亚是世界上重要的剑麻生产国和出口国，素有“剑麻之乡”的美称。坦桑尼亚的桑给巴尔素有“世界丁香园”之称。森林覆盖率为 45%，出产安哥拉紫檀、乌木、桃花心木、栲树等。矿藏主要有钻石、金、煤、铁、磷酸盐、天然气等。

2．历史与文化

坦桑尼亚是古人类发源地之一。坦桑尼亚奥杜瓦伊发现的“东非人”和“灵巧人”遗址说明新石器时代那里就生活着桑达维人。公元 7～8 世纪，阿拉伯人和波斯人大批迁入。阿拉伯人于 10 世纪末建立过伊斯兰王国。19 世纪欧洲殖民者侵入。1886 年坦噶尼喀沦为德国殖民地，后被并入德属东非。1890 年，桑给巴尔沦为英国“保护地”。1917 年 11 月英军占领坦噶尼喀全境，1920 年坦桑尼亚成为英国“委任统治地”，1946 年成为联合国托管地，但仍由英国统治。1961 年 5 月实行“内部自治”，同年 12 月 9 日宣布独立，成立坦噶尼喀共和国，仍为英联邦成员国。桑给巴尔于 1963 年 12 月 10 日获得独立，成为苏丹王统治的君主立宪国，1964 年 1 月 12 日苏丹王的封建统治被推翻，建立桑给巴尔人民共和国。1964 年 4 月 26 日，坦噶尼喀和桑给巴尔组成联合共和国，同年 12 月 29 日改国名为坦桑尼亚联合共和国，仍为英联邦成员。

坦桑尼亚国旗由绿、蓝、黑、黄 4 色构成。绿色代表土地，还象征对伊斯兰教的信仰；蓝色象征河流、湖泊和海域；黑色代表非洲黑人；黄色象征丰富的矿产资源和财富。坦桑尼亚国徽图案下方的山峰象征乞力马扎罗山。山坡上的棉桃和咖啡等图案是该国的主要经济作物，象征着坦桑尼亚是一个农业国。盾面上的图案分4部分，自上而下依次为：象征自由和光明的火炬；坦桑尼亚国旗；交叉着的斧头、镰刀和长矛；蓝白色波浪条纹象征该国的湖泊、河流和东临印度洋。图案两侧各有一只象牙和一男一女。底部的绶带上用斯瓦希里文写着“自由和团结”。坦桑尼亚的国歌是《上帝保佑非洲》曲调填词。坦桑尼亚的国花是丁香。

坦桑尼亚是一个多民族、多宗教的国家，坦桑尼亚的各部族都有自己传统的文化，尤其是舞蹈和音乐独具特色，可以说坦桑尼亚人每时每刻都离不开舞蹈和音乐。野牛舞、戈戈族舞、哈族舞和尼亚姆维族舞在坦桑尼亚的舞蹈中更是久负盛名。

坦桑尼亚人口为3470万(2001年)。坦桑尼亚是以班图语系非洲人为主的多部族社会，分属苏库马等130多个部族，占总人口的98%。此外，还有为数不多的阿拉伯人、印巴人和欧洲人后裔。人口分布极不平衡，平均密度为每平方千米25人，部分地区每平方千米仅有1～2人。有100多种非洲语言在流行，斯瓦希里语为坦桑尼亚国语，通用英语。坦桑尼亚有 37%的居民信奉原始拜物教，32%信奉天主教和基督教新教，30%信奉伊斯兰教。桑给巴尔居民有95%以上信奉伊斯兰教。

3. 习俗礼仪

由于各族居民之间长期的交往融合，文化、宗教、生活的相互影响，逐渐形成了富于民族特色的风俗礼仪。坦桑尼亚人与外来客人相见时，通常行握手礼。有的地方则先拍拍自己的肚子。乡间妇女见到女宾，常围着女宾转圈并发出有节奏的尖叫声。坦桑尼亚人见到尊贵的客人，习惯尊称男的为爸爸，尊称女的为妈妈。跳舞是坦桑尼亚人日常生活的一项重要内容，也是他们礼仪活动中不可缺少的组成部分，每当迎宾、祝寿、结婚时，他们都通过舞蹈来表达自己的情感。坦桑尼亚人不用左手传递食物或东西，他们认为左手经常接触不洁之物，用左手传递食物或东西是对人的不尊重。

坦桑尼亚各部族人都有自己的民族服饰。一般女子身穿一件月牙背心或圆领汗衫，下身用两块两米长的布料，先在身上围一块，用手在腰部一按一搭，然后再用同样的方法覆盖上一块，头上通常还要包上一块花布。坦桑尼亚的妇女一般有以头顶物搬运东西的习惯。

坦桑尼亚人一般以玉米、高粱、薯类、瓜类和豆类为主食，爱吃牛、羊肉，爱喝咖啡，忌食猪肉、动物内脏、海鲜以及奇形怪状的食物。口味一般较重，不怕油腻，喜食辣味的食品。但各部族之间，饮食习惯也有所不同。有的部族以畜牧业为主，就以牛、羊为主食。有的以渔业为主，就以鱼虾为主食。以种香蕉为主的，则以香蕉为主食。哈亚族还有一条戒律，即忌吃飞禽，也不吃鸡和鸡蛋。他们也有养鸡的习惯，但只是为了报晓和用作祭品。此外，哈亚族也禁食昆虫，但不包括蚱蜢和白蚁。坦桑尼亚新年前夕，沿海的斯瓦希里族人，家家户户要用木炭爆玉米花撒在屋内各个角落，以示驱散妖魔，祈求幸福。用玉米和菜豆煮饭盛于碗盘放在门前，供串亲的过路人随便食用。元旦那天，人们鸡鸣即起，姑娘们身穿彩裙，走门串户唱民歌，异常欢乐。

（二）主要旅游城市及名胜

坦桑尼亚是非洲的旅游王国，自然景观壮丽多姿，风土民情奇异古朴。尤其是野生动物资源丰富，1/3的国土为国家公园、动物和森林保护区。全国有12个国家公园、19个野生动物保护区和50个野生动物控制区。

1．达累斯萨拉姆（Dares Salaam）

首都达累斯萨拉姆是坦桑尼亚最大的城市和著名的港口，全国的政治、经济、文化、交通中心。位于非洲印度洋岸中段滨海平原之上，海拔 8～15 米，扼西印度洋航运要冲。“达累斯萨拉姆”意即“和平之港”，它是一个优良的天然海港，是东非重要的国际贸易港口。

100 多年前达累斯萨拉姆还是个小渔村，1862 年建城，1887 年德国的东非公司在此建立锚地。1891～1916 年为德属东非的首都。1961～1964 年为坦噶尼喀首都，后来为坦桑尼亚首都。

达累斯萨拉姆市区以独立广场为中心，向北、西、南三面扩展，呈不连续的同心圆状。东部是政府机关和使馆区，北部、西部是住宅区和文化区，再向外围则是西北、西南工业区。市内街道纵横宽阔，主要街道有独立大街、卢蒙巴大街和乌呼鲁大街。独立大街最为繁华。位于中心的独立广场方圆数百米是集会用的园林式广场。城市西北部的老城仍保留着浓厚的非洲风貌，印度和阿拉伯式的小楼间夹杂着一片片的低矮房屋，狭窄的街道两侧小店铺、小货摊一个挨着一个，整日熙熙攘攘、热闹非凡。城东部和东北部是风景宜人的海滨旅游区。

2．桑给巴尔（Zanzibar）

桑给巴尔属坦桑尼亚领土的一部分，是非洲著名的旅游胜地。位于东非印度洋沿岸，由桑给巴尔岛、奔巴岛及邻近的 20 多个岛屿组成，面积 2657 平方千米。

桑给巴尔到处郁郁葱葱，既无酷暑，又无寒冬，雨水充足，四季如春，热带植物茂盛，椰林、棕榈树浓荫蔽日，咖啡园、香蕉园连绵不断，素有“绿岛”、“海上花园”的美称。岛上还以盛产丁香闻名，被称之为“世界最香之地”或“香岛”。这里阳光普照、林木茂密，一片青翠，好似一颗翠珠闪烁在一望无垠的印度洋上。椰树、鲜花、海滩、蓝天，给每一位去过东非桑给巴尔的人留下难忘的印象。

“桑给巴尔”在阿拉伯语中的意思是“黑人海岸”，位于桑给巴尔岛西岸中部的香加尼半岛上，曾经是桑给巴尔帝国的经济、贸易中心。桑给巴尔岛西岸的桑给巴尔城曾是古代王国的都城，市区弯曲狭窄的街道、古香古色的建筑同宽阔的林荫道和现代化楼房，构成奇异而迷人的都市风光。尤其是大大小小的清真寺和装饰得富丽堂皇的阿拉伯式房屋成为了桑给巴尔城的一大亮点。

桑给巴尔城有“石头城”之誉。市区西部临海一带为古老的石城区，当年桑给巴尔帝国的石造城墙、塔形堡垒和原苏丹王宫珍奇宫至今尤存。2000 年被联合国教科文组织列入《世界遗产名录》。桑给巴尔的石头城是东非地区斯瓦希里人建造的诸多海滨商业城市中的一个杰出范例。石头城完好保留了古代的城镇建筑及其优美的城镇风光，城中还有许多精美的建筑，反映了其别具特色的文化。这种文化是非洲、阿拉伯地区、印度和欧洲等地区各种不同文化的汇集，它们在这里有机地融合在一起，而且持续发展长达 1000 年之久。今天人们所看到的大多数建筑均建于 19 世纪，当时桑给巴尔是印度洋地区最重要的商业贸易中心之一。

3．坦桑尼亚自然风光之旅

坦桑尼亚浓缩了非洲大陆的人杰和地灵，它拥有非洲大陆最高的山、最深的湖、最大的内陆水系、最大的野生动物保护区、世界上最著名的国家公园，以及种类丰富的热带野生动植物群。在这里，你可以欣赏白雪皑皑的山脉，形态万千的珊瑚礁岛，又可以感受灵长类动物栖息的原始热带雨林，广阔的热带草原。

（1）**塞伦盖蒂国家公园**（Serengeti National Park）是坦桑尼亚最著名的国家公园，一个巨大的、名副其实的草原生态系统，也是当今世界上数量最大、品种最多的动物群栖居地和更新世生态系统的最后遗迹。毗邻赤道，位于坦桑尼亚北部东非大裂谷以西的塞伦盖蒂草原，一部分狭长地带向西伸入维多利亚湖达 8 千米，北部延伸到肯尼亚边境。

1940 年后塞伦盖蒂成为保护区。1929 年，塞伦盖蒂中部 2286 平方千米的地区被定为狩猎保护区。1951 年，塞伦盖蒂被指定为国家公园，狩猎活动受到禁止。1981 年，塞伦盖蒂作为完好保留了太古时期动植物生态体系的宝贵场所，被列入《世界遗产名录》。

“塞伦盖蒂”意为“无际的平原”。公园占地 147.63 公顷，由于拥有现今极大规模的动物群落而闻名遐迩。园内生活着数以百计的斑纹角马、斑马、牛羚、羚羊、驼鹿、非洲象等食草动物和它们的天敌狮子、豹、鬃毛狗、狼等，是一个有着 300 多万只，大约 60 种大型哺乳动物的巨大生态系统。5、6 月份，许多动物成群结队从中部平原集体迁徙到西部狭长地带有水的地方，这种动物群有时竟长达 10 余千米，是世界上绝无仅有的壮观景象。

（2）**乞利马扎罗山**（Mount Kilimanjaro）是非洲第一高峰，素有“非洲屋脊”之称。在坦桑尼亚境内，当地人称为“草原之帆”，是坦桑尼亚人的“母亲山”。位于坦桑尼亚东北部，邻近肯尼亚，坐落于南纬 3º，距离赤道仅 300 多千米。在斯瓦希里语中，乞力马扎罗山意为“闪闪发光的山”，海拔 5895 米，山顶终年冰雪覆盖，又被称为“赤道雪峰”。因海明威的小说和格里高里·派克演出的电影而闻名。

乞力马扎罗山是一座休眠火山，主峰基博峰顶上有一个直径达 1800 米的火山口，深达 200 米，周围嵌有坚硬的冰块，底部有千姿百态的冰柱。乞力马扎罗山四周都是山林，山麓上生长着高大的热带雨林，形成绿色的海洋，山脚下是世界著名的东非野生动物园，那里生活着众多的哺乳动物，其中一些还是濒于灭绝的品种。

（3）**恩戈罗恩戈罗自然保护区**（Ngoronggoro Area）是坦桑尼亚国家天然动物园。位于坦桑尼亚中北部东非大裂谷，在马尼亚拉湖、纳特龙湖和埃亚西湖之间，阿鲁沙西 128 千米。保护区以恩戈罗恩戈罗火山口为中心，面积约 8.1 万平方千米。1979 年联合国教科文组织将恩戈罗恩戈罗自然保护区作为自然遗产，列入《世界遗产名录》。

恩戈罗恩戈罗火山口是世界上最完整的火山口，形如镶嵌在东非大裂谷带上的一只“大盆”。火山口最高点海拔 2135 米，直径约 18 千米，深 610 米，“盆壁”陡峭，底部直径约 16 千米，面积广达 160 平方千米。是世界第二大火山口，素有“非洲伊甸园”之称。其内又包括许多火山口，如已形成深湖的恩帕卡艾山口，仍为活火山的奥尔多尼约·伦盖山，曾发掘出远古时代人头骨化石的奥杜瓦伊峡谷等。沿火山外缘环行，6 座海拔 3000 米以上的山峰拔地而起，高耸入云。火山口周围山势险峻，林木葱茂，水源丰盛，适宜野生动物繁衍栖息。主要野生动物有犀牛、大象、狮、豹等，总头数在 4 万只以上。

5.4 南非之旅

南非位于非洲的南部高原，通常包括赞比亚、安哥拉、津巴布韦、马拉维、莫桑比克、博茨瓦纳、纳米比亚、南非、斯威士兰 、莱索托、马达加斯加、科摩罗、毛里求斯、留尼汪岛、圣赫勒拿岛和阿森松岛等国家和地区。南非高原为本区地形的主体，高原中部地势低洼为卡拉哈迪盆地，四周隆起为高原和山地，均是南纬 10° 以南的热带和亚热带草原地区。这里自然风光绮丽，动植物种类繁多，少数民族风情万种，有着南部非洲特有的景观。

5.4.1 黑人土地——南非（South Africa）

（一）基本概况

1．旅游环境

南非共和国（The Republic of South Africa）简称南非，因地处非洲大陆最南端而得名。西濒大西洋，东、南临印度洋，海岸线长 2954 千米。北面与纳米比亚、博茨瓦纳、津巴布韦接壤，东北部则与莫桑比克和斯威士兰相邻，莱索托在其东部，被南非领土包围，成为名符其实的“国中之国”。面积为 122.1 万平方千米。其西南端的好望角航线，历来是世界上最繁忙的海上通道之一，有“西方海上生命线”之称。

南非大部分地区为高原，占总面积的 2/3，海拔多在 600～1000 米。地势由东南向西、西北递减。与莱索托交界处的恩杰苏锡山，海拔 3446 米，为全国最高点。西北部为沙漠，是卡拉哈里盆地的一部分；北部、中部和西南部为高原；沿海是窄狭平原。南非的河流和湖泊不多，最主要的河流是横贯中部的奥兰治河和与津巴布韦交界处的林波波河。

南非属亚热带气候，夏季平均气温为 21～24℃；冬季平均气温为 4.4～10℃。年平均降水量 450 毫米，大致自东向西由 1500 毫米逐渐降至 200 毫米以下。全国全年平均日照时数为 7.5～9.5 小时，尤以 4、5 月间日照最长，故以“太阳之国”著称。南非森林较少，草原面积占总面积的 3/4。

丰富的资源、廉价的劳动力、先进的管理，使南非成为非洲经济最发达的国家，有“小欧洲”之称。南非是世界五大矿产国之一，经济开放程度较高。矿业、制造业和农业是经济三大支柱，深矿开采技术在世界处于领先地位。南非以丰富的矿产资源驰名世界，有 60 多种。黄金、铂族金属、锰、钒、铬、钛、硅铝酸盐的储量居世界第一位，钻石、锆的储量居世界第二位。以盛产黄金和钻石而闻名全球，有“黄金之国”和“世界矿库”之称。主要工业产品有钢铁、金属制品、化工、运输设备、机器制造、食品加工、纺织、服装等。农产品有玉米、小麦、甘蔗、高粱、棉花等。

2．历史与文化

最早的土著居民是桑人、科伊人及后来南迁的班图人。1488 年起葡萄牙人到过好望角等沿岸一带。1652 年荷兰人在西南岸建立开普殖民地后，继续向东扩张，英国人也相继侵入。1806 年英国夺占开普殖民地，荷裔布尔人转移到东北部。1867 年和 1886 年在南非发现钻石和黄金后，大批欧洲移民蜂拥而至。1899～1902 年英布战争后，英国占领全境。1910 年英国建立南非联邦，使南非成为英国的自治领地。1961 年 5 月 31 日，南非退出英联邦，成立了南非共和国。南非当局长期在国内推行种族歧视和种族隔离政策。1989 年宣布实行种族和解政策，推行政治改革。1994 年 4 月 26 日举行有史以来首次不分种族的大选。

南非国旗由黑、黄、绿、红、白、蓝 6 种颜色组成，象征种族和解、民族团结。南非的国徽由太阳、鹭鹰、万花筒图案、长矛、圆头棒、盾牌、麦穗、象牙和人形等图案构成。太阳象征光明的前程；展翅的鹭鹰是上帝的代表，象征防卫的力量；万花筒般的图案象征美丽的国土、非洲的复兴以及力量的集合；取代鹭鹰双脚平放的长矛与圆头棒象征和平、国防和主权；鼓状的盾牌象征富足和防卫精神；盾上取自闻名的石刻艺术的人物图案象征团结；麦穗象征富饶、成长、发展的潜力、人民的温饱以及农业特征；象牙象征智慧、力量、温和与永恒；两侧象牙之间的文字是“多元民族团结”。南非的国歌是《南非的呐喊》。南非的国花是大山龙眼；国鸟是蓝鹤；国兽是跳羚；国鱼是双帆鲈。南非的国石是钻石 。

变化无穷及多姿多彩的文化是南非的一大特色。复杂的文化背景，在建筑文化上表现出欧洲、非洲及亚洲建筑特色的大熔合，南非的剧院、博物馆、艺术馆、土著部落民居及早期移民时期的欧式房屋都展示着各种不同的建筑风格。壮观的英国维多利亚式建筑、雅典的荷兰开普式建筑、富有阿拉伯伊斯兰教色彩的马来居所和清真寺建筑以及祖鲁人蜂窝式的茅舍等建筑形式在南非各地都可看到。南非的音乐文化集非洲、欧洲及东方印度音乐文化之大成，将黑人的鼓声、欧洲古典音乐的韵律和印度人的宗教音乐融为一体。南非还有传统、原始的民族舞蹈和地道的饮食文化。南非的节假日一方面保留宗教色彩，一方面突出纪念反种族隔离斗争的历史事件和团结融和的政治气氛。如自由日系新南非首次不分种族的大选日，为南非国庆节；青年节纪念索韦托起义；和解日教育国人吸取黑白人“血河之战”的历史教训。

南非人口 4460 万（2001），以土著黑人为主，占总人口的 77%，其余主要为白人。白人多为荷兰和英国人的后裔。有 11 种官方语言，英语和阿非利卡语（南非荷兰语）为通用语言。白人、大多数有色人和 60%的黑人信奉基督教新教或天主教，部分黑人信奉原始宗教。

3．习俗礼仪

南非的社交礼仪可以概括为“黑白分明，英式为主”。“黑白分明”是指由于受到种族、宗教、习俗的制约，南非的黑人和白人所遵从的社交礼仪不同；“英式为主”是指白人的社交礼仪，特别是英国式社交礼仪广泛的流行于南非社会，尤其在大都市更为突出。因此，在社交场合，南非人所采用的普遍见面礼节是握手礼，他们对交往对象的称呼主要是“先生”、“小姐”或“夫人”。在黑人部族中，尤其是广大农村，南非黑人往往会表现出与社会主流不同的风格。比如，他们习惯将鸵鸟毛或孔雀毛赠给贵宾，客人则把这些珍贵的羽毛插在自己的帽子或头发上。

南非当地白人以吃西餐为主，经常吃牛肉、鸡肉、鸡蛋和面包，爱喝咖啡和红茶。而黑人的主食是玉米、高粱、小麦、薯类、豆类。牛、羊肉是主要副食品，一般不吃猪肉和鱼类。饮料主要是牛、羊奶和土制啤酒。随着欧洲移民、马来族奴隶及印度人的到来，又形成了多样融合的烹饪艺术，尤以芳香浓郁的咖喱料理、慢炖拼盘、传统非洲佳肴及本土烤肉最为脍炙人口。南非著名的饮料是如宝茶。在南非黑人家做客，主人一般送上刚挤出的牛奶或羊奶，有时送上自制的啤酒。客人一定要多喝，最好一饮而尽。

信仰基督教的南非人，忌讳数字“13”和星期五。南非黑人非常敬仰自己的祖先，他们特别忌讳外人对自己的祖先言行失敬。科萨人忌讳儿媳叫公公的名字，甚至不准儿媳说和公公名字近音的词。羊是南非的吉祥动物，尤其是双角卷曲的羚羊。跟南非人交谈，有 4 个忌讳的话题：不要为白人评功摆好；不要非议黑人的古老习惯；不要为对方生了男孩表示祝贺；不要评论不同黑人部族或派别之间的关系及矛盾。

（二）主要旅游城市及名胜

南非是世界观光胜地之一，生态旅游与民俗旅游是南非旅游业两大增长点。在南非的东北部和东、南沿海地区分布着众多的野生动物园、自然风光绮丽的山区以及具有原始风味的海滩等旅游胜地。

1. 比勒陀利亚（Pretoria）

南非是世界上唯一同时存在3个首都的国家。比勒陀利亚是南非行政首都，是南非中央政府所在地，全国的政治、经济和文化中心。位于东北部高原的马加莱斯堡山谷地，跨林波波河支流阿皮斯河两岸，海拔1300米以上，年平均气温为17℃，终年阳光普照。

比勒陀利亚建于1855年，以布尔人领袖比勒陀利乌斯名字命名，其子马尔锡劳斯是比勒陀利亚城的创建者，市内立有他们父子的塑像。1860年，它是布尔人建立的德兰士瓦共和国的首都。1900年，被英国占领。1910年起，成为南非联邦（1961年改为南非共和国）的行政首府。

比勒陀利亚街道整齐，一幢幢富有特色的历史建筑，掩映在街道两旁的紫葳树丛中，风光秀美，有“花园城”和“紫葳城”之称。每年10～11月，百花盛开，全城举行节日庆祝，时达1周。市中心的教堂广场上耸立着保罗·克鲁格的雕像，他是德兰士瓦（南非）共和国的首任总统，其旧居已改为国家纪念馆。广场一侧的议会大厦，原为德兰士瓦州议会，现为省政府所在地。著名的教堂大街全长18.64千米，为世界最长的街道之一。两侧高楼林立，联合大楼为中央政府所在地，是比勒陀利亚的地标，位于俯瞰全城的小山上。坐落在保罗·克鲁格大街上的德兰士瓦博物馆内收藏着自石器时代以来的各种地质、考古文物和标本，此外还有国立历史文化博物馆、露天博物馆等。比勒陀利亚市内公园众多，总面积达1700公顷以上，其中以国家动物园和文宁公园最为有名。

比勒陀利亚有“先民城”之誉，先驱者纪念碑建于1949年，耸立在南郊的小山上，是为纪念南非历史上著名的“牛车大行进”的民族大迁徙而建的。19世纪30年代，布尔人在英国殖民者的排挤下，成群结队从南部的开普敦向东北一带转移，最后来到这里，迁徙历时3年之久。市郊的喷泉山谷、旺德布姆自然保护区和野生动物保护区也都是著名的旅游胜地。

2. 开普敦（Cape Town）

开普敦是南非的第二大城市和重要港口，也是南非立法首都，南非国会所在地，好望角省首府，全国最古老的科学和文化中心，也是金融和工商业中心。位于南非最南端好望角北端的狭长地带，濒大西洋桌湾。

开普敦又名角城，是南非最古老的城市，始建于1652年，原为荷兰东印度公司的供给基地，为欧裔白人在南非建立的第一座城市，作为南非城市的发祥地，有“母亲城”之称。

开普敦虽因好望角得名，但它的美景不仅仅是好望角。这里风景怡人，拥有繁忙的桌湾港口、渔村、广大的葡萄园、景色优美的海岸公路及半岛两侧无数美丽的海滩。城市背山面海迤逦展开，西郊濒大西洋，南郊插入印度洋，居两洋之会。市内多殖民时代的古老建筑，位于大广场附近，建于1666年的开普敦城堡是市内最古老的建筑。17世纪建造的大教堂，坐落在阿德利大街，其钟楼至今仍保存完好。在政府街公共公园的对面是1886年竣工又在1910年增建的国会大厦和美术馆。西面是建于1818年，收藏达30万册书的公共图书馆。城中还有1964年建立的国家历史博物馆。

城西的桌山是开普敦的标志，海拔1082米，因山顶平整如桌而得名。其余脉有狮子头、信号山、魔鬼峰诸峰。国家植物园位于桌山的斜坡上。它的上方是建于1825年的最古老的博物馆，山脚下是开普敦大学。诸山及桌湾之间是城中最古老的部分。海滩附近，设有娱乐和休养设施，是南非主要的旅游地。

（1）**好望角**（Cap of Good Hope）是非洲大陆西南端的著名岬角，地处大西洋和印度洋的交汇处，是大西洋和印度洋之间的重要分界标志。西濒大西洋，东面为福尔斯湾，北连开普半岛，是一条细长的岩石岬角，长约 4.8 千米。在苏伊士运河未开通之前，这里是欧洲通往亚洲的海上必经之路，这条航线被称为“海上生命线”，具有十分重要的交通和战略地位。

1488 年，葡萄牙航海探险家迪亚士率领一只船队，从欧洲沿非洲西海岸向南航行，企图找到一条通往“黄金之国”——印度的新航路。行至非洲大陆西南端附近时，忽遇猛烈的风暴，船队处境十分危险，被迫在这个陌生的岬角停留，迪亚士等人死里逃生，将此处起名为“风暴角”。新航线开通后，过往的船队增多，人们将这里改名为好望角，以示绕过此角，便可带来美好的希望。

在西蒙斯敦和好望角岬角之间，现辟有面积为 7880 公顷的好望角自然保护区。在保护区内，铁锈色凹凸不平的地面上生长着一片片低矮的灌木丛和被称为南非国花的山龙眼，狒狒、非洲旋角大羚羊等动物间或在眼前一跃而过。在大西洋边红色的卵石滩上，时常可见驼鸟闲庭信步的可爱模样。在保护区的西南端有一个如同伸入大西洋中巨大鳄鱼爪的岬角。在好望角还可观看到太平洋与印度洋两个大洋交汇时的壮观场面，水天一色，烟波浩淼。

（2）**罗本岛**（Robben Island）是南非最大的沿海岛屿。位于南大西洋上，距开普敦 11 千米，是一座只有长 5.4 千米，宽 1.5 千米，面积仅 574 公顷的小岛。

自 400 多年前英国将一名不守规矩的水手流放到罗本岛后，这里便成了流放犯人的场所。17 世纪，荷兰将这里用作监狱。19 世纪，曾一度是麻疯病患者的聚居地，有“死亡岛”之称。第二次世界大战期间又成为军事区，并部署了几门 40 吨重的巨炮。1960 年，南非白人政府开始在岛上修建一所沙石砌成的监狱来关押政治犯，并特设了关押“最危险政治犯人”的 B 区牢房。罗本岛共关押过包括南非前总统曼德拉、现任总统姆贝基之父等 3000 多名黑人运动领袖和积极分子。因此，罗本岛被视为南非黑人反对种族隔离、争取民族自由解放的象征。罗本岛于 1996 年 9 月被南非政府宣布为国家博物馆，成为著名的瞻仰地和旅游胜地。1999 年被联合国教科文组织作为文化遗产列入《世界遗产名录》。

3．布隆方丹（Bloemfontein）

布隆方丹是南非的司法首都，奥兰治自然邦首府，南非最高司法机关所在地，南非中部的政治、经济、文化和交通中心。位于南非中部高原。布隆方丹是全国的地理中心，四周有小丘环绕，夏热，冬寒有霜。市内丘陵起伏，风景秀丽。

布隆方丹一词，原意为“花之根源”。最初为一堡垒，1846 年正式建城。城内的主要建筑物有市政厅、上诉法院、国家纪念馆、体育场和大教堂等。国家博物馆内有著名的恐龙化石。建于 1848 年的古堡是市内最古老的建筑。1849 年所建的旧省议会，只有一个房间，现在是全国性的纪念建筑物。国家纪念碑是为纪念在第二次南非战争中死去的妇女和儿童而建，碑下为南非历史著名人物埋葬地。市内还有建于 1855 年的奥兰治自由邦大学。市区内多公园，最为著名的是占地 120 公顷的国王公园。市区附近的富兰克林野生动物保护地，是南非的旅游胜地之一。

4．约翰内斯堡（Johannesburg）

约翰内斯堡是南非最大的城市，非洲第三大城市，世界最大的产金中心，有“黄金之城”之称。也是南非的经济、商业、文化中心，位于南非东北部瓦尔河上游高地，海拔1754米。

约翰内斯堡因1886年在南非北部山区发现金矿而兴建，当时为一个探矿站，以后随着金矿的开采而迅速发展为城市。在城市四周绵延240千米的地带内，有60多个金矿。

约翰内斯堡由铁路分为南北两部分，南面为重工业区，北面为市中心区，分布有商业区、白人居住区和高等学校。市区高楼大厦林立，娱乐场所色彩缤纷，淘金时代留下的许多维多利亚时期的建筑点缀其中。位于约翰内斯堡市内的音乐喷泉公园，晚上无数喷泉水柱随着音乐的节奏，或起或落 ，忽高忽低 ，配合着五彩灯光的变化，左摇右摆，就象无数仙女在闻声起舞。建于1913年的市政厅位于约翰内斯堡中央车站南方约1千米处，是一幢壮丽的建筑物。内部有可容纳2000人的音乐厅，厅内有艾尔佛瑞德·荷林设计的风琴，并定期举行交响乐演奏会。位于朱伯特公园里的约翰内斯堡艺廊中拥有足以代表国际及南非艺术水平的收藏品，也是一座古今建筑学完美结合的迷人建筑物。世界上唯一的一座室外金矿博物馆位于约翰内斯堡市郊5.5千米处的一个废弃的金矿坑道内。

5.5 中东之旅

“中东地区”或“中东”是指欧、亚、非三洲连接的地区，主要是地中海东部与南部区域，从地中海东部到波斯湾的大片地区。地处欧、亚、非三大洲的结合部，西北面临地中海，通过苏伊士运河与红海、阿拉伯海联通，经印度洋向东可通向亚洲，向西可抵达欧洲，历来是东西方的交通要道，具有十分重要的战略及商业地位。“中东”不属于正式的地理术语，该名称来源于过去人们以欧洲为中心，按距离远近把东方各地分别称为“近东”、“中东”和“远东”。“中东”地区的范围，没有明确的划分，特别是“中东”和“近东”没有严格的界限。现在一般所说的“中东”包括西亚的伊朗、巴勒斯坦、以色列、叙利亚、伊拉克、约旦、黎巴嫩、也门、沙特阿拉伯、阿拉伯联合酋长国、阿曼、科威特、卡塔尔、巴林、土耳其、塞浦路斯和北非的埃及等国家和地区。中东地区除以色列为犹太人，信仰犹太教外，其余国家均信仰伊斯兰教。这是一片极具文化底蕴的旅游区域，历史悠久的古代文明，神秘而又原始的异域风情，无不对旅游者产生强大的吸引力。

5.5.1 金字塔之国——埃及（Egypt）

（一）基本概况

1．旅游环境

阿拉伯埃及共和国（TheArab Republic of Egypt）简称埃及，地处非洲东北部，因领土中含有亚洲西南角的西奈半岛，故埃及为地跨亚非两洲的国家。北濒地中海，东临红海，陆疆邻巴勒斯坦、利比亚和苏丹。埃及海岸线长2700千米，国土面积100.2万平方千米。阿拉伯人将“埃及”称为“米斯尔”，意为“辽阔的国家”。

埃及90%以上为沙漠。尼罗河纵贯南北，在阿斯旺以北形成狭长的尼罗河谷地，在开罗以北形成2.4万平方千米的三角洲。尼罗河河谷两侧为沙漠高原。沙漠中断续分布着一系列低地和绿洲。其中最著名的是位于埃及北部的卡塔拉低地，最低点低于海平面134米，这里水源奇缺，植物生长十分困难，埃及人把卡塔拉低地称为“恶魔之地”。位于亚洲部分的西奈半岛为由南向北倾斜的切割高原，沙漠广布，其南部的凯瑟琳山海拔2637米，为全国的最高峰。源自卡格腊河、全长6670千米、流域面积达287万平方千米的世界最大河流之一的尼罗河，纵贯埃及全境，境内长1530千米，被视为哺育埃及人生命的甘泉，因此埃及有“尼罗河的礼物”之誉。主要湖泊有大苦湖、提姆萨赫湖和非洲最大的人工湖——纳赛尔水库，面积达6000平方千米。苏伊士运河是连接亚、非、欧三洲的交通要道。

埃及除尼罗河三角洲和北部沿海地区属亚热带地中海式气候外，其余大部分地区属热带沙漠气候，炎热、干燥、少雨。在亚热带地中海式气候区1月平均气温为12℃，7月平均气温为26℃，年平均降水量50～200毫米。而沙漠地区最高气温可达40℃，年平均降水量不足30毫米。

埃及是非洲工业较发达的国家之一，但工业基础较为薄弱。埃及主要矿产资源有石油、天然气、磷酸盐、铁等。主要工业部门有石油、电力、钢铁、纺织、食品加工等。农业在国民经济中占有重要地位，农业人口约占全国总人口的56%，尼罗河谷地和三角洲是埃及最富庶的地区，盛产棉花、小麦、水稻、花生、甘蔗、椰枣、水果和蔬菜等农产品，长绒棉和柑橘驰名世界，有“长绒棉之国”的美称。阿斯旺水坝是世界七大水坝之一，全年可发电100亿度。运河收入、旅游收入、侨汇和石油收入构成埃及国民经济的四大支柱。

2．历史与文化

埃及是世界四大文明古国之一。公元前3000年就形成统一的奴隶制国家，当时的国王称法老。公元前7世纪～公元前1世纪曾先后被亚述、波斯、马其顿和罗马帝国征服。公元4世纪～7世纪初叶被并入拜占庭帝国。从公元640年以来，随着军事征服和大批阿拉伯移民的到来，埃及被置于阿拉伯人的统治之下，并建立阿拉伯国家。1517年埃及成为奥斯曼帝国的一个行省。1882年被英国占领，1914年沦为英国保护国。1922年2月28日，英国承认埃及为独立王国。1952年7月23日法鲁克王朝被推翻，1953年6月18日废除君主制，建立埃及共和国。1956年7月将苏伊士运河收归国有。1958年同叙利亚组成阿拉伯联合共和国（简称阿联），1961年叙利亚退出阿联。1971年改国名为阿拉伯埃及共和国。

埃及的国旗自上而下由红、白、黑色3个长方形组成，中央为国徽图案。红色象征革命，白色象征纯洁和光明的前途，黑色表示结束了殖民统治的苦难。埃及的国徽为一只金色的鹰，称萨拉丁雄鹰。金鹰昂首挺立、舒展双翼，象征胜利、勇敢和忠诚，它是埃及人民不畏烈日风暴、在高空自由飞翔的化身。鹰胸前为盾形的国旗图案，底部座基饰带上写着“阿拉伯埃及共和国”。埃及的国歌是《阿拉伯埃及共和国国歌》。埃及的国花是莲花、荷花。埃及的国石是橄榄石。

埃及是古代世界中，率先把文明的经纬纺织成灿烂文化的国家之一。其中象形文字、天文学、数学、建筑学等伟大成就，在古代世界放射出璀灿夺目的光辉。早在公元前3000多年，埃及人就创造了象形文字，标志着埃及告别了野蛮时代，踏上了文明的历史轨迹。

作为世界上最悠久的文化古国之一，独具特色的“文房四宝”成为埃及古老文化的重要组成部分。早在公元前3000年，埃及就发明了人类最古老的书写材料——纸莎草纸。最古老的载有文字的纸莎草纸是第五王朝时期（公元前 2498～前 2345 年）的帐本残部，距今约有 4500 年的历史。在开罗市尼罗河畔，矗立着“拉加伯博士纸莎草博物馆”。这是一个别具特色的、综合性的博物馆，在这里人们可以看到纸莎草从种植到加工生产的整个过程，活生生地再现了埃及古老文化的一个侧面。古代埃人最早使用的笔是由灯心草制成。在开罗博物馆，陈列着第十八王朝（公元前 1570～前 1320 年）的灯心草笔。公元前 3 世纪末，埃及人又仿效希腊人用芦苇制笔。古埃及的墨是用炭、木炭或红赭石粉调入阿拉伯树胶溶液制成，分黑、红两种。砚台是用上乘的石料制成的，多长方形或椭圆形，使用时，用木棍或石条研墨即可。

屹立在尼罗河畔的宏伟壮观的金字塔，是埃及古老文化中的又一奇迹，它代表着古代埃及建筑艺术的精华，凝结着埃及人民卓越的智慧和难以估量的创造才能。

埃及人口为 7189.8 万（2005 年 1 月），其中阿拉伯人占 87%以上，约占世界阿拉伯人总数的 1/3；其次是科普特人、贝都因人和努比亚人等。人口分布不平衡，城市人口稠密是埃及人口分布的一大特点。全国约有 96%的人口密居在仅占全国面积 4%的尼罗河谷地和三角洲地区。三角洲的达曼胡尔和曼苏拉市，人口密度为每平方千米 1200～1500 人；首都开罗市人口密度高达每平方千米 2 万人；尼罗河谷的人口密度高达每平方千米 600 人以上。占全国领土总面积 95%的其他地区均为沙漠或荒漠，散布于零星绿洲中的居民总数还不足 40 万，只占全国人口的 1%，平均每平方千米仅有 0.4 人。13 世纪，埃及已成为阿拉伯世界的政治、经济和文化的中心地之一。目前，伊斯兰教徒占全国人口的 90%以上。埃及独立后，伊斯兰教被定为国教，但国家保障公民信仰自由和履行所有宗教仪式的自由。阿拉伯语为国语，中上层通用英语，法语次之。

3．习俗礼仪

埃及是阿拉伯文化、非洲文化、欧洲文化荟萃之地，所以埃及人身上除了表现出阿拉伯穆斯林十分虔诚的共性之外，还有一些独特的习俗。埃及的交往礼仪既有民族传统的习俗，也通行西方人的做法。女性之间出于礼貌或表示亲热，采用温柔的贴面礼。异性之间通常用握手礼，也可不握。埃及人认为右是吉祥的，做事要从右手和右脚开始。握手、用餐、递送东西必须用右手或双手；穿衣先穿右袖，穿鞋也先穿右脚；进入家门和清真寺先迈右脚。在埃及人面前尽量不要打哈欠或打喷嚏，如果实在控制不住，应转脸捂嘴，并说声“对不起”。游人在进入清真寺等宗教场所时，不能着暴露肌肤的服装；在沙漠一带的保守地方，要遵守当地的习俗，在街上行走时也要避免穿短裙等服装。

埃及的食品制作带有浓郁的北非色彩和阿拉伯风情。埃及人特别喜欢吃甜食，这些美味食品不仅是斋日必备，平时朋友聚餐请客时也必不可少。辣的菜肴也是埃及大众喜食的风味，多种菜肴成份中，都加有葱、蒜和辣椒。埃及烹饪原料的特点是广泛使用大米、黄豆、羊肉、山羊肉、家禽和鸡蛋；大量食用奶酪以及酸制品；也喜欢用蔬菜作菜肴；在沿海区域流行鱼肴。埃及人不吃猪肉，他们吃的面包，有玉米的、大麦的和高粱的。大米不仅当作配菜，也当主食。主要的热饮料是茶，冷饮料是冰镇水果汁和甘蔗汁。在埃及，不同的宗教节日里有不同的节日食品，如斋月里要吃焖蚕豆和甜点；开斋节要吃鱼干和撒糖的点心；闻风节吃咸鱼、大葱和葱头；宰牧节要吃烤羊肉和油烙面饼。他们很重视就餐前洗手，吃饭习惯用右手抓食。随着现代文明的传播，使用刀、叉、勺的人也日益增多。埃及是世界著名的文明古国，在饮食上严格遵守伊斯兰教的教规，斋月里白天禁食，不吃一切忌物，也不吃红烩带汁和未熟透的菜；吃饭时不与人谈话，喝热汤及饮料时禁止发出声响，食物入口后不可复出，而且忌讳用左手触摸食具和食品。伊斯兰教徒禁酒，埃及虽出产啤酒，但埃及人一般不饮酒，从普通家宴到国宴都不上酒。埃及人有饭后洗手，饮茶聊天的习惯。

埃及别具风采的节日有传统的闻风节，又称春节，即闻闻春天的气息、呼吸温暖的和风。每年的4月15日，人们来到尼罗河畔、椰枣林、公园以及名胜古迹所在地，庆祝这一有着5000余年历史的传统节日。数千年来，这时埃及人一直对尼罗河顶礼膜拜，把它看作是“天赐圣泉”，在每年的6月17日或18日举行的尼罗河泛滥节是最为隆重的节日。尼罗河水呈绿色，向人们传递水即将泛滥的信号，这时埃及人便开始举行庆典。到了8月，洪水溢出河床，淹没两岸土地时，还要举行更大规模的庆典活动，感谢尼罗河为埃及带来沃土、甘露，这就是隆重的尼罗河泛滥节。

和埃及人相处、谈话时需多赞美埃及有名的棉花和古老的文明，避免谈论中东政局和宗教问题。到家中做客时，可带些鲜花或者具有民族特色的工艺品作为小礼物。在正式用餐时，忌讳交谈，否则会被认为是对神的亵渎。埃及人喜欢绿色、白色，忌讳黑色与蓝色，喜欢金字塔型莲花图案，禁穿星星图案的衣服，有星星图案的包装纸也不受欢迎。禁忌猪、狗、猫、熊等动物。喜爱数字“3”、“5”、“7”、“9”，忌讳“13”。

（二）主要旅游城市及名胜

埃及是世界四大文明古国之一，走进埃及，便走进了古代文明。金字塔、狮身人面像、艾资哈尔清真寺、卡特巴城堡、蒙塔扎宫、卢克索神庙、卡纳克神庙、国王谷、阿斯旺水坝等四处遍布的名胜古迹，无处不是展现着古埃及灿烂辉煌的文化和艺术。尤其是具有传统伊斯兰教特色的阿拉伯风情无处不在，都市里到处都可以见到大大小小的清真寺，目前，埃及有清真寺1.7万多座，大多规模壮观，被称为“万塔之国”。

1. 开罗（Cairo）

首都开罗是非洲最大的城市，埃及的政治、经济、文化中心和交通枢纽，位于尼罗河三角洲顶点南端14千米处。素有“中东好莱坞”之称，每年生产大约70～80部故事片。

开罗是文明的摇篮，古埃及人称开罗为“城市之母”，阿拉伯人把开罗叫做“卡海勒”，意为征服者或胜利者。开罗的形成，可追溯到公元前约3000年的古王国时期，作为首都，亦有千年以上的历史。

今日的开罗是埃及古老文明和现代文明的大熔炉，过去和现在在这里碰撞。市区包括尼罗河两岸及河中岛屿。市区内既有苏丹·哈桑清真寺、艾资哈尔清真寺、萨拉丁城堡、阿布丁宫等古代伊斯兰建筑艺术瑰宝，又有鳞次栉比的现代化高楼大厦。西部以现代化建筑为主，大多建于20世纪初，颇具当代欧美建筑风格；东部则以古老的阿拉伯建筑为主，有250多座清真寺集中于此，城内清真寺的高耸尖塔随处可见，故又号称“千塔之城”。

千年以来开罗一直是穆斯林国家最重要的艺术中心。市内诸多的博物馆展示着它悠久的历史和丰富的文化遗产。在开罗市区的解放广场一侧是著名的埃及国家博物馆，收藏有埃及考古发现的最精华的部分，也是世界上最著名、规模最大的收藏古埃及文物的博物馆。馆内珍藏着4000多年前的石雕与木雕、历代古法老的宝座和遮阳伞等自古埃及法老时代到公元5～6世纪罗马统治时代的历史文物10万余件。位于尼罗河中杰济拉岛上的开罗塔与这个博物馆相距不远，塔高187米，登上塔顶，全城景色尽收眼底。

开罗古迹遍布。位于东部穆卡塔姆山脚下的萨拉丁城堡，建于1183年，是苏丹萨拉丁为抵御十字军东侵而建的古堡。城堡内有建于1830年的具有土耳其风格的穆罕默德·阿里清真寺。城堡外有很大的萨拉丁广场，穿过广场，始建于1356年的苏丹·哈桑清真寺与城堡相对。在现代开罗和穆卡塔姆山之间，是11～16世纪建造的古城，集中了大量的阿拉伯建筑艺术财富，仅古迹就有400多处。距离市中心13千米处的吉萨地区是举世闻名的金字塔所在地。目前，已发现的大小金字塔有90余座，其中最著名的有胡夫金字塔、哈夫拉金字塔等。

（1）**埃及的金字塔**（Pyramids）是古埃及法老（即国王）和王后的陵墓。在尼罗河谷、地中海沿岸、西部沙漠先后发现了90余座金字塔。陵墓是用巨大石块修砌成的方锥形建筑，因形似汉字“金”字，故译作“金字塔”。金字塔大多建于埃及古王朝时期。在埃及已发现的金字塔中，规模最大的是位于开罗西南面的吉萨高地上的祖孙三代金字塔。它们是吉萨大金字塔（也称胡夫金字塔）、哈夫拉金字塔和门卡乌拉金字塔，与其周围众多的小金字塔形成金字塔群，为埃及金字塔建筑艺术的顶峰。

古埃及所有金字塔中最大的一座，是公元前27世纪埃及第四王朝第二位法老胡夫的金字塔。这座大金字塔原高146.59米，因顶端剥落，现高136.5米，塔的4个斜面正对东南西北四个方向，塔基呈正方形，每边长约230米，占地面积5.29万平方米。塔身由230万块巨石组成，它们大小不一，重1.5～160吨，平均重约2.5吨。石块间合缝严密，不用任何粘合物。据考证，为建成大金字塔，一共动用了10万人，花了20年时间建造。这座金字塔的入口在北侧面离地18米高处，经入口的一段甬道下行通往深邃的地下室，上行则抵达国王殡室。殡室长10.43米、宽5.21米、高5.82米，与地面的垂直距离为42.28米，室内仅一红色花岗岩石棺，别无他物。另外塔内已知还有王后殡室和地下墓室。胡夫金字塔工程浩大，结构精细，其建造涉及测量学、天文学、力学、物理学和数学等各领域，被称为人类历史上最伟大的石头建筑，至今还有许多未被揭开的谜。1979年被联合国教科文组织列入《世界遗产名录》。

（2）**狮身人面像**（Sphinx）又译斯芬克斯，是埃及著名古迹，与金字塔同为古埃及文明最有代表性的遗迹。位于开罗西南的吉萨区，在哈夫拉金字塔的南面。哈夫拉是胡夫的儿子，他的金字塔的东南方有一座“下庙”，“下庙”西北方是一座雕刻着哈夫拉头部、狮子身体的大石雕像，即象征着智慧和力量的狮身人面像。像高21米，长57米，耳朵就有2米长，脸足有5米宽。除了前伸达15米的狮爪是用大石块镶砌外，像的其余部分都是在一块含有贝壳类杂质的巨石上雕成。它是世界上最“长寿”的雕像，距今约有4700年历史。由于它状如希腊神话中的人面怪物斯芬克斯，因此西方人以“斯芬克斯”称呼它。

2. 卢克索（luxor）

卢克索是埃及文化古迹集中的旅游胜地。位于开罗以南700多千米处的尼罗河畔。

卢克索古称底比斯，是古埃及中王朝和新王朝时代的都城，距今已有4000的历史。在第十八代王朝（约公元前1584～1341年）时，底比斯处于鼎盛时期，地跨尼罗河两岸，历来有“百门之都”之称。是当时世界上最大的城市。阿拉伯人曾赞美这座城市是“宫殿般的城市”。它毁于公元前88年。

卢克索古迹中最引人注目的是尼罗河东岸的卡纳克神庙和卢克索神庙。

（1）**卡纳克神庙**（Karnak temple） 又称阿蒙神庙，是世界上最壮观的古建筑物之一，也是埃及最大的神庙。位于底比斯北部遗址上。是法老们献给太阳神、自然神和月亮神的庙宇建筑群，规模宏大，全部用巨石修建。庙门面对尼罗河，高达38米，蔚为壮观。大门和神庙之间的大院两边排列着40个狮身羊面或牛面的巨大石像，造型古朴，气势非凡。主殿雄伟凝重，面积约5000平方米，有16行共134根巨石圆柱，其中最高的12根，每根高达21米，柱基圆周达8米，柱冠直径为3.6米，柱顶可站百人，柱上残留有描述太阳神故事的彩绘和象形文字，庙内尖顶石碑如林，巨石雕像随处可见。在神庙的石壁上，可见到古埃及人用象形文字刻写的他们的光辉史迹。

（2）**卢克索神庙**（Luxor temple）是卢克索城最大的古迹之一。位于古城底比斯遗址上，距卡纳克神庙不到1千米处，3千米的羊头狮身斯芬克斯神道与卡纳克神庙相连。神庙是公元前14世纪修建的，包括庭院、大厅和侧厅。庭院3面有双排纸草捆扎状的石柱，柱顶呈伞形花序状，十分优美。神庙围墙外是第十九王朝法老拉美西斯二世时期修建的另一庭院，在这里可看到高大的、有浮雕的塔门和当时流行的方尖碑。卢克索西岸是著名的帝王谷，即古埃及第十八、十九、二十王朝历代法老们的陵墓集中谷地，这里已发现的陵墓近70座，大都依岩开凿，墓内有出色的浮雕和生动的壁画等。

3．亚历山大（Alexandria）

亚历山大是埃及第二大城市、最大的海港和工业中心，被称为埃及第二首都。也是地中海沿岸的避暑胜地，享有“地中海明珠”的美誉。位于尼罗河河口以西，临地中海，距首都开罗约200多千米。城市东西长30多千米，南北最窄处不足2千米。面对浩瀚的大海，背倚波光潋滟的迈尔尤特湖。

亚历山大城依地中海海岸而建，这是一座古老与现代相结合，传统的伊斯兰习俗与西方文明交织在一起的城市。亚历山大城曾是古埃及强盛的象征，公元前332年，希腊马其顿国王亚历山大一世统治时，建立了这座城市，并以他的名字命名，将其定为首都。后于公元前305～公元前30年转成为埃及托勒密王朝首都。当时它是地中海和东方各国贸易和文化交流的中心，吸引着各地的商人、学者和诗人。城中有壮丽的公共庙坛和王宫，宫殿占全城面积1/4以上，其中一部分就是历史上有名的亚历山大博学园，它由藏书70万卷的图书馆、动植物园、研究院几部分组成。公元前48年，罗马统帅凯撒率兵占领亚历山大，烧毁了图书馆，珍藏的典籍付之一炬，造成人类文化史上的一场浩劫。

亚历山大长约26千米的滨海大道最能代表这座城市的特色，它又被称为“7月26日大街”。大道沿海滩东西伸延，一面是浩瀚辽阔的地中海海面，一面是错落有致的现代化建筑。海滨大道的东端是蒙塔扎宫（夏宫），是亚历山大最大的公园，茂密的林木和奇花异草簇拥着一座佛罗伦萨式的建筑物。西端是蒂恩角宫（冬宫），目前作国宾馆用。城中心是塔里尔广场（革命广场）。广场东南为商业区，往北有一座珍藏古代文物的博物馆。亚历山大城内遍布美丽的希腊式建筑，城南还有著名的庞贝柱和陵墓等多处古迹。海边沙滩绵延30多千米，是游泳、划船和日光浴的好去处。

（1）**庞贝柱**（Pompey’s Pillar）即萨瓦里石柱，是亚历山大城的城徽，又被称为骑士柱，“萨瓦里”在阿拉伯语中意为“桅杆”。位于亚历山大市西南方向的老城区。据说，阿拉伯人于公元641年占领亚历山大城时，远望这根石柱耸立于400根石柱构成的柱廊中央，状如帆船桅杆，因此得名。

萨瓦里石柱的柱身呈圆柱形，柱高26.85米，上半部直径2.3米，下半部直径2.7米，由一整块红色花岗石凿成，柱顶为古罗马科林斯式，饰有爵床花图案。石柱重约500吨。

距石柱不远有一通道，一直伸到石柱下面，通道内有壁洞，这就是古代有名的亚历山大图书馆。另外还有罗马地下墓、古罗马剧场等古迹多处。亚历山大城几经沧海桑田，许多建筑或成了废墟，或无影无踪，而唯萨瓦里柱巍然挺立，象征着坚贞不屈的精神，成了亚历山大的标志。

（2）**亚历山大灯塔遗址**（Lighthouse of Alexandria）又被称为“法罗斯灯塔”，是古代世界七大奇观之一，位于亚历山大城边的法罗斯岛上。从公元前305年开始，亚历山大城逐渐成为东西贸易集散地和地中海的重要港口，船只往来频繁，迫切需要有一座灯塔来指引船只靠岸进港。灯塔建于公元前285年，工程耗时20年，于公元前280年建成。根据文献记载，灯塔是一座石灰岩和大理石混合建筑，高约135米，全为石灰石、花岗石、白大理石和青铜铸成，是当时世界最大的灯塔。灯塔由4部分组成，底层高60米，呈正方形，第二层高30米，为八角形；第三层是圆柱形“灯”体，高15米，由8根圆柱支撑着；第四层安有金属巨镜和一个巨大的火盆，顶上装饰着海神的雕像。亚历山大灯塔颇具巴比伦风格，由希腊著名建筑师索斯特拉特设计建造。然而，这一古代奇观，早在2000多年前就已不复存在了。现在，在灯塔的遗址上，是一座1480年建造的城堡——法罗斯岛上的巴特城堡。城堡周边散落着灯塔遗留下的巨大方石。埃及独立后，城堡改成了航海博物馆。还在城堡外按原样复制了一座灯塔，略小于原来的规模，供游人观赏。

5.5.2 勇敢者的国家——土耳其（Turkey）

（一）基本概况

1．旅游环境

土耳其共和国（The Republic of Turkey）简称土耳其，地跨亚、欧两洲，位于小亚细亚半岛和欧洲巴尔干半岛东南端，东临格鲁吉亚、亚美尼亚、阿塞拜疆和伊朗，西连保加利亚、希腊，东南与叙利亚、伊拉克接壤，南濒地中海，北临黑海，西靠爱琴海。博斯普鲁斯海峡和达达尼尔海峡以及两海峡间的马尔马拉海，是沟通黑海和地中海的唯一水道，战略位置十分重要。“土耳其”一词由“突厥”演变而来。在鞑靼语中，“突厥”是“勇敢”的意思，“土耳其”意即“勇敢人的国家”。总面积约78.05万平方千米。海岸线长3518千米。

土耳其地形东高西低，大部分为高原和山地，占国土面积的80%，仅沿海有狭长平原。亚洲部分主体为安纳托利亚高原，海拔800～1200米。位于东端的大阿勒山高达5165米，山顶终年积雪覆盖，景色最为壮观，是全国最高峰。此外，土耳其还是一个河流湖泊众多的国家，底格里斯河和幼发拉底河均发源于此，中部有克泽尔河通住黑海，东部的凡湖为最大湖。

土耳其的西部、南部沿海属亚热带地中海气候，内陆属亚热带半干旱草原气候。年平均气温分别为14～20℃和4～18℃。年平均降水量分别为600～1000毫米和250～400毫米。黑海沿岸气候温和湿润，年降水量为700～2500毫米，地中海沿岸为500～700毫米。

土耳其是传统的农牧业国家，农业较好，生产麦类、棉花、烟草、水果等。粮食自给有余。畜牧业以养羊为主，安卡拉羊毛驰名世界。矿产资源丰富，主要有铬、煤、硼、汞铜、铁、铝矾土等。森林覆盖率为26%。工业有一定基础，重工业较发达，主要部门有采矿、冶金、水泥、石油加工、机械制造、纺织、食品加工等。

2．历史与文化

土耳其人发源地是阿尔泰山一带，史称突厥。8 世纪起由阿尔泰山一带西迁至小亚细亚，13 世纪末建立奥斯曼帝国。15～16 世纪进入鼎盛期，版图扩及欧、亚、非三洲。16世纪末开始衰落。20世纪初沦为英、法、德等国的半殖民地。1923年10月29日建立土耳其共和国。

土耳其国旗为红色，靠旗杆一侧绘有一弯白色新月和一颗白色五角星。红色象征鲜血和胜利；新月和星象征驱走黑暗、迎来光明，还标志着土耳其人民对伊斯兰教的信仰，也象征幸福和吉祥。土耳其国徽图案为一弯新月和一颗五角星，寓意与国旗相同。有时将月与星置于一个红色椭圆中，其上方写着“土耳其共和国”。土耳其的国歌是《独立进行曲》。土耳其的国花是郁金香。土耳其的国鸟是红翼鸫。

土耳其的工艺品制造历史悠久，极富传统的民族特色，地毯制造是土耳其的主要工业之一，手工地毯闻名遐迩。此外，还有皮毛制品、金饰、银具、铜器、瓷器、刺绣产品、海泡石烟嘴等手工艺品。

土耳其人口为7180万(2004年12月)。其中土耳其族占80%以上，库尔德人约占15%。土耳其语为国语。土耳其是一个横跨欧亚大陆的伊斯兰教国家，被称为“文明的摇篮”。居民中99%的人信奉伊斯兰教。

3．习俗礼仪

土耳其人非常好客，喜欢邀请客人到自己家中做客，并拿出咖啡、香烟、点心、水果等殷勤招待，最后还会邀请你下次再来。如果到别人家做客，进屋之前必须脱鞋。在公共场合千万不能用手指别人、揩鼻涕、剪指甲等，这些都是很不礼貌的行为。土耳其人在社交场合与客人见面时，一般都是先互致问候，然后再握手。同亲朋好友相见时，互相亲吻对方的双额，送别时，一般多施鞠躬礼。施礼时，要以两手交叉放在胸前，鞠90度大躬，已表示对客人的敬重和惜别之情。土耳其人在自家门口挂几头大蒜，认为会给他们带来幸福和吉祥。

土耳其的饮食文化极富民族特色，誉满全球。土耳其的食品以烤肉、甜点闻名，土耳其美食是世界三大美食之一。传统主食除了面包外，还有肉、葡萄酒、海鲜。肉类食品中主要是羊肉。烤全羊是土耳其人招待贵宾的特色菜。土耳其最有特色的美食有烤肉料理——卡八（以“多纳卡八”即回旋式烤肉最有名）、土耳其汉堡——“考夫特”肉饼、派德、土耳其红茶、葡萄酒（以卡帕多起亚地区产的最有名）、狮子奶——拉克、代表性的季节沙拉“萨拉特”等。

土耳其从城市到乡村，到处都是清真寺，每天5次从宣礼塔传出赞颂安拉的声音。清真寺是可以定时参观的，女士进清真寺一定要包头巾、穿裙子。土耳其人忌讳左手递东西和食物，使用左手递东西和食物是对人的极大不敬，并有侮辱人的嫌疑。土耳其人与客人闲谈中，不喜欢谈论有关政治及塞浦路斯与希腊冲突等方面的问题。土耳其禁食猪肉，蛋壳喝酒。土耳其人生活节奏很慢，在餐馆吃一顿饭，至少要两三个钟头。

土耳其流行斗骆驼的习俗，每年要举行两次斗骆驼比赛，都是在雄骆发情的季节。格斗前，除了用饼喂骆驼外，还要用兑上酒精的水给它们喝。还不能让它接近异性，使其在斗前完全处于疯狂壮态。格斗开始前将一只雌驼带入场内，将要参加格斗的雄驼都想摆脱束缚冲向雌驼。然而雌驼却又被带出场外。使雄驼越发暴怒。在此情况下，两头雄驼相遇，分外眼红，于是互相拚命踢撞，直到一头雄驼把另一头雄驼踩在脚下，不能起来为止。每逢骆驼格斗季节，境内热闹非凡。

最早起源于西亚的安纳托利亚地区的土耳其浴历史悠久，是土耳其人一种日常生活习俗。传统的土耳其浴池是按照穆斯林风格建立起来的，地面和墙壁均用大理石砌成，室内大厅有一个大水池，侧厅则建有一个个类似洗脸盆大小的小水池，浴池内还用大理石砌成很多台面，供浴客躺在上面让人搓澡和按摩。洗浴时，一般先到大水池的热水中泡上一阵子，然后到小水池旁坐下，用金属制作的盛水瓢盛水，一瓢一瓢地浇洗头发和身体。这种洗法叫净身。净身后，浴客再到大理石台面上让人搓澡和按摩。人躺在加温的在大理石板上热烤，益气活血，舒筋通脉，并能将内脏的浊气排除到体外，尤其对患有风湿病的人最有好处。土耳其浴对土耳其人来说，不仅仅是清洁皮肤的地方，还与人们的日常生活密切相关，有时婚姻大事也在浴池里决定。

（二）主要旅游城市及名胜

土耳其因其6500年悠久的历史，13个不同文明的历史遗产，三面环海的地势和复杂的内陆地理环境，以及兼收并蓄的多元文化，长期以来一直是世界各地的旅游者向往的地方。境内历史古迹星罗棋布，有世界古代七大奇迹中的阿苔密斯神庙、历史名城伊斯坦布尔、埃菲斯古城等。

1．安卡拉（Ankara）

首都安卡拉是土耳其的行政中心和商业城市，位于小亚细亚半岛上安纳托利亚高原的西北部，是一座海拔900米左右的高原城市。

安卡拉历史悠久，公元前3世纪为盖鲁特人的首都，罗马时代是文化、商业贸易和艺术中心，是与东方进行贸易的中继城市。1345年，苏丹奥尔汗·加齐攻克安卡拉，将其并入奥斯曼帝国版图。共和国成立以前，安卡拉不过是个小城，现在已发展为有人口390万的现代化都市，仅次于经济中心—古都伊斯坦布尔。

安卡拉市区分新旧两部分，老城以修建在一座小山丘上的古城堡为中心。在老城区的一个山坡上，建有一座赫蒂博物馆，里面陈列着许多浮雕、青铜器等。这些属于公元前6、7世纪的历史文物，充分显示出古代赫蒂人的高度文明。新城环绕在老城东、西、南3面，尤以南面的城区最为整齐，这里均是欧式建筑，大国民议会和政府主要部门都集中在该区，再往南是使馆区和总统府所在地——羌卡亚。贯穿南北的主要街道是以共和国奠基人凯末尔的尊称命名的，叫阿塔图尔克大道。这条大街上的民族广场、胜利广场和红新月广场上都建有凯末尔的塑像，他或高踞马背，或昂首挺立，形象逼真。

安卡拉建有许多清真寺。这些清真寺是伊斯兰文化的重要组成部分。融奥斯曼建筑风格和古典建筑艺术为一体的考佳泰派清真寺，是建筑艺术上一个辉煌的作品。纪念馆中最为辉煌的当属国父纪念馆。穿过被土耳其人称为“啊呢特卡毕尔”，两排花岗岩石狮守护的甬道，来到一个肃静的广场，面对现肃穆的的国父陵堂，不得不使人对这位共和国的缔造者之伟大业绩感到钦佩。

2．伊斯坦布尔（Istanbul）

伊斯坦布尔是土耳其最大的城市和港口，世界上唯一跨欧亚两大陆的城市，也是古代丝绸之路的终点。位于巴尔干半岛的东端，坐落在博斯普鲁斯海峡南口西岸，博斯普鲁斯海峡、马尔马拉海和金角湾从三面环绕着这座城市。

伊斯坦布尔始建于公元前660年，当时称拜占庭。公元324年，罗马帝国君士坦丁大帝从罗马迁都于此，改名君士坦丁堡。公元395年，东、西罗马帝国正式分裂为二，君士坦丁堡成为东罗马帝国（又称拜占庭帝国）的首都。公元1453年，土耳其人攻占该城后，灭亡了东罗马，建立了奥斯曼帝国，这里又成了奥斯曼帝国的首都，并改名为伊斯坦布尔，直至1923年土耳其共和国成立，迁都安卡拉为止。这座拥有2600多年历史的世界名城，给伊斯坦布尔留下了丰富多彩的文物古迹。1985年被联合国教科文组织列入《世界遗产名录》。

作为欧亚两洲分界线的博斯普鲁斯海峡从城中穿过，将这座古城一分为二，伊斯坦布尔也就成了全世界唯一一座地跨欧亚两洲的城市。作为有着 1600 多年建都历史的帝国之城，伊斯坦布尔形成了自己独特的风格。以众多名胜古迹和伊斯兰教清真寺闻名，全市约有3000余座大小清真寺，是世界上清真寺最多、建筑最宏大奢华的城市。伊斯坦布尔市区分为3部分：一是欧化、现代化的贝约卢及相邻的希希利区；一是最古老的法特赫与埃米尔内尼旧城区，位于金有湾和马尔马拉海之间的岬角上；一是斯屈达尔和卡迪科伊区，位于博斯普鲁斯海峡的亚洲一侧。欧洲部分又分为新城和旧城，被小海湾隔开。蓝色清真寺、圣索菲亚大教堂等著名景点都位于旧城。旧城区的街道沿着海峡地势蜿蜒曲折，古老街道两侧清真寺尖塔闪闪发光，红屋顶的哥特式建筑和古色古香的伊斯兰屋宇交错其间。新城区街道宽阔笔直，两旁现代化大厦高耸。在整座城市里现代化的洲际旅馆和古罗马的狄奥多西城墙交相辉映，神秘而吸引。

（1）**博斯普鲁斯海峡**（Strait of Bosporus）又称伊斯坦布尔海峡，是沟通欧亚两洲的交通要道，也是黑海沿岸国家出外海的第一道关口。北连黑海，南通马尔马拉海和地中海，把土耳其分隔成亚洲和欧洲两部分。海峡全长30.4千米，最宽处为3.6千米，最窄处为708米，最深处为120米，最浅处只有27.5米。博斯普鲁斯在希腊语中是“牛渡”之意。传说古希腊万神之王宙斯，曾变成一头雄壮的神牛，驮着一位美丽的人间公主，从这条波涛汹涌的海峡游到对岸，海峡因此得名。由于两洲各国间的商贸等各种交往随着人类文明的发展不断增多，博斯普鲁斯海峡的地理位置也更具战略意义。公元前5世纪的波斯帝国国王大流士一世率领军队西侵欧洲时，曾在博斯普鲁斯海峡上建造了一座浮桥。东罗马帝国时期十字军东征时，曾乘船渡过这里，直逼耶路撒冷。

博斯普鲁斯海峡大桥于1970年动工兴建，1973年建成。它将被海峡分割的城市连在了一起，也把欧亚两大洲连在了一起。这是一座造型独特的吊桥，全长 1560 米，桥面宽33米，可同时并行6辆汽车，桥身高出水面64米，跨越水面1074米，两端引桥分别为255米和231米。桥的两端各有一呈“门”字形的高达165米的桥塔，位于东岸的重5万吨，位于西岸的重6万吨，桥塔的牵引力达15400吨。除两头的钢架外，中间没有桥墩，整个桥身由两根巨大的钢索牵引，支撑着整个桥面，每根钢索由11300根5毫米的钢丝拧成。各种类型的船只都可通过，是欧洲第一大吊桥，世界第四大吊桥。整座大桥宛若一条长虹飞架在海峡两岸，沟通了欧亚两洲的交通和运输，方便了两洲人民间的交流。

（2）**圣索菲亚大教堂**（Aya Sophya）或称圣智大教堂，是东正教的中心教堂，拜占庭建筑的最光辉的代表，拜占庭帝国极盛时代的纪念碑。这座教堂的整个平面是个巨大的长方形，东西长 77.0 米，南北长 71.0 米。从外部造型来看，它是一个典型的以穹顶大厅为中心的集中式建筑，中央大穹隆，直径 32.6 米，穹顶离地 54.8 米，通过帆拱支承在四个大柱敦上。从结构来看，它有既复杂，又条理分明的结构受力系统。从内部空间来看，这座教堂不仅通过排列于大圆穹顶下部的一圈 40 个小窗洞，将天然光线引入教堂，使整个空间变得飘忽、轻盈而又神奇，增加宗教气氛，还借助建筑的色彩语言，进一步地构造艺术氛围。大厅的门窗玻璃是彩色的，柱墩和内墙面用白、绿、黑、红等彩色大理石拼成，柱子用绿色，柱头用白色，某些地方镶金，圆穹顶内都贴着蓝色和金色相间的玻璃马赛克。这些缤纷的色彩交相辉映，既丰富多彩，富于变化，又和谐相处，统一于一个总体的意境：神圣、高贵、富有，从而有力地显示了拜占庭建筑充分利用建筑的色彩语言构造艺术意境的魅力。这座建筑也就自然地成为了中世纪，乃至人类建筑史上璀璨夺目、光耀千秋的杰作。

圣索菲亚大教堂建于公元 537 年。拜占廷帝国统治者君士坦丁下令建造了这座基督教堂，占地面积 7570 平方米米。现已改为圣索菲亚博物馆。

（3）**苏丹艾哈迈德清真寺**（Sultan Ahmet Camii）又称蓝色清真寺（Blue Mosque），是奥斯曼帝国时代建筑艺术的珍品，世界上唯一一座有 6 座宣礼塔的清真寺。位于圣索菲亚博物馆的南面，在马尔马拉海和博斯普鲁斯海峡的海口处。由著名建筑设计师阿合麦特在 1609～1616 年间主持建造完成。整座建筑由大小石头叠建，没有使用一根钉子，寺的顶端有一个直径达 27.5 米的大圆顶，高为 43 米，周围环绕着 4 个较小的圆顶，下方还有 30 个更小的圆顶。主殿面积达 4600 平方米，可同时容纳 5000 名做祈祷的伊斯兰教徒。主殿的内墙壁及圆顶均镶有蓝绿色的伊兹尼克磁砖，因而有“蓝色清真寺”的美誉。

（4）**托普卡帕宫博物馆**（Topkapi Sarayi）是土耳其最大的博物馆，位于伊斯坦布尔旧城区，在波斯普鲁斯海峡与金角湾及马尔马拉海的交汇点上。始建于 1478 年，作为奥斯曼帝国苏丹的皇宫达 400 年之久，前后有 25 位苏丹在此居住。这是一座富丽堂皇、恢宏雄伟的建筑，是伊斯兰世俗建筑的代表之作。整座皇宫有 7 座大门，4 座朝着陆地，3 座朝着海面。土耳其共和国建立后，改为宫殿博物馆对外开放，收藏着珐琅、珍珠、宝石、瓷器以及历代苏丹珍物宝库中神圣的遗物等著名的东方艺术品。

后世的苏丹又沿着博斯普鲁斯海峡修建了许多新宫。1853 年，苏丹.阿布都麦吉特一世在博斯普鲁斯海峡的欧洲沿岸上建造了多尔玛巴赫切皇宫，巴洛克的繁复加上奥斯曼的东方线条，使多尔玛巴赫切皇宫华丽高贵。其中最大的会客厅由 56 根大柱支撑，会客厅上面吊着一个重达 4.5 吨、由 750 颗灯珠晶体构成的巨大枝形吊灯。鸟类大帐拥有来自世界各地的众多鸟类，成为这个皇宫的独特之处。1865 年，苏丹. 阿布都拉兹兹在博斯普鲁斯海峡的亚洲沿岸以白色大理石为原料建造了贝莱贝宫，过去这里做为苏丹的夏日别墅以及外国贵宾的招待所。由一系列楼阁与清真寺为一体组成的伊尔迪兹宫是由阿卜杜·哈米德二世苏丹建于 19 世纪末期，来自全世界各个角落的花卉和树木在这宽阔的庭院中争奇斗艳，其景色被称为波斯普鲁斯海峡最杰出的一角。

3．伊兹密尔（Izmir）

伊兹密尔是土耳其第三大城市，优良的港口。紧靠爱琴海，第一次世界大战末期曾被希腊占领，1922 年土耳其人夺回了伊兹密尔。

伊兹密尔始建于公元前 11 世纪，为爱琴海古代文明的发祥地，曾与特洛伊一道，是西部安那托利亚文化最昌盛的都市。伊兹密尔周围到处都是爱琴文明的遗迹。距伊兹密尔城西南 60～70 千米处，有一座世界闻名的古城——埃菲斯（一译以弗所），至今已有 3000 年历史，是土耳其境内保存最为完好和最为有价值的一个古堀，也是世界文化遗产。世界古代七大奇观之一的阿苔密斯神庙就是在此发掘出土的。这是古希腊时代的第一座大理石结构建筑，气势宏伟、壮观。这座长方形的爱奥尼亚式风格的建筑建于公元前 6 世纪左右，神庙长 12.5 米，宽 60 米，高 25 米，庙宇的前后共有 127 根高达 20 米的大理石柱，柱的底部直径为 1.59 米。阿苔密斯是古埃菲斯人所崇拜的女神，她是昌盛、富庶和正义的化身，动物界和植物界的主宰。

公元前 6 世纪，希腊亚历山大大帝开始了这座城市的建设，罗马帝国入侵后，继续这座城市的建设。该城设施完善，有城墙、剧院、浴场、体育馆、市集、音乐厅、图书馆，是庞贝古城的 8 倍。其中的剧院是世界上最大的罗马古剧场，现在还有很多演出在此举办。图书馆是公元 2 世纪该城的总督为纪念其父亲而建造的，至今大门依然挺立。该城在公元 17 世纪的一次大地震中被严重摧毁，后经修复和遗弃，成为现在的样子。站在卡迪发卡莱城堡上可以看到伊兹密尔城市和海湾的全貌。此外，还有文化公园、国际展览中心以及黑萨瑞城堡和萨迪清真寺等景点。

4．特洛伊城遗址（Troy）

特洛伊城是土耳其小亚细亚西北部的古城遗址，位于达达尼尔海峡主要港口恰纳卡莱以南 40 千米处。古城坐落在平缓的城堡山脚下，北面是达达尼尔海峡，西面是宽阔的平地。这里是荷马的不朽史诗《伊利亚特》中描写的特洛伊战争的战场。现在这里山峦青翠，流水潺潺，柑桔树和橄榄树满山遍野，红瓦白墙的农舍点缀其间，是土耳其爱琴海地区典型的农村风光。1998 年被联合国教科文组织列入《世界遗产名录》。

特洛伊是公元前 16 世纪前后为古希腊人渡海所建，公元前 13 世纪～公元前 12 世纪时，颇为繁荣。特洛伊城遗址的发掘，始于 19 世纪中期，延续到 20 世纪 30 年代。考古学家在深达 30 米的地层中发现了分属 9 个时期、从公元前 3000 年至公元 400 年的特洛伊城遗迹，找到了公元 400 年罗马帝国时期的雅典娜神庙以及议事厅，市场和剧场的废墟等。这些建筑虽已倒塌败落，但从残存的墙垣、石柱来看，气势相当雄伟。这里有公元前 2600～公元前 2300 年的城堡，直径达 120 多米，城中有王宫及其他建筑。在一座王家宝库中，发现了许多金银珠宝及青铜器，此外还出土有石器、骨器、陶纺轮等。特洛伊城是一座被烧毁的城市遗址，它的石垣高达 5 米，内有大量造型朴素，绘有几何图形的彩陶及其他生活用具。

特洛伊于公元前 13 或是 12 世纪遭到来自希腊的斯巴达人和亚细亚人的围攻，这一史实由于被荷马写进史诗而流传千古，并从那时起启发了世界上众多艺术家的创作灵感。公元前 9 世纪古希腊诗人荷马的史诗《伊利亚特》叙述的“特洛伊木马计”就发生在这里。特洛伊王子帕里斯来到希腊斯巴达王麦尼劳斯宫作客，受到了麦尼劳斯的盛情款待，但是，帕里斯却拐走了麦尼劳斯的妻子。麦尼劳斯和他的兄弟决定讨伐特洛伊，由于特洛伊城池牢固，易守难攻，攻城 10 年未能如愿。最后英雄奥德赛献计，让迈锡尼士兵烧毁营帐，登上战船离开，造成撤退回国的假象，并故意在城下留下一具巨大的木马，特洛伊人把木马当作战利品拖进城内，当晚正当特洛伊人高歌畅饮欢庆胜利的时候，藏在木马中的迈锡尼士兵悄悄溜出，打开城门，放进早已埋伏在城外的希腊军队，结果一夜之间特洛伊化为废墟。荷马史诗叙述的这段史实，成为西方国家文学艺术中传诵不绝的名篇。

距特洛伊城遗址不远，有一座博物馆，是土耳其目前唯一收藏特洛伊文物的博物馆。

博物馆规模不大，陈列的文物寥寥无几，这是因为曾发掘出的大量珍贵文物，已被西方文物盗窃者窃走，其中包括普里阿莫斯国王的宝库和海伦的项链。尽管如此，特洛伊遗址仍然不失为迷人的去处。现在特洛伊已成为土耳其的游览胜地之一，它吸引着成千上万的游客。

5.6　思考与练习

1．摩洛哥都有哪些旅游城市？这些城市最突出的特点是什么？
2．简述肯尼亚和坦桑尼亚非洲动物之旅的景观特征。
3．简述南非的主要旅游城市及名胜特点。
4．阿拉伯的风俗禁忌主要包括哪些内容？。
5．为什么称埃及为世界文明古国？有哪些著名的旅游名胜？

参 考 文 献

[1] 焦震衡. 外国象征标志手册. 北京：新华出版社，1988.

[2] 辞海：地理分册 外国地理. 上海：上海辞书出版社，1982.

[3] 刘明翰，张志宏. 美洲印第安人史略[M]. 北京：生活·读书·新知三联书店出版社，1982.

[4] 李溢. 世界热带亚热带海岛海滨旅游开发研究[M]. 北京：旅游教育出版社，1997.

[5] 艾周昌，程纯. 早期殖民主义侵略史[M]. 北京：人民出版社，1982.

[6] 孙玉琴，袁绍荣，袁雄. 世界旅游经济地理[M]. 广州：华南理工大学出版社，1999.

[7] 中国出境旅游者消费行为模式研究课题组. 中国出境旅游者消费行为模式研究[M]. 北京：旅游教育出版社，2003.

[8] 徐汎. 中国旅游市场概论[M]. 北京：中国旅游出版社，2004.

[9] 张广瑞，魏小安，刘德谦. 2003～2005 年中国旅游发展：分析与预测[M]. 北京：社会科学文献出版社，2005.

[10] 王兴斌. 中国旅游客源国/地区概况（第 3 版）[M]. 北京：旅游教育出版社，2003.

[11] 夏林根. 旅游目的地概述[M]. 北京：旅游教育出版社，2005.

[12] 夏林根. 出境旅游目的地概况[M]. 太原：山西教育出版社，2004.

[13] 应舍法. 中国公民出境旅游热线指南[M]. 杭州：浙江人民出版社，2004.

[14] 王成家. 新版各国概况：亚洲[M]. 北京：世界知识出版社，2002.

[15] 王成家. 新版各国概况：欧洲[M]. 北京：世界知识出版社，2002.

[16] 王成家. 新版各国概况：美洲 大洋洲[M]. 北京：世界知识出版社，2002.

[17] 王成家. 新版各国概况：非洲[M]. 北京：世界知识出版社，2002.

[18] 《欧洲古堡游》编辑部. 欧洲古堡游[M]. 西安：陕西师范大学出版社，2005.

[20] 刘必权. 世界列国志：韩国[M]. 福州：福建人民出版社，2004.

[21] 刘必权. 世界列国志：尼泊尔[M]. 福州：福建人民出版社，2004.

[22] 刘必权. 世界列国志：印度尼西亚 东帝汶[M]. 福州：福建人民出版社，2004.

[23] 宇文鸿吟，何崴. 欧罗巴的苍穹下——西方古建筑文化艺术之旅[M]. 北京：北京出版社，2005.

[24] 〔英〕罗伯特·拜伦著. 顾淑磬译. 穿行内陆亚洲——伊斯兰教建筑与人文之旅[M]. 桂林：广西师范大学出版社，2003.

[25] 姜若愚，张国杰. 中外民族民俗[M]. 北京：旅游教育出版社，2004.

[26] 张世满. 旅游与中外民俗[M]. 天津：南开大学出版社，2002.

[27] 韩杰. 现代世界旅游地理[M]. 青岛：青岛出版社，2001.

[28] 刘列励，尤舒译. 欧洲大陆[M]. 北京：中国水利水电出版社，2004.

[29] 李萍译. 西班牙[M]. 北京：中国水利水电出版社，2004.

[30] 翁妙玮，刘建译. 南美洲[M]. 北京：中国水利水电出版社，2003.

[31] 罗斯静. 德国旅游指南[M]. 广州：广东地图出版社，2000.

[32] 新华网 http://xinhuanet.com
[33] 旅游网 http://www.anyway.com.tw
[34] 人民网 http://www.people.com.cn
[35] 中国旅游网 http://www.cnta.gov.cn
[36] 中华网旅游 http://travel.china.com
[37] 世界地理网 http://www.world_nol.net
[38] 中国旅行网 http://www.chinatravell.com
[39] 文化共享网 http://www.ndcnc.gov.cn
[40] 中国自然网 http://www.nre.com.cn
[41] 相关国家（地区）政府网
[42] 相关国家（地区）驻华使领馆网站